U0506229

Bob Dylan and Leonard Cohen

Deaths — — and — — Entrances

鲍勃·迪伦和莱昂纳德·科恩
死亡与登场

[英] 戴维·布歇　露西·布歇——著　刘衎衎——译

上海人民出版社

目 录

序　言

很少有创作型的传奇歌手，其声名和事业能跨越六十年还经久不衰，他们不仅能不断适应音乐产业所要求的多面性，制作高质量的作品，还能持续吸引新的听众，无论顺境逆境，都有一批铁杆粉丝支持。在乡村音乐中，创作型歌手作为一种职业，其长久性和持续性比其他类型的流行音乐更为明显。多莉·芭顿（Dolly Parton）、艾米·洛·哈里斯（Emmy Lou Harris）、威利·尼尔森（Willie Nelson）就是很显然的例子，而 20 世纪 60 年代的民谣 / 摇滚复兴则产生了杰出的人才，如保罗·西蒙和尼尔·杨。然而，鲍勃·迪伦和莱昂纳德·科恩这两位创作型歌手所写的歌词，因为当时独特的社会和政治环境而成为偶像。他们的成功从某种程度上而言，是由心怀不满、被剥夺权利的年轻人促成的。这些年轻人对建制非常不满，因为它憎恶不合规矩的行为，诋毁并羞辱任何违反主流社会的人，而且对所有表现性、政治或社会动荡、偏离常规、具有破坏性的音乐类型都抱有一种近乎偏执妄想狂的态度。

然而，大众对文化生活中被禁止的、非传统的、大胆的、黑暗和肮脏的一面的迷恋，又引发了狂热的偷窥癖。当报纸头条嘲笑查克·贝里（Chuck Berry）、小理查德（Little Richard）、杰里·李·刘易斯（Jerry Lee Lewis）、埃尔维斯·普雷斯利（Elvis Presley）和比尔·哈利（Bill Haley）以及彗星乐队（Comets）在 20 世纪 50 年代演奏魔鬼的音乐，并腐蚀年轻人的道德时，诗人、艺术家和作家也因其波希米亚式的、令人震惊和放浪不羁的生活方式而被嘲讽和妖魔化。迪伦·托马斯和布兰登·贝汉（Brendan Behan）具有异国情调和凯尔特人的特质，似乎打破了所有的文化禁忌，给大众留下经久不灭的印象。迪伦·托马斯本人就是这种极其波希米亚风格的现代体现，如同阿蒂尔·兰波、保罗·魏尔伦和费德里科·加西亚·洛尔迦（Federico García Lorca）等诗人，他们深刻地影响了“垮掉的一代”的诗人和艺术家的生命，诸如凯鲁亚克、金斯伯格、格雷戈里·科尔索（Gregory Corso）和威廉·巴勒斯。那个时代，不管是什么文化流派，只要突破了社会可接受的界限，大众常用的口头禅就是“你会让你女儿嫁给这样的人吗?”从“垮掉的一代”、安迪·沃霍尔和滚石乐队［迪伦在2020年出版的专辑《粗砺喧嚣之路》(*Rough and Rowdy Ways*）中称他们为“英国坏男孩”］，到政治上的激进分子，如马尔科姆·X、埃尔德里奇·克里夫（Eldrige Cleaver）和马丁·路德·金。因为美国一直处于与共产主义势力的对抗之中，所有这些因素都构成了美国的偏执妄想狂症状的文化中的颠覆性元素。这个幽灵甚至在2020年的总统选举中抬头，彼时的拜登被指控为社会主义的特洛伊木马。

从20世纪50年代麦卡锡对共产主义的迫害中走出来的美国，进入了20世纪60年代的反核和支持民权的时代，加上焦躁不安的美国中部地区，为一个综合音乐产业的出现提供了可能，这一产业不仅为主流音乐，而且也为带有颠覆性的音乐提供了途径。一个被20世纪30年代的大萧条破坏的音乐产业，以及与之相伴而生的、来自美国偏远角落的、录制和发行根源音乐与美国黑人音乐（Roots and race music）的独立品牌，在一夜之间消失。这类唱片因为其内容新颖，又容易买到，销量一度相当可观。这些小企业家积极响应本地需求，使得当地的根源音乐、乡村民谣和黑人音乐的歌手唱片可以随时买到，这些歌手也因此在他们的社区小有名气。这些歌手所创作的歌曲揭露了生活在南方农村的普通劳动者极端贫困的恶劣条件，以及存在于北方大城市摇摇欲坠的内郊和经济岌岌可危的中西部地区根深蒂固的种族隔离，并通过一种通俗易懂的媒介讲述了关于艰难以及日渐积累起来的关于匮乏的故事，然而这种媒介随着大萧条而消亡。

穷困潦倒的白人和遭受歧视、被种族隔离的黑人通过这些独立的音乐品牌发出微弱的声音，在主流文化的声浪中几乎难以听见。具有企业家眼光和胸襟的哈里・史密斯（Harry Smith）是“垮掉的一代”的中坚力量，装了一肚子的轶闻趣事，彼时也一直住在切尔西酒店，他抢救了数百张 78 转的黑胶唱片，并汇编了《美国民间音乐选集》(*The Anthology of American Folk Music*，1952 年)，囊括了从根源音乐、蓝调和乡村音乐到黑人灵歌和阿巴拉契亚山地音乐。三张汇编的长唱片中包含 84 个选集，其中第二卷专门献给“社会音乐”。毫不夸张地说，史密斯通过对美国民谣典籍的构建，从而创建了美国的民谣传统，一时成为 60 年代美国民谣复兴运动的圣经。史密斯的选集口味刁钻古怪，不仅在于它对“代表”材料选择上的丰富多样，而且还在于它与标有明确种族标识的商业唱片不同，也和主流音乐不同，这里不标明歌手的种族身份。此选集亦帮助了大萧条之后那些被遗忘的、来自更为广泛的文化光谱的艺人们的事业得以复苏。

新一代的民谣和蓝调歌手积极寻找选集中被提及的演艺圈内人士。他们中的许多人开始出现在纽波特民谣音乐节上（the Newport Folk Festival），此音乐节是音乐制作人乔治・韦恩（George Wein）和他的合伙人阿尔伯特・格罗斯曼（Albert Grossman）在纽波特爵士音乐节成功的基础上于 1959 年设立的。该音乐节的目的是为美国乡村民间音乐传统的多样性和在城市兴起的新民谣与蓝调提供一个平台。比如从 1959 年至 1965 年间，一干有影响力的歌手诸如桑・豪斯（Son House）、多克・沃森（Doc Watson）、多克・博格斯（Doc Boggs）、欧蒂塔（Odetta）、梅贝尔·卡特妈妈（Mother Maybelle Carter）、杰西·富勒（Jesse Fuller）、密西西比·约翰·赫特（Missisippi John Hurt）、密西西比·弗雷德·麦克道维尔（Mississippi Fred McDowell）、加里·戴维斯（Reverend Cary Davis）等人，和其他音乐人一起演出多场，把他们的技艺传授给年轻一代的音乐人，其中包括 1959 年初次登台的琼·贝兹（Joan Baez）和 1963 年首次亮相的鲍勃·迪伦。科恩要到 1967 年才被众人所识。

若没有塞西尔·夏普（Cecil Sharpe）、约翰·洛马克斯（John Lomax）、诺曼·卡兹登（Norman Cazden）、查尔斯·西格（Charles Seeger）和摩西·阿什（Moses Asch）等音乐民族学家们的研究，共同致力于为后代保留丰富的美国遗产，哈里·史密斯的事业不可能有如此成就。1945 年 12 月 31 日，包括彼得·西格（Pete Seeger）、阿伦·洛马克斯（Alan Lomax）和李·海斯（Lee Hays）在内的一群人，在纽约市成立了一个名为“人民之歌”的组织，其使命是发现、创作并推广代表美国劳动人民的歌曲。从 1946 年到 1950 年，“人民之歌”制作了一份简报季刊，成为当时影响力极广的杂志《大声唱！》（*Sing Out*）和《小字报》（*Broadside*）的范例，后两者是 60 年代民谣复兴运动的主要干将。当然，鲍勃·迪伦亮相于公众之时所生活和呼吸的氛围就是如此，他不仅是伟大的美国蓝调和民谣遗产的保存者，也是社会底层、受压迫者和被剥夺权利者的代言人，他们的苦难在迪伦早期的专题歌曲中被悉数表达，鼎力传播。

而加拿大人莱昂纳德·科恩进入民谣复兴运动的圈子，走的则是一条截然不同的道路。科恩早先的十年，大部分时间都生活在希腊的伊兹拉岛（Hydra）。他在岛上创作诗歌和散文，并定期返回蒙特利尔推广他的作品。科恩的这段经历似乎不能明显看出他创作的动力，实际上，其创作动力在很大程度上与迪伦的相似，即对社会问题的关注。十七岁时，在科恩开始正式的写作生涯之前，他是蒙特利尔主打民谣、乡村和西部歌谣的“鹿皮男孩”(the Buckskin Boys) 乐队的成员，他是乐队中的节奏吉他手。1949 年，科恩看到约什 · 怀特 (Josh White) 的现场表演，由此接触到左派民谣。1950 年又在“阳光营”——一个犹太社区营地，认识了左翼运动者和民谣歌手欧文 · 莫顿 (Irving Morton)。莫顿教会了科恩演奏和演唱“人民之歌”中的传统民谣。这些传统民谣的歌词让科恩心醉神迷，以致他在某个夏天特地去了哈佛大学的民间音乐图书馆，研究并聆听了约翰 · 雅各布 · 尼尔斯 (John Jacob Niles)、约翰 · 洛马克斯 (John Lomax) 和阿伦 · 洛马克斯 (Alan Lomax)、年历歌手 (the Almanac Singers)、彼得 · 西格和“人民之歌”中汇编的歌曲，并深为所动。他们在歌词中对社会正义和兄弟情谊的热忱，激发了他创作自己的抒情诗。就其风格而言，科恩与迪伦的不同之处在于：科恩的作品风格深受西班牙的弗拉门戈、葡萄牙的法多，尤其是法多女歌手阿玛利亚 · 罗德里格斯 (Amalia Rodrigues)，以及法国香颂女歌手的影响。

迪伦和科恩以他们各自的方式，在激进民谣传统的伟大遗产和对政治不满的新一代青年之间搭建了桥梁，这些青年往往是左倾的、反建制、支持民权、反越战和反核的。这些对现实不满的年轻人发现他们的声音不可能在媒体中得到体现，或者即便能体现，往往也是以负面的形象被报道。因此迪伦和科恩表达的同情，通常与这些抨击传统、拒绝种族不公、站在被经济体系中的残酷现实压垮的普通劳动者一边的青年们产生共鸣。当然，“垮掉的一代”作为一种亚文化，以其颠覆性为荣，影响了迪伦和科恩。“垮掉的一代”的诗人渴望像法国诗人兰波和西班牙诗人洛尔迦一样，写出吸引民众的诗歌。正是迪伦和科恩在他们的抒情诗中表达的声音，代表了那一代人的愤怒和焦虑，推动了“垮掉的一代”著作的流行。虽然“垮掉的一代”认识到音乐和诗歌之间的密切联系，但若想让他们的作品得到更广大的欣赏群体，现代爵士乐以其自由的表达形式、独特的节奏和不和谐的旋律，并非是适合的媒介。而民谣和民谣 / 摇滚的结合，已被证明是一种更为有效的方式。

这本书并非一部关于迪伦和科恩的职业生涯史。坊间已有许多厚薄不一的传记作品做到了这一点，它们在此处或彼处发现了新的事实，并由此声称作品所具有的独创性。当然，对于读者而言，所有能增进我们了解这两位扑朔迷离的传奇人物的“事实”，实乃多多益善。我们在此书中所提供的，是对他们的职业、个性和背景等各个面向的探索，有助于揭示他们如何成为他们自己，以及哪些对他们的创造性产出构成了影响。

我们从这两位在职业生涯后期所取得的巨大成功开始，以及他们在维持自己在流行音乐圈的地位所面临的挑战，这些挑战不仅发生在他们个人危机期间，而且也发生在音乐产业的革命性变化期间，这种变化不仅改变了流行音乐的录制过程，而且改变了歌曲的销售方式，这使得现场演出和“官方销售”成为市场的主打。当然，该行业将如何从新冠流行病所造成的破坏中走出来，尚有待观察。我们还将呈现他们的职业生涯是如何通过相识、惺惺相惜和偶尔的短暂接触而交汇在一起的。他们从来不是密友，但一直相互尊重，且以浓厚的兴趣关注对方的工作。科恩在他早期的职业生涯中备受赞誉，甚至被约翰 · 哈蒙德（John Hammond）誉为下一个鲍勃 · 迪伦，这无意中使得他们在同一领域中竞争。起初他们对彼此颇有戒心，但他们对彼此的不安全感很快就烟消云散了。

当然，迪伦和科恩同为诗人、创作型歌手，而且都是犹太人，这使他俩有了更为紧密的联系。而且，他俩都在遵守犹太教习俗的家庭中长大，彼此之间自然有一种亲近感。然而，正如已被证实的那样，在他们的生活中有一段重要的时期，宗教让他们的艺术黯然失色。比如鲍勃·迪伦成为重生的基督徒，而莱昂纳德·科恩成为受戒的佛教僧侣。即使两人的这段经历让两者多少有些偏离，但这都是由他们持续的精神追求决定的，这种追求使他们在通往启蒙的道路上尝试了多条道路，但所有的路都通往他们祖先的信仰。这种精神追求与他们的抒情诗，以及在他们所写的歌词中表达的经验既密不可分，又不可或缺。

关于迪伦·托马斯的名字以及鲍比·齐默尔曼（Bobby Zimmerman）如何挪用这位威尔士诗人的基督教名字，将自己变为鲍勃·迪伦的这一行为，坊间已有很多版本流传。多年来这些信息漶漫不清，鲍勃·迪伦明确承认，他确实采用了这位威尔士诗人的名字，但并非出于通常被提及的那些原因。在 2004 年出版的《编年史》（*Chronicles*）中，他说他既喜欢这个拼法，也喜欢这个名字，但他并没有为这位同名的诗歌而倾心。毕竟，鲍勃·迪伦被指控抄袭了无数诗人、作家、剧作家、作曲家甚至摄影师，但从未被指控抄袭迪伦·托马斯。在本书中我们会探究迪伦·托马斯为何在 20 世纪 50—60 年代的美国和加拿大成为重大的文化现象。他一生中所负的盛名，不仅因为他的诗歌，还因为他一以贯之的不负责任和酩酊大醉后的吟诵表演。“垮掉的一代”中的诗人都觊觎他获得的盛名。他向诗人们证明了诗人可以在学院之外做稻粱谋，虽然在现实生活中，对于托马斯而言，这只是一种幻觉。科恩和迪伦都渴望获得这样的名声，但是，就像他们所崇拜的“垮掉的一代”一样，他俩同时也成为他们所模仿的生活方式的牺牲品。

迪伦·托马斯在美国的诗歌杂志《诗行》（*A Magazine of Verse*）1938 年 8 月号上首次发表了他的诗作。这四首诗中有一首《哦，给我做个面具》（O Make Me a Mask），恳求给“我”一个面具和一堵墙，让“我”躲在其后，保护作者不受那些由众人的窥视而形成的威胁。由此，我们认为，迪伦和科恩构建了不同的角色，明确地采用了面具这一形象，使他们能够构建各种身份，试图维护自己的本真，以抵御名声的腐蚀性目光。面具是一个从古至今仍然普遍存在的符号，它有三个主要功能。首先，面具可以改变一个人的形象或个性，可能意味着一个持续地自我创造和更新的过程，往往是为了摆脱观众对这个形象的投射和期望，而这种投射和期望，构成了对表演者的定义。迪伦和科恩开始时的形象主要由他们自己创造：年轻愤怒的抗议歌手和阴郁的教父，而在他们职业生涯的后期，两人都尝试从这些形象中逃脱出来，希望作为艺术家去发展自己；第二，面具的功能是掩盖和伪装：为了保护公众的审视而采取的策略，以保持公共和私我之间的界限；第三，面具的作用是为佩戴者壮胆，以便说出真相，揭示迪伦和科恩所创作的歌曲中人物的个性。

就迪伦和科恩的作品而言，诗歌与歌曲之间的关系一直是持久的讨论话题，他俩都不愿明确宣称自己是诗人或创作型歌手，在直接被问到这个问题时，他们往往会采取模棱两可的回答，从而模糊两者之间的界限。两人都不像查尔斯·布考斯基（Charles Bukowski）那样铿锵有力，后者认为诗歌缺乏小说家、记者或历史学家作品的复杂性。对于布考斯基而言，诗歌是关于感觉的，他补充道：“当人们称我为诗人时，真让我想吐。我是一个作家。”[1] 迪伦和科恩都曾自豪地佩戴过诗人这一头衔，同时也都避开了这一称呼。而当他们接受这个称呼时，两人的态度极其谦逊，不遗余力地表明他们被众人认定为与华兹华斯、勃朗宁、庞德、布莱克和柯勒律治等人处于同一传统之中，这一点让他们颇不自在。迪伦和科恩都被指责出卖了他们自己：迪伦是在他最明确的抗议时期，自豪地继承了诗人的衣钵，但被众人指责，说他因写了更多的个人诗歌而出卖了民谣运动，而科恩则被他在加拿大蒙特利尔的同行们指责为转向歌曲创作，用他的艺术去做交易。科恩巧妙地回避了将他写在纸上的东西定性为诗歌，暗示这是一种判决，是其他人在事后做出的判断。我们尝试在诗与歌谣之间的地域确认方向，以便确定那些既能区分又能识别它们的特征。诗和歌谣可能与两者的表演性密不可分，而正是这种表演性的元素将诗和歌谣结合在一起。洛尔迦对于魔灵（duende）的概念，将伟大的弗拉门戈的影响归结为从精神最黑暗的洞穴中升起，并在表演中表达出来的强大的情感涌动。劳伦斯・费林盖蒂（Lawrence Ferlinghetti）曾评论道，如果没有那把吉他，迪伦的歌曲一无是处。而迪伦在他 2017 年的诺贝尔获奖感言中，亦从本质上为他的表演艺术正名。

最后，我们将探求迪伦和科恩如何找到自己声音的重要灵感来源，试图回答诸如他们渴望什么，以及他们在诗中渴望模仿的对象等问题。这为我们提供了一个途径，将风格不同的歌词加以分类，而我们对这种分类的反应以及就这种分类而提出的问题必须是恰当的。我们认为，法国诗人兰波、西班牙诗人洛尔迦和威尔士诗人迪伦・托马斯对一种类型的诗歌有共同的看法，兰波把这种诗歌归结为感官的失常，洛尔迦归结为灵感，而托马斯则把这种诗歌描述为同时居住在他体内的野兽、疯子和天使所释放的对于恐怖和某种骇人的期盼。这三位诗人给迪伦和科恩以启发，使得他俩将空白的纸张写满，写满这些放弃意图解决和消减神秘事物的诗行，把自己抛置在它最深最黑暗的缝隙之中，这意味着它的意义不指向诗歌之外的任何事物。正如迪伦・托马斯所宣称的那样，诗是自成一体的。它有自己的问题和答案，矛盾与一致，并朝着最后一句诗行行进，这就是它自身的终点。除此之外，诗不存在，其余都是“诗歌中的问题性内容”[2]。

第一章　渴望回家

音乐界充斥着年迈的摇滚明星，涵盖了摇滚、民谣、乡村、民谣摇滚和蓝调等各种风格，他们的职业生涯笼罩了20世纪后半叶至今，大多数人都在审视了自己的生活之后离世，或者正在厘清俗世事务的过程之中。

查克·贝里的最后一张专辑《查克》(*Chuck*)于2017年3月21日他去世后三天发布，并于2017年6月16日发行。查克的女儿英格里德·贝里（Ingrid Berry）与父亲合唱了《亲爱的》(Darlin')，赋予它强烈的情感共鸣。这是一位父亲的告别："亲爱的，爸爸老了，我担心/每年越来越明显的灰发/把头靠在我肩膀上，亲爱的/时间正在迅速流逝。"顺从天命、哀伤和即将来临的苦涩甜美的死亡弥漫于这张专辑之中。大卫·鲍伊在2016年1月8日《黑星》(*Blackstar*)发布后的几天去世。鲍伊在被诊断出肝癌后写下并录制了这些曲目，为专辑的形式和内容增添了一种力度。

在这些生命沉淀后的作品中，约翰·麦伦坎普（John Mellencamp）的《生活、死亡、爱与自由》(*Life, Death, Love and Freedom*，2008年)、尼尔·戴蒙德（Neil Diamond）的《天黑之前回家》(*Home Before Dark*，2008年）和保罗·麦卡特尼的《几近完满的记忆》(*Memory Almost Full*，2007年，在他64岁时写下并录制)，被视为对长寿带来的好坏参半的不确定性以及向渐渐逼近的死亡告别致意。尽管死亡始终弥漫于鲍勃·迪伦和莱昂纳德·科恩的诸多专辑，但他们漫长的告别显然是他们许多专辑的特点。《被遗忘的时光》(*Time Out of Mind*，1997

年）经常被认为是迪伦的告别声明，这之前他已有七年未发布新作。《被遗忘的时光》源于他被迫面对他所谓的“生活的可怕现实”[1]，他在一个飘雪的冬季被困在偏僻且严寒的明尼苏达农场里，引发了迪伦一种对自己必死性的不无忧郁的接受。葬礼般的《试图进入天堂》（Tryin' to Get to Heaven）和《天还未暗》（Not Dark Yet）使迪伦的狂热粉丝相信他正在了结他的世俗事务，与造物主言和，而与他同名的那位诗人所写的诗句“怒吼，怒吼吧，反抗光明的消逝”[2]则相左。《天还未暗》以诡异、悲伤、黑暗的音调呈现：

体内每根神经都如此空洞麻木
我甚至记不起是为了逃离什么才来到这里
甚至听不见一丝祷告
天还未暗，但已不远。

迪伦在1997年5月罹患心包炎，几乎危及生命，此病又导致他心脏周围的炎症，感染了一种罕见的真菌。大家都认为他的这张专辑是因为罹患此疾而作，然而，迪伦坚称这张专辑在他得病之前就已完成。尽管有种种不同猜测，但这种难以忍受的疼痛并没有产生任何哲学上的深刻思考，因为病痛并非他自己想要，他也并不迫切需要一个休整期，以便重新审视自己的生活。[3]

科恩的《亲爱的希瑟》（*Dear Heather*，2004年）以低声细语呈现疲惫的无奈，以及对这种无奈的告别，他在专辑中将拜伦勋爵的诗《不再漫游》（Go No More A-Roving）谱曲，而《信仰》（The Faith）则包含了这样的歌词：“每座山上都有十字架 / 一颗星，一座清真寺 / 那么多需要填满的坟墓 / 噢，爱啊，你还没累吗？”约翰·刘易斯（John

Lewis）在《未删减》里评论说，这张专辑充满“反思、困惑，低语和缄默”，“像是写给自己的悼词”。[4] 然而，科恩与帕特里克·莱昂纳德（Patrick Leonard）共同创作的《旧理念》(*Old Ideas*，2012 年）更明确地表达了他即将离去的意思，其中包括《回家》(Going Home）和《黑暗》(Darkness）等歌曲。在《黑暗》中，他唱道：“我没有未来 / 我知道我的日子所剩无几 / 现在的时光并不那么愉快 / 只是很多事情要做 / 我以为过去会陪伴我 / 但黑暗也占据了它。”

诗人、小说家、画家和歌手莱昂纳德·科恩在洛杉矶一个毫不起眼的郊区与女儿洛尔迦、孙子孙女生活在一起，住所毫不张扬，于 82 岁在自己的住所与世长辞。科恩的职业生涯也正是在这段时间经历了一次难以想象的巨变，这一转变始于新千年，那一年他发布了《十首新歌》(*Ten New Songs*，2001 年)，标志着他生命中最多产时期的开端。在《你想让它更暗？》(*You Want It Darker*，2016 年）发布的时候，已有迹象表明他病情严重。那一年的早些时候，他在前情人和缪斯玛丽安娜临终的床前表示，如果她伸出手来，她会发现他的去日也将不远。这是他生前发布的最后一张专辑，也是他录制和演出生涯中最成功的巅峰之作。

在去世前三周发布的专辑《你想让它更暗？》[5] 中，他回顾了与犹太教的和解，即使当他成为佛教僧侣时，他也从未完全放弃过犹太教。发表于 2016 年 10 月 10 日《纽约客》杂志上的与大卫·雷姆尼克（David Remnick）的访谈中，科恩确认了这种和解，他说：“精神上的事情，‘Baruch Hashem’——‘感谢上帝’——已经找到了位置，对此我深为感激。”[6] 在这张专辑中，抵抗与顺从同样强烈：“我与恶魔搏斗 / 他们是中产阶级，温良可驯 / 我不知道是否可以杀人和戕害。”愤怒逐渐让位于平静的顺从：“Hineni, hineni。主啊，我准备好了”(《你想让它更暗?》)。Hineni 有多种微妙含义，这是亚伯拉罕回应上帝呼唤时的希伯来语，意为“我在这里”(《创世记》，22：1)。它不仅表示身在何处，还暗示了完全的在场、全神贯注，并全然服从上帝的意愿。这是一种完全顺从的回应，全部奉献自己，把自己置于服务上帝之中。如果这还不足以明示科恩的即将离世，那么《我正离开这张桌子》里的歌词一定让听者确信无疑：“我无需宽宥 / 也无人可以谴责 / 我正离开这张桌子 / 这场游戏我已出局。”

这张专辑获得了广泛好评。《曼彻斯特卫报》的亚历克西斯・佩特里迪斯将其评为当周最佳专辑。[7] 它是科恩商业上最成功的专辑之一，加拿大排名第一，美国排名第七，英国排名第四，并赢得 2017 年的朱诺奖，在大多数欧洲国家取得了惊人成功。2018 年 1 月，继科恩 2010 年获得格莱美终身成就奖后，这张专辑的同名曲目在他去世后荣获格莱美奖的最佳摇滚表演奖。[8]

在专辑《你想让它更暗?》的新闻发布会上，科恩暗示可能会很快推出另一张专辑：“承蒙上帝的意愿，我也许会有另一张专辑问世，但谁也说不准。”[9] 亚当・科恩经过三年的艰苦努力，于 2019 年 11 月 22 日发布了其父的第十五张，也是最后一张录音室专辑《谢谢陪我跳这支舞》(*Thanks for the Dance*)。[10] 它延续了《你想让它更暗?》的阴郁氛围，接受了死亡的现实，但更为重要的是，它是一部舍弃自我的作品，恳求听众通过上帝的创造来与世界互动，如《听蜂鸟的鸣声》(Listen to the Hummingbird)和《目标》(The Goal)。[11] 在前面这首歌里，他请求我们：“聆听上帝的心灵 / 虽然这心灵并不需要存在 / 聆听上帝的心灵 / 不要听我说话”，而在后面这首歌中，“无人可追随 / 也没什么可教授 / 除了目标 / 无法达到”。

在科恩宣布《你想让它更暗?》的那场发布会上，他说没有人比鲍勃·迪伦更了解作品是如何完成的，它并非作者有意为之，无人知道它们何时会再次出现，或者是否会再次出现。2020年3月，时年79岁的鲍勃·迪伦，这位歌手、词曲创作者、诺贝尔奖获得者，在肆虐全球的COVID-19大流行中，发布了《最邪恶的谋杀》(Murder Most Foul)，这是他自2012年9月推出的当时备受赞誉的专辑《暴风雨》(*Tempest*)之后的第一支原创作品。新专辑《粗砺喧嚣之路》(2020)的标题暗示了吉米·罗杰斯(Jimmy Rodgers)1929年的同名歌曲，以及20世纪90年代晚期有相同标题的两张专辑，副标题分别为："美国早期乡间音乐"以及"坏人的歌谣和从地狱复活的歌"。[12] 在迪伦的《粗砺喧嚣之路》专辑中的《基·韦斯特：哲学家的海盗》(Key West: The Philosopher's Pirate)这首歌里，并没有包含吉米·罗杰斯的经典作品，罗杰斯、阿姆斯特朗(Armstrong)、赫利(Holly)——歌词里的吉米(Jimmy)、路易斯(Louis)和巴迪(Buddy)被艾伦、格雷戈里和杰克(即金斯伯格、科索和凯鲁亚克)所取代，这些都是已故的20世纪的美国文化英雄，迪伦声称这些人都在错误的轨道上出生。整张专辑都充满了黑暗，充斥着死亡、屠杀、威胁、紧张和恐吓，与宗教、上帝、不朽，与活着的传奇人物并置在一起。

《粗砺喧嚣之路》延续了《暴风雨》熟悉的主题：爱与死亡。《粗砺喧嚣之路》的第二支单曲《万物皆备于我》(I Contain Multitudes)附有一张迪伦在20世纪80年代末至90年代初的照片，他身穿银色丝绸衬衫，弹奏着那把黑色Fender Stratocaster吉他，颇具挑衅的目光向下注视着相机镜头。此标题与2016年《经济学人》的年度图书《万物皆备于我》[微生物学家埃德·永(Ed Yong)所著]同名。[13] 这是一首愤怒，甚至带有一丝苦涩的歌曲，让人回想起迪伦在60年代中期的形象，那位满身态度的年轻人——恶毒、尖刻、轻蔑。"我会出卖你，我会在

你头上加个价 / 还有什么好说的？我与生死同床。”关于最后一句，当迪伦被问及是否经常思考死亡时，他回答说，他思考的是人类的死亡，以及裸猿漫长而奇特的进化：“每个人，无论多么强壮伟大，面对死亡时都很脆弱。我是以普遍性的方式来思考它，而不是以个人的方式。”[14]

《粗砺喧嚣之路》中对死亡的执念使我们回到了以他的姓名为题的第一张专辑。《鲍勃·迪伦》(1962 年) 这张以蓝调、根源音乐、乡村和民谣为表现形式的旧时的美国音乐，是对他在 1964 年的歌曲《我的另一页》(My Back Pages) 中一句歌词的经典释义：“那时我老得够呛，现在我更年轻”[收录在专辑《鲍勃·迪伦的另一面》(*Another Side of Bob Dylan*)]。正如罗伯特·谢尔顿 (Robert Shelton) 所说的那样，第一张专辑是“迪伦的遗嘱和见证，也是迪伦的新生”。[15] 自那时以来，迪伦已经经历多次重生、死亡和复活，如今他更年长，他说：“记不得我何时出生，也忘记了我何时死去”[《假先知》(False Prophet)]。

该专辑引起了极高的评价。例如，《新音乐快报》(*New Musical Express*) 认为这是迪伦迄今为止最宏大的诗意表达。[16]《曼彻斯特卫报》的基蒂·恩派尔 (Kitty Empire) 将其评为本周最佳专辑。[17]《滚石》杂志称其为“绝对的经典——它拥有像《摩登时代》(*Modern Times*) 和《暴风雨》这种迪伦的后期专辑所具有的荒凉庄严，但同时又超越了它们，更深地进入美国的神秘性所具有的浩瀚”。[18] 乐评杂志 *Mojo* 则认为它可以被视为对日益萎缩的现代文化的一剂疫苗，简而言之，它是“伟大的音乐”，是迪伦“视野之阔大的见证”。[19] 这是迪伦的第三十九张录音室专辑，也是他在英国的第九张冠军专辑，是自《夜之暗影》(*Shadows in the Night*，2015 年) 以来的第一张，其中包括对弗兰克·辛纳屈 (Frank Sinatra) 演唱的成名曲目的翻唱，例如《那些让人心醉神迷的夜》(Some Enchanted Evening)、《这轮幸运又苍老的太阳》(That Lucky Old Sun) 和《秋叶》(Autumn Leaves)。

迪伦与科恩

鲍勃·迪伦和莱昂纳德·科恩从未成为密友，但作为熟识，他们彼此欣赏。科恩将他们多年来的友谊描述为“间歇性的”，并补充道：“我很少见他，但我们总是以一种令人非常满意的方式联系在一起。”[20] 迪伦正是科恩怀有这样一种信念的原因：既然他作为诗人和小说家无法谋生，而如果他将自己的诗歌改编成音乐，甚而为了录制而特意创作的歌曲，最终会让他时来运转。在迪伦和科恩首次见面时，这位加拿大人已经凭借《莱昂纳德·科恩的歌》(*Songs of Leonard Cohen*，1967 年 2 月) 和《来自一个房间的歌》(*Songs From a Room*，1969 年 4 月) 获得广泛好评，他的诗歌和散文也取得了此前在加拿大之外难以获得的声誉。

到了 1969 年，迪伦已经从自我流放中走出来，开始频繁出没于他以前经常光顾的格林威治村。他已经获得了难以想象的巨大声名，在 1966 年的环球巡演之后疲惫不堪，进入半隐居状态。在那次巡演中，他在英国曼彻斯特的自由贸易大厅遭受了被部分听众称为“犹大”的遭遇，[21] 此遭遇在现在看来是一种低劣的侮辱。三张专辑面世之后，他逐渐发展出“纤细、狂野、水银般的声音”[22]，以《约翰·卫斯理·哈丁》(*John Wesley Harding*，1968 年) 重新出现。这种声音完全放松，以乡村蓝调 / 根源音乐的风格和节奏蓝调为特色，唤起了众人对往日无法无天的美国乡村的意象，与《全都带回家》(*Bringing It All Back Home*，1965 年)、《重访 61 号公路》(*Highway 61 Revisited*，1965 年) 和《金发女郎》(*Blonde on Blonde*，1966 年) 中的城市景观形成对比。

迪伦的首张专辑《鲍勃·迪伦》深受那一代蓝调男女歌手所唱的福音歌的影响，他们的事业随着哈里·史密斯的《美国民间音乐选集》（1952年）发布，以及民谣、民谣乡村音乐的日益流行而复兴，这预示了被大萧条所吞没的往昔的美国乡村的重新发现。自诩为嬉皮士的史密斯长期居住于切尔西酒店，并与愿意倾听的人，其中就包括迪伦和科恩等人，不定期举行发布会。由于他对美国民间根源文化的广泛了解，他吸引了很多胸怀抱负的民谣歌手们。

然而，《约翰·卫斯理·哈丁》这张专辑的灵感并不来自蓝调和福音歌手，而是来自《圣经》本身，特别是《旧约》和美国乡村历史。在这张不到45分钟的专辑中，迪伦对《圣经》的引用超过60处。其中15个出现在《弗兰基·李和犹大祭司歌谣》（The Ballad of Frankie Lee and Judas Priest）中。[23] 艾伦·金斯伯格在1961年与科恩一起住在希腊的伊兹拉岛，并且成为鲍勃·迪伦的亲密朋友与仰慕者，他评论说，《约翰·卫斯理·哈丁》的每一行都有意义，不仅仅是为了与前面的内容押韵，还要推进叙事，每个意象都有一个目的，而不仅仅是出于装饰性的目的。

《约翰·卫斯理·哈丁》的封面迎合了当时的流行趋势，但它在唱片的声音或专辑的封面形象中特意隐藏了一个信息。当专辑封面被颠倒过来时，作为四个主要人物的背景的树皮上包含了缩小了的披头士乐队的迷幻形象和迪伦本人。在当时他被认为是全球最酷的人的日子里，这暗示着他不仅对《佩珀军士的孤独之心俱乐部乐队》——封面上出现了他和迪伦·托马斯的形象——的拒绝，也否定了他曾经的波希米亚风格。该专辑是迪伦迄今为止销量最高的一张。

由于迪伦的自我放逐，人们看不到他的演出，但是他的传奇形象仍在不断完善和展现。由于消费者期望艺术家每年发布一两张由系列单曲构成的专辑，以满足无止境的欲望和善变的粉丝群体的需求，哥伦比亚唱片公司发布了两张《鲍勃·迪伦畅销作品集》，这是一个巧妙的营销策略，因为其中大部分歌曲也是其他歌手的热门曲目，比如彼得、保罗和玛丽（Peter, Paul and Mary）、乌龟乐队（The Turtles）和鸟群乐队（The Byrds）演唱的作品。

潘尼贝克（D. A. Pennebaker）于1967年5月17日在旧金山的Presidio剧院首映了纪录片《别回头》(*Don't Look Back*)，并于同年9月6日在纽约的34街东方剧院放映。这部电影记录了1965年迪伦的英国巡演，片中的迪伦被刻意剪辑成嬉皮士形象，在伦敦的萨沃伊酒店举行公众见面会的时候，他以尖刻的口吻和不留情面的话语羞辱了唐诺万（Donovan）和琼·贝兹。电影以“地下乡愁蓝调”(Subterranean Homesick Blues）的宣传片段开头，而金斯伯格潜伏于背景之中。2006年发行的豪华版还包括另一张DVD，其中包括未被选进电影的部分，这部分包括“地下乡愁蓝调”的作为备用的宣传片和第二个剪辑版本，这个版本中，迪伦的形象柔和很多，不那么尖刻，而且对追星一族报以真诚的关怀和投入。

事实上，在1968年5月，迈克尔·拉奇塔（Michael Iachetta）在离伍德斯托克不远的迪伦家中采访到的迪伦，更接近迪伦本人的形象。在那里，以及在名为“大粉红屋”(The Big Pink）的房子里，鹰乐队[the Hawks，即后来的乐队合唱团（The Band）]，和迪伦录制了《地下室磁带》(*The Basement Tapes*，迟至1975年才发行)，完整版本出现在《拾遗系列》第11卷中（*Bootleg Series*, 2014年）。从1967年末开始，“纤细、狂野、水银般的声音”让位于“古老的海上船歌，对人生荒谬之处充满旋律的反思，硬摇，嬉笑怪诞的虚构人物，用音乐向根源音乐的前辈英雄们致敬……对虔诚的灵歌和西部乡村哀歌，以及叙事蓝调的崭新诠释”。[24]

录制期间，包括《无事生非》(Too Much of Nothin')、《轮子着火了》(This Wheel's on Fire) 和《爱斯基摩人昆恩》(Quinn the Eskimo) 在内的 14 首歌曲被制成唱片，并由迪伦勤劳的经纪人阿尔伯特・格罗斯曼推销给其他音乐艺术家。朱莉・德里斯科尔（Julie Driscoll）、布莱恩・奥格和三位一体（Brian Auger and The Trinity）录制了《轮子着火了》，在 1968 年进入英国排行榜，最高排名第 5 位，而迪伦认为曼弗雷德・曼恩（Manfred Mann）是最能演绎他音乐的乐队，他们将《爱斯基摩人昆恩》重新命名为《英勇无匹的昆恩》(Mighty Quinn)，翘居排行榜榜首。

1969 年，人们翘首期待《约翰・卫斯理・哈丁》的续集，迪伦的传奇地位因为他的神秘缺席而更加提升。当他听到科恩的《莱昂纳德・科恩的歌》和《来自一个房间的歌》时，肯定深为触动：即同为犹太人的他们，都从《圣经》中汲取灵感创作歌词。如果迪伦读了《莱昂纳德・科恩的歌》的评论，他一定会注意到评论中比较这两位诗人的频繁程度。在讨论科恩的歌词时，迪伦的名字经常被提及。[25]《滚石》杂志上一篇不咸不淡的评论指责科恩自命不凡，认为他错误地以为诗歌很容易转化为歌曲：“然后有了迪伦惯用的颠倒的形象（‘他的烟熏到我的眼皮，又朝着我的烟抡了一拳’）：‘我把我的心展示给医生 / 他说我必须戒掉 / 然后他给自己开了一张处方 / 其中提到你的名字。’”[26] 评论者颇为勉强地承认专辑中有三首杰作。

这两位词曲创作人都和约翰・哈蒙德有联系，后者与玛丽・马丁一起，为哥伦比亚唱片公司签下了他们两位。玛丽・马丁是科恩的经纪人，也是加拿大人，对音乐圈了如指掌。她雄心勃勃，机智灵活，从格林威治村的“苦尽甘来”酒吧的女招待起步，成为阿尔伯特・格罗斯曼的执行助理，然后成为华纳兄弟唱片公司的艺术与制作总监，最后进军经纪界。她不断推动加拿大的“鹰”乐队，最终通过哈蒙德搭桥，开始与迪伦合作。[27]

科恩熟悉鲍勃·迪伦的作品，也认识到其优秀之处，以及呈现出的天才和出色的歌词才华。他认识到自己和迪伦之间存在某种联系，但经过十多年的诗歌和散文写作，科恩已经找到了自己的文学声音，所以他对迪伦的钦佩并非是想如同他那样写作，而是想成为像他一样的人。他被迪伦取得的盛名所吸引，就像蒙特利尔成千上万胸怀抱负的男人一样，肩上扛着吉他，有朝一日能够和迪伦一样扬名立万。[28]

1966 年科恩抵达纽约时，其实处境艰难。经纪人先后都拒绝了他的邀请。他的外表被认为太“正”，年龄也对他不利，他的歌曲又太过悲伤。他和埃尔维斯·普雷斯利同岁，而普雷斯利已经有了十年的成功经历。最终，另一位加拿大人罗伯特·赫尔斯霍恩（Robert Hershorn）介绍他给玛丽·马丁。通过她的人脉，科恩得到了必要的引介。朱迪·柯林斯（Judy Collins）在她的突破性专辑《在我的生命里》(*In My Life*，1966 年）中录制了他的两首歌曲，分别是《苏珊》(Suzanne）和《排练裙》(Dress Rehearsal Rag)。该专辑还包括鲍勃·迪伦的《大拇指汤姆的蓝调》(Thom Thumb's Blues）和布莱希特（Brecht）的《海盗珍妮》(Pirate Jenny)。科恩突然作为一个词曲创作人获得了一些声誉。虽然关于科恩彼时对纽约的印象存在不一致的说法，但总体上，他非常开心。事情开始有所进展。尽管与十年前的凯鲁亚克和金斯伯格的情况不同，但一种“相容的感性”正在蓬勃发展，他为此感到振奋。[29]

正是马丁将科恩介绍给了哈蒙德。她让科恩在她公寓的浴室里录制了一些演示音频，并让鹰乐队的加思·哈德森（Garth Hudson）为出版而抄写了乐谱的主旋律。马丁和她的律师朋友 E. 朱迪思·伯杰

（E. Judith Berger）亲自带着音乐和演示音频拜访了哈蒙德。[30] 哈蒙德并不害怕冒险尝试非主流的事物。在与科恩共进午餐并前往切尔西酒店后，哈蒙德说："他不像我以前听过的任何音乐人。我只想找到一个真正的原创作品……这个年轻人制定了自己的规则，他是真正一流的诗人。"[31] 哥伦比亚公司的代理首席执行官比尔·加拉格尔（Bill Gallagher）认为哈蒙德疯了，想为唱片公司签下一位 32 岁的诗人。在哈蒙德看来，科恩是下一个迪伦，也是他想要签约的最有智识的艺术家，因此他坚持说服了即将上任的总裁克莱夫·戴维斯（Clive Davis）给予他许可。

1968 年 1 月，大概在《莱昂纳德·科恩的歌》发行之前一个月，也是他自己的《约翰·卫斯理·哈丁》问世的月份，迪伦回到了纽约。他开始尝试重新面对公众，参加了伍迪·格思里（Woody Guthrie）纪念音乐会。由 The Crackers（即鹰乐队）担任他的伴奏，在下午和晚上的音乐会上表演。他们下一次正式的公开亮相是在 1969 年英国怀特岛音乐节上，而不是美国的伍德斯托克音乐节。由于音响技术上的问题，迪伦和乐队合唱团的演出反响平平，但正是在那里，他们重新演绎了一些在"大粉红屋"录制的曲目。

迪伦对这位比他年长六岁的加拿大歌手和词曲创作家很感兴趣。迪伦邀请科恩到"一罐鱼"（Kettle of Fish）酒吧见面，彼此说了些客套话。他们都是迪伦·托马斯的崇拜者，而迪伦·托马斯与他们的共同朋友艾伦·金斯伯格于 1952 年 4 月在圣雷莫酒店（San Remo）见过面。科恩还没有克服自己对巡演的恐惧，而迪伦则对重返巡演之路忧虑重重。迪伦的《约翰·卫斯理·哈丁》和《纳什维尔的天际线》（*Nashville Skyline*，1969 年），以及科恩的《莱昂纳德·科恩的歌》和《来自一个房间的歌》都远离了迷幻药、扭曲的音效、超现实意象和夏日爱情（1967 年）中"鲜花的力量"（Flower Power）以及 1968 年 5

月的革命政治。然而，这些专辑仍然有着隐藏的深度和黑暗，一种在迪伦的音乐中延续的黑暗，以不同的方式：他在《暴雨将至》(Hard Rain's a-Gonna Fall)中开始探索的荒凉景象。《约翰·卫斯理·哈丁》中的《清晨当我出门》(As I Went Out One Morning)激发了肖恩·伊根(Sean Egan)写下这样一段评论，他认为这首歌预示了一种“可怕的命运”，以一个突然的结尾，留下了尚未梳理的情感和令人不安的“料峭寒意”。[32] 在我们生活的这个世界中，充满了诸如圣奥古斯丁(St Augustine)、汤姆·佩恩(Tom Paine)，也有犹太祭司(Judas Priest)和邪恶的信使(the Wicked Messenger)* 这样的人，他们代表了善恶之间、光明与黑暗之间不懈的冲突。

科恩精心打造的诗歌，配上曲子，更多地受到法国香颂和西班牙弗拉门戈吉他和弦的影响，而不是美国根源音乐，然而这些作品无论他如何努力逃避，仍然展现出黑暗和边缘性的重重暗影。例如，《老师们》(Teachers)是一场卡夫卡式的噩梦，一种失去理智的非现实感，以致所有关于锚定和确定性的主题都被剥去：“我遇到一个失去理智的人 / 在我必须找到的某个失落之地 / 跟我走，智者说 / 但他走在我的身后”(《莱昂纳德·科恩的歌》)。或者一首已成为他代表性的作品：“像一个难产的婴儿 / 像一个带角的野兽 / 我撕碎了每一个把手伸向我的人”[《电线上的鸟》(Bird on the Wire)，专辑《来自一个房间的歌》]。

因为科恩经常被誉为新的鲍勃·迪伦，甚至约翰·哈蒙德也如此评价，科恩就比其他众多竞争者更有可能承担这个称号。因为迪伦和科恩在相同的领域创作，或者说彼此争夺同一块领域，所以他们之间产生了一种戒备心理或疏离感。迪伦习惯了按照自己的意愿来选择唱片制作人

---

* 这四个名字都出现在迪伦的专辑《约翰·卫斯理·哈丁》中。——译者注

和音乐家，而在他看来，科恩似乎是在插足他的领域。鲍勃·约翰斯顿（Bob Johnston）是迪伦的唱片制作人，他也制作了科恩的专辑《来自一个房间的歌》，哥伦比亚唱片公司向科恩施压，要求他进行一次大规模巡演来推广他的专辑，科恩同意了，条件是鲍勃·约翰斯顿加入他的巡演乐队。科恩还邀请了迪伦的两位常备乐手，罗恩·科内利厄斯（Ron Cornelius）和查理·丹尼尔斯（Charlie Daniels）。这两位音乐家从鲍勃·迪伦那里得到的印象是，他希望他们在他和科恩之间做出选择。他们选择了与科恩一起巡演，随后他们感受到迪伦的自尊受到了伤害，迪伦没有再邀请他们为他工作。

1970 年夏天，科内利厄斯感觉到科恩和迪伦之间存在的紧张气氛。迪伦故意录制了他认为糟糕透顶的专辑《自画像》(*Self-portrait*)，目的是让粉丝们对他死心，打破他们珍视的关于他的田园牧歌式和反传统的形象所持有的幻想——名声和压力于他而言实在大到难以承受。这在评论家中起到了预期的效果，引发了格雷尔·马库斯（Greil Marcus）在《滚石》杂志上的评论中反问："这是什么玩意儿？"此时科恩已从欧洲巡演回来，在那里他无疑夺走了迪伦的王冠，但在美国，迪伦仍然是不可撼动的。科恩于 7 月 25 日在福雷斯特山（Forrest Hill）演出。他因药物滥用而身心俱疲，面对雨中的网球场大小的观众席，他的心情沮丧，而他的表演反映了他的情绪。科恩乐队的伴唱歌手苏珊·马斯曼诺（Susan Musmanno）承认这是一场糟糕的表演。[33]1970 年 8 月 8 日，《公告牌》杂志的南希·埃尔利希（Nancy Erlich）发表了一篇措辞严厉的评论，将科恩描述为一个"紧张不安的人"，以一种毫无生气的声音演绎，沉闷无趣的嗓音有一种"死人说话"的质感。迪伦趁机去看了科恩的表演，并去后台探望他。安保措施很严格，一个过于尽职的保安最初阻止了迪伦进入该区域。科恩的乐队成员鲍勃·约翰斯顿开玩笑地声称他从未见过迪伦，这句玩笑话让迪伦感到很尴尬。当迪伦和科恩最终交谈时，一开始他们故意装出漠不关心的样子，对话生硬，双方都像两只弓着背的猫一样做姿做态[34]，科内利厄斯形容这是他经历过的最怪异的氛围之一。[35]

1971 年，科恩的事业在美国濒临崩溃的边缘。美国的观众并不习惯表演者将内心的情感袒露无遗，所以他只是小众口味。他最近的专辑《爱与恨之歌》(*Songs of Love and Hate*，1971 年）在纳什维尔与鲍勃・约翰斯顿一起录制了近一年，气氛阴郁，充满自戕的情绪，反映了他消极和沮丧的心情。科恩解释说，一切似乎都在分崩离析："我的精神，我的意愿，我的意志……我开始相信人们对我的唱法所说的所有负面的东西。我开始讨厌自己的声音。"[36] 这张专辑在美国排行榜名列第 145 位，令人惊讶的是，它在加拿大的排行榜也只到第 63 位。在其他地方，情况稍有挽回：澳大利亚排名第 8，英国排名第 4。专辑中包含了他之后最著名、最成功的两首作品，《著名的蓝色雨衣》(Famous Blue Raincoat) 和《圣女贞德》(Joan of Arc)。

在当时，通过录音室录制作品的流行歌手，他们的唱片在市场的上架时间通常都很短暂，哥伦比亚唱片公司开始将科恩视为一种负担。而科恩向来不情愿通过巡回演出以促进销售，这就更无法给他带来任何好处。科恩摆脱了玛丽・马丁，他认为后者在出售包括《苏珊》在内他最好作品的版权时，他吃了大亏。

科恩的律师马蒂・马夏特（Marty Machat）成为他的经纪人，他对科恩说，这个圈内的人就没有会唱的，以此来安抚科恩对自己音质的担忧。如果他想听真正唱得好的，得去大都会歌剧院。马夏特说服科恩进行为期一个月的欧洲巡演，并应允行程中包括耶路撒冷，巡演于 1972 年 3 月 18 日从都柏林的国家体育场开始。科恩只带了一小组人，一个简陋的巡演团队，其中包括吉他手罗恩·科内利厄斯、贝斯手彼得·马歇尔（Peter Marshall）和风琴演奏鲍勃·约翰斯顿的乐队。伴唱歌手是詹妮弗·沃恩斯（Jennifer Warnes）和唐娜·沃什伯恩（Donna Washburn）。

马夏特聘请了电影制片人托尼·帕尔默（Tony Palmer）拍摄这次巡演的纪录片，采用了彭尼贝克 **1967** 年的迪伦纪录片《别回头》里使用的真实电影（Cinéma vérité）的拍摄手法。科恩的纪录片没有旁白，没有采访，极少涉及他过去的职业生涯。尽管马夏特希望这部电影能够挽救科恩的事业，但科恩拒绝了剪辑的初版，抱怨自己看起来显得对抗性太强。他告诉帕尔默，他不想被描绘成专门写多愁善感的情歌创作者，比如《苏珊》和《再见，玛丽安娜》(So long Marianne)。他补充说："我的歌曲是政治性的，虽然不是那种很张扬的政治性。这是我希望在电影中展现出来的。"[37] 直到四十年后，这部纪录片才得以面世。

1975 年 **12** 月，科恩在美国反响平平的巡演后回到蒙特利尔。作为他新专辑的全球巡演的一部分，这次巡演的乐队由专辑《新瓶旧酒》（*New Skin for the Old Ceremony*，**1974** 年）的制作人约翰·利索尔（John Lissauer）安排组成。这段时期因科恩饮酒过度且滥用药物，情绪经常降至谷底，这种情形自是预料之中。正是在这个月，鲍勃·迪伦的"滚雷"(Rolling Thunder Revue）巡演来到了城里。迪伦立即想到把科恩纳入演出阵容，他请他们的共同熟人拉里·斯洛曼（Larry Sloman）给科恩打了个电话。科恩对卷入人群持犹豫和保留的态度。斯洛曼向他保证从后门将他带进去，以避免人多拥挤。此时迪伦抓起话筒问："最近如何，莱奥纳德？"科恩回答："没什么好抱怨的。""嗯，我倒可以抱怨，但我可不干！"迪伦邀请他观看演出，科恩礼貌地接受了。迪伦随后邀请他上台与乐队合作，科恩的回答含糊其辞。当晚晚些时候，斯洛曼与萨拉·迪伦（Sara Dylan）一起去接醉醺醺的科恩和他的派对朋友们。

演唱会在蒙特利尔体育馆举行，尽管斯洛曼、萨拉·迪伦和琼尼·米歇尔（Joni Mitchell），多次恳请，科恩仍然拒绝了。科恩大声说道："得让人们知道，只有我鄙视这种显而易见的支持。我就坐在外面好了。"[38] 当被问及原因时，他说这个做法太明显了。[39] 人们不太清楚他到底什么意思，但他不像迪伦那样习惯为了狂欢式的壮观场面而重新包装自己的歌曲。斯洛曼推测，科恩在他的音乐呈现方面是一个控制狂，他希望在合适的场合下演出他的作品，而不是与乐队即兴演奏。[40] 伊恩·贝尔（Ian Bell）认为，"滚雷"巡演是迪伦在 20 世纪 70 年代混乱心态的反映，"只有不多的几个人，比如帕蒂·史密斯（Patti Smith）和莱昂纳德·科恩，会有自我控制和常识，与'滚雷'保持距离"。[41]

迪伦在剪辑他命运多舛的电影《雷纳尔多和克拉拉》(*Renaldo and Clara*）期间，又发生了一次和科恩的录制会面，这次还有金斯伯格陪同。科恩和迪伦都在努力找到各自在快速变化的流行音乐领域中的位置。1977 年，马夏特同时是莱昂纳德·科恩和菲尔·斯佩克特（Phil Spector）的经纪人。马夏特为斯佩克特与华纳兄弟公司签了一份有利可图的合同，其中包括一笔巨额预付款，但斯佩克特未能兑现承诺。他与雪儿（Cher）开始合作，但在一次录制中，因为他在给予建议时有些过于随意，与雪儿的男友大卫·格芬（David Geffen）发生了严重争执。两人都超级自负，这次冲突破坏了他们的合作关系。

格芬是一个相当能干的人，他在 1973 年通过先与罗比·罗伯逊（Robbie Robertson）交朋友，说服鲍勃·迪伦签下了他新成立的 Elecktra/Asylum 唱片公司的一张专辑合约，这是在同年迪伦与哥伦比亚唱片合同到期后发生的。迪伦对哥伦比亚唱片公司感到愤怒，因为该公司解雇了总裁克莱夫·戴维斯，并且阿尔伯特·格罗斯曼从交易中获得的高额分成一直让他非常恼火。迪伦认为唱片公司没有推广他的作品，尤其是对于《巴特·加勒特与比利小子》(*Pat Garret and Billy the Kid*)的原声带，唱片公司似乎漠不关心他是否留在这个唱片公司，直到单曲《敲天堂的门》(Knockin' on Heaven's Door)在排行榜上取得了意外成功（美国排第12位，英国排第14位）。[42]迪伦与格芬达成了君子协定：他将与乐队一起录制一张录音室专辑，并进行为期一个月的宣传巡演，可能还会出一张现场专辑，迪伦将从中获得大部分利润。《行星波》(*Planet Waves*)就是由此产生的专辑，很快登上美国排行榜榜首，但销售迅速下滑。尽管要求再次巡演的观众数量惊人，迪伦对专辑销售仍感到失望。他在某种程度上负有责任，因为他的犹豫不决延迟了发行时间，直到巡演开始后才发布，然后在演出中只演奏了其中的三首，《你让我念念不忘》(Something There Is About You)、《婚礼之歌》(Wedding Song)和《永远年轻》(Forever Young)。到巡演结束时，只有《永远年轻》仍然在演出曲目中。迪伦对格芬并不完全满意，并利用巡演的成功和《行星波》的排行榜名次与哥伦比亚唱片公司谈成了一份更有利的合同。[43]

华纳兄弟公司正在催促马夏特归还预付款，他明白一旦这么做，斯佩克特会离开这个经纪公司，该公司从他的旧作品目录中获得15%的版税，这在20世纪70年代初意味着每年约15万美元。与此同时，哥伦比亚唱片公司对科恩在美国的销售表现并不满意，马夏特听到了一些负面消息。马夏特想出了一个他认为的巧妙主意：为什么不让斯佩克特和科恩合作录制一张录音室专辑？然后他可以将其提供给华纳公司，让公司不再催促他。问题在于，美国观众对斯佩克特和科恩都不太感兴趣。

史蒂芬·马夏特（马夏特的儿子）接手了这个项目，他将其视为“有毒的圣杯”，因为斯佩克特和科恩都等于“商业自杀”。[44] 哥伦比亚唱片公司不想涉足这个项目，并同意解除科恩与唱片公司的合约，使他在北美成为自由艺人。问题是，华纳兄弟的莫·奥斯汀（Mo Ostin）也不想参与其中，但是21岁的史蒂芬·马夏特成功说服了他，声称非常了解自己这一代人的精神内核，科恩和斯佩克特此次合作绝对是天作之合。对于年轻一代来说，还有什么比一直热衷于追逐女性的中年男子的专辑《大众情人之死》(*Death of a Ladies' Man*）更吸引人呢？其中包括《别硬着回家》(Don't Go Home With Your Hard-On）和《回忆》(Memories）等曲目。后者经受住了时间的考验，并偶尔出现在他的现场演出中。这张专辑的声音完全不同于他以前的专辑，制作上通过增加高音、降低低音和突出音乐，使科恩的声音失真。《回忆》是经典的20世纪50年代风格，以哀鸣的萨克斯风独奏开场，风格类似于弗兰基·莱恩（Frankie Lane)，他的热门歌曲《耶洗别》(Jezebel）在第一句中被提及。这首歌唤起了高中舞会的形象，引发了对“地下丝绒”乐队的美艳女郎妮可（Nico）在“体育馆的黑暗角落”的联想：“我走到身材最高挑，满头金发的女孩跟前 / 我说，你不认识我，但很快你就会 / 你能不能让我看看，哦你能不能让我瞧瞧，你光溜溜的身体。”在1980年的特拉维夫音乐会上介绍这首歌时，科恩将其描述为自己在好莱坞与另一位犹太伙伴共同创作的艳俗小调。他说，这首歌包含了他“青春期最平庸的回忆”。[45]

在1976年6月录制《别硬着回家》时，鲍勃·迪伦和艾伦·金斯伯格正在洛杉矶。在录制的第二天早上6点，他俩都来到录音棚，迪伦一只手挽着两个女孩，另一只手夹着瓶威士忌，而金斯伯格带来了他的伴侣彼得·奥洛夫斯基（Peter Orlovsky）和一大群寻欢作乐的人，斯佩克特见到他们非常兴奋。迪伦正经历着与妻子莎拉·洛温兹（Sara Lownds）的婚姻破裂而情感激荡的时期，而金斯伯格在场为他提供情感支持。迪伦自1976年1月的专辑《欲望》(*Desire*）以来还没有发布新的录音室专辑。在狂欢中，斯佩克特趁兴强迫迪伦和金斯伯格为科恩提供伴唱。金斯伯格抱怨道："斯佩克特吸了很多可卡因，陷入了一种狂热的歇斯底里，完全像希特勒一样的独裁者——他开始推搡着我们说'进去，上麦克风！'整个过程一片混乱。"[46]专辑封套上有献给德芙拉·诺比泰尔（Devra Robitaille）的致谢辞："感谢她一直与音乐家协调合作，在面临巨大困境时表现出的深切关注"，在2008年接受采访时她评论道："当迪伦和金斯伯格进来时，有一种魔力，我无法解释……他们都醉趴了……每个人都醉趴了。我们站在麦克风前唱着伴唱部分。我记得迪伦顺着麦克风杆子哧溜滑了下去，就那么躺在地板上唱歌。"[47]

斯佩克特极具恫吓力，他身边经常带着一帮匪徒和一堆武器，曾经醉醺醺地用胳膊锁住科恩的头，用枪对准他，喊道："我爱你，莱昂纳德。"科恩回答说："菲尔，我希望如此！"他形容斯佩克特的疯狂有一种"戏剧性的表达"[48]。在另外的场合，科恩补充道："那时我的心态只比斯佩克特稍微正常一点点。"[49]

斯佩克特完全掌控了录制过程，当科恩完成主唱部分后，他剥夺了科恩参与混音的机会。科恩讨厌这张专辑，将其形容为垃圾，将斯佩克特形容为他见过的最糟糕的人。这个感觉是双向的，斯佩克特将科恩描述为和帕特里奇一家（Partridge Family）的成员是一丘之貉，这是在20世纪70年代中期，一位严肃的音乐家对另一位音乐家所能做出的最严重的侮辱。帕特里奇一家是一个口香糖式的电视节目，由此孵化出大卫·卡西迪（David Cassidy）的演艺事业。[50]

科恩和斯佩克特都尚未准备好推广这张专辑，在美国市场上它是一场商业灾难。华纳兄弟很快撤出了宣传工作，经过极大努力，马蒂·马夏特才说服哥伦比亚唱片公司在欧洲发行该专辑。在欧洲市场，这张专辑稍微成功一些，在英国排行榜上排名第 35 位。这张专辑与科恩以往的风格截然不同，甚至许多科恩的粉丝都讨厌它。然而，音乐评论家们对此倒并不那么敌对，他们只是不太确定该如何评价，因此保持谨慎，承认这张专辑可能很棒，但也存在很大的缺陷。尽管“整张专辑听起来太像世界上最绚丽的外向者制作和编排了世界上最悲观的内向者，这样的假设也可能是误导性的”[51]。这张专辑后来又录制了一次，甚至科恩自己也承认其中包含了他一些最好的歌词。

制作这张专辑是一场磨难。斯佩克特的助手兼女友德芙拉·诺比泰尔在专辑中担任合成器手，她描述整个经历非常紧张，让人不舒服。斯佩克特和科恩之间就是合不来，存在太多艺术上的分歧，而且斯佩克特的状态也不佳。[52] 科恩从一开始极度敌视的态度随着岁月的流逝而逐渐缓和，他开始承认一些可取之处，稍微缓解了斯佩克特严重的性格缺陷。科恩评论说，斯佩克特的本性通常很温柔，可一旦面对观众演出，他就全变了。他以美第奇家族般的堂皇，扮演中世纪的暴君，这使得周围的人很难应对。科恩以他一贯的讽刺态度表示，他非常喜欢菲尔：“他是这个领域内伟大的人物之一。只是我向来对伟大不感兴趣。”[53] 在科恩发行了让他重新成为音乐界重要人物的专辑《我是你的男人》（*I'm Your Man*, 1988 年）之后，他得出结论，是时候对斯佩克特的恩情表示感激了。他说他们一起创作的歌曲非常出色，尽管录制过程中存在困难，但积极的一面已经开始显现出来。科恩声称，《爱没有解药》（Ain't No Cure for Love）在很大程度上归功于菲尔·斯佩克特，他很高兴能对他表达感激之情。[54]

到了 20 世纪 70 年代末和 80 年代的大部分时间里，迪伦和科恩都努力振兴他们的事业，但两人对自己的声音感到不满，并且无法与新观众建立联系。1978 年对科恩来说是糟糕的一年，他的母亲于当年 2 月去世，而苏珊·埃尔罗德（Suzanne Elrod），他的两个孩子亚当和洛尔迦的母亲，搬到了他们在伊兹拉岛上拥有的房子，这是他曾与玛丽安娜一起生活的地方。苏珊和她的同居伴侣因持有毒品被捕，科恩不得不以一大笔他无法负担的费用来帮他们撤销指控。苏珊回到蒙特利尔，然后带着两个孩子前往法国的鲁西永。由于科恩不认可对于专辑《大众情人之死》的责任，他没有进行巡回演出来宣传该专辑，这使他有更多时间建立跨大西洋的共同育儿责任。1979 年，他从蒙特利尔搬回洛杉矶，并开始与琼尼·米歇尔的音响师亨利·莱维（Henry Lewy）合作，后者并非音乐家，然而对于音乐家自己想要实现的目标更有共鸣。

在 20 世纪 70 年代初，鲍勃·迪伦接连推出了一系列未能达到观众和唱片公司期望的专辑，令他的粉丝们感到失望。迪伦在某种程度上为这些专辑辩护，他将自己与陀思妥耶夫斯基相提并论，后者通过写作来安抚债主们。迪伦表示，20 世纪 70 年代初的他也一样，“我写专辑来偿还我的债务”。[55]

当迪伦进入纽约的音乐界时，他想效仿毕加索在艺术界的突破，事实上，科恩曾经将迪伦形容为“歌曲的毕加索”[56]。他想要革命性的创作。然而，在 1975 年，他的思维和眼界经历了一次蜕变。他观察细节的眼睛和倾听叙事的耳朵发生了转变，对歌曲结构和赋予其生命的色彩调性更为敏感。因为偶然的机会，他决定去试试在卡内基音乐厅举办的艺术课程，结果他在那里待了两个月。教师是一位魅力十足的 73 岁艺术家诺曼·雷本（Norman Raeburn）。迪伦相信，他的魔力比任何巫师都更加强大，因为他教会了他通过长时间和详细的观察以不同和更加深入的方式看待事物，这种观察并不是教他绘画，而是完美地协调了他的思维、头脑和眼睛，使他能够创作出质地更为丰富的艺术作品，也包括歌曲。

其结果是《轨道上的血迹》(*Blood on the Tracks*，1975年）和《欲望》(*Desire*，1976年)，这两张专辑展示了他的写作风格和他想要实现的声音的进步。然而，《街头法律》(*Street Legal*，1978年）的制作糟糕，发布仓促，而且比他和乐队即将展开的巡回演出要提前许多。尽管迪伦本人认为这是有意识地打造歌曲过程中的巅峰之作，但评论家们并不宽容。不用说，他的个人境遇使得那段时间异常艰难，不利于持续和认真的工作。

在滚雷巡回演唱会的最后一场之后，团队中形成的友情、团结和兄弟情谊，或许是经历过一段狂欢、放荡和虚幻的时期后对于确定性的渴望，使得其中许多成员感到懊悔，并渴望得到救赎。在那些成为基督教原教旨主义者的约15人中，有T-本恩·本内特（T-Bone Burnett)、戴维·曼斯菲尔德（David Mansfield)、罗杰·麦昆（Roger McGuinn）和斯蒂芬·索尔斯（Stephen Soles)。此时C. S. 刘易斯的《返璞归真》[57]似乎在音乐人中间广泛传播。刘易斯辩称，耶稣要么是他所说的上帝之子，要么就是一个胡说八道的疯子。这一观点对他们中的大多数人来说都触到了内心。

迪伦并没有立即效仿，但1977年8月，42岁正值壮年的猫王辞世，他因此心事重重，深为不安，并对猫王堕落到不停模仿自我的程度感到困扰。科恩比猫王年长几个月，他的第一本诗集《让我们比较神话》和1956年猫王录制的《伤心旅馆》(Heartbreak Hotel）于同一年发行。

猫王变得孤僻、肥胖和怪诞。这导致迪伦开始重新审视自己的生活，他形容自己经历了一次崩溃，此间连续一周无法与任何人交谈。他一直相信，如果没有猫王和汉克·威廉姆斯（Hank Williams），自己的事业根本无从谈起。威廉姆斯死得更早，29岁时就因心脏病发作去世，与猫王一样，他也深陷毒品的滥用。

迪伦已经36岁，开始把自己看作一个年迈的摇滚明星，他的生活于他而言已经失去了意义，尤其是在与萨拉·洛温兹离婚之后。海伦娜·斯普林斯（Helena Springs）是一位与迪伦合作写歌的歌手，并从1978—1980年在他的乐队中担任和声，她成为改变的推动力。他向她倾诉了自己的问题，她建议他求助于祈祷。祈祷成为他极度关注的事物，尤其在他探索了祈祷这一概念的方方面面之后，就像他1975年在雷本的指导下全身心地投入艺术一样。[58] 在迪伦位于加利福尼亚州布伦特伍德（Brentwood）的家中，他拜访了教堂的牧师拉里·迈尔斯（Larry Myers），他对《圣经》里所教授的对真理的渴求之深让迈尔斯深为震撼。[59]

在迪伦信仰转变期间的女友玛丽·爱丽丝·阿特斯（Mary Alice Artes），对他全心投入《圣经》的过程起着重要作用。她是加利福尼亚州塔尔扎纳（Tarzana）的一个名为“葡萄园圣徒团契”（the Vineyard Fellowship）的宗教团体的成员，迪伦加入了这个团体，并在那里受洗，参加过“滚雷”巡回演唱会的音乐人也在这里敬拜。这段完全沉浸在追求知识的过程也在他的歌曲中得到了表达。有两首歌是为了感谢阿特斯把耶稣带入他的心中而写的。这两首歌分别是《珍贵的天使》（Precious Angel）和《立约的女人》（Covenant Woman），被收录在1979年5月的专辑《开来的慢车》（*Slow Train Coming*）中。这张专辑以及《被拯救》（*Saved*，1980年）和抱有怀疑论的《来一针爱》（*Shot of Love*，1981年）构成了他所谓的福音时期。根据迈克尔·卡沃斯基（Michael Karwowski）的观点，它们的共同之处在于这些歌曲［《每一粒沙》(Every Grain of Sand) 除外] 并不源自他的灵魂，而是他又回到了批判指责的时代。[60]

然而，不同之处在于，他那些批判指责的歌曲很少给他的听众提供答案。这些歌曲对种族主义、核战和常规战争等社会问题进行了结构性诊断，归咎于集体责任，同时又让人们仔细思考，作为每个个体必须做些什么。例如，他聚焦于拳击比赛中死亡的戴维・摩尔 (Davey Moore)，通过揭露所有参与其中却拒绝承担责任的人 (从摩尔的对手到观众、经理和裁判)，揭示了众人的伪善 [《谁杀死了戴维・摩尔》(Who Killed Davey Moore),《拾遗系列》(*The Bootleg Series, vol 6: Bob Dylan Live 1964*)]。他的大多数批判指责的歌曲作品更多的是诊断和分析，而非提供解决方案，这正是迪伦与同时期的一系列抗议歌手的不同之处。然而，在他的福音时期，他对答案充满了确定性——是上帝引领我们走向救赎之路——而对于这一点，迪伦从不厌倦地反复提醒他的听众。

毫无疑问，迪伦经历了一种新的存在，与耶稣直接交流。他感到自己被呼召跟随，并找到了长久以来逃避于他的生活意义。在人类彻底毁灭之前，迪伦相信基督会回来拯救我们。他通过对启示录的深入研究，确信自从亚当和夏娃被逐出伊甸园以来，事情一直在走下坡路，人类注定要走向世界末日。在他看来，他对救世主基督的信仰并不与他的犹太传统背道而驰，并与犹太教中自称为弥赛亚犹太人的教派一致。

迪伦改教的消息传到科恩那里时，彼时与科恩同居的詹妮弗・沃恩斯告诉霍华德・桑斯 (Howard Sounes)，科恩非常激动，在房间里走来走去地说："我不明白，完全不明白。他为什么会在这么晚的时候选择耶稣？我不明白耶稣这部分。"[61] 沃恩斯提到科恩"非常犹太"，因为这个总觉得与迪伦很亲，她说，"我觉得，鲍勃去信 (基督教) 这个事对他的震动很大”。[62] 他可能起初完全失衡，但后来有了更为深思熟虑的看法，向马丁·格罗斯曼暗示他从未因此消息而沮丧，因为他并不认为这是一次改教。相反，这只是耶稣的形象感动了迪伦。在另一次场合，他为迪伦辩护，反驳那些宣称迪伦的职业生涯就此结束的乐评家。在科恩看来，迪伦的福音时期创作的歌曲，“是有史以来福音音乐领域最美丽的作品之一”。[63]

尽管《来一针爱》像他之前的两张专辑一样并未受到好评，但它确实包含了一首经典歌曲，堪称迪伦最好的作品之一。这首歌的灵感来自威廉·布莱克《天真的预言》，诗是这样开头：“在一粒沙里看见世界，一朵野花里看见天堂，将无限握在手掌之中，将永恒放在一个时辰里。”迪伦的《每一粒沙》是在意识流中创作的，他觉得自己只是另一个思维的工具，而文字从中流出。他对这个结果非常满意，打电话给詹妮弗·沃恩斯，让她来家里听听。令她惊讶的是，当晚他们就一起录制了这首歌。这个版本于 1980 年 9 月录制，后来收录在《拾遗系列》（*The Bootleg Series, volumes 1—3*，1991 年）中。1990 年 2 月，科恩在巴黎的某个咖啡馆与迪伦会面后，他接受了记者汤姆·查芬（Tom Chaffin）的采访，提到乐评人对迪伦的福音音乐的态度非常不公平。他对最近一篇评论迪伦职业生涯的文章感到特别愤怒，该文批评《来一针爱》只有一首杰作。科恩惊叹道：“天哪，只有一首杰作？这家伙知道创作一首杰作需要多努力吗？”[64] 在科恩看来，迪伦所做的一切都值得认真关注。

同样作为诗人和有虔诚的宗教情怀的人，迪伦对科恩也有某种亲近。詹妮弗·沃恩斯向罗斯科·贝克（Roscoe Beck）讲述了一次为了向鲍勃·迪伦致敬而举办的晚宴，当时伊丽莎白·泰勒也在场，迪伦牵起她的手说：“让我介绍你认识莱昂纳德·科恩，他是一位真正的诗人。”[65]迪伦对《哈利路亚》深感钦佩，他认为科恩的许多歌曲都像是祷告。迪伦说：“我对《哈利路亚》这首歌有深切共鸣。它是一首构思精美的旋律，上升、旋转、再回落，而且发生得都很快。这首歌有一个具有独特力量的连结副歌。‘秘密的和弦’和‘我比你自己更了解你’这种直截了当的表达方式，我非常有共鸣。”[66]

在《哈利路亚》发布四年后的1988年，迪伦的“永不停止的巡演”来到了蒙特利尔的蒙特利尔体育馆（Forum de Montreal）。知道这是科恩的故乡，迪伦唱了这首《哈利路亚》来向他致敬。接下来的一个月，迪伦在洛杉矶的希腊剧院再次演唱了这首歌。那时这首歌还不太知名，直到三年后约翰·凯尔（John Cale）重新演绎并引爆了《哈利路亚》热潮。[67]不久之后，在1990年的巴黎，科恩和迪伦安排了在一家咖啡馆见面。迪伦问科恩写《哈利路亚》用了多长时间。了解到迪伦向来以创作速度快而闻名，能在短时间内创作出美妙的歌词和旋律，科恩轻描淡写地说用了两年。实际上，写这首歌他用了五年时间。他问迪伦写《我和我》[I and I,《叛教者》(*Infidels*）专辑，1983年］用了多长时间，这是他近来最喜欢的歌曲之一，迪伦答道：“15分钟。”[68]

《哈利路亚》是科恩最成功的商业歌曲，被翻唱了500多次，还有各种改编后的歌词，但在大多数版本中，只有洁本得以保留。亚历山德拉·伯克（Alexandra Burke）的翻唱版（2008年）创了欧洲销售纪录，一天内达到了10.5万次数字下载。这首歌在一周内售出了57.6万份，而同时杰夫·巴克利（Jeff Buckley）的版本排在第二位，科恩的原版在同一时间达到了36位。这是科恩整个职业生涯唯一一首在英国单曲榜进入前40名的歌曲。

1987年，詹妮弗·沃恩斯发布了《著名的蓝色雨衣》专辑，除了封套和新作品，科恩还友情出现在《圣女贞德》这首歌里，他的粉丝群重新对这位老派艺人产生了兴趣。科恩慷慨地将成就归功于沃恩斯，尤其是考虑到她冒着相当大的个人职业风险，录制了一整张由“忧郁之父”创作的歌曲。出人意料的是，她的专辑取得了一些成就，在美国排名第72位，在英国专辑榜上排名第33位。借着沃恩斯专辑的势头，科恩紧接着推出了自己的专辑《我是你的男人》(1988年)。这张专辑展现了完全不同的电子音乐风格，与哥伦比亚唱片公司之前拒绝在美国发行的《多种角度》(*Various Positions*)相比，显露出更大的音乐自信。他进行了为期25天的巡演，之后休整了四个月。科恩从不受迫去做专辑发布或出版书籍，只有在达到他的标准后才会发布。科恩的忠实粉丝们要等到1992年他发布下一张录音室专辑《将来》(*The Future*)才能再次欣赏到他的作品，这张专辑发行后备受赞誉，在音乐和歌词上都充满了野心。当时他已近六旬，开始考虑自己和家人的经济保障。经纪人马蒂·马夏特于1988年去世后，凯丽·林奇（Kelley Lynch）成为他的经纪人，他们制定了一个宏伟的行程安排，先在欧洲进行一场为期26天的巡演，两个月后在北美进行一场为期37天的巡演。

与迪伦在1966年的自我放逐不同，科恩在1993年为推广《将来》进行了一场夯实他的演唱事业的巡回演出后，选择隐居在加州的秃山上（Mount Baldy）的佛教寺庙。经历了数月的大量饮酒、吸烟和放纵之后，他感到筋疲力尽，自我厌恶，尽管他的头发已经变灰，身体里行动自如的地方也开始疼痛。他与丽贝卡·德·莫尼（Rebeca de Mornay）的订婚已经解除，但科恩并不介意，解释道：“她终于看穿了我！”科恩从不热衷于巡回演出，但这次却很有必要，一来以增加他的专辑销量，二来是偿还哥伦比亚唱片公司对他的新投资。

科恩经常在洛杉矶郊外的佛教寺庙闭关修行，但这次的闭关时间更长，需要认真投入。然而，当他重新出现时，他对佛教在他精神发展中的重要性再次含糊其辞，承认进入寺庙是一种对失败的接受，是无法应对生活的无能，而离开寺庙，尽管被授予僧侣的称号，对他来说是一种更大的失败。他与佛教的长期接触进一步凸显了他与他先祖的宗教之间一直存在的矛盾和抗拒的关系，尽管他从未否认他祖先的宗教。他经常以一种冒犯犹太社区的方式行事，比如给他的诗集起名为《为希特勒献花》(*Flowers for Hitler*，1964 年)，并在他的小说《美丽的失败者》(*Beautiful Losers*，1966 年）中将希特勒描绘成一个喜剧中的主角。他写作的特点是将神圣和世俗缠绕在一起，崇拜人的形态，并将做爱概括为一种正当的宗教体验。

结　语

在本章中，我们凸显了这两位 20 世纪 60 年代的标志性诗人和创作歌手所取得的惊人成就，以及两人对这种成功的享受。可惜的是，科恩于 2016 年去世，他的遗作专辑《谢谢陪我跳这支舞》收录了他在去世前录制的声音，但没有伴奏。迪伦的专辑《粗砺喧嚣之路》再次让评论家们感到迷惑不解，它标志着他漫长而波折的成功之路上的又一次复兴。尽管迪伦与科恩彼此相互尊重，但他们在开始时对彼此都抱有警惕，因为音乐界普遍认为他们是同一个潜在市场的竞争对手。两人都在观众漠视他们的作品的时期努力维持自己的事业，只有最忠实的粉丝一直在支持。迪伦努力保持歌曲的诗意质量，有时又似乎只是在走过场，通过发布翻唱经典蓝调、民谣和圣诞歌曲的专辑来填补空白，以及晚期推出的系列美国优秀歌曲专辑；而科恩很少在歌词质量上妥协，他的一些专辑的制作质量，特别是《大众情人之死》并不符合一个对保持商业成功如此敏感的人的形象。他们都经历了自我放逐的时期，于迪伦而言，是在事业初期，而科恩几乎是在事业结束时再重新崭露头角，焕发新的活力。

第二章　归途

我只是对那些没有感受到我所感受到的事物的人们而言，才是一个谜。

——鲍勃·迪伦[1]

我喜欢谈论各种我不被欣赏的方式。

——莱昂纳德·科恩[2]

导　言

21 世纪以来的时光对于迪伦和科恩来说都属于多产时期。公众的目光几乎从各个可能的角度聚焦在他们身上。他们的传播形式从传统的录音室专辑、现场录音和视频，到书籍、艺术展览、大规模巡演，而迪伦还有一系列的广播节目《主题时光广播》以及代言维多利亚的秘密内衣等商业产品。在 1965 年的一次采访中，当被问及他可能考虑代言哪些商业产品时，他回答说是女士服装！ 2004 年，他付诸行动。

在 2018 年，他与酒类投资协会合作，推出了自己的威士忌品牌"天堂之门"（Heaven's Door），这是一款"高端精酿美国威士忌系列"，瓶子上的设计来自迪伦在黑水牛铁工厂的铁艺作品。[3] 此外，他还代言 iPod、iTunes、Google Instant、IBM、卡迪拉克、克莱斯勒和百事可乐等品牌。他最不寻常的代言之一可能是在 2005 年将"煤气灯下"现场录音（Live at the Gaslight，1962）的授权给了星巴克咖啡连锁店，以在该连锁店中独家销售该专辑，为期 18 个月。

在迪伦代言维多利亚的秘密内衣的同年，科恩发布了专辑《亲爱的希瑟》(2004年)，以此庆祝他70岁的生日。这是与莎朗·罗宾森(Sharon Robinson)合作的《十首新歌》不同的一次尝试。在《十首新歌》中，所有歌曲都署名科恩和罗宾森，但其中一首歌《即将离开的亚历山德拉》是基于希腊诗人C.P.卡瓦菲斯的一首诗《上帝抛弃安东尼》的最后一句："告别你即将离开的亚历山德里亚"，这与科恩的"告别离开的亚历山德拉"相呼应。[4]《亲爱的希瑟》是他此前所做的合作中更为多样化的作品，音乐上更具实验性，更倾向于爵士风格，几乎以低语的方式演唱，更像是一场诗歌朗诵，是与"垮掉的一代"合作的回忆，然而这次的声音并不愤怒，而是努力表达出一种深度谦卑，以此向之前专门献给他的日本老师的那张专辑致敬。

在《亲爱的希瑟》专辑中，有两首是由拜伦勋爵和弗兰克·斯科特(Frank Scott)的诗歌谱曲而成；两首专门献给诗人朋友A.M.克莱因(A.M.Klein)和欧文·莱顿(Irving Layton)；一首献给歌手和演员卡尔·安德森(Carl Anderson)；以及一首由科恩演唱的经典曲目《田纳西华尔兹》，这首曲目由雷德·斯图尔特(Redd Stewart)和皮·维·金(Pee Wee King)创作，科恩为其添加了一节歌词，歌词这样结尾："它比酒更强大/比悲伤更深远/她留在我心中的黑暗。"这张专辑是献给加拿大出版商杰克·麦克莱兰(Jack McClelland)，他出版了科恩的诗集和小说。整张专辑给人一种终曲之感，像是一次对朋友及同事表达谢意的退休演讲。在专辑结尾，科恩的管理团队被命名为"陌生人管理"，随后还附上了他当时的经纪人凯丽·林奇的电子邮件地址。林奇在1988年马蒂·马夏特去世后成为科恩的经纪人，但她在为马夏特工作时就已经是科恩的合作者了。

根据史蒂文·马夏特的说法，无论是科恩还是斯佩克特(都是他父亲代理的人)，都成立了公司，旨在“避税、蒙混当局和对付敌人”。[5] “陌生人音乐”(Stranger Music) 就是这样一个公司。在马蒂・马夏特病重期间，史蒂文帮助将该公司的管理权转回科恩手中。史蒂文声称科恩从未向马夏特支付他们在该公司中的份额，即使在林奇将“陌生人音乐”以一笔不菲的金额出售给索尼之后也是如此。马蒂・马夏特临终的一个月内，林奇搬去洛杉矶，成为科恩的执行助理，之后很快就当了主管人。马夏特的儿子认为林奇完全不值得信任，并警告科恩要小心被骗，但他对科恩在金钱和商业方面的诚信也不以为然。当科恩在“未来”巡回演唱会结束后遁入秃山修道院时，他将代理权委托给林奇，让她掌管财务，并且，如果科恩的健康状况出现危机，她有权在紧急情况下作出关键决策。[6]

根据科恩的说法，林奇几乎完全清空了他的账户，并出售了歌曲版权。问题始于林奇意欲说服科恩将“陌生人音乐”的版权出售给索尼音乐，把他以往的作品化作资本。他们共签订了两份协议。第一份签订于 1997 年，价值 500 万美元；第二份签订于 2001 年，价值 800 万美元。第一次销售所得款项被转移给投资顾问尼尔・格林伯格 (Neal Greenberg)，以避免高额税款。第二次销售所得款项被放置在一家新成立的公司 Traditional Holding LLC 中。科恩后来声称他以为他的子女亚当和洛尔迦是主要股东，但实际上 99.5% 的股权是在林奇名下，只有 0.5% 是以科恩的名义持有。

2004 年末，洛尔迦的一位朋友告知她父亲的财产正在迅速减少。科恩向银行核实了情况，严重的异常现象才浮出水面。格林伯格声称曾通过一系列电子邮件警告过他，然而并未引起科恩的注意。科恩坚称自己没有被提醒过，相反，他在每月的账单中得知他的退休基金非常安全。格林伯格辩解说林奇从投资账户提取的资金被视为待偿还的贷款，因此显示为资产。格林伯格提起反诉，指控林奇侵吞了科恩的财产，并指控科恩和他的律师罗伯特·科里（Robert Kory）诽谤、敲诈勒索和密谋。这起案件被驳回。[7]

林奇对此事的说法与上述情况不同，她将科恩的财务困境归因于他试图向税务部门隐藏他的诸多交易，从而开始显现问题。然而，科恩在民事诉讼中赢得了 900 万美元的赔偿，但林奇无视这项判决，对自己遭受了严重不公的愤怒导致她接下来的骚扰行为，主要通过大量的电子邮件进行，并将这些邮件抄送给她所有的朋友和熟人。她在为洗清自己的名誉而进行的斗争中失去了一切，最终于 2012 年被判处入狱 18 个月，罪名不是欺诈或挪用资金，而是骚扰行为。[8]

当史蒂文·马夏特在 2007 年再次与科恩相遇时，地点是洛杉矶特雷曼大街上的科恩家，他代表科恩的一位前经纪人弗莱明·施密特（Flemming Schmidt）劝说科恩重返巡演。科恩告诉马夏特，他对林奇的看法是正确的。当马夏特离开时，科恩告诉他："我将不得不重新开始工作。祝我好运吧。"[9]

科恩并没有闲着，他已经开始了一系列赚钱的项目，以重新补充他的养老基金。科恩这一系列进行中的旨在弥补经济损失的项目，他的名字因为这些项目而一直出现在公众对他的想象的最前列。哈尔·威尔纳（Hal Willner）的"为美而来：莱昂纳德·科恩歌曲之夜"于 2004 年在布莱顿圆顶剧院、2005 年在悉尼歌剧院连续上演，并由莲恩·伦森（Lian Lunson）拍成电影。《莱昂纳德·科恩：我是你的男人》展示了尼克·凯夫（Nick Cave）、玛莎·温赖特（Martha Wainwright）、鲁弗斯·温赖特（Rufus Wainwright）和贾维斯·科克尔（Jarvis Cocker）等名人对他的致敬。科恩与 U2 合作演唱了《歌之塔》，这是在纽约的"拖鞋室"（Slipper Room）录制的。他还与长期合作的伴唱歌手、他的现任女友阿佳妮·托马斯（Anjani Thomas）合作，共同制作并创作了她的专辑《蓝色警告》(*Blue Alert*，2006 年)。当她做巡演时，科恩经常陪伴左右，并偶尔与她同台演出。在与她一起旅行时，如果有人要求他接受采访，他会要求阿佳妮一同出席作为条件。2006 年，科恩出版了新诗集《渴望之书》[10]。

在《渴望之书》出版之前，科恩已经开始与菲利普·格拉斯（Philip Glass）合作，格拉斯希望使用科恩的一些诗歌和图像作为新作品的主题，并包括科恩的录音。该作品的全球首演于 2007 年 6 月 1 日在多伦多的鲁米那多艺术节举行（Luminato Festival），其欧洲首演则于 10 月 18 日在威尔士的卡迪夫（Cardiff）举行。科恩与格拉斯的对谈出现在一些演出中，包括 10 月 20 日伦敦巴比肯（Barbican）中心的音乐会，这次音乐会主要是格拉斯的作品，包括他与金斯伯格和帕蒂·史密斯等人的合作作品。

《渴望之书》里，莱昂纳德·科恩的歌曲、散文和诗歌，展现出了另一个维度。这本书大量使用了蚀刻、素描和绘画的图像，其中包括他自己的形象、裸体女性以及他对远东和禅宗佛教的迷恋而受到启发的符号。正如我们将在第三章中看到的那样，他对禅宗佛教产生的热忱一直在不断的波动中，且从未完全放弃犹太教。

科恩注意到鲍勃·迪伦的绘画作品《绘制的空白》商业上取得的成功，科恩决定以签名编号的版本再现自己的艺术作品。同样作为鲁米那多艺术节的一部分，格拉斯的《渴望之书》首演的同时，科恩与理查德·古德尔画廊（Richard Goodall Gallary）合作，在 2007 年 3 月 27 日举办了科恩的艺术展览《就着文字画画》(Drawn to Words)。于 2007 年 7 月 8 日在英国的曼彻斯特举办了欧洲首展《莱昂纳德·科恩作品：私人的凝视》(Leonard Cohen: A Private Gaze Art Works)。在展览目录的开头诗中，他几乎带着歉意地表示，世界上如果没有画作和歌曲，他的作品才显得重要。但既然世界上既有画作又有歌曲，那么他的作品几乎要排在队伍的最后。他将自己的画作称为“可接受的装饰”，并非贬义或讽刺意味，而是作为天经地义的享受之源，让观众能够接触到并从中获得愉悦。[11]

科恩原作的个性化印制品受到了梵高、夏加尔、布拉克（Braque）和日本插画艺术的影响。他以谦逊的“往昔”策展人和心灵的当下先知的身份出现，以一种奇特的方式展现了神圣与世俗的交织。在这些印制品中，有一系列艺术家的自画像素描，这些素描是他每天早晨对着镜子绘制的。他毫不留情地用铅笔在时常疲倦、目光迷蒙的脸上呈现出深刻、萦绕、憔悴的蚀刻一般的线条，有时候头上会落着一顶不太稳当的帽子。其中一张素描画着西装笔挺的科恩，“毕竟是这顶帽子”，他的绿色眼睛如同氪星石一般锐利，穿透观者。这张素描被用作推广科恩作品的两幅海报之一。另一幅是“一天的结束”，是一幅具有夏加尔风格的画作，蓝绿色相间的吉他靠在西装外套上，脚下是一顶小礼帽，放在扶手椅上。

托尼・威尔逊（Tony Wilson）是英国北部首当其冲的演艺界巨头，也是史蒂夫・库根（Steve Coogan）主演的电影《24 小时派对人》（*Twenty Four Hour Party People*，2002 年）中的传奇人物原型。遗憾的是，他正处于癌症晚期。在科恩作品的开幕式上，他回忆了和科恩一起工作和玩耍的几次场合。当威尔逊在格拉纳达电视台时，他请科恩唱了《切尔西旅馆 2 号》(Chelsea Hotel #2)。歌曲结束后，威尔逊低声道歉说他们得再来一次，因为摄影组没有拍到。科恩叹了口气：“他们他妈的从来就不懂，托尼，他们从来就不懂。”这位神色淡定、喝红酒、大烟枪的加拿大人，在秃山多年隐居，又经历了长期抑郁后，变得温和柔顺，他柔声回应道："自那时以来，我变多了。"

1999年，科恩从寺院重新出现在公众视野当中，他对于巡演几无热情。因为在1993年的最后一次巡演中饮酒抽烟过度，身体状况堪虞。此外，他担心自己的影响力无法让音乐厅座无虚席。据称，在被经纪人凯丽·林奇侵吞资金后，他陷入财务困境，迫使他重新回到舞台，对此他忧虑重重，他说："必须承认，我多少有些焦虑。希望巡演结束后我们可以坐下来放松一下。"（电子邮件，2008年4月29日）。他首先在加拿大的小型场馆演出，从新布伦维克省（New Brunswick）的首府弗雷德里克顿（Fredericton）开始，逐渐发展到像格拉斯顿伯里（Glastonbury）这样的音乐节。在2008年多伦多汉密尔顿剧院后台的一次采访中，对于一个不常外出的人来说，他说自己"现在像明信片一样被送往各地。真是太美妙了"。他真诚地感动于歌迷的忠诚，感激他们多年来的支持。

2008年，自从他在1992—1993年期间巡演推广《未来》以来，音乐行业发生了变革。在流媒体音乐严重影响唱片销售作为收入来源的时期，莱昂纳德·科恩对这次的巡演疑虑重重，然而巡演也变得尤为必要。在1988年，出于抚养孩子的需要，他在全球各地举办了77场音乐会。唯一的慰藉是结识了新的人，但除此之外，对他来说是"黯淡的"。1993年，在以红酒为推动力的基础上，他完成了全球巡演，宣传推广《未来》，认为那将是他最后一次巡演。[12]

在千禧年，巡演成为唱片艺人的主要收入来源之一，座位价格大幅上涨，场地也更大，其目的不仅是为了提振不断减少的唱片销售，还要销售大量特别制作的商品。科恩已多年没动过吉他，自我怀疑使他丧失了行动力。他最害怕的是自己会闹笑话，演出不够吸引观众。经纪人怂恿鼓动他试着排练，如果他感觉排练进展不顺，可以退出，也不欠任何为这次巡演提供资金的推广商。伦敦的AEG Live公司的推广商罗布·哈勒特（Rob Hallet）向科恩提出了这个建议，他由此承担了巨大的经济风险。科恩说服罗斯科·贝克（Roscoe Beck）担任他的音乐总监，并组建了一个由多位新人组成的乐队。1992—1993年巡演期间经历的创伤和焦虑记忆，他不想再次经历。那次巡演导致他完全崩溃，遁入秃山禅修。

科恩请阿佳妮·托马斯的前夫罗伯特·科里来处理业务，并承担管理之职。为了消减科恩的担忧，科里同意在正式的巡演开始之前，组织一个低调预演，地点是偏远的加拿大小镇。科里表示，这将是第一次不以红酒为推动力的巡演。封闭幕后区域，不接受采访，并提供更高水平的支持，如此，巡演才可以持续下去。[13] 尽管科恩对再次面对观众感到紧张，但在阿佳妮·托马斯和菲利普·格拉斯身边作为不那么重要的角色出演过几次后，预演于2008年5月11日在观众热烈的掌声中拉开序幕。

科恩于2008年3月10日被卢·里德（Lou Reed）引荐入摇滚名人堂，这是在布鲁斯·斯普林斯汀（Bruce Springsteen）引荐鲍勃·迪伦二十年后的事情。科恩在受奖演说时一如既往地谦虚，他表示这并不是他“觊觎或敢于梦想”的荣誉。鲍勃·迪伦的“永不停歇之旅”（Never Ending Tour）继续环游全球，科恩在2008年至2013年期间巡演，每晚演出三个小时，以无与伦比的专业素养和精力赢得了重新回归的忠实歌迷以及新一代的拥趸。

科恩已经有15年未做巡演了。他的最后一场演唱会是在安大略省的基奇纳（Kitchener），于1993年6月5日举行。2008年的巡演从5月11日在新布伦维克省的弗雷德里克顿开始，之后他于2008年6月2日重返同一场地，在基奇纳的中央广场剧院又演了一场。几天前的5月

24 日，他去圣约翰斯（St. John's）的迈尔一号中心（位于纽芬兰的一个大型体育馆），看鲍勃·迪伦 67 岁生日上的演出。这是科恩在圣心玛丽高中一连演出三天之前的一天。这所学校由 Presentation 姐妹会和仁慈修女会于 1958 年创办。场地可以容纳约 850 人，真实地让人回想起科恩在高中舞会时遭遇的黑暗一面。在《回忆》一歌中，科恩想象自己走向那位个子最高的金发女孩。科恩在 1979 年曾说，《回忆》是基于他在蒙特利尔的西蒙特高中时“极其乏味和可悲的生活”[14]。

迈尔一号中心是科恩观看的众多迪伦音乐会中最新的一场，他觉得这场音乐会“太棒了”。科恩的音乐总监和贝斯手罗斯科·贝克评论说，科恩和迪伦认识很久了，“他们彼此都非常尊重对方”[15]。科恩和他的几个乐队成员同行。鼓手拉斐尔·加约尔（Rafael Gayol）估计到会有震耳欲聋的音量，提前给乐队成员发了耳塞。在过去三个月里，科恩的乐队一直在进行轻声排练和演奏，突然间他们将面对一片高音浪。迪伦演出时背对着其中一半的观众，也没有尝试与其余观众互动，但他的表演令人着迷。由于改了编曲和对声音所做的扭曲处理，有些歌曲很难辨认，但似乎没有人在意。正如莎朗·罗宾森所说，迪伦似乎有一种秘密代码可以让观众完全投入。科恩认为观众在那里是为了庆祝迪伦的天赋，因为他的天赋显而易见。对人们产生了如此重大的影响，以至于他们只需要一些象征性的展示来体现这个事件的重要性。它不一定需要歌曲本身，只需要对一首歌的回忆以及它对一个人所产生的作用。在这方面，迪伦的演出是无法估量的。[16]

科恩和迪伦在那个场合并没有见面。尽管他们的演出是接连举行的，迪伦并没有去看科恩的音乐会。迪伦早就放弃了观看其他表演者的音乐会，他认为时间最好花在参观其他文化活动以获取灵感上。即使迪伦去了，他也不会与科恩碰面，因为科恩和他的团队决定避免在幕后接待来宾，他们希望在科恩 73 岁的年纪，为三个小时的演出尽可能保留精力。

全球巡演在 6 月 6 日正式开始之前，在小型场馆举办了几场，其中包括多伦多可容纳 3000 座位的索尼中心的四场演出，场场爆满。成功带来更多的成功，他继续在世界各地巡演，偶尔休息，直到 2013 年，所到之处一片赞誉之声。拉里·斯洛曼形容这些音乐会令人惊叹："莱昂纳德的声音比以往更庄严，编曲也是无比神妙。"[17]

迪伦对录制的音乐持有专业兴趣，并且持续跟进科恩的作品。1986 年的一次采访中他被问及是否担心自己唱片作品的销量，迪伦回答说因为他所签合同的属性，并不担忧，但日后可能会是问题。他提到，好唱片不一定畅销。他以科恩的《多种角度》（1984 年）为例，他认为这是一张出色的唱片，但哥伦比亚唱片公司拒绝在美国发行。[18] 在 2016 年科恩去世后的某次采访中，迪伦展现了他对科恩作品的了解程度。他说道：

> 我喜欢莱昂纳德的所有歌曲，无论是早期还是晚期。"回家"（Going Home）、"带我看看这个地方"（Show Me the Place）、"黑暗"（The Darkness）等等，这些都是非常好的作品，一如既往地深刻和真实，多种维度，旋律也好得让人惊奇，它们让你去思考和感受。比起他的早期作品，我更喜欢他的一些晚期作品。然而，他早期作品的简约之处也是我喜欢的。[19]

21 世纪的第二个十年可能是科恩最为高产的时期，他在四年内发布了三张录音室专辑：《旧理念》（2012 年）、《普遍的问题》（*Popular Problems*，2014 年）和《你想让它更暗？》（2016 年），最后这张发布于他去世前仅仅几周。《旧理念》是他的第 12 张录音室专辑，也是商业上最成功的作品，在美国排行榜上达到了前所未有的第三名，并在加拿大取得了排行榜榜首。[20]

迪伦的归途

1983 年发行的《叛教者》本有可能重新激发迪伦日趋疲软的事业，其中的亮点包括《小丑》(Jokerman) 等歌曲，但恰恰相反，它标志着一个漫长的艺术枯竭期的开始。该专辑摆脱了前三张专辑中的基督教原教旨主义，但仍深深植根于宗教，并具有更明显的政治内容。例如，《杀人执照》(License to Kill) 质疑科学进步是否影响了人类进程，并且强烈谴责了军备竞赛。这张专辑是迪伦思虑过度的一个结果，他认为其中的每一个音符，就像老鹰乐队的歌曲一样，都是可预料的。

他决定重新录制其中一些人声部分，但新的编曲并没有改善曲目，反而使它们变得更糟。迪伦自己承认很多歌曲已经脱离了他的掌控。《旋律作者》(*Melody Maker*) 杂志评论说它就像"在洗衣店度过的一个晚上一样了无生趣"，《录制之镜》(*Record Mirror*) 杂志则建议迪伦"提早退休"。[21] 然而，它仍然有其支持者，《滚石》杂志坚称这是一个令人瞩目的回归巅峰之作——迪伦自《轨道上的血痕》(*Blood on the Tracks*) 以来最好的专辑。[22]

1984 年到 1991 年间，迪伦发布了五张原创作品的录音室专辑，并与汤姆·佩蒂和心碎者乐队（Tom Petty and the Heartbreakers）以及感恩至死乐队（Grateful Dead）一起做了大量巡演。他觉得整个过程很乏味，甚至考虑过隐退。迪伦在 1985 年 7 月 13 日参加的"生命援助”（Live Aid）音乐会上的表演令人尴尬。由于醉酒的原因，迪伦、基思·理查德（Keith Richard）和罗尼·伍德（Ronnie Wood）无法听到声音监控器，导致完全缺乏协调和混乱的不和谐音。作为组织者之一的鲍勃·吉尔多夫（Bob Geldof）非常尴尬，不仅是因为表演本身，还因为迪伦的一句评论破坏了这场慈善音乐会所要传达的全球性责任。迪伦说：“我们不应忘记同样受苦的美国农民的困境。”尽管这句话显示了迪伦对当时的背景缺乏敏感性，但它确实凸显了一个真实的问题，引起了威利·纳尔逊、约翰·梅伦坎普和尼尔·杨等人的注意，并于 1985 年 9 月 22 日组织了首届农场援助（Farm Aid）音乐会，迪伦与汤姆·佩蒂一起演唱了《玛吉的农场》（Maggie's Farm）。

迪伦通过获得各种荣誉保持了很高的知名度，例如 1988 年受邀进入摇滚名人堂，但他在演唱《战争的主人》（Masters of War）时，明显缺乏激情，歌词也并不出色，为此荣誉蒙上一层阴影。1991 年，他被授予格莱美终身成就奖。他还在名不见经传的电影《火焰之心》（*Hearts of Fire*）中担任主要角色。电影的主题与迪伦作为一个年迈摇滚巨星的成功与衰落相呼应。在片中，迪伦演唱了一曲平淡无奇的版本，这首歌原本是由威利·纳尔逊演唱的谢尔·希尔弗斯坦（Shel Silverstein）创作的《只不过比你多活了几年》（Couple More Years on You）。这部电影在院线只上了几场，评价极低。迪伦本人后来将其视为一个糟糕的项目而不再提及。

他比较成功的商业合作之一是 1988 年与乔治·哈里森、汤姆·佩蒂、杰夫·林恩（Jeff Lynne）和罗伊·奥比森（Roy Orbison）共同组成的“旅行中的威尔伯斯”乐团（The Travelling Wilburys）合作。他们的单曲《小心轻放》（Handle With Care）包含在首张专辑《旅行中的威尔伯斯乐团　第一卷》（*Travelling Wilburys, vol.1*，1988 年）中，并在首张专辑发行前发布，最高成绩是单曲榜上排名第 3，并赢得了格莱美奖“最佳摇滚二人组或团体演唱”类别奖项。杰夫 · 罗森[*]的构思是发布“官方”的被剪片段和以前未发表的作品，给迪伦的狂热粉丝提供了一个难得的机会，可以听到以前未发表的材料和一些标志性歌曲的备选版本 [《放映机》(*Biograph*，1985 年)]，这对于极为成功的官方《拾遗系列》起到了推动作用。

迪伦对自己生活中的这个时期非常坦诚，形容这段日期“被美化得厉害，而且专业上完全浪费了”[23]。他越来越意识到没有对自己保持忠诚。他感到内心有一个失踪的人，他必须去找回。他正处于不断巡演的最低谷，以至于在 1986 年 12 月巡演结尾时，他几乎要放弃。但是在瑞士洛迦诺的大广场上，他经历了一次出其不意的突然变化。奇迹般地，他感觉自己成为一个焕然一新的演唱者，站在一个新开端的边缘，面对着与日俱增的观众群建立起新的联系，他知道这需要很长时间才能达至完美。他承认自己的演出仅仅比在小型俱乐部演出的水平稍微好一点，但他的盛名足以吸引大量观众。他开始与艾略特 · 罗伯茨（Eliot Roberts）商讨未来一年大量巡演的计划，后者把汤姆 · 佩蒂与感恩至死乐队也组合进这次巡演，次年在差不多相同的场地演出相同曲目。[24]

1987 年，一场神秘的意外事故导致迪伦的手部受伤，迫使他直面存在危机。他原本已经为自己的演唱生涯和自尊心找到了一条救赎之路，突然间他的愿望被残酷地打断。严重受伤的手部可能会终结他的演唱生涯。他对创作失去了兴趣，本就有很长一段时间避免创作，但因手伤而导致的选择变得有限，他突然又开始疯狂写作。接下来的一个月，他创作了大约二十首歌曲，第一首就是《政治世界》(Political World)。

---

* 杰夫 · 罗森（Jeff Rosen），鲍勃 · 迪伦的经纪人。——译者注

因为U2乐队博诺（Bono）的建议，迪伦联系了加拿大音乐家兼制作人丹尼尔·拉诺瓦（Danial Lanois），与他商讨录制新作品的可能性。自信满满的拉诺瓦深知迪伦在20世纪80年代的创作之星已经黯淡，他说服迪伦相信自己仍然有能力制作一张伟大的专辑。录制过程是一段备受折磨的经历，拉诺瓦迫使迪伦更多地参与创作，突破他平常习惯的创作舒适度。结果成就了1989年3月录制、4月混音完成的《慈悲》（*Oh Mercy*）。这张专辑在评论界获得好评，与他最近的作品相比，比如方向不明的《帝国滑稽剧》（*Empire Burlesque*，1985年）、毫无目标的《被打昏又装载》（*Knocked Out and Loaded*，1986年）和缺乏灵感的《沟壑深处》（*Down in the Groove*，1988年），这次的作品，歌词具有刮胡刀一般的锐利度，声音质量出人意料。迪伦对拉诺瓦帮助他创作的成果基本满意，他觉得这张专辑有一种令人难以忘怀的神秘声音，流畅而不拖泥带水。肖恩·威伦兹（Sean Wilentz）称赞因拉诺瓦的巧工而创造了“一种丰富、多层次的现代声音，不同于迪伦以往的任何专辑”，其中包含一些特别出色的作品，包括《政治世界》（Political World）和《多数时光》（Most of the Time）。[25] 例如，《政治世界》传递了一个强烈信息，延续了迪伦指责社会问题的主题。出于对宗教道德的信念，迪伦描绘了一个价值观崩溃的腐坏世界，人民被压制，智慧被贬低诋毁，和平作为国家间的终极目标被拒绝。

尼格尔·威廉姆森（Nigel Williamson）也赞扬了拉诺瓦的制作技巧，他允许迪伦自由发挥，同时又保有纪律。他认为《穿长黑外套的人》（Man in the Long Black Coat）是其中最好的作品之一，并补充说《慈悲》“无论是在音乐上还是在歌词上都是一张杰出的专辑”[26]。迈克尔·格雷（Michael Gray）对拉诺瓦的制作不太热衷，但仍将这张专辑描述为“近乎伟大”[27]。《慈悲》没有收录《梦的系列》（Series of

Dreams）和《尊严》（Dignity），这正显示了这张专辑的强大之处。《慈悲》在英国排行榜上达到第6位，在美国排行榜上排名第30位。然而，迪伦认为这与他之前在《战争的主人》《暴雨将至》和《伊甸园之门》（Gates of Eden）等歌曲中他所达到的真实、深刻和诚实无法相提并论，因为那些歌曲是在不同环境下创作的，当时他觉得自己对精神有着"统治力"。而现在，他需要他人用"刻薄的措辞和恶意的洞察"来揭示事物的真相。[28]

此后，迪伦回归到他年轻时所吸收的一些蓝调和乡村蓝调的歌曲中。在《红色天空下》（*Under the Red Sky*）之后发行的两张专辑中，迪伦重新开始木吉他独奏和口琴。他选择的歌曲在他看来具有浓厚的政治色彩。例如，他在《这世界搞坏了》（*World Gone Wrong*）这张专辑中对每首歌的描述与哈里·史密斯在他的《美国民间音乐选集》中对一些相同曲目的描述截然不同。史密斯用他一贯的晦涩方式描述了《斯塔克·A. 李》（Stack A Lee）这首歌，这是一首玛·瑞尼（Ma Rainey）和密西西比·约翰·赫特（Mississippi John Hurt）的经典之作。他说："盗窃礼帽引发了致命争执。受害者自认为是个爱家的人。"他解释说这起谋杀案大约发生1900年的孟菲斯，而斯塔克·李可能是李姓家族的亲戚，他们在密西西比河上拥有一支蒸汽船队。[29]在美国民间传说中，斯塔克·李·谢尔顿（Stag Lee Shelton）的凶残众人皆知。1895年圣诞节，他在圣路易斯的比尔·柯蒂斯酒吧里杀害了比利·里昂斯（Billy Lyons），由此展开了一波持续不断的暴力。

与史密斯的解释不同，迪伦试图将这首歌的主题与当下的时代产生关联。在《这世界搞坏了》的唱片封套说明中，迪伦坚持认为这首歌表达了以下内容：

没有人通过公众的赞誉而获得不朽。真理是有阴影的……这首歌表达了一个人的帽子就是他的王冠……权利与责任相辅相成，名声是个把戏。他不是某种自恋且堕落的存在主义者，一个狂饮的傻子，也不代表那些另类生活方式的骗局（给我一千亩可耕种的土地和所有现存的帮派成员，你将看到真正的生活方式，农耕的方式）。

事实上，这张专辑中的所有歌曲之所以被选择，并不是因为它们代表了某种传统音乐流派，而是因为它们具有持续的相关性。它们可能创作于某个特定的时期，但它们的相关性是永恒的。[30]

1988 年 6 月 7 日，在加州的康科德圆形剧场，迪伦踏上了舞台，意欲追求新的观众，摆脱围绕着他的神话，试图自我更新。菲尔·萨特克利夫（Phil Sutcliffe）描述了这一冒险：“所以，有史以来最伟大的词曲创作人之一启程，重新去发现他的工作，创造自我，他的油箱空空如也，他甚至没有意识到自己需要找个加油站。”[31] 在被称为“永不停歇的巡演”的头四年中，迪伦举办了 364 场音乐会。其中一些音乐会是由较小的乐队在小型且亲密的场所演出。1993 年 11 月，也就是科恩进入禅修的那一年，迪伦在纽约的“超级俱乐部”连续两天举办了四场带乐队的音乐会。这次观众是受邀参加的，200 张门票免费分发给粉丝。迪伦的目的是制作一部电视音乐会影片，但它从未面世。[32] 近十年后，他在伊利县展览会上进行了第 1440 场演出，这一场演出的重要性在于当时的经纪人阿尔·桑托斯（Al Santos）对迪伦的演唱生涯进行了简要总结，这既带有揶揄与自嘲之意，又对迪伦的许多批评者进行了回击反讽。这种介绍带有一些细微的修饰，比如加上“哥伦比亚唱片艺术家鲍勃·迪伦”，这种介绍持续了十多年。桑托斯的介绍将迪伦描述为摇滚诗人，20 世纪 60 年代反主流文化的希望和承诺，他将民谣和摇滚结合在一起，并在 70 年代做张做致，“陷入药物滥用的迷雾中，后来找到了耶稣，80 年代末被认定为过气人物，之后又突然改变了方向，在 90 年代末开始发布他演唱生涯中最强大的音乐作品”。[33]

1997 年，拉诺瓦和迪伦再次合作，共同创作了让迪伦获得格莱美奖的专辑《被遗忘的时光》，列出了“杰克・弗罗斯特（Jack Frost，鲍勃・迪伦的化名）制作”的字样。正如我们所见，这张专辑一直被誉为迪伦的最佳作品，并将迪伦引领进入 21 世纪的演唱生涯。此前，迪伦在 90 年代初期推出了几张令人失望的专辑，未能充分发挥《慈悲》的潜力，其中包括《红色天空下》（1990 年）、《我对你一直这么好》（*Good As I Been to You*，1992 年）和《这个世界搞坏了》（1993 年）。《在红色天空下》的制作人唐・瓦斯（Don Was）表示，这张专辑是匆忙制作的，基础人声在两天内完成录制，然后做了重新录制和混音。歌词被录制下来，然后重写，据他所知，这些歌也可能是在前一晚写的。回顾过去，唐・瓦斯认为应该坚持在歌曲完成之后才开始录制。在歌词写完三秒钟后立即唱出来，演唱时不会有足够的自信和细腻，而等待歌曲成熟后再进行录制则可以达到这种效果。[34]

2001 年 3 月 25 日的第 73 届奥斯卡颁奖典礼上，迪伦为柯蒂斯・汉森（Curtis Hansen）执导、迈克尔・道格拉斯主演的电影《神奇男孩》（*Wonder Boys*）创作的歌曲《世事已迁》（Things Have Changed）获得了最佳原创歌曲奖。这个成就对他而言比他因《被遗忘的时光》获得的格莱美奖更有价值。在他看来，成千上万的表演者得过格莱美奖，但只有极少数人得过奥斯卡奖。这对他来说真的很特别，因为它让他站在了一个“不同的高度”。[35]

科恩的《十首新歌》发行一个月前，迪伦在 2001 年 9 月 11 日，也就是纽约双子塔遭受恐怖袭击的那一天，发行了他自制的专辑《爱与窃》(*Love and Theft*)。因为《被遗忘的时光》的成功，这张专辑一直让人们翘首以待。尽管遇上了不祥的巧合，这张专辑在商业上仍取得了巨大成功，在美国排行榜上排名第5，在英国排名第3。它与前一张专辑的风格迥异，节奏、风格和韵律都有所变化，呈现出一种独特趣味。它深深扎根于迪伦在20世纪90年代复兴的民谣传统中，引用了查理·帕顿（Charlie Paton）、盲人威利·约翰逊（Blind Willie Johnson）、格斯·坎农（Gus Cannon）和卡特一家（The Carter Family）等蓝调和乡村音乐偶像的元素。其中一首脍炙人口的歌曲是《密西西比》(Mississippi)，最初他为《被遗忘的时光》录制了这首歌，但最终没有收录在正式歌单中。1998年，谢里尔·克劳（Sheryl Crow）录制了这首歌，而迪伦在2001年重新录制并收录在《爱与窃》中。艾伦·杰克逊（Alan Jackson）盛赞这张专辑比《被遗忘的时光》更好，认为它与他过去三十年或更长时间内所写和录制的任何作品相比都不相上下。在他看来，它注定会继续让迪伦获得“音乐评论和商业的双重复兴”。[36] 然而，其他人并不那么慷慨，而且持截然相反的观点。亚历克斯·佩特里迪斯（Alex Petridis）抱怨说，这张专辑与2001年可能会看到的任何作品一样不稳定且怪异。对他来说，那些受爵士乐影响的40年代风格的民谣尝试，表明迪伦并非一个好歌手。他断言，这张专辑“混乱且难以理解”，并以《叮当叮当叮叮当》(Tweedle Dee & Tweedle Dum）为例。[37]

出于某种无法解释的原因，电影的吸引力一直让迪伦无法抗拒。经过16年的时间，他于2003年合作编剧并主演了《蒙面与匿名》(*Masked and Anonymous*)。这是做了大幅重新剪辑的版本，因为2002年初剪版本反响非常糟糕。尽管有约翰·古德曼、杰夫·布里吉斯、佩内洛普·克鲁兹、瓦尔·基尔默和米奇·鲁尔克等好莱坞巨星争相加入，该片在票房和影评上都一败涂地，上映几场后很快就转为 DVD 发行。剧情围绕着杰克·费特（鲍勃·迪伦饰），一位过气的民谣歌手，从监狱获释，举行一场实际上从未发生的慈善音乐会，而这个时代的美国正因战争而四分五裂。随着剧情的展开，人们逐渐发现费特是这位患病总统疏远的、花钱大手大脚的亲儿子。这部电影是《爱与窃》的对应物，充满了谜样的、极富玩味的风格，借鉴了威廉·巴勒斯的后世界末日短篇小说集《区间》(*Interzone*，1954 年）的紧张氛围。

迪伦在电影方面的合作，尤其是与马丁·斯科塞斯的合作，产出了两部以迪伦为主题的纪录片，取得了更大的成功。第一部斯科塞斯的纪录片是迪伦经纪人杰夫·罗森的倡议。罗森是《没有方向的家》(*No Direction Home*）的执行制片，在十年的时间里采访了迪伦，收集了大量资料，然后请斯科塞斯来整理这些材料。斯科塞斯在 2005 年采访了迪伦，讨论的话题经过精心策划和严格控制，某些事项诸如他的第一段婚姻和药物滥用被严格禁止谈及。当迪伦在 2009 年被问及这部纪录片时，他给人一种客气的漠不关心的印象，暗示他与这部电影关系不大，也从未看过它。[38]2016 年推出了豪华版，包含近三个小时的额外素材，包括原版预告片、与利亚姆·克兰西（Liam Clancy）和戴夫·范·朗克（Dave Van Ronk）的加长采访，以及斯科塞斯关于这部电影制作的采访。

这张原声带成了《拾遗系列》第 7 卷的基础，被描述为两集纪录片的辅助部分。DVD 和 CD 封面上的照片是在 1966 年英格兰和威尔士之间的塞文河大桥修建时，在布里斯托尔（Bristol）郊外的奥斯特渡轮拍摄的。那天他正前往卡迪夫的演唱会，时间是 5 月 11 日。汽车的车牌被叠加在照片上——1235 RD，这暗示了《雨天的女人第 12 和 35 号》（Rainy Day Women #12 and 35）。约翰尼·卡什（Johnny Cash）也在英国巡演。在首都剧院的后台，他和迪伦愈发放肆地喝酒吸毒，演出前一起演奏了一些歌曲，包括汉克·威廉姆斯的经典曲目《我孤独得想哭》。

第二部斯科塞斯的纪录片是一部 Netflix 原创作品，挽救了 1975 年至 1976 年的“滚雷”演唱会巡演的影像资料。正如我们所看到的，莱昂纳德·科恩婉拒在蒙特利尔演出。电影使用了来自迪伦 1978 年的电影《雷纳尔多和克拉拉》的片段，这部电影是对他生活的虚构和幻想化描述。斯科塞斯的电影通过采访将事实与虚构混合在一起，提及了想象中的事件和情节，比如莎朗·斯通在巡演中与鲍勃·迪伦的关系。当时斯通只有 17 岁，低于许多州的法定年龄，而且在她确信迪伦写的那首《就像一个女人》是关于她的，歌曲完成时她大约只有 7 岁。这部电影是一种再创作，斯科塞斯是个心甘情愿的同谋，与迪伦的座右铭一致："人生不是去寻找自己或寻找任何东西，而是去创造自己。"[39]

迪伦涂着脸的形象——有时是一个塑料面具——他说是向“吻”乐队（Kiss）致敬，这个乐队在 20 世纪 70 年代中后期才崭露头角。这部电影展示了一个新的迪伦，现在他已是诺贝尔奖得主，他在采访中回忆起旅行中的音乐同伴，包括艾伦·金斯伯格、游荡的杰克·艾略特（Ramblin' Jack Elliott）、罗杰·麦克奎因（Roger McGuinn）、琼·贝兹、斯卡雷特·里维拉（Scarlet Rivera）和琼尼·米歇尔等传奇人物。迪伦对警方陷害拳击手“飓风卡特”（Hurricane Carter）的事件进行了强有力的揭露。卡特渴望成为世界冠军，但他被错误定罪犯下一起谋杀案。这一揭露成为电影的重要支点，为歌曲和巡演带来了势头，并在大约十年后推翻了卡特的定罪。[40] 斯科塞斯的这两部电影实现了罗森对性格丰富多变的迪伦，包括迪伦本人，在演唱生涯中不同时期的愿景，被誉为对于偶像时期的迪伦的肖像式描述，不仅极具原创性，也是大师级的。

千禧年见证了《拾遗系列》的官方发行，这一系列源于 1998 年极其成功的专辑《皇家阿尔伯特音乐厅现场演唱会》(Live at the ‘Albert Hall’)，实际上是在曼彻斯特自由贸易厅录制的。就在迪伦和他的乐队准备演唱《犹如滚石》之时，观众中有人大声喊出了“犹大”。[41] 系列中的第五张专辑是《滚雷巡回演唱会》(2002 年)，附带的 DVD 中包括《缠绕在忧郁中》(Tangled in Blue) 和《伊西斯》(Isis)，并附有由拉里·“拉特索”·斯洛曼 (Larry ‘Ratso’ Sloman) 撰写的小册子，他还写了一本关于自己与巡演同行的回忆录。[42] 这一系列将我们带入不同的时间段，打破了时间顺序。最新的第 15 卷《旅行中》(*Travellin' Thru*, 2019 年) 以约翰尼·卡什为特写，引导听众进入迪伦在 1967 年至 1970 年间前往纳什维尔的旅程。它展示了一个更专注于录音室的迪伦，他似乎在出现之前就准确想好了自己想要的东西。《约翰·韦斯利·哈丁》和《纳什维尔的天际线》的剪辑版与原版略有不同。系列的第 13 卷《不再有麻烦》(*Trouble No More*, 2017 年) 记录了 1979 年至 1981 年之间的岁月，这是迪伦创作和录制福音音乐的时期，在现场音乐会上向观众传道讲道，谈论罪恶和救赎，并将他的演出曲目限制为 1978 年末至 1980 年初之间的作品。

自从 1966 年鲍勃·迪伦出版了《塔兰图拉》(*Tarantula*) 以来，他的自传一直备受期待，也有些令人忐忑不安。它会像《塔兰图拉》一样难以阅读吗？它会为众人和他自己传播的错误信息画上句号吗？实际上，这本书很容易阅读，它的书写风格优美且轻松流畅。这绝对不是一本自我分析的书，但其中有很多自我反思的内容。它是一本回忆录，以敏锐的观察和对人物与地点的刻画为特色，生动地传达了 20 世纪 60 年代早期格林威治村的活力。这种风格让人想起侦探小说，使用了黑色电影的典型技巧，如闪回和跳跃，他在书中记录了自己在实现他认为是自己命运的早年时光中的经历。他描述了自己在“咖啡哇”(Café Wha)等待上台演唱时听着瑞奇·尼尔森(Ricky Nelson)的歌，讲述了十年后尼尔森因改变演唱风格而被嘘下台的经历。尼尔森是一个他能够产生共鸣的人，因为他自己也多次经历过这样的场面。

《编年史》并非严格按照线性发展的历史来书写。鲍勃·迪伦在第29页出生，在经历了各种情节后，包括在哥伦比亚唱片公司与约翰·哈蒙德签约，他在第229页描述了自己的故乡明尼苏达州的希宾(Hibbing)。在这两者之间，突然跳到1987年，当时他正在进行之前提到的手伤康复，并且在艺术上感到精疲力尽。《编年史》的开头是他描述与音乐出版商露·利维(Lou Levy)在格林威治村见面的情景，而书的结尾则讲述了他的经纪人格罗斯曼给了他1000美元来解除合约。

他对自己所认识的人物的描写准确而深入，比如对泰尼·蒂姆(Tiny Tim)的描绘。泰尼·蒂姆后来因为他演唱的《蹑手蹑脚穿过郁金香》(Tip-Toe through the Tulips)而声名大噪，他以女假音和尤克里里琴伴奏演唱了这首歌曲。在描述他的好友鲍勃·纽沃思(Bob Neuwirth)时，迪伦以雷蒙德·钱德勒(Raymond Chandler)的风格写道：“从一开始，你就能感觉到纽沃思对挑衅有兴趣，没有什么能限制他的自由。他就是要疯狂反抗某件事。和他交谈时，必须做好心理准备。”纽沃思出现在彭尼贝克的电影《别回头》中，这些特点在他对琼·贝兹的态度中也非常明显。

迪伦试图在这本书中为自己辩护，澄清一些围绕他的神话。他喜欢编造自己的背景，这一点众人皆知，而他对此的反应则是轻描淡写。他解释说，面对哥伦比亚唱片公司的宣传人员比利·詹姆斯(Billy

James）时，对方的哈佛大学气质让他害怕，于是告诉对方自己来自伊利诺伊州，在底特律当建筑工，没有家人，搭乘货车来到纽约。他并没有解释为什么要向朋友们编造他的过去，也没有试图分析他“抛弃”父母而对两位老人可能造成的伤害。在回忆起琼·贝兹批评他放弃民谣运动时，他相当愤怒。他强烈否认自己曾是一代人的代言人，但这是不坦率的。他对于被称为代言人的责任感到不舒服，但不可否认的是，他创作了《答案在风中飘》、《花花公子和花花小姐》（Playboys and Playgirls）和《蜕变时节》（The Times They Are a-Changin'）等歌曲，以感染这一代人的社会良知。在肯尼迪遇刺事件后（这也是2020年《最卑劣的谋杀》的主题），他明显感觉到自己的脆弱，不想让自己成为众矢之的。

那些因为迪伦歌词的力量而成为粉丝的人可能会对他只谈论写歌的过程而不谈论歌曲的内容感到失望。他无意解释歌词的意义，也无意分析它们的影响。这并不令人意外，当被问及歌词含义时，他总是很恼火，并用一些简短的回答来回避这些问题，比如“我不知道，伙计”。

这本书并不是一种自我揭示的行为，作者脸上的面具从未取下，除了手伤的那段时间，书里绝少提到作者的情感生活。除了表达他希望保护妻子和家人不受公众的注视之外，他几乎不提及亲密关系，并抱怨其隐私不断受到侵犯，但公众并不清楚他到底指的是哪位妻子。

《编年史》虽然不能让读者深入了解这位艺术家的内部世界，但却揭示了一些关于他的心理特点，以及他在许多问题上仍然愿意以简洁的方式处理真相。实际上，在谈到自己和U2的博诺时，他谈到写作方式的很多内容。他说，他俩非常相似，因为“我们可以通过扩展真实或虚构的内容来强调一切论点”。[43]就像他的许多其他项目一样，该书也受到了剽窃指责，包括使用一篇1961年的《时代》杂志文章来填补迪伦记忆中遗漏的细节，以及直接引用杰克·伦敦时并不标明出处，虽然伦敦本人也习惯借用他人词句。[44]

“永不停歇”巡演的过程虽然磕磕绊绊，却从未停止。他年复一年地环游世界，重新编排他的经典曲目，而且经常对现场观众的反应置之不理，但同时他的粉丝群又跨越了几代人，他的演出既让观众开心，同时又让他们恼怒。从2009年开始，他音乐作品中的重要部分是《美国经典老歌集》，其中包括美妙无比的《心中的圣诞节》，专辑中有经典曲目《圣诞老人来啦》《肯定是圣诞老人》。至于后面的三张专辑，其中一张专辑由三张CD组成的《一式三份》(*Triplicate*，2017年)。其他专辑包括《夜之暗影》(*Shadows in the Night*，2015年)和《坠落天使》(*Fallen Angels*，2016年)。这是他不断自我创新过程中的倒数第二次。在以《密西西比》为主打歌的专辑《爱与窃》(2004年)、《共度此生》(2009年)和《暴风雨》(2012年)三张专辑中，迪伦用一种粗哑的声调来演绎，而现在他又用弗兰克·辛纳屈、托尼·班奈特、萨拉·沃恩、平·克劳斯贝、艾拉·菲茨杰拉德等一众温柔情歌的风格来演绎。就这些作品而举行的现场演出中，舞台布局与夜总会里的装修风格颇为相似。《编年史》中，迪伦预见到自己的演出会偏离惯常的风格，他提到自己并不反对现代流行歌曲，但它们无法与《如果不唱首歌》(Without a Song)、《老人河》(Old Man River)和《星尘》(Stardust)等经典作品相媲美。他说他有史以来最喜爱的歌曲是《月亮河》，然而出人意料的是，它并未出现在他的三张《美国经典老歌集》专辑中。[45]

正当迪伦的文学技艺似乎已江郎才尽之时，2016年10月，迪伦获得了诺贝尔文学奖。他没有出席12月的颁奖典礼，但是，在诺奖90万美元的奖金期限即将到来之前的2017年7月4日，他在洛杉矶向瑞典学院发表了领奖词。领奖词中，迪伦提到了影响他的艺术创作的三部文学作品：梅尔维尔的《白鲸》、雷马克的《西线无战事》和荷马的《奥德赛》。领奖词的内容引起了争议，因为其中他对《白鲸》的赏析部分在很大程度上与《火花笔记》(专门为高中生和大学生提供的指南，对经典小说和戏剧进行总结和评论，是英国《科尔笔记》的美国版本）相似。[46] 然而，更有意思的是，迪伦在领奖词中触及这本书的几个主题。与瑞典学院的评判相矛盾，迪伦强调“歌曲不同于文学。它们是为了唱出来，而不是在纸上阅读”[47]。这是一个关于歌曲和诗歌之间关系的主题，第七章中对这个主题会有所涉及。在演讲中，迪伦进一步表示，如果一首歌让你感动，那就足够，无需去探究它的确切意义。他说自己的作品里也经常引用各种对他个人而言并无特殊意义的典故、人名、时事和史实。这个主题会在第八章和第九章中进一步讨论，与科恩和迪伦都有关系。

迪伦与诺曼·雷本的艺术课改变了他的感知视野和艺术形象，这是在他用童稚的原始主义绘画来装饰乐队的专辑《来自大粉红屋的音乐》（*Music From the Big Pink*，1968 年）和他自己的专辑《自画像》(*Self Portrait*，1970 年）时无法想象的水平。从 1989 年到 1992 年，“永不停歇”巡回演出期间，迪伦以素描的方式记录下他的视觉印象，以此来放松和重新集中注意力。他于 1994 年出版了一本素描作品集，是迪伦平日里感知和观察到的结果。《绘制的空白》(*Drawn Blank*）包括室内研究、肖像、广阔的风景、静物研究、裸体和街景等。

2006 年，在德国开姆尼茨的艺术博物馆担任策展人的英格丽德·默辛格（Ingrid Mössinger）在纽约时发现了《绘制的空白》素描作品，给她留下深刻印象，她建议迪伦的管理团队举办一次展览，迪伦同意了。默辛格鼓励迪伦将这些素描转化为水彩和水粉画，结果就是商业和艺术上都很成功的《绘制的空白》系列。与素描作品不同，这些图像在情感上更富活力与表现力，通过不同的颜色再现，就像安迪·沃霍尔在他的艺术作品中所做的那样，迪伦能够传达不同的感知和情感上的细微差别，这一做法对于他的演唱会观众而言并不陌生，同一首歌曲通过不同的编曲和演唱技巧而产生变化。从构图、设计到执行，它们都是一种启示。然而，后来大家才知道，其中许多作品是根据照片创作的。

他使用暗箱操作技术将照片的轮廓投影到画布上，作为他艺术作品的基本结构，尤其是《亚洲系列》(Asia Series)和《走过的路径》(The Beaten Path Collection)的基础，这超出了简单的“采样”，侵犯了知识产权。[48] 例如，《亚洲系列》是迪伦的第三次展览，声称是他 2011 年在日本、中国、越南和韩国进行的七场音乐会的巡演路上，对那里的人、地方、风景和建筑的描绘。在巡演结束不到六个月后，高古轩画廊(Gagosian Gallery)宣布将于 2011 年 9 月 20 日至 10 月 22 日期间展出迪伦的绘画作品。在麦迪逊大道画廊(Madison Avenue Gallery)开展不久之后，有关这些图像来源的剽窃指控开始涌现，其中一些图像是来自公共领域且可自由使用的照片，另一些则是通过声誉良好的档案馆授权的。这些图像大多情况下已有百年历史，而展览的作品远非真实生活的描绘，而是投射了西方对东方文化和习俗的刻板印象。例如，《鸦片》使用的是摄影师利昂·布西(Leon Busy)于 1915 年拍摄的一张照片，照片中一个越南妇女正在吸食鸦片。甚至有人对迪伦是否真的亲自绘制了这些复制品提出了质疑。尽管如此，迪伦的“原作”每幅售价超过 30 万美元。[49] 一些严肃的艺术评论家认为它们毫无生气，平庸之作而已。这些图像的价值在于它们由鲍勃·迪伦亲笔签名并获得认证。

在 2012 年接受《滚石》杂志采访时，迪伦抨击了那些指责他在歌曲创作中抄袭的人，说他的借用就是引用而已，并补充说“只有懦夫和娘娘腔才会抱怨这些东西。本来一直就是如此，是传统的一部分。老早以前大家就这么做了……所有那些邪恶的狗娘养的都烂在地狱里吧……写歌一直就是这样的。它与旋律和节奏有关，完成这个之后，什么都可以。让一切都成为你的。我们都这么做。”[50]因此，如果将迪伦的歌词片段通过剽窃程序处理，或者让人联想到某人在其他地方写过或唱过的歌词，那么出现大量相同的歌词也就不足为奇了。当然，这些相似之处只是表面现象。迪伦创作了一种新的形式，超越了其各部分的总和。但如果涉及他的其他艺术作品，这样的辩护就很难成立。

结　语

在本章中，我们聚焦于迪伦和科恩事业的后期阶段，确认并探索了他们的自我怀疑、焦虑和困境时期。两者都不满足于仅仅依靠声誉而安于现状，而是寻求重塑自我，以迎合一个不断变化和转型的市场。1988年至1993年间，科恩重新崭露头角，以全新的声音和形象出现，却在与抑郁症的持续战斗中失利，从公众视野中退隐，前往秃山的禅修寺庙。当他重新出现并尝试康复时，本是计划不再做巡演，然而他发现自己几乎一贫如洗，被迫全身心投入并多元化地参与各种项目，以修复自己的财务状况。他于2008年重返巡演舞台，使他的职业生涯达到前所未有的高度，最终以无与伦比的《你想让它更暗？》和逝世后发布的《谢谢陪我跳这支舞》作为谢幕。

在与汤姆·佩蒂和心碎者乐队、感恩至死乐队成功巡演后，迪伦并不感到满意，甚至考虑过退休，直到他在表演风格上经历了一次复兴，使他相信自己可以再次改变形象，并通过广泛巡演和定期在同一场馆演出来吸引新的观众。他那令人费解的手部受伤几乎扼杀了他的计划，但反而激发了他新的创作动力，导致与丹尼尔·拉诺瓦合作并在 1989 年（在科恩的《我是你的男人》之后的一年）发布了《慈悲》。尽管迪伦在 20 世纪 90 年代和新千年期间的发展轨迹起伏不定，但始终伴随着职业生涯的巅峰时刻，包括 1997 年获得格莱美奖的《被遗忘的时光》，2001 年获得奥斯卡奖的《世事已迁》，以及 2016 年获得诺贝尔文学奖，而科恩也在同年去世。在他的创作天赋似乎再次离他而去，导致他退而求其次转向伟大的美国传统歌曲后，他在 2020 年以《粗砺喧嚣之路》展现了自己演唱生涯中仍然有能力创作出色的作品。

第三章　救赎之人

我们是“神圣的存在”这一观念在社会上已被大部分人抛弃，然而信仰能够提供一种至关重要的滋养。

——莱昂纳德·科恩[1]

耶稣拍了拍我的肩膀，说：“鲍勃，你为何抗拒我？”

——鲍勃·迪伦[2]

导　言

在前面两章，我们展示了迪伦和科恩在精心的策划中呈现的令人惊叹的能力，以重新延续事业，吸引新的观众，同时保留他们的核心粉丝。现在，我们谈谈宗教在他们经历的艰辛中起到的核心作用。

宗教和灵性定义了鲍勃·迪伦和莱昂纳德·科恩的作品和生活。在这方面，两位艺术家有许多共同之处：他们都在传统犹太家庭中长大，深受犹太教日常仪轨的影响，以及对宗教文本的研习，并且他们一生都致力于丰富和理解自己的宗教传统。两人都在以天主教为主的地区长大，这使得基督教的象征和观念对他们的作品产生了持久的影响，正如迪伦和科恩的作品中反复出现的十字架、耶稣和圣经意象所显示的那样。犹太—基督教传统的神圣文本几乎塑造并贯穿了他们作品的方方面面，包括他们的一生。尽管他们对犹太信仰忠诚，但两位艺术家都经历了一种精神上的躁动不安，这使他们开始探索东方和新时代（New

Age）的信仰体系，以求对他们原本信仰中的上帝有更深入的理解。

这两人都在自己的灵性旅程中体验了不同的道路。然而，他们的道路在许多地方相汇。在本章中，我们将探讨科恩如何受到宗教探索的指引，来到日本的杏山禅师所在的秃山禅寺，而迪伦则在福音派基督教的葡萄园团契中得到了重生，以及音乐如何在他俩的灵性之旅中发挥重要的作用。

一段令主喜悦的秘密和弦：音乐与神性

音乐与神性在人类的整个历史中紧密相连。与其他艺术形式相比，音乐被赋予了神性，并被用作主要手段来激发宗教虔诚。爱德华·弗利（Edward Foley）指出，音乐被认为是将听众与神连接起来的强有力的手段，因为它是一种“无形的体验”。[3] 与绘画、雕塑和书写不同，音乐的体验是不固定的，“它难以捉摸但具有活力的瞬息即逝唤起了神性精神的形象”。[4] 部落文明使用吟诵和音乐作为达到灵性狂热和与神灵交流的手段。在古希腊，柏拉图认为音乐是一种强大的工具，因为“节奏与和声可以进入灵魂深处”。[5]

音乐作为神性的深刻表达在犹太—基督教传统中占据重要地位，犹太教会中吟唱圣诗，基督教弥撒中有信众演唱的赞美诗。《诗篇》将歌曲称为一种赞美的形式，教导追随者们要“唱起诗歌，打手鼓”(《诗篇》，81：2）来荣耀上主，同时也是人与神性之间的沟通方式。例如，《诗篇》40：3 中写道：“他使我口唱新歌”。古老的观念认为音乐能够触动灵魂，圣奥古斯丁也肯定了这一点，并声称音乐对他皈依基督教起到了关键作用。[6]

柏拉图和圣奥古斯丁在承认音乐的神性特征的同时，也对其作为腐败之力的强大影响持谨慎态度。这一观念在 20 世纪 50 年代中期新兴的摇滚乐中尤为明显，当时原教旨主义的基督教团体谴责它为“魔鬼的音乐”。杰里·李·刘易斯曾经承认，他担心自己弹钢琴会下地狱，他告诉记者，他无法“想象耶稣基督……会扭得那么多”。[7] 尽管如此，许多摇滚和流行明星，如小理查德、唐娜·萨默（Donna Summer）、阿尔·格林（Al Green）、范·莫里森（Van Morrison）、阿洛·格思里（Arlo Guthrie）、里奇·富雷（Richie Furay）、罗宾·莱恩（Robin Lane），当然还有鲍勃·迪伦等，都拥抱了一条灵性之路，甚至接受了原教旨主义的基督教。[8]

迪伦和科恩都在遵守传统犹太仪式和传统的家庭环境中长大。他们的成长年代在犹太会堂和仪式中度过，他们听到了圣诗和礼拜咏诵，这使他们对音乐作为一种灵性表达形式的力量充满敬畏。作为虔信的人，早期的教导塑造了他们音乐创作的方式，并深深渗透到他们的歌词中。例如，科恩坚信音乐的“神圣功能”，他将其视为“团结人类、纪念祖先，并以敬畏的态度面向未来”。[9]

哈瓦·那及勒蓝调：鲍勃·迪伦和莱昂纳德·科恩的犹太根源

也许正是在他们的灵性之路上，这两位艺术家找到了最为共同的基础。两位艺术家都在传统的犹太家庭中长大，尽管他们对其他宗教信仰进行的探索导致他们的方向不同，但他们各自都保持着与自己宗教根源的紧密联系。理解犹太教在迪伦和科恩歌曲创作中的重要性，我们需要去探究他们的早年生活。

莱昂纳德·科恩 1934 年 9 月 21 日出生于加拿大的蒙特利尔，富裕的西蒙特郊区（Westmount）一个优渥的犹太家庭。西蒙特是一个中上层阶级的犹太和新教家庭聚集的飞地，因为他们既不属于魁北克的法裔天主教徒多数派，也不属于英国新教社区。

犹太教定义了科恩家庭。年轻的莱昂纳德被赋予了希伯来名字“埃利以谢”(Eliezer)，意为“上帝即帮助”，这是《圣经》中亚伯拉罕忠实仆人的名字。科恩这个姓氏来自希伯来语的“科亨”(Kohen)，标志着其持有者具有特权，并且在犹太会堂中承担义务的祭司阶层的成员。这个身份被科恩家族认真对待，年幼的莱昂纳德被教育要尊重和崇敬先祖的传统和成就。在 1994 年，他告诉记者，“当他们告诉我我是科亨，我相信了……我想成为那个举起妥拉（Torah）的人”。[10]

科恩家族享有很高的声望。莱昂纳德的祖父拉扎鲁斯 · 科恩（Lazarus Cohen）于 1860 年从当时属于俄罗斯的波兰移民到加拿大，并在蒙特利尔的犹太社区中声望日隆。他成为沙阿尔 · 哈肖迈姆（Shaar Hashomayim）犹太会堂主持教堂事务的主席，并建立了帮助犹太移民的组织。[11] 他的儿子莱昂 · 科恩（Lyon Cohen）延续了父亲的事业，被誉为一位可敬的商人和慷慨的慈善家，在蒙特利尔开办了一个犹太社区中心和西奈山疗养院，并为俄罗斯反犹运动中的受害者筹募资金。[12]1897 年，他共同创办了《犹太时报》——加拿大第一家英文犹太报纸，并在 1919 年当选为加拿大犹太人大会主席。[13] 尽管他很富有，且社会地位显赫，莱昂 · 科恩始终是一个亲民的人，经常在码头迎接新到的犹太移民加入社区。[14]

科恩的母亲玛莎 . 科恩（Masha Cohen）是著名犹太法典学者所罗门 · 克罗尼茨基-克莱因拉比（Rabbi Solomon Klonitzki-Kline）的女儿，他的著作包括《希伯来语同义词词典》(*Lexicon of Hebrew Homonyms*）和《塔木德经释义辞典》(*Ozar Taamei Hazal*)。这位博学的拉比在搬进科恩家位于贝尔蒙特大道的住所之后，对他的外孙产生了深远影响。科恩经常向朋友们讲述这位长者令人印象深刻的能力，他对《妥拉》经文烂熟于心，能凭记忆背诵每一个字。[15] 南希・巴卡尔（Nancy Bacal）曾在伦敦与年轻的诗人科恩有过来往，她告诉西尔维・西蒙斯（Sylvie Simmons）："莱昂纳德深深地沉浸在宗教中，通过他的外祖父与犹太会堂建立了深厚的联系。"[16]

科恩的父母并非宗教狂热者，但犹太教的实践和仪式塑造了他们的日常生活，他们积极参与西蒙特犹太社区的活动。犹太社区的期望是塑造科恩成长岁月中许多决定的重要因素。在麦吉尔大学，科恩担任犹太兄弟会的主席，甚至在犹太学生协会的乐队中演奏。[17] 他选择在麦吉尔学习商业课程，在哥伦比亚大学学习法律，这对于一个"来自蒙特利尔中上层犹太背景的年轻人"而言是一种受人尊敬的追求[18]，也比他自己想成为作家的野心更能取悦他的家人。尽管他探索了许多其他信仰体系和宗教实践，包括科学教和最为著名的禅宗佛教，但他仍然扎根于他的犹太信仰。尽管如此，他经常与犹太思想的正统观念格格不入，特别是在他的早期事业中，他成为加拿大犹太教区中许多人激愤和错愕的源头。1963 年 12 月，科恩在一场关于"加拿大犹太教的未来"的研讨会上，以《孤独与历史》为题的演讲，利用这个机会抨击了他认为已经占据了社区精神生活的粗俗物质主义和商业利益。他宣称，荣誉"已经从学者转移到制造商，变得傲慢自卫"。[19] 他声称金钱滋生了对理想主义的蔑视，这种态度导致作家们被贴上"叛徒"的称号。[20] 科恩自己曾经遭受了社区内对他的艺术作品持不同看法的人们的愤怒，他们认为这些作品违背了犹太道德和标准。他在演讲中为自己辩护，声称"作家们将继续在他们的诗歌中使用'犹太人'这个词"[21]，并将继续与社区联系在一起，即使当权者更喜欢商人和银行家，而不是艺术家。研讨会的第二天晚上，人们致力于诋毁缺席的科恩（他的邀请函被有意忘记了），并进行人身攻击，将他与他小说中的一切粗俗事物联系在一起。[22]

他的演讲成为《加拿大犹太纪事报》(*Canadian Jewish Chronical*)头版新闻，致使社区与他疏远，社区对他的诗歌和小说中神圣与世俗的混淆早已感到被冒犯。然而，这并没有阻止加拿大犹太国家基金会在《至爱游戏》(*The Favourite Game*)出版之际，在以色列种植一棵树以示庆祝。[23]

尽管科恩的思想和行动可能与犹太建制相悖，但犹太教仍然是贯穿他一生的核心信条和指导原则。他的写作中渗透了宗教的神圣文本对他的影响。科恩的犹太信仰几乎贯穿于他作品的方方面面，从他歌词中明显的《圣经》引用，到他在 2016 年专辑《你想让它更暗?》中体现犹太圣咏的吟诵。他意识到自己写作中准宗教的语调，他在 1965 年给出版商的一封信中将自己的第二本小说《美丽的失败者》描述为“一篇祈祷……一篇不讨人喜欢的宗教史诗”。[24] 在某些情况下，他的作品有意试图模仿神圣的作品，比如《慈悲之书》(*Book of Mercy*，1984 年)，它以类似圣咏的风格写作，包含了 50 首散文诗，让人回忆起《诗篇》的风格。他将这本诗集描述为一本“祷告之书”和一种“神性的交谈”。[25] 在其他情况下，经文引用和暗示成为科恩词汇和世界观的一部分，构成了作品的肌理，给他的写作蒙上了某种色彩。他的歌词和诗歌具有一种类似祷告的质感，即使它们并无明确的宗教性。在表面上是“流行”歌曲的《爱无药可救》(There Ain't No Cure For Love)(收录于专辑《我是你的男人》，1988 年)，歌手在爱情纷扰中找到信仰的安慰。这首歌与罗伯特·帕尔默（Robert Palmer）1979 年的热门单曲《爱你成了固疾》(Bad Case of Loving You)(它的副歌部分“无药能治愈我的病 / 我得了一种爱你的固疾”)有相似之处，但通过近乎祷告的乐器演奏和传达方式的提升，加上女声伴唱团的存在，赋予了这首歌一种福音合唱团的感觉。事实上，科恩甚至转向他的伴唱歌手，说："啊，告诉那些天使。"歌词中渗透着对神圣空间、《圣经》文本的引用和对神的呼唤，这在标准的流行爱情歌曲中是不存在的。

它写在经书里
用鲜血写成
我甚至听到天使从上空宣告
没有解药，没有解药，爱没有解药

尽管科恩在他的一生中探索了各种哲学和宗教信仰体系，但犹太教的文本和传统始终是塑造他作品的最强大和最深刻的力量。1974年专辑《新瓶旧酒》(*New Skin for Old Ceremony*)中的《谁在火边》(Who By Fire)是对古代犹太祈祷文《Unettaneh Tokef》的现代诠释，这篇祈祷文在犹太教的重要节日——赎罪日(Yom Kippur)上被吟唱。《Piyuut》，这首被吟唱或吟诵的礼拜诗中引用了在审判日那天，上帝将如何惩罚罪人的各种形式：

谁将死于水，谁将死于火，
谁将死于刀剑，谁将死于野兽，
谁将死于饥荒，谁将死于口渴。[26]

祷告以乐观的警示结束："悔改、祈祷和正义可以避免严峻的命运。"[27] 科恩的版本反映了相同的礼拜模式，询问"谁将死于火，谁将死于水"，"谁因贪婪而死，谁因饥饿而死"，但与悔改不同，他表现出反抗，要求知道谁有权作出这样的命令：“我要问是谁在决定？”科恩像迪伦一样，不愿意盲目地追随正统观念和已成的建制，除非他已经彻底审视过。然而，根据利尔·利伯维茨（Liel Liebovitz）的说法，这正是犹太教的一个核心信条：信徒被鼓励审查宗教文本，并对其进行个人的解释，这个过程被称为米德拉什（*Midrash*）。[28]

罗伯特·齐默尔曼（Robert Zimmerman）1941年5月24日（星期六）在明尼苏达州的杜卢斯（Duluth）出生，他被赋予希伯来名字“沙巴太·齐塞尔·本·亚伯拉罕”（Shabtai Zisel ben Avraham）。沙巴太是给那些在安息日出生的人取的传统希伯来名字，而“本·亚伯拉罕”（ben Avraham）意为亚伯拉罕的儿子。齐默尔曼一家是乌克兰犹太人的后裔，他们于1905年从俄罗斯帝国的大革命中发生的反犹大清洗中逃离，后来定居在美国铁矿山地区。齐默尔曼一家住在杜卢斯，直到迪伦的父亲亚伯拉罕·齐默尔曼在1946年患上脊髓灰质炎，无法继续在标准石油公司工作。这位曾经健壮而今虚弱不堪的家长将一家人搬到他妻子比蒂的家乡明尼苏达州的希宾，以便更接近她的立陶宛犹太裔父母。他们刚到小镇时，这个年轻的家庭与比蒂的父母一起居住，迪伦观察到他虔诚的外祖父的日常仪式和习俗，外祖父每天都会研究《塔木德》，并鼓励外孙也这样做。迪伦在外祖父的指导下对《以赛亚书》产生了极大的兴趣。

迪伦的童年与科恩的童年相似，都沉浸于犹太信仰和当地社区。但在希宾，齐默尔曼一家在社区中的地位和声望要低于科恩一家在蒙特利尔的地位。希宾的犹太社区与科恩出生地的犹太社区形成了鲜明对比，因为后者有很强的影响力，且历史悠久。1948年，也就是齐默尔曼一家到达希宾两年后的人口普查记录显示，该镇只有268名犹太人[29]，而且这个小社区似乎相当保守，直到1958年，这个社区的犹太教堂仍保持男女分开的座位。[30]尽管希宾的犹太社区没有西蒙特的社区那么强大，但齐默尔曼一家在阿古达斯·阿希姆教堂（Agudas Achim Synagogue）和社区活动中起到了积极的作用。比蒂担任锡安主义慈善组织哈达萨（Hadassah）的主席，亚伯拉罕是犹太服务组织圣约之子会（B'nai Birth）的分会主席。[31]1985年在接受《旋转》(*Spin*）杂志的采访中，迪伦回忆说："明尼苏达的希宾犹太人不多，大部分都是我的亲戚。镇上没有拉比。"[32]尽管如此，迪伦的成人礼在安德罗伊酒店隆重举行，有400多位宾客到场，据传这是该镇历史上最盛大的成人礼。[33]

与蒙特利尔的西蒙特镇一样，希宾是一个以天主教为主的小镇，大多数居民是意大利、斯拉夫和斯堪的纳维亚移民的后代。与科恩的家乡不同，犹太人和希宾当地的社区之间似乎有更多的融合。希宾犹太社区与西蒙特犹太社区相比，有实力上的差距，这一点可从希宾唯一的犹太教堂于20世纪80年代中期关闭这一事实中得到证实，也就是在这个教堂，年轻的迪伦于1954年进行了成人礼。

虽然希宾没有像西蒙特那样强大的犹太社区，但迪伦和科恩在成长过程中的经历却很相似。他们都遵守安息日和犹太节日，并在犹太夏令营度过夏天。迪伦甚至是明尼苏达大学的犹太兄弟会Sigma Alpha Mu的成员，住在他们的校园宿舍里。然而，与科恩不同，迪伦在兄弟会体系中并未风生水起，兄弟会分配了几个兄弟到迪伦身边，负责"纠正齐默尔曼的行为"[34]。他不顺从的态度和非传统的着装并没有让他赢得兄弟会中保守派成员的欢心，但他被允许在一个舞会上表演，据主持人事后回忆，那场表演是"灾难性的"。[35]迪伦对大学生活的适应失败并非来自他对犹太教养的叛逆，而是对兄弟会所象征的规则和普及的传统非常厌恶的表现。

迪伦的信仰塑造了他的生活和作品，尽管他一直与具体的正统教义或教规保持距离。即使在他的"福音时期"，他也从未完全摒弃他生长于斯的宗教。对于迪伦而言，他的犹太教是他个人性格的固有部分，不需要由组织来规定。在他父亲 1968 年去世后，迪伦连续三个夏天都在以色列度过，甚至 1971 年 5 月他 30 岁的生日，也是在耶路撒冷的哭墙庆祝的，当天还拜访了锡安山犹太教学院的卡巴拉神学培训中心。[36]

迪伦曾被指责试图通过改变他的名字和他的背景故事来掩盖其犹太血统，特别是在一篇毁誉参半的 1963 年的《新闻周刊》文章中，安德里亚・斯维德伯格（Andrea Svedberg）揭露了他中产阶级的犹太根源。然而，他的宗教传统无疑构成了他创作歌曲的一个不可分割不可否认的基础。与科恩一样，迪伦深受与外祖父一起学习《以赛亚书》中节奏和韵律的影响，以及《启示录》里意象的启发。这一点在他最早的原创作品中已经显而易见，比如 1961 年的《关于哈瓦・那即勒的蓝调》（Talkin' Hava Negeilah Blues），这首歌将他从伍迪・格思里和艾伦・洛马克斯吸收的民俗文化与他的希伯来根源放置在一起。哈瓦・那即勒是一首传统的犹太庆祝歌曲，通常在婚礼上演唱，而《哈瓦・那即勒的布鲁斯》则在其中妙趣横生地切分出一段约德尔（yodel）。

迪伦的歌词中体现了更深层次的犹太背景的影响。塞思・罗戈维（Seth Rogovoy）证明这些歌词展示了"一个沉浸在犹太文本中并从事古老的'米德拉什'过程的诗人心灵的作品：一种对文本进行正式或非正式的即兴演绎，以阐明或发展它们隐藏的含义"。[37] 虽然迪伦的"福音时期"是他信仰最明显的宣示，他的音乐一直充满着宗教意象。60 年代早期的指责性歌曲在道义的谴责、火与硫磺般的愤怒中回响着旧约圣经的文本，并经常直接暗示了经文。在《当这艘船行进》（When the Ship Comes In，1963 年）中，迪伦警告道，"大海将会分开"，"像法老的族群 / 他们将被潮水淹没 / 像歌利亚，他们将被征服"，引用了摩西领导以色列人逃离埃及时分开红海的故事（《出埃及记》，14：10—22）

以及大卫用弹弓打败巨人歌利亚的寓言故事(《撒母耳记上》,17:1—25.7)。迪伦将《约翰·卫斯理·哈丁》(1967)形容为“第一张圣经摇滚唱片”[38],其中包含了对经文的许多暗示,例如《我同情这些可怜的移民》(I Pity the Poor Immigrant),其中包含“吃了也不饱”这句歌词,回应了《利未记》(26:26)中的“你们要吃,也吃不饱”这一句。这个主题在他后来的作品中延续,例如《天还未暗》中表达了“我在这里出生,也将在这里死去,即便我不情愿”的观点,呼应了《父训》(4:22)中“你不情愿地出生,你不情愿地活着,你不情愿地死去”。

迪伦与犹太遗产的联系不仅仅体现在他时而间接时而明显的经文引用上。就像科恩在《给希特勒献花》(1964年)中探索这一主题一样,迪伦对几个世纪以来犹太人遭受的暴行既震惊又着迷,并利用自己的歌曲谴责大屠杀的恐怖以及那些容忍它的人,比如在《上帝与我们同在》(With God on Our Side,1963年)中,他想知道美国如何原谅德国“杀害了六百万人”,并在《关于约翰·波池的妄想症蓝调》(Talkin' John Birch Paranoid Blues)中再次咆哮道,“现在我们都同意希特勒/尽管他杀害了六百万犹太人”。1984年,他甚至写了一首亲以色列的颂歌《邻里的霸凌》(Neighbourhood Bully),为“被流放的人”辩护,他们“仅因为出生而不断受到审判”。

迪伦对他的宗教遗产和他所成长的传统充满了敬意,这一点无论在他的作品还是日常生活中都明显可见,但他始终对宗教教条持怀疑态度,即便在他转向福音基督教时期也是如此。在1981年7月13日于德国特拉韦蒙德的一次新闻发布会上,他告诉与会记者们“耶稣不是一种宗教”,他在与电台主持人布鲁斯·海曼(Bruce Heiman)的交谈中也表达了类似观点,他说:“我们不是在谈论宗教……宗教是人类为了接近上帝而发明的另一种形式的奴役。”[39]

迪伦和科恩在信仰和宗教的看法上相似，他们认为信仰和宗教是可以区分的实体。两人都认为将其他信仰体系的思想和概念融入自己对世界的灵性观念中并不冲突。1981 年，当被问及他信仰“重生派基督教”仍对以色列保持兴趣时，迪伦回答道：“在我看来，这之间实际上没有任何区别。”[40] 迪伦和科恩一样，不愿让任何教派将他视为代言人。迪伦在他早期的职业生涯中对被政治运动利用，并被奉为“这一代的代言人”而感到愤怒，尽管多年来他表达了自己的宗教信仰，但他避免在公开场合与特定组织有关联。然而，这并没有阻止这些团体对他的行动进行高强度的审查，并在他的行为与他们的世界观一致时庆祝他的“回归”——无论是犹太教还是基督教。当迪伦在以色列度过自己的 30 岁生日，并且他的儿子亚当在那里庆祝成人礼时，当地的犹太社区特别激动。罗伯特·谢尔顿回忆起 1971 年，一位美国学生问迪伦为什么不再公开他的信仰时，迪伦回答道：“我是一个犹太人。它触及我的诗歌，我的生活……为什么我要宣告这些再明显不过的事情呢？”[41]

迪伦和科恩都将他们对除犹太教以外的哲学和宗教信条的探索，视为是对他们一出生就伴随他们的这种信仰的扩展与丰富。他们的生命是一次没有固定道路的精神之旅，其间出现了许多有趣的弯路和偏离。

长着天使脑袋的嬉皮士：20 世纪 60 年代的精神探索

20 世纪 60 年代见证了“水瓶座时代的黎明”*，以及新时代精神探

* 此称谓来自 1968 年美国一部摇滚音乐剧，剧名叫《毛发：美国部落式爱摇滚音乐剧》，简称《毛发》，讲述了 20 世纪 60 年代的嬉皮士运动和性革命，也包括反对越战与和平示威。剧中一首歌中第二段的歌词开头是这样：This is the dawning of the age of Aquarious。——译者注

索的大量涌现。尽管当时的反文化运动抵制了垮掉的一代所倡导的政治冷漠和虚无主义，但他们欣然接受了东方宗教的普及，以及通过迷幻物质扩展意识的理念。在接下来的章节中，我们将看到迪伦和科恩如何深受垮掉的一代诗人的影响，以及与他们之间培养的友谊和各种社团的影响，特别是与禅宗信徒艾伦·金斯伯格的联系。

在 1952 年，约翰·克莱伦·霍姆斯（John Clellon Holmes）声称："现代生活的问题本质上是一个精神问题。"[42] 垮掉的一代反对战后美国的庸俗商业化和上一代人的墨守成规僵化一致，去寻求一种在社会传统规范之外真实生活的精神途径。作家杰克·凯鲁亚克生长于天主教家庭，在 1954 年阅读了亨利·大卫·梭罗关于印度教的讨论后，对东方哲学产生了兴趣。他随后向金斯伯格介绍了这些思想。金斯伯格在 1960 年前往玛雅地区，并尝试使用致幻药物阿亚胡亚斯卡（ayahuasca）。在给威廉·S. 巴勒斯的一封信中，他称自己经历了"一切已被创造的事物在所有感官中的回响。所有的组合一遍又一遍地重复，就像以前一样"。[43] 这一启示类似于尼采关于"永恒回归"的概念——宇宙在重复的模式中展现自己，而"世界上的所有事物都通过一个永恒的周期系列以相同的顺序重复出现"[44]——这是许多东方哲学的核心观念。它成为金斯伯格佛教信仰的基石，完全改变了他对生活的概念。

迪伦和科恩都与金斯伯格有过交往，而金斯伯格经常向他们灌输他的佛教信仰。尽管迪伦在 1961 年与格林威治村的民谣接触后拒绝了凯鲁亚克《在路上》的"渴望刺激"的态度——这本书对他而言曾经就像《圣经》一样重要[45]——但在 1965 年，当他背弃民谣运动的政治动员和集体行动时，他又回到垮掉的一代身边。垮掉的一代对个体自由的追求超越了其批评者认为是青少年享乐主义的刻板印象，而是一条通向精神超越的道路。关于这一代人“垮掉”的称号，有各种解释，但凯鲁亚克将其描述为来自意大利词语“beato”，意为陶醉，就像圣方济各一样，“练习忍耐、仁慈，培养心灵的喜悦”[46]，并且“它从来不代表青少年犯罪分子，它代表着一种有特殊精神的人”[47]。迪伦的《自由的钟声》（Chimes of Freedom, 1964）体现了垮掉的一代的精神，歌颂了普遍救赎和互相产生连接的愿景，他唱道：

为了那无数的、困惑的、被指责的、被滥用的、毒瘾缠身的人们，
为了浩瀚宇宙中每一个游荡的人，
我们凝视着闪耀的自由钟声。

尽管垮掉的一代在美国推广了东方神秘主义，但凯鲁亚克和金斯伯格就像迪伦和科恩一样，仍然根植于他们成长的犹太—基督教框架中。当金斯伯格的母亲去世时，葬礼上没有足够的男性陪伴者来进行传统的哀悼祷告“卡迪什”（Kaddish），金斯伯格的诗《卡迪什》就是试图弥补这个遗憾。垮掉的一代也用“天使”来形容自己和其他人。凯鲁亚克将他 1965 年的小说命名为《荒凉的天使》，金斯伯格在《嚎叫》中将他的一代描述为“长着天使脑袋的嬉皮士”。

在 1984 年的一次采访中，科恩提到嬉皮士惯用语中的“天使”一词在他年轻时留下了深刻印象，“我一直喜欢……嬉皮士们对‘天使’一词的使用。我一直不知道他们到底什么意思，除了……它肯定了个体中的光明”。[48] 科恩曾在 1966 年由德里克·梅（Derek May）执导的加拿大实验短片《天使》中亮相，片中有男人、女人和一只狗在玩弄布质的天使翅膀。他还为刘易斯·菲瑞（Lewis Furey）的电影《夜之魔法》（*Night Magic*，1984 年）创作了歌曲《天使之眼》（Angel Eyes），其中

包括这样的歌词:“坠落的天使,天使……别再做梦了,天使……他只是个普通人。”

在 20 世纪 60 年代的反文化一代中,他们接受了阿道司・赫胥黎的《感官之门》的观点,主张用迷幻物质来扩展意识。迪伦和科恩都没有接受嬉皮文化或使用迷幻药物的生活信条,但他们对东方宗教和哲学感兴趣,并接纳了另一种灵性实践。尽管迪伦在 1978 年的一次采访中嘲笑嬉皮文化,宣称毒品让一切变得“无关紧要……人们被蒙蔽了”[49],但他对占星术和看手相很感兴趣。他在 1962 年告诉辛西娅・古丁(Cynthia Gooding):“我真的相信看手相,但因为一些个人经历,我可不太相信塔罗牌。”[50] 他在 1977 年重申了对看手相的信任,称赞洛杉矶的看手相者塔玛拉・兰德:“她是真的……她很准!”[51]

1960 年,科恩定居在希腊的伊兹拉岛,吸引了包括金斯伯格和格雷戈里・科索在内的艺术家和作家,但岛上也有“奇怪的萨满”,根据英国诗人理查德・维克(Richard Vick)的说法,他们会“参与塔罗牌或沙盘游戏”[52]。尽管科恩在青少年时期对催眠术有兴趣,据报道他使用《25 堂催眠术课:如何成为专业操作者》中的技巧脱掉了家里女仆的衣服,但他对该岛上的算命师和塔罗牌阅读者持怀疑态度。在一篇未发表的 1965 年的文章中,他写道:“我们中间有懂得心灵感应、念力、悬浮……其他次要的诸如眼力技巧,最多只能被看作是一种室内游戏……最糟糕的情况下……是从高远的目标中分散注意力的危险。就我而言,我对此更倾向于悲观的解释。”[53]

尽管对展示的萨满般的“室内把戏”持怀疑态度,伊兹拉岛上的波希米亚社区对科恩的灵性发展具有重要意义。在那里,他遇到了史蒂夫・桑菲尔德(Steve Sanfield),与后者的友谊延续了很长时间。此人后来介绍科恩认识了他的禅修导师。桑菲尔德表示,两人开始探索“不同的灵性路径，比如藏传佛教和易经”。[54]科恩与桑菲尔德一起吸食大麻，尝试LSD，“更多是作为一种灵性之路，而不是娱乐”[55]，并继续了他在蒙特利尔开始的为期一周的禁食仪式，他相信这可以达到灵性的纯净，他声称：“这使你进入一种非常敏锐的思维状态，以便你可以聆听你自己。”[56]他在伊兹拉期间继续遵守安息日，每周五点燃蜡烛，并在周六停止工作。[57]

尽管科恩对于占卜者和萨满的怀疑比迪伦更多，但在1968年的灵性之旅却让他走进了科学教会（Scientology）。在一天下午与科恩一起在洛杉矶开车时，琼尼·米歇尔注意到了该组织的总部，问科恩那是干什么的。他告诉她那是“一种怪诞的宗教”。[58]一个月后，他给米歇尔打电话，告诉她他加入了教会，并准备接管世界。[59]

科学教会由科幻作家L. 罗恩·哈伯德（L.Ron Hubbard）于1950年创立，吸引了许多名流加入，如汤姆·克鲁斯、约翰·特拉沃尔塔和克尔斯蒂·艾莉。该教会的信众认为人类因前世经历而遭受了精神创伤。教会会员接受审核，通过一系列提问来揭示这种创伤的根源，同时使用电子仪器测量他们体内的电流信号。这一过程经过多个疗程的重复，旨在克服他们前世的心理创伤，达到“清明”的状态，这个概念在科恩的《著名的蓝色雨衣》中有所提及，他问道：“你清明了吗？”科恩自己倒从未回答过这个问题，尽管他获得了高级达尼提克（Senior Dianetic）四级证书，这表明他可能已经达到了这一状态。[60]科恩对于在科学教会的经历不愿多谈，可能是因为该组织的秘密性以及对离开组织者的敌对态度。但在1994年的一次采访中，他承认“当我继续我的研究时，发现科学教会实际上非常有趣……他们的真知和睿智教义”。[61]科学教会被指责为一个敛财的邪教，有传言称科恩在摆脱教会时遇到了一些困难。在采访和写作中，他对于自己的灵性探索持开放和诚实的态度，但对于科学教会，他一直保持沉默。

科恩曾开玩笑说他从未遇到过他不喜欢的宗教[62]，他承认在遇到后来改变他一生道路的佛教僧侣之前，他曾是灵性方面的半吊子。他说："但凡我们这一代能想象到的这些灵性探索我都参与了……我甚至和哈雷·克里希纳（Hare Krishnas）教派一起跳舞和唱歌——当然，没穿袍子。"[63]20世纪60年代培育了一种实验氛围，年轻人摒弃长辈的传统，追寻自己的道路，无论是在政治、社会还是灵性层面，迪伦和科恩就是这个时代的产物。

科恩的灵性道路引领他研究了东方宗教，尽管他始终扎根于自己的犹太信仰。迪伦对于神秘的探索并不陌生，但他并未在他所研究的东方宗教和哲学中找到答案，而是在他从小所受到的犹太—基督传统中找到了。

必须侍奉某人：迪伦的重生年代

迪伦长期以来都挑战着众人对他的期望。他在1979年转变为福音派基督徒，对于他最初的听众来说可能是最难以接受的转变，许多人抵制他的演出和唱片。然而，迪伦的"重生"时期并不像一开始看起来那么令人震惊，它是他宗教背景的自然延伸，加上他童年时对福音和灵歌的兴趣，以及当时洛杉矶音乐圈普遍流行的基督教神学趋势。

年轻的罗伯特·齐默尔曼经常熬夜收听邻近城镇的电台。他回忆说，他第一次听到美国福音团体斯坦普尔歌唱团（Staple Singers）时，完全无法入睡，"就像我的身体是透明的一样，音乐贯穿了我"[64]。迪伦对福音音乐的热爱可能贯穿他的一生。他在20世纪60年代初在纽约拍摄电视节目时认识了斯坦普尔歌唱团的成员梅维斯・斯坦普尔（Mavis Staples），两人有过约会，迪伦甚至向她求过婚。[65] 他们在多年后仍然保持联系，并于 2003 年一起录制了迪伦的福音歌曲《要改变我思考的方式》（Gonna Change My Way of Thinking）。

迪伦通过从路易斯安那州什里夫波特（Shreveport）的一家电台收听到的福音歌手，对他的音乐和生活产生了深远的影响。[66] 在 2015 年接受《AARP 杂志》采访时，他表示自己一直被灵歌所吸引，并在《奇异恩典》中"拯救了像我这样的罪人"一句中找到了与自己处境的共鸣[67]。这种影响早在迪伦的职业生涯初期就可以看到。1961 年，在鲍勃和西德・格里森（Sid Gleason）的家中，他翻唱了《耶稣遇见井边的妇人》（Jesus Met the Woman at the Well）。他的首张专辑于 1962 年发行，其中包括了布卡・怀特（Bukka White）的《修整好了，可以死了》（Fixin' to Die），其中有一句请求上帝"告诉耶稣为我安排临终的床"，以及瞎眼莱蒙・杰弗森（Blind Lemon Jefferson）的《请看顾我的坟墓，使它保持洁净》（See My Grave Is Kept Clean），歌词中提到"我的心停止跳动，我的手变冷，现在我相信圣经所说的"。专辑中还包含了著名的福音歌手玛哈莉亚・杰克逊（Mahalia Jackson）广为人知的灵歌《福音之犁》（Gospel Plow）。

迪伦的母亲声称，1966 年的摩托车事故后，他的书房里有一本"巨大的《圣经》放在支架上"，尽管他位于伍德斯托克的家中有大量书籍，"那本《圣经》始终是关注最多的……还在他孩提时代，鲍勃参加了希宾附近的所有教会；他对宗教，所有的宗教都非常感兴趣"。[68] 在那场轰动一时的摩托车事故的一年后，迪伦发行了《约翰・卫斯理・哈丁》——并称之为"圣经摇滚专辑"。

迪伦的歌词一直含有宗教色彩，而正如我们之前所提到的，1968

年的专辑中充满了对《圣经》的引用。《一直沿着瞭望塔》(All Along the Watchtower)(后来由吉米·亨德里克斯翻唱) 是专辑中充满圣经意象和主题的典型。这首歌是对《以赛亚书》中对放荡之国的预言的现代诠释。歌名意指其中的一句诗:"日复一日，我的主啊，我站在瞭望塔上"，迪伦的意象反映了整个歌词中所体现的即将到来的厄运和谴责。歌词中"商人们喝我的酒 / 农夫们挖我的地"暗指《以赛亚书》(62:8) 中上帝的旨意:"我必不再将你的五谷给你仇敌作食物；外邦人也不再喝你劳碌得来的新酒。"

迪伦对基督教象征意象的兴趣贯穿于他的作品之中。1967 年，迪伦录制的地下室录音版《十字架上的标志》(Sign on the Cross) 这首未发布的歌曲中，他探索了耶稣是不是弥赛亚的观念，这是在他的"基督教时期"的前十年就录制完成的。

是的，但我脑子里明白
我们都被误导
而正是那个古老的十字架标志
让我忧心忡忡

这种意象在 1974 年他的电影《雷纳尔多和克拉拉》中再次出现。一名女招待指示说:"只要像个十字架一样，站在那里。"电影中的镜头停留在一个天主教修道院的水泥十字架和一尊圣母玛利亚的雕像上，艾伦·金斯伯格解释了耶稣受难的十四站。乔纳森·科特评论了电影中反复出现的基督教意象以及对耶稣的提及，引发了迪伦的回应:"耶稣是个疗愈者……他有点儿超越了他的职责。"[69]

迪伦的灵性探索指引着他的生活和音乐，但他同时也拒绝接受任何形式的教义和信条。他皈依福音派基督教似乎与迪伦在粉丝面前呈现的一切背道而驰，但值得注意的是，迪伦继续回避被定义，以及与任何一种宗教或组织的结盟。他一直对耶稣的形象充满了兴趣，虽然他在1967年曾问过“十字架上的标志”是否可能是他最需要的东西，但到了1979年，他对此深信不疑。他的粉丝对这位反主流文化的偶像现在却在“侍奉某个人”感到愤慨，迪伦坚信他所侍奉的唯一主人是上帝，但他不会受任何一种信条或教派的限制。

福音派基督教与摇滚乐一直有着复杂的关系。有一件著名的逸事：迪伦童年时的偶像小理查德因1957年在澳大利亚的一个体育场上看到一个熊熊燃烧的火球，相信如果继续演奏这种属于魔鬼音乐的摇滚乐，他将会下地狱，于是退出了摇滚音乐。迪伦在他的福音巡演中在台上也表达了类似的情绪，他告诉观众们：“如果你想要摇滚乐……去看吻（Kiss）乐队吧，你可以一路摇滚到地狱。”[70] 皈依福音派基督教的趋势延续到了20世纪70年代。记录迪伦福音时期的纪录片《忙着重生》的制片人兼导演约翰·吉尔伯特（John Gilbert）表示：“20世纪70年代中后期，基督教福音派运动在洛杉矶音乐圈中非常流行。”[71] 虽然迪伦的转变似乎与当时整个国家的氛围不符，但吉尔伯特认为迪伦的天赋在于他有能力“体验、感受和描述……他周围发生的事情。在60年代初，是民权运动。现在是‘耶稣’在空气中”。[72]

在20世纪60年代，嬉皮士和反主流文化的年轻人开始逐渐被耶稣会运动所取代。这场运动在美国嬉皮文化中引起了“一场精神觉醒，成千上万的年轻人迫切寻求与上帝的体验”。[73] 迪伦巡演和录音的资深吉他手T-本恩·本内特（T-Bone Burnett）告诉霍华德·桑恩斯（Howard Sounes），从1976年开始，“在全世界发生了一些事情……包括U2的博诺和吉他手大卫·霍威尔·伊文思（David Howell Evans），以及在澳大利亚的迈克尔·哈钦斯（Michael Hutchence，INXS 乐队的创立者）”。[74] 巡回音乐家们之间流传着互相交换被众人阅读过的 C.S. 刘易斯的《返璞归真》。

这次转变虽然让他的粉丝们震惊，但它是“缓慢到来的列车”；这是多年来的宗教研究的结果，加上他与莎拉·洛温兹离婚的情感困扰，电影《雷纳尔多和克拉拉》的失败，以及“滚雷巡演”最后阶段遭受的冷遇。在 1979 年的演出中，迪伦将他的“大马士革之路”时刻描述为发生在 1978 年 11 月 17 日的圣地亚哥。在体育馆里费力演出时，他回忆起那个时刻：

> 观众中有个人……知道我感觉不太好……他们把一个银十字架扔到了舞台上……我带着它去了下一个城镇……感觉更糟糕了……我对自己说，嗯，我今晚需要一些东西。我并不清楚是什么……我掏出口袋，发现了这个十字架。[75]

第二天晚上在亚利桑那州图森（Tucson）的一间旅馆房间里，他经历了他对罗伯特·希尔伯恩（Robert Hilburn）描述的“一个真正的重生体验”，他感受到了“存在”，“除了耶稣，没人能是那个存在”。[76] 在 1980 年的这次采访中，迪伦对于在最低谷时找到耶稣的故事提出了反驳。他告诉希尔伯恩，“人们认为耶稣只会在一个人的生活中陷入困境且潦倒时才会出现……而我过得挺好的”。[77]

在迪伦的核心圈子中，有几位成员也经历了自己的基督教转变，比如 T- 本恩·本内特、大卫·曼斯菲尔德和 史蒂文·索尔斯。在 1978 年的巡演中，人们经常看到迪伦与他们就新获得的信仰展开认真的辩论。他的长期合作伙伴和伴唱海伦娜·斯普林斯回忆说，在情感极其困扰的一刻，迪伦向她寻求答案，这些问题“没有人能帮得上忙……我就说，为什么不祈祷呢”？[78]

在1978年的巡演中，基督教似乎环绕着迪伦，但正是艾丽丝·阿尔特斯（Alice Artes）介绍他认识了位于洛杉矶安纳海姆的新成立的葡萄园团契教会［一个福音派基督教派别，于1974年合并了歌手/词曲创作家拉里·诺曼（Larry Norman）和查克·吉拉德（Chuck Girard）在各自住所举办的两个《圣经》研究小组］。由于与音乐产业的联系，这个教会吸引了许多音乐家，包括迪伦的随行人员和美国钢琴家基思·格林（Keith Green）。阿尔特斯鼓励迪伦去葡萄园教会，他在那里遇见了两位教会牧师拉里·迈尔斯和保罗·埃德蒙，他们也是音乐家。会面后，迪伦受邀参加了为期三个月的密集圣经学习课程，要求每周四天全职在葡萄园门徒学院学习。起初他有些犹豫，认为自己没有时间投入到这个学习中，因为他的巡回演出日程即将重新开始，但是“有一天早上七点，我坐起来，感觉一定要穿好衣服，驾车前往圣经学校。到了那里时我自己都不敢相信”。[79]

在葡萄园教会，迪伦是一个勤奋的学生。1978年12月，他开始研读《马太福音》，此篇的主旨是说服犹太人相信耶稣是弥赛亚。迪伦一生都为这个说法纠缠挣扎，但现在却让他痴迷不已。

迪伦1979年的专辑《慢车开来》上的歌曲标志着他通常被称为“福音时期”的开始，这个时期从1979年持续到1981年，包括《慢车开来》《被救赎》和《来一针爱》三张专辑。尽管他的音乐一直充满着圣经的意象和道德信息，但现在它们带有一种福音传教的热情。这些歌曲最初是为了给另一位伴唱歌手卡罗琳·丹尼斯（Carolyn Dennis）演唱而写，因为迪伦觉得自己还没有准备好邀请粉丝们了解他新发现的信仰。然而，最终，他拥抱了一个火与硫磺的传教士角色，并利用他

1979 年的巡回演唱会在舞台上进行布道，教导他的追随者们他从葡萄园教会学到的内容。

葡萄园教会是一个福音派组织，致力于传播上帝的话语，但在对《圣经》的解释上并不是原教旨主义，也就是说，他们将福音书中的某些部分视为隐喻，而非事实。然而，这些成员完全相信《启示录》，它预言了世界末日的来临。这种解释受到了哈尔·林赛（Hal Lindsey）的《末世的地球》(*Late Great Planet Earth*）的影响，该书在葡萄园的会众中广泛传播，迪伦福音时期的许多言论也带有此种色彩。这部作品并非一本沉重的神学巨著，而是一部耸人听闻的畅销书，《纽约时报》称其为 20 世纪 70 年代最畅销的书籍。[80] 林赛是一个基督教犹太复国主义者，他认为冷战、核威胁和中东战争都是《启示录》中预言的结果，世界末日正在临近。迪伦从未公开承认阅读过这本书，也没有观看过 1978 年发行的纪录片，但葡萄园的牧师和朋友拉里·迈尔斯证实迪伦曾刻苦研习过这部作品。

在 1979 年至 1981 年的福音巡演中，迪伦在全美传讲了哈尔·林赛的福音。他在 1979 年 12 月在阿尔伯克基（Albuquerque）对观众宣告道：

你们知道我们正生活在末世。经文说：“在末世，艰难时日即将临近”……看看中东的情况吧，我们正在走向一场战争……我告诉你们，耶稣将要回来，他确实会回来！除他以外，别无拯救之道。[81]

粉丝们对于“新”迪伦公开宣讲的罪恶和救赎感到震惊。他在演唱会之间从不多话，可是粉丝们对这位歌手的新言论并不赞赏。然而，他们不应该感到惊讶，迪伦对罪恶和救赎的看法并不新鲜。他早期的歌曲创作展现了同样坚定的道德信念和明确的是非观念。《战争的主人》（1963 年）充满了启示录般的语调，引用了《圣经》中的人物，如“古时的犹大”，抨击军工复合，并宣称“即使是耶稣也永远无法原谅你们所做的事情”。尽管在他拒绝民谣音乐圈后，迪伦对道德和指责采取了更为微妙的观点，但他一直是一个信念坚定的人。然而，不同的是，这位在《地下乡愁蓝调》（1965 年）中唱着“不要追随领袖”的人告诉观众他们必须“侍奉某人”。对于迪伦来说，这一信息并不矛盾。他告诉希尔伯恩：“自己去和基督发生联系……任何真正的传道者都会告诉你：不要跟随我，要跟随基督。”[82]

当迪伦在 1981 年重新将旧歌添加到演唱会曲目中，并停止在舞台上布道时，粉丝们终于松了一口气，希望他的福音时代结束了。1981 年 3 月，他拒绝在全国音乐出版商协会的颁奖典礼上颁发“年度福音歌曲”奖的邀请，选择参加儿子的成人礼，引发了他“对作为一个重生信徒的角色感到不满”的传言。[83] 到 1983 年《异教徒》专辑发行时，他音乐中明显的宗教色彩已经褪去，许多人认为他的“耶稣时期”已经结束。

1983 年年末，迪伦参加了儿子杰西在以色列的成人礼，回到美国后，他开始在布鲁克林的哈巴德-卢巴维奇中心（Chabad-Lubavitch centre）跟随拉比曼尼斯·弗里德曼（Rabbi Manis Friedman）的指导进行学习。这一消息传开后，许多犹太团体纷纷希望重新将他视为自己的一员。多年来，迪伦经常光顾该中心，并在中心组织的几次筹款电视马拉松中亮相。然而，迪伦对哈巴德运动的投入并不意味着他放弃了对耶稣的信仰。在美国，有一个不断壮大的弥赛亚犹太人运动，比如“100% 犹太，100% 基督徒”[84]。“犹太为耶稣”运动（Jews for Jesus）——他们认为信仰耶稣与犹太教原则相容。该团体渴望与迪伦联系在一起，但他一如既往地保持沉默。他拒绝通过宗教归属来定义自己，而选择了一种融合了“犹太人为耶稣运动、南加州新时代运动和老派的火与硫磺的千禧年主义”[85]的信仰形态。迪伦的公关保罗·瓦瑟曼（Paul Wasserman）表示，拉比一直是迪伦团队中不可或缺的一部分，即使在福音音乐巡演期间，迪伦经常会被发现在研究《妥拉》。[86]虽然迪伦在福音年代之后再未公开展现出相同的虔诚，但他一直表达着对耶稣的信仰。在1984年接受《滚石》杂志的库尔特·洛德（Kurt Loder）采访时，他表示相信《启示录》，并认为“还有一个来世”。[87]

一个破碎的哈利路亚：莱昂纳德·科恩与基督教

莱昂纳德·科恩对迪伦皈依基督教感到震惊。迪伦是一个深具灵性的人，科恩对此表示理解和尊重，但他告诉詹妮弗·沃恩斯：“我不明白关于耶稣的那部分。”[88]迪伦本人声称：“如果我成为一个佛教徒或者一个科学教的信徒，可能会更容易。”[89]也许这暗指粉丝和媒体对于科恩相对宽松，允许他继续自己的宗教探索。

尽管科恩一开始对迪伦皈依基督教感到震惊，但后来他称《慢车开来》为“在整个福音音乐的领域里，这是有史以来最美丽的福音歌曲之一。”[90]科恩在法语天主教氛围的蒙特利尔长大，有一个信奉爱尔兰天主教的保姆，对基督教的图像和教导并不陌生。他经常和保姆及其家人一起去教堂，就读西蒙特高中时也参加过圣诞剧和教堂合唱，他对此的着迷程度不亚于迪伦。天主教在蒙特利尔的生活中无处不在，对科恩产生了不可避免的影响，正如他在《大众情人之死》诗集中的诗歌《蒙特利尔》中所述：“我们属于这座城市，从未离开教堂。犹太人就如在雪中一样，他们也在教堂里。”[91] 他认为“蒙特利尔的每种风格都是教堂的风格”[92]，在 1997 年他告诉布鲁斯·赫德拉姆（Bruce Headlam）：“我喜欢耶稣。一直以来都喜欢，自孩童时就是这样”，尽管他承认：“我没有站起来在犹太教堂说‘我爱耶稣’。”[93]

科恩对天主教的意象有着深厚的感情。他的诗歌和歌词中充满了对十字架、荆棘冠等基督教隐喻的引用，而正如我们将在“科恩与面具的关系”这一章节中看到的那样，他最初的舞台形象就是殉道的圣人。在他的第一本诗集《让我们比较神话》（1956 年）中，他在《为弥赛亚祈祷》中写道：“他在我口中的生命比一个男人更小 / 他在我胸中的死亡比石头更硬”。这些诗句指向了天主教中的物质转变的概念，信徒所领受的圣饼和葡萄酒是由耶稣的身体和血变成。第二行暗指了一些基督徒的反犹态度，认为犹太人对耶稣之死负有责任，以及这种观点给他带来的沉重压力。在科恩的小说《美丽的失败者》中，小说的叙述人是一位学者，正在创作一部关于卡特里·特卡维塔（Kateri Tekakwitha）的作品，她是第一个被封圣的北美土著人。卡特里生于 1656 年，受洗时由耶稣会士改名为凯瑟琳娜（Catherine），以纪念 15 世纪的意大利神秘主义者，来自锡耶那的圣凯瑟琳娜。[94] 在她皈依前，因拒绝莫霍克部落的价值观而备受教会推崇，她拒绝了来自部落成员的求婚，选择保持贞洁。在小说的一个场景中，科恩重新想象了凯瑟琳娜恳求受洗的情景。耶稣会神父跪下“如同耶稣在裸露的脚前跪下一样”，他“把她小小的脚趾放进嘴里，舌头像雨刷一样地动着”[95]，这是对耶稣在最后的晚餐上给使徒洗脚的亵渎性比喻。科恩的歌词也受到基督教意象的影响。在《再见，玛丽安娜》中，他称呼的女人抓住他“就像我是一个十字架”，而在 2012 年的《带我去那个地方》中，歌者要求被带到耶稣的墓地，在那里她发现墓穴里打开的石头和已经复活的弥赛亚。

帮我移开石头

带我去那个地方

我无法独自移动这个东西

带我去那个地方

在那里，道成肉身

科恩在他于 2016 年去世前发行的最后一张专辑《你想让它更暗？》中，探索了自己面对死亡和来世的看法。这张专辑拒绝了基督教正统观念，特别是在歌曲《协议》(Treaty) 中，他看着耶稣把水变成酒，并哀叹道："我每晚坐在你的桌前 / 我试着与你一起陶醉，但我做不到。"在他或许是指圣灵的部分，他唱道："对于我让你成为的那个幽灵，我很抱歉 / 我们中只有一个是真实的，那就是我。"然后，他对"重生基督徒"的意识形态进行了尖锐的抨击，声称：

我听说蛇对自己的罪过感到困惑

它蜕下鳞片，寻找内在的蛇

但重生意味着出生就没有皮肤

毒液渗透到一切之中

蛇指的是伊甸园中引诱夏娃的那条蛇。创世记的故事将人类的堕落归咎于夏娃的行动，当她听从蛇的劝说吃下禁果，从而永远地让人类背负原罪。任何人是否都能经历宗教意义上的重生，所有的罪孽和过错都可以被忘记，科恩的歌词表达了对这一观念的怀疑。这种对基督教的明确拒绝在歌曲《看起来这条道更好》(It Seemed the Better Way) 中再次体现，其副歌“听起来像是真相 / 但不是今天的真相”与关于圣餐酒的影射“这杯血”以及耶稣要求“转到另一边脸”之间形成对比，最终歌手颇不自在地接受他必须“闭嘴”和“试着说出恩典”，同时又无法接受被宣扬的“真相”。伴奏中还有沙阿 · 哈索迈姆犹太会堂合唱团的和声，科恩在该会堂庆祝过他的成人礼，这进一步证实了他对犹太教的信仰。犹太教中，男孩 13 岁时举行的成人礼标志着从童年向成年的过渡。在这张最后的专辑里，有教堂合唱团的合唱，是对即将到来的死亡的接受，并使听众回忆起科恩晚年所拥抱的印度教哲学所教授的宇宙的循环本质。

“我甚至无法找到禅宗的概念”：莱昂纳德 · 科恩与佛教

当迪伦“忙于重生”时，科恩的灵性之旅将他带到了秃山的山顶，学习日本禅宗临济宗的杏山禅师的教导。值得注意的是，尽管两人都敬畏自己的犹太传统，但在情感极度困扰的时期，两人都转向了他们最初信仰之外的灵性体系。迪伦把耶稣视为他的救世主，而科恩则在老师的指导下进行禅修，将佛教实践的纪律和禁欲看作控制他自己“深度混乱”的生活方式。[96] 科恩通过与金斯伯格的交往以及对《易经》的阅读，对佛教教义有所了解，但直到他遇到杏山禅师以及禅师位于洛杉矶的禅修中心，才开始认真研究这一古老的哲学。

佛教是起源于公元前 6 世纪的东方宗教，其基础是印度的王子悉达多（后来被他的追随者称为“佛陀”或“觉者”）的教导。这位王子年轻时生活奢华，但当他看到宫殿门外的人们的苦难时，放弃了财富和特权，成为僧侣，通过日常的冥想得以开悟，并与他人分享他新获得的理解。佛陀的教导被奉为“四圣谛”。这些基本原则认为一切存在都是苦难的，而苦难源于欲望，当我们停止追求变化，专注于接受时，苦难就会停止。佛教还鼓励其追随者克服自我和个人主义的局限，将宇宙中的一切视作是相互联系的。

科恩所学的临济禅侧重于通过问题和答案的交流（称为“公堂”）以及由禅师提出的禅宗公案（即禅宗中的悖论谜题）来实现觉悟。对科恩而言，临济宗的教义相对其导师而言是次要的。他告诉他的传记作家说：“如果师父是海德堡大学的物理学教授，我会学德语并去海德堡学习物理。”[97] 事实上，当被要求解释这种精神实践的概念时，他回答说：“我甚至无法定位一种禅宗的思想……我对禅宗或佛教并不真的了解多少，因为我从来没有真正对新的宗教感兴趣”，他认为师父的寺庙是“我与上帝一起共舞的空间”。[98]

科恩与迪伦一样，无意将佛教视为他出生时的宗教的替代品，而是一种扩展和探索信仰的方式。他首次遇到杏山禅师是在 1967 年，当时他的朋友史蒂夫·桑菲尔德开始在禅师位于洛杉矶的禅修中心参加冥想。桑菲尔德回忆说，科恩对他的热情回应是讲述了 17 世纪的一位自诩为弥赛亚的犹太人萨巴太·谢维的故事。他吸引了许多追随者，他们相信他说自己能飞的说法，但他不会在他们面前飞，因为他们不配见证，直到他必须证明自己的神性，否则难逃被苏丹梅姆德四世处死的命运，于是他改信伊斯兰教。直到 1969 年，科恩在桑菲尔德的婚礼上首次见到了禅师。婚礼在洛杉矶的临济禅中心举行，由这位后来影响了科恩精神生活轨迹的僧侣主持。在当时那个场合，两人并没有交流太多，但科恩被仪式中展示的“佛教十戒”和禅师喝下的大量清酒所吸引。[99] 到了 1972 年，在繁重的巡回演出和放纵的生活方式使他濒临崩溃的边缘时，科恩的思绪再次转向了那位声音温和的僧侣。

与迪伦和葡萄园团契一样，科恩对禅师的兴趣也是在个人困境和对巡演生活方式的疲倦期间产生的。在 1972 年的冬天，桑菲尔德亲自介绍科恩给禅师，邀请他在秃山禅中心度过一周时间——寺庙位于海拔 6500 英尺的圣加布里埃尔（San Gabrial）山顶，在一个废弃的童子军营地上建成。[100] 科恩经历了他后来称之为“佛教训练营”的一周时间，他描述道：“这是个严酷的地方，所有这些破碎的年轻人在雪地里凌晨三点进行行走冥想，艰难地跋涉。”[101] 他没有坚持到周末，下山后直接乘坐飞往阳光明媚的阿卡普尔科（Acapulco）的飞机，与当时的伴侣苏珊·埃尔罗德一起去度假。

在接下来的二十年里，科恩不断在狂欢派对、无限畅饮、滥用药物、巡回演出中对他献情意的女性和秃山上的完全禁欲与克制之间来回摇摆。这是他从一开始就建立起来的特征，正如他在一部早期未发表的小说中所承认的那样，“我在饕餮与断离之间徘徊”。[102] 但正是在禅师的寺院里，科恩学会了重新调整自己。

尽管他对禅师和其教导深为着迷，但他仍是一个虔信的犹太人。1973 年 10 月，当赎罪日战争爆发时，科恩乘坐第一班飞机前往以色列以示支持，一天内为以色列部队表演多次——尽管他对自己的音乐在提振士气方面的作用表示担忧。[103] 他告诉《Z 形》（*Zig-Zag*）杂志：“我从不掩饰我是犹太人，在以色列的任何危机中，我都会在那里。”[104] 对于科恩来说，他的犹太复国主义和与禅师的学习之间并不存在冲突。他在以色列沙漠中开始创作他的 1974 年专辑《新瓶旧酒》，正如我们所见，歌词深受犹太传统的影响，然而他邀请禅师参加了录音。禅师的贡献一如既往地简明扼要，而当他指导他的弟子应该唱得“更悲伤”时，这一建议显得尤为重要。[105]

尽管科恩在巡回演出之间继续与禅师学习，花费数周甚至数月的时间在秃山度过，但他发现自己的抑郁在加深。《我是你的男人》（1988年）和《未来》（1992年）的乐评和商业成功，以及他与年轻美丽的女演员丽贝卡·德·莫尼迅速升温的恋情并不能填补他生活中的精神空虚。1993年，他返回秃山，接受禅师严苛的清修法则，与他度过了接下来的五年半时间。

每天的日程从早上三点的静默茶会开始，然后学生们聚集在小木屋里进行一个小时的诵经冥想。接下来，他们开始进行六个小时的坐禅。手里拿着小棍子的僧侣们会在房间里巡逻，敲打那些看起来似乎睡着了的人的肩膀。之后，他们会在山地上进行步行冥想。白日里他们会做一些繁琐的事务，比如“砍柴、钉钉子和修理厕所”[106]。科恩被安排担任禅师的私人厨师，而禅师最喜欢的菜肴是酱烧三文鱼。[107]科恩住在一间简朴的木制小屋里，过着戒律的生活。他的房间里只有一张金属床架，没有电视或音响，虽然他被特许可以使用咖啡机和键盘。他的传记作者西尔维·西蒙斯还报道说，一个犹太教烛台摆放在他的梳妆台上。[108]修行生活非常艰苦，在1995年的一次采访中，他称临济宗的僧侣们是“精神世界的海军陆战队”。[109]然而，他偶尔也可以暂时离开禅师的管理，下山前往洛杉矶处理自己的事务。离开寺庙时，他会去麦当劳买一个鱼片汉堡，再买一瓶好红酒，然后回到公寓里看《杰里·斯普林格的秀》（*Jerry Springer Show*）的电视节目。几天后，他会再次回到禅师身边，准备重新投入修行生活。

1996年，他接受了佛教僧侣的职位，并获得了“自闲”（Jikan）这个名字，意思是“平凡的沉默”。[110]禅师年事已高，这使得科恩在寺庙中停留了更长的时间——当时禅师已接近90岁，尽管他最终活到了107岁——但科恩也将其视为一个精神康复的地方，在那里“那些被日常生活摧残、伤害、摧毁且破碎不堪的人”[111]可以获得康复。对于科恩来说，禅宗佛教从来不是一种宗教。他声称自己的出家只是“为了税收目的”[112]，并且他从未把禅师看作“我的灵性导师……我对佛教从来没有兴趣”。[113]在寺庙里，科恩继续在周五的晚上点燃蜡烛准备过安息日[114]，并在1997年写了一首诗《非犹太人》(not a Jew)[115]，宣称“任何声称我不是犹太人的 / 就不是犹太人”，并以他的希伯来名字“以利亚撒，尼桑之子”签名。

尽管科恩在寺庙里获得了一些平静时刻，但在1998年冬天，他发现自己陷入了人生中最黑暗的抑郁之中。1999年1月，他告诉禅师他在寺庙里的生活“走到了尽头”。[116]禅师以典型的优雅接受了科恩脱去僧袍的请求，只要求科恩为他做最后一顿饭。离开禅师一周后，他飞往孟买会见另一位灵性导师——相对年轻的81岁的拉梅什·S. 巴尔塞卡尔（Ramesh S. Balsekar）。在寺庙里，科恩研究了一系列巴尔塞卡尔与他的一位学生的对话［1992年以“意识说话”(Consciousness Speaks）为题出版］，他看到了印度哲学和禅宗佛教之间的共鸣。

这位位于孟买的灵性导师教导人们，宇宙的最高源头是“梵”(Brahman)，一切造物只是他意愿的体现。他告诉学生们，不存在作为主体的“我”或客体的“我”，而只是一个单一的意识，在这个意识中我们都是相互连接的。巴尔塞卡尔写道，“人类思维中的主观与客观这一观念将本来不可分割的事物划分开来，因此陷入了困境”。[117]他主张进行“萨达纳”(*Sadhana*）实践，其中包括节食、冥想、祈祷和慈善工作，以摆脱自我执着，走向启蒙之路，这些观念与科恩自己的灵性实践相呼应。科恩最初打算在孟买逗留一周，但他如此着迷于巴尔塞卡尔的教导，最终停留了几个月。

在孟买的这段时间里，科恩依然严格遵循他在秃山习得的自律。每天早晨，科恩会参加巴尔塞卡尔在孟买的小公寓里举行的“萨特桑”

（*satsangs*）活动，追随者们坐下来倾听大师的讲话，并被鼓励提问。许多参与者来自以色列，这显示出东方哲学对犹太人的吸引力。[118] 离开巴尔塞卡尔的讲座后，科恩经常在路边小摊停下来喝茶，并与其他学生讨论晨课部分，然后前往私人会员制的布里奇·坎迪俱乐部游泳。然后，他会回到位于肯普斯角的酒店房间，开始绘画、写作、阅读和冥想，延续着他在秃山上的简朴生活方式。[119]

在巴尔塞卡尔和科恩的对话录音中，科恩告诉大师："正是您和我老师的教导之间的共鸣，促使我认真研习了您的作品"，并且禅宗传统一向鼓励从其他大师那里学习。[120] 他解释说，他对寺院生活的不满足来自对和平的"贪婪渴求"。[121] 在禅修堂中，他带着自我驱动的强烈愿望追求"有趣的体验"，这些"有趣的体验"通常和"失眠与蛋白质缺乏"有关[122]，然而这与佛教原则相违背，当然也包括寺院的艰苦工作。这种对改变状态的"贪婪"和自己无法捕捉到它的无能，导致了不断增长的不满困扰了科恩的一生，他渴望这种对立，并通过性事的小小死亡和寺院里的苦修生活来寻求。在《夜色降临》(《多种角度》，1984 年）这首歌中，他准确地定义了他对缺席的渴望中存在的明显矛盾："我如此渴望一无所有 / 我一直都是这样贪婪。"

科恩师从禅师，所学颇丰，但正是在巴尔塞卡尔的教诲下，科恩对他多年来佛学的研习带给他的教诲进行了完善和重新构架。他意识到并没有自由意志，没有个体自我，也没有担心的必要。宇宙对于每个人都有安排。巴尔塞卡尔告诉他："没有'最佳的灵性之路'。只有对于你来说特定的灵性之路……时候到了，'源头'自会将这个身心有机体送到适合他或她的导师身边。"[123] 这与巴尔塞卡尔的教诲和科恩所属佛教派别的创始人、9 世纪的临济宗僧人临济义玄（Rinzai Gigen）的教诲产生共鸣，他警告说："没有佛陀，没有法……与其执着于我的话语，不如平静下来，不再追求其他东西。”[124]

科恩 1984 年的歌曲《如果这是你的意愿》(If It Be Your Will)，收录于《多种角度》专辑，表达了这种对自由意志的摒弃，以及对神意的接受。他对造物主说：“如果这是你的意愿，让我不再言语，让我的声音沉寂，和昔日一样，我将不再言语。”然而，歌词中仍然包含了选择的成分，歌手选择遵从上帝对他的意愿，而不是努力去理解：顺从与否其实由不得他。

重返日常生活后，科恩发现“我并没有适合灵性生活的天赋……我不再需要去寻求任何东西。随着寻求的结束，伴随其而来的焦虑也消失了。”[125] 他不再追求灵性解决方案，这使得深沉的抑郁阴影消散了。尽管如此，他仍然继续与禅师和拉梅什学习，并且忠于他的犹太信仰。对于科恩来说，犹太教仍然是他生活和创作的指导原则，但他不再困扰于不确定或怀疑。他乐意让自己的信仰引导他，同时运用从印度教和佛教中学到的技巧和教训，以接受上帝为他选择的任何道路。

“我们吸进的每一口气都是哈利路亚”：神圣与世俗

在 1969 年，伊拉・莫特纳 (Ira Mothner) 宣称莱昂纳德・科恩的歌曲都是关于“虔诚与性欲的快感”。[126] 这种说法引入了一种在科恩自己的思想中不存在的精神与肉欲之间的紧张关系。神圣与色情的融合是他歌词的一个显著特点，他寻求与一个“心爱的女人”建立关系，她同时也是他“精神激情的对象”。[127] 对科恩而言，灵性与感官是交织在一起，且无法分离的。他宣称：“如果性中没有上帝，它就会变成色情；如果上帝中没有性，它就会变得虔信和自以为是。”[128] 他用来描述自己与宗教关系的语言是清晰明显的——在 1998 年 11 月的一次采访中，他称之为“深沉而性感”，并将其视为类似于“求爱”的愉悦。[129]

对于科恩来说，性行为是一种精神行为，两个身体的结合创造了最终的否定自我。在通俗的说法中，小死一次（la petit mort）一词用于描述在性高潮期间超越意识的体验，但最初是由罗兰·巴特提出的，作为伟大文学的首要目标。在读者沉浸在文学的一瞬间，体验到自我和自我意识的丧失，其身份被文本否定。科恩对于这种自我否定的“贪婪”，不仅体现在禅师的禅修大厅中，也体现在追求性满足的方面，同时也体现在他的创作中。沃弗森（Wolfson）证实了“写诗和歌曲的记录是一种精神实践，一种圣礼仪式”。[130]

性和神圣之间的分离始于清教徒，但早期的基督教和犹太教的神秘主义者和圣人并没有建立如此严格的界限。早期犹太基督教文献中男女之间性的交合被视为对神圣的庆祝和与主的交流形式，尽管这种行为当然只在婚床上才被认可。《旧约·雅歌》一书在描述新郎和新娘的结合时包含了深度的情欲意象，这种影响可以在科恩的歌词和诗歌中看到。诗歌中赞美新郎和新娘在他们的婚姻得到上帝祝福后对彼此的喜悦，并专注于他们从彼此身体上获得的感官快感。新郎告诉新娘，“你的大腿圆润好像美玉”(《雅歌》，7：1)，“你的身量好像棕树，你的两乳如同其上的果子，累累下垂 / 我说我要上这棕树，抓住枝子”(《雅歌》，7：7—8)。所罗门的情欲意象是科恩自己作品的特点，正如他在《在我的手掌下》(Beneath My Hands）中告诉他的爱人：“你小小的乳房 / 如同坠落的小雀朝上的肚腹 / 仍在呼吸”(《地球香料盒》，*The Spice Box of Earth*，1961 年)，呼应了《雅歌》(7：3）的“你的两乳好像一对小鹿，就是母鹿双生的”。

对科恩而言，上帝和性密不可分，性行为是一种与神交流的形式。

在他将情欲与神圣融合的观念中，并无任何亵渎的成分，因为他认为男女的结合是对主的最高形式的庆祝。这一观念在科恩的《哈利路亚》（Hallelujah，收录于《多种角度》专辑）后来附加的歌词中得到了最深刻的表达，他宣称性行为是两个灵魂的融合，是对神圣的庆祝："还记得当我在你体内活动时，圣鸽也在活动 / 我们每一次呼吸都是哈利路亚。"

对于许多科恩的批评者来说，他将精神与肉体视为不可分割的观念并不被认同。例如，《蕨》（*The Fiddlehead*）杂志上发表了一篇关于他首本诗集的评论，批评科恩将圣洁、性爱和暴力的意象并置在一起。[131] 正如我们所见，犹太社区也经常对他提出这样的指责，但科恩在《美丽的失败者》中通过叙述者的声音挑衅地建议："找到一个小圣人，在天堂里找个愉快的角落不停地 X 她。"[132]1966 年，科恩告诉一位记者："我们必须是神圣的……我们与宇宙并无二异。我们是道成肉身。"[133] 肉体的庆祝对于科恩的精神追求至关重要。精神与肉体不应分离，而应用于对主的赞美，而对于科恩来说，这种赞美的顶峰就是性的交融。

对于迪伦而言，性与精神之间的关系没有那么明确。圣洁与感官之间的分界线明确而严格，他的观点更符合清教的教导。迈克尔·格雷认为，迪伦的精神探求之路"始终是他内心中肉体和精神之间的斗争，爱与一种宗教禁欲主义之间的斗争"。[134] 格雷认为，我们在迪伦的歌曲中发现了女人的爱是救赎之路这一观念。在《纳什维尔的天际线》专辑的《我把一切都丢掉了》（I Threw It All Away）中，他唱道："爱就是一切 / 它让世界转动"，在《婚礼之歌》（《行星波》）中则更加明确，浪漫的爱被包含在与精神救赎相混合的圣经意象中，"失去的就失去了，我们无法重获 / 洪水中所丧失的 / 但对我来说，幸福就是你 / 我爱你胜过鲜血"。迪伦从相信尘世之爱"就是一切"的逐渐转变发生在《轨道上的血迹》（1975 年）和《欲望》（1976 年）这两张专辑中。在专辑中，迪伦试图将浪漫的爱与宗教渴望相调和，体现在歌词“如果我能将时光倒流到上帝和她诞生的时刻”《风暴庇护所》(Shelter from the Storm)。歌曲《伊西斯》(Isis) 构建了一个引人入胜的叙述，描述了迪伦在感官快乐和精神救赎之间的斗争，以希伯来女神伊西斯为拟人化形象。歌曲的叙述者离开了他心爱的人去寻找黄金、钻石以及“世界上最大的项链”，当他的伴侣去世且他的寻求一无所获时，他说“快速祈祷，我感到满足/然后我骑马回来找伊西斯，告诉她我爱她”。当他发现“盒子空空没有珠宝时”，他拒绝了物质世界，并在既是女人又是神的伊西斯的怀抱中找到了救赎。然而，在与萨拉·洛温兹经历了艰难的离婚后，迪伦摒弃了这种对立，并寻求在耶稣那里找到救赎。从信仰爱情为宗教到只拥抱精神并摒弃肉体的灵性，迪伦的发展轨迹意味着一辆“缓慢的列车”。

迪伦与科恩不同，从来没有以感官的方式表达自己。他的歌词将浪漫之爱表达为精神和救赎，而不是快乐和满足，但对于科恩来说，这些观念并不矛盾。比起他的加拿大同行，迪伦更像是一个道德家，这些观点在他的许多态度中得到体现。1984 年，他告诉《滚石》杂志，“问题不是堕胎……堕胎是出去和某人上床的最终结果……随意的性行为”。[135] 虽然对于科恩来说，性和精神密不可分，但迪伦认为“男性和女性不是为了性爱而存在……那不是目的”。[136] 在肉体与精神的斗争中，精神最终是更高尚的呼唤，浪漫之爱常常是对真正“目的”的偏离。

“这些拉比还真有一些特别的东西”[137]：重归犹太教

正如我们所见，迪伦和科恩对各种形式的宗教同样着迷，并广泛探索了各自的灵性道路，但他们从未毫无保留地否定他们出生时的犹太教信仰。虽然迪伦曾发表过一些可能被解读为与犹太教疏离的言论 ——他在 1978 年告诉《滚石》杂志："听着，我不知道我有多犹太，我眼睛是蓝色的。"[138]——两位艺术家都不认为他们的信仰与他们对其他宗教的研习，以及思想体系之间有什么冲突。

莱昂纳德·科恩终其一生都很虔诚，且遵守犹太教教规。在孟买期间，他参观了凯尼赛斯·埃利亚胡犹太会堂（Keneseth Eliyahoo Synagogue），也在禅师的寺庙里继续遵守犹太教的安息日和圣日。在 1994 年接受《犹太书籍新闻》的采访中，他肯定地说："禅宗实践中有犹太的修行者……因为没有祈祷的崇拜，也没有对神的讨论，所以没有冲突。"[139] 他接着表示对《好莱坞报道》中一篇将他描述为佛教徒的文章感到沮丧。他告诉采访者，他已经写信给该杂志纠正这一错误，并宣称"我是犹太人"。[140]

科恩的《慈悲之书》通过其中的五十首诗篇肯定了他的犹太信仰。书的封面上有科恩"统一之心"组织的标志，由六芒星和大卫之星组成，两颗相互交织的心形围绕其中。他将这个符号描述为"阴阳的一种版本"，试图"调和差异"。[141] 这也概括了这本书的意图，因为他试图将他的犹太信仰与东方哲学融合在一起。这本作品是献给他导师的，将他与这位禅宗大师的学习和对犹太教的持续探索相结合。这本书的起因是科恩"弄伤了他的膝盖"[142]，无法进行坐禅，而坐禅是寺庙生活的一个特质。既然无法参加坐禅训练，他决定"做我以前从未做过的事情，非常勤奋地遵守犹太日历，每天戴上经文护符匣（tefillin），并研习《塔木德》"。[143]《慈悲之书》中的诗篇对信仰、宗教和人类状况的本质而进行的美妙沉思，这使得犹太宗教学院前教务长和校长莫德卡伊·芬利拉比称他为"当今最伟大的祷告者"[144]。2006 年，芬利在主持一个共同朋友的婚礼时，见到了科恩与其当时的伴侣阿佳妮·托马斯。在与拉比进行了深入的神学讨论之后，科恩和阿佳妮成为芬利的奥尔·哈托拉犹太会堂的常客，并积极参与由芬利主持的每周一晚的“犹太精神心理学以及达摩讲经”。[145] 这两人在相互尊重的基础上建立了深厚的友谊。“他是一个虔诚的犹太人，”芬利证实，“每个安息日都点蜡烛。我收到了他在巡回演出期间点燃蜡烛的照片。”[146]

尽管科恩一直坚称自己从未背离过犹太教，但许多人仍难以将他的犹太信仰和佛教思想这两者调和起来，芬利回忆起科恩告诉他的一个轶事：几名来自哈巴德-鲁巴维奇·哈西德教派（Chabad-Lubavitch Hasidic）的男子（与迪伦在布鲁克林学习的同一教派）在光明节期间登上秃山，意图将这个迷途的僧侣带回教派。当他们到达时，发现这位歌手身着黑袍，正在点亮他的光明节蜡烛。他邀请这些人进入他的小木屋，他们一起喝威士忌，跳舞，辩论和唱歌。[147] 他们离开时确信他不是迷途的儿子，而是一个真正的“Kohen”（希伯来语，意即教士）。

科恩的最后一张录音室专辑《你想要它更暗吗？》在 2016 年他去世前的 19 天发布，其中包含了他对犹太信仰的明确宣言。专辑的标题曲中，科恩诵唱着“Hineni，我准备好了，我的主”，这是希伯来语“我在这里”的意思，也是亚伯拉罕在上帝要求他牺牲儿子以撒时所作出的回应。歌曲的副歌暗示了哀悼祷告文 Kaddish，科恩唱道“被放大、被祝圣，愿你的圣名被尊崇”，这让人想起他可能在自己父亲的葬礼上听到的祷告，也预料了他自己的葬礼。对于一个被深沉而坚定的信仰定义的人，这首歌是一个恰当的墓志铭。

尽管探索了其他宗教体系，迪伦与科恩一样，仍与自己的犹太根源保持联系。两位艺术家都认为信仰不是宗教教条、对信条或派别的严格遵守，而是与全能的造物主建立的个人联系。在他的福音时期之后，迪伦继续走自己的精神之路，他在 1993 年宣称“一个没有信仰的人就像行尸走肉”。[148] 迪伦的“重生”专辑发布后接下来的几年里，他与哈巴德组织的合作以及对以色列的访问引发了他重新与犹太传统联系的传言。1995 年，他在佛罗里达州的一座犹太教堂参加了一场赎罪日的礼拜，《犹太人报》宣称“你们尽可以说你们想的……迪伦 20 世纪 70 年代晚期成为重生基督徒的经历……他的真正根源正在显现”。[149] 三天后，迪伦在杰克逊维尔的舞台上演唱了《在花园里》(In The Garden) 这首关于基督被罗马卫兵抓获的歌曲收录于《慢车开来》专辑中，引起了基督教团体的反驳，称他是他们中的一员。他还在 1997 年的世界圣餐大会上为教皇和代表团演唱了这首歌曲。

迪伦对犹太节日的持续遵守，甚至在福音音乐时期也是如此，他的这种表现让宗教组织感到困惑，这些组织仔细审视他的行动，寻找他“站在他们一边”的踪迹。他在 2009 年发行的专辑《心里的圣诞》(*Christmas In the Heart*) 以及支持以色列的歌曲《邻里的霸凌》更加违背了观众的期望。葡萄园教会的牧师保罗・埃德蒙德在解释迪伦身上的这些矛盾时指出，迪伦从未“离开他的犹太根源”，而是“意识到犹太教和基督教可以很好地共存，因为基督就是耶稣弥赛亚”。[150] 迪伦本人从未觉得有必要公开宣布他的宗教信仰。在谈及这个问题时，采访者们发现他固执而回避，不愿解释自己或揭示如何调和这些明显的矛盾。通过对他歌词的审视，我们可以看出他是一个宗教信仰很深的人，精通犹太—基督教传统的神圣文本，以及古代神话和东方的神秘主义。这在他 2020 年的专辑《粗砺喧嚣之路》中尤为突出。这些表明他对灵性的探索，如同他的那次“永不停歇”的巡演，是持续不断的。例如，他提到自己演奏过“秋葵浓汤，地狱和灵歌”，了解“所有印度教仪式”[《基韦斯特》(Key West)]。他“学习梵语和阿拉伯语以提高自己的思维能力”[《我所创造的你》(My Own Version of You)]，感受到“内心的圣灵”[《渡过卢比孔河》(Crossing the Rubicon)]，并建议“让你所有的俗思成为祈祷”[《黑骑士》(Black Rider)]。

与科恩一样，迪伦的信仰并不因他对俗世机构的遵守而受到限制，而是源自对神圣存在的深刻信仰。虽然迪伦可能不再像一个福音传教士那样登台演出，但他的宗教信仰仍然在他的音乐中明显可见。作为一个老练的戏法师，迪伦的威士忌品牌“天堂之门”的社交媒体标签是“你得服侍某人”，他用此标签时刻提醒我们。

永不停止的探求：结语

如果不承认宗教和精神信仰所赐予迪伦和科恩的一切，我们就无法真正欣赏他们的作品。他们出生的犹太信仰为他们的歌词和精神探索提供了基本框架。艾略特・R. 沃弗森认为，只有在理解科恩对基督教和佛教的兴趣的背景下，才能真正领会犹太神秘主义对科恩的影响。他认为，科恩的犹太教在与其他传统相对比中得到了肯定。他对其他精神体系的研究“既扩展又限制了他的犹太教的边界”，并建立了“他自己文化形态的独特性”。[151] 这一分析同样适用于迪伦。他们的犹太信仰的基础支撑着他们持续不断的神学探索，并为他们提供了精神上的归属。信仰和宗教不仅定义了他们的生活，也塑造了他们的写作，他们音乐的发展也跟随着他们各自的精神探索。对于追求精神上的具足而言，就像迪伦的巡回演出计划一样，永远不会停止，随着每个人走上自己的道路，他们都会明白这不是关于目的地，而是关于旅程，并且他们将始终被吸引并回归到自己出生时的宗教。

第四章　开始

鲍勃·迪伦、莱昂纳德·科恩、垮掉的一代和迪伦·托马斯

在纽约的白马酒吧沉溺，
他并未温柔地走进他的良夜。

——费林盖蒂（Ferlingetti）[1]

迪伦先生感到被社会异化且因此而狂怒，科恩先生也感到被异化，但他只是觉得悲伤而已。

——合纳翰（Henahan）[2]

迪伦让所有人震惊，除了莱昂纳德。

——金斯伯格[3]

导　言

在之前的章节中，我们讨论了迪伦和科恩从各自的经验中寻找其意义，从而对这个世界赋以秩序，这种秩序在他们各自的生活经验中是缺席的。这一章中，我们将探索他们对名声的追求，这往往是他们内心痛苦的根源。为了表明他们之间的联系，我们需要探究迪伦、科恩、迪伦·托马斯和垮掉的一代诗人之间的关系，以表明他们所有人对名声的渴望，是有代价的，甚至是生命的代价，比如迪伦·托马斯和杰克·凯鲁亚克。

迪伦·托马斯在他有生之年成为美国一位史无前例的诗人，他的榜样成为垮掉的一代的诗人们疯狂模仿的对象。罗伯特·齐默尔曼对垮掉

的一代诗人产生了兴趣，与此同时，他抛弃了过去的身份，扮演起鲍勃·迪伦这个角色。而莱昂纳德·科恩在20世纪50年代中期，属于垮掉的一代的诗人圈子的边缘人，尽管后来他与其中许多人有过交集，但和他们中的许多人一样，迪伦·托马斯那声名狼藉的波希米亚式不负责任的特质，其吸引力危险且难以抗拒。名声对他们所有人而言都是一股强大而具有毁灭性的力量。

迪伦·托马斯和垮掉的一代

《纽约时报》的音乐评论家罗伯特·谢尔顿在1961年9月29日发表的一篇早期文章为鲍勃·迪伦的事业奠定了基础，该文章被重新印在他的首张专辑《鲍勃·迪伦》的封套上。谢尔顿享有特权，可以深入研究这位当时世界闻名的吟游诗人的传记。[4]1966年初，鲍勃·迪伦在从内布拉斯加州的林肯飞往科罗拉多州丹佛的飞机上与谢尔顿谈到迈克尔·麦克卢尔（Michael McClure），他说："他很棒，伙计，他很棒。"他认为艾伦·金斯伯格是最好的诗人之一，也是他认识的两个近乎圣人般的朋友之一。他声称金斯伯格的《卡迪什》比《嚎叫》更好，是一部杰作。麦克卢尔和金斯伯格是20世纪60年代垮掉的一代反文化运动中的重要诗人。在1965年后期，鲍勃·迪伦越来越倾向于与他俩接触，他俩也有同样倾向，尤其是金斯伯格，他崇拜迪伦。此时，金斯伯格已经与莱昂纳德·科恩有了交情。科恩在雅典的一家咖啡馆偶遇金斯伯格，问他是否真的是金斯伯格本尊。金斯伯格过去与他交谈[5]，科恩邀请他在伊兹拉岛住下，就此成了朋友。金斯伯格向科恩介绍了科索，他与垮掉的一代诗人的联系比他1956年在纽约生活时更为密切。

金斯伯格彼时已声名在外，而科恩是一个相对不知名的加拿大诗人。在给他妹妹埃斯特（Esther）的一封信中，科恩描述金斯伯格是一个干净、没有胡须的犹太男孩，受到了一群糟糕的垮掉的一代人的影响。他认为这只是一个阶段，而金斯伯格最终会成长，毕竟："钱、名声和其他这些东西到底能维持多久？时间一长，你还是想要一份像样的工作。"[6] 当时鲍勃·迪伦正值名声鼎盛，科恩亦是一位有成就的诗人和小说家，这使金斯伯格评论说，虽然每个人都对迪伦印象深刻，但科恩似乎并不受影响。然而，科恩承认他和迪伦对彼此的歌曲有共同的兴趣："每个人都对迪伦感兴趣，而迪伦对我感兴趣，这真让我开心。"[7]

鲍勃·迪伦对垮掉的一代的诗人着迷至深，以至于麦克卢尔和金斯伯格都参加了 1965 年 12 月 3 日在旧金山的那次著名的鲍勃·迪伦采访，而他本打算让他们三人一起出现在《金发女郎》(*Blonde on Blonde*）的封面上，由垮掉的一代摄影师拉里·基南（Larry Keenan）拍摄。鲍勃·迪伦当时在旧金山地区举办了五场音乐会，正好在基南拍摄"垮掉的一代最后聚会"的那天，他参观了"城市之光"书店。迪伦待在地下室，而垮掉的一代则在外面的台阶上聚集。[8] 劳伦斯·费林盖蒂（Lawrence Ferlinghetti）与金斯伯格一起参加了 12 月 3 日迪伦在伯克利举行的首场音乐会。尽管后来他表达了对鲍勃·迪伦的钦佩，但那个周末费林盖蒂对迪伦取得的名声极为不满。迪伦甚至形容自己在当时是"真的非常有名"。[9] "城市之光"书店的主人根本无法理解："那个瘦瘦的孩子拿着电吉他在台上做什么？我可是一位重要的诗人，而这个孩子在这个大厅里有 3500 个小屁孩儿粉丝。"[10]

在谈论理查德·法里尼亚［Richard Fariňa，他是咪咪·贝兹（Mimi Baez）的丈夫，写过小说《曾经如此长久地堕落，以至于似乎是向上》[11]］时，鲍勃·迪伦说他是个话痨，说的内容毫无价值：

我对他的写作没有任何尊敬。我记得他在白马酒吧戴着帽子胡子拉碴的样子……在他不这么一本正经的时候，我倒是很喜欢的……在纽波特，他在雨中演奏，我躲在看台下，听到……他完全疯掉了。

在鲍勃·迪伦极少的几次谈到迪伦·托马斯时，他将他与法里尼亚做了比较。他很了解法里尼亚，因为他曾与卡罗琳·赫斯特（Carolyn Hester）有过一段婚姻，之后才与咪咪·贝兹结了婚。鲍勃·迪伦在加利福尼亚的卡梅尔与这对夫妇度过了很多时光。

1957年，法里尼亚还在康奈尔大学，大学里有一个区域因波希米亚的特质而著称，人称“学院城”，他深受此风的熏陶。他的谈话经常引用他非常喜欢的诗人迪伦·托马斯。因为这位诗人的影响，他甚至写了一篇半自传性质的文章，名为《夹着一本迪伦的书》。1959年，他还在学生演出的剧目《乳木树下》（*Under Milk Wood*）中露面，而六年前这部戏在纽约首演时，迪伦·托马斯本人曾担任过旁白。[12]

那么，鲍勃·迪伦将他的同名人与法里尼亚进行比较并非偶然：“他是像迪伦·托马斯那样的作家。”随后，他自从成名以来首次对迪伦·托马斯的诗歌做了评价：

迪伦·托马斯的诗歌适合那些在床上得不到真正满足的人，那些追求男性浪漫的人。迪伦·托马斯的诗歌是……非常……我该说什么呢？……一只蝴蝶……不，啊……它让我想起街道，有着蝴蝶般的质地的水泥街道。或者，只是纯粹的自杀般的浪漫，一种朽败的浪漫……一个写下他所需要的……朽败浪漫的人。他写了好的文字……那些是好的文字，但它们过于华丽。[13]

这也是金斯伯格彼时对托马斯的诗歌所持的观点："总的来说，我并不真的欣赏托马斯。他太浪漫了。"[14] 尽管如此，金斯伯格还是向托马斯表示敬意，于 1995 年参观了位于威尔士拉格恩（Laugharne）的托马斯的墓地，那里有一座简朴的白色十字架作为标记。

1964 年 1 月，一部名为《迪伦》的剧作由西德尼·迈克尔斯（Sidney Michaels）创作，在百老汇上演。亚历克·吉尼斯（Alec Guinness）扮演托马斯一角，并因此获得托尼奖，他曾在伊迪丝·西特韦尔（Edith Sitwell）主持的诗歌朗诵会上看过托马斯的表演，他对托马斯的诗歌"并不感到特别震撼"，他更喜欢这位威尔士作家的短篇小说。[15]

如果不仅仅是因为他的诗歌，那又是什么吸引了北美观众如此强烈地对迪伦·托马斯产生兴趣？长久以来，人们购买他朗读短篇小说和诗歌的录音，去剧院观看关于他生命最后两年的悲剧。又是什么吸引了垮掉的一代的众多诗人、莱昂纳德·科恩和后来的罗伯特·齐默尔曼（即鲍勃·迪伦）。格雷戈里·科索认为，诗歌如果没有了诗人，就什么都不是。"为什么雪莱、查特顿、拜伦、兰波等人如此美丽？我告诉你为什么，因为他们和他们的作品是一个整体，是一个完整的存在。"[16] 垮掉的一代的诗人在创作诗歌时，也考虑了人声的表现，使用了迪伦·托马斯采用的吟游诗人的技巧。布鲁斯·库克认为，这些技巧包括简单的节奏重复，以激发观众的情感。[17]

科索 1951 年出狱时，迪伦·托马斯已经完成了他从 1950 年 2 月到 6 月的第一次美国巡演。尽管约瑟夫·麦卡锡参议员所代表的政治文化压迫仍然存在，但在几个大城市，越来越多叛逆的年轻人中开始涌现出不满的苗头。在迪伦·托马斯的第二次巡演，即 1952 年 1 月至 5 月之后，约翰·克莱伦·霍姆斯在同年的 11 月 16 日为《纽约时报杂志》

写道，“这就是垮掉的一代”，早在那些如今象征着垮掉一代的人们成名之前。1953年4月至6月，迪伦·托马斯第三次美国巡演，他的诗集在美国出版，《时代》杂志中将迪伦·托马斯描写成“一个肥胖的，鼻子圆圆的威尔士小个子，绿眼睛，总体上有些邋遢，是40岁以下诗人中最优秀的抒情才子”。[18]

垮掉的一代，如同他们后来的几代人一样，认为将迪伦·托马斯与他的作品分开是不可能的。莱昂纳德·科恩被佩吉·库兰称为“贝尔蒙特大道的垮掉诗人”，而黛博拉·斯普雷格称他为“蒙特利尔的垮掉诗人……带有对乡村音乐的迷恋”。[19]科恩代表了当时年轻诗人的态度。科恩承认：“我上大学时，迪伦·托马斯是诗歌的伟大声音。我们（所有年轻诗人）都对他的名声、天赋、酗酒和无条件对社会的不负责任感到好奇。”[20]

迪伦·托马斯在北美同时也获得了一定的狼藉声名，人们宽容地将他看作一个可爱的凯尔特流浪汉。他与妻子凯特琳的关系就像同样是威尔士人的理查德·波顿与伊丽莎白·泰勒的关系一样传奇。纽约的文人们喜欢夸大其词的凯尔特传说，慷慨地掺杂着虚构。迪伦·托马斯完美地扮演了这个角色。他的不羁行为受到美国人的崇拜。他甚至可以无情地嘲笑自己的观众，那也不会带来什么恶果。他们太容易、毫无辨别力地陶醉于声名。他告诉他们，他自认是“有本薄诗集的胖诗人”，是“一夜情的抒情者”，穿梭于全国各地与妇女组织交谈，这些组织对陶瓷学讲座和“现代土耳其小说”一样热衷。[21]1953年对托马斯诗集的一篇评论指出，“他令人难以置信的故事在一种狂野的威尔士抒情诗中混杂在一起，其中真相和事实在醉醺醺的幻想中变得不可辨认”。[22]

如同命中注定一般，1953年他第四次来到美国，像往常一样住在切尔西酒店。位于纽约23街的切尔西酒店，与迪伦·托马斯、垮掉的一代、鲍勃·迪伦和莱昂纳德·科恩紧密相联。研究切尔西酒店的历史学家希里尔·蒂平斯将这家酒店经久不衰的波希米亚声誉归功于迪伦·托马斯，虽然它当时几乎是一个贫民窟。[23] 切尔西酒店是这些抑郁、狂放、臭名昭著的人醉生梦死之地。正是在这里，迪伦·托马斯昏死在他的爱人怀中，而在此之前，他在哈德逊街拐角处的白马酒吧喝了最后几口酒。他被送到圣文森特医院，于 11 月 9 日在医院去世。

《时代》杂志甚至把托马斯称为“超级波希米亚”。[24] 勒罗伊·琼斯（阿米里·巴拉卡）在捍卫垮掉的一代的波希米亚主义时指出，在 20 世纪 40 年代，波希米亚主义和知识分子反叛是不存在的：“可怜的迪伦·托马斯在英格兰独自担起了这个责任，我们都知道，当他最终来到美国时发生了什么。”[25] 正是迪伦·托马斯等人的波希米亚式的不负责任深深吸引了年轻一代的诗人和作家们，其中许多人或长或短都成了切尔西酒店的住客。关于迪伦·托马斯在白马酒吧宴醉狂欢的传奇故事，以及切尔西酒店的肮脏环境，为他笼罩了一层浪漫神秘的氛围。迪伦·托马斯能够与普通人产生共鸣，用他的悦耳声音和炽热想象力吸引听众，使他成为人们心中的独特人物。迪伦·托马斯在美国是名人，他分别于 1950 年、1952 年和 1953 年举行了巡回演出，1953 年举行了两次。他是最早进行大规模美国巡回演出并在他录音唱片上签名的诗人之一。[26]

托马斯在 1952 年首次签约 Caedmon 唱片公司。他开创了口述录音的先河，比如他录制的短篇小说《一个孩子在威尔士的圣诞节》和五首诗，包括《不要温柔地走入那个良夜》和《蕨之岗》，这一领域如今已经发展成了价值 20 亿美元的有声书产业。在发行后十年，这张唱片已经销售了超过五十万张。他的妻子凯特琳担心他为了表演和赞美而出卖自己。[27]

他巡回演出去到的地方跨越了广袤的地理区域，因此气候也是多变，旅途艰辛。例如，第一次巡回演出是从1950年2月到6月，计划在97天内进行35场演出；第二次巡回演出计划在116天内进行43场演出。这还不包括他随时愿意为小团体进行即兴朗诵，以及在各个大学与学生和工作人员举行的接待和会议。他在第一次巡回演出中使用汽车、火车和飞机，在美国境内行驶了12000英里，所有这些都让旅途变得非常艰苦，对于一个身体欠佳、超重、酗酒的人而言尤其如此。他乘坐火车从纽约到芝加哥，再前往印第安纳州的南本德、伊利诺伊州的厄巴纳和爱荷华市，坐火车在美国的这几个州旅行可不是件舒服的事情。之后他飞往旧金山，再乘火车前往温哥华，然后返回美国，途中经过西雅图和华盛顿，然后返回洛杉矶地区又停留了八天，最后再返回纽约。[28]

在他的第三次访问中，也是1953年的第一次访问，托马斯在切尔西酒店写道："在这个炎热的地狱里待了两个星期……我在这个臭烘烘的地方到处旅行，甚至到过美国南部：在14天内我进行了14场演出。"[29]除了演出，还有没完没了的社交。[30]由于他古怪的骑士式的修辞和波希米亚风度，他可以为所欲为，言行举止几乎无人指责。托马斯是一个文学反叛者，一个受人崇拜的前摇滚明星。在一次大学演讲中，当有人请他解释《长腿鱼饵的歌谣》的意思时，托马斯回答说："这是关于一个巨人的性交。"[31]詹姆斯·帕克曾写道："他是最后一位摇滚明星诗人，因为真正的摇滚明星一到，音响嗡嗡作响，毒品尖叫，诗人们就无足轻重。"[32]当然，这也忽略了一个事实，即本书的两位主要人物迪伦和科恩都是摇滚明星兼诗人，他们最初的也是最重要的灵感就是来自托马斯的名声。

正如迪伦·托马斯代表了一种安那其式的波希米亚主义，既充满威胁而又让人兴奋，格林威治村周围的咖啡馆中垮掉的一代的诗人朗诵，他们混乱不堪的生活方式和对主流文化的不敬评论，吸引了那些正在经历人类学家玛格丽特·米德所说的“代沟”[33]的年轻人。迪伦·托马斯的知名不敬是他们希望效仿甚至超越的，但最重要的是，他们像他一样渴望成名。

迪伦·托马斯的诗歌、散文和戏剧对于“垮掉的一代”而言，展示了诗人可以存在于学院之外，与普通人建立联系。他是所有人都想见到和仿效的对象。他们不遗余力地追寻他，采纳他所体现的安那其式的生活方式。

在蒙特利尔，莱昂纳德·科恩，这位17岁的麦吉尔大学学生，羡慕地看着发生的这一切。在接下来的60、70和80年代，科恩本人将模仿这位威尔士人的行为。在他的第一部小说《至爱游戏》中，科恩描述了虚构的角色劳伦斯·布里夫曼，他可以把手放在低胸裙子上而不会有任何抱怨：“他有点像温和版的迪伦·托马斯，天赋和行为都为了迎合加拿大人的口味而有所调整。”[34]

1952年，迪伦·托马斯将麦吉尔大学列入了他的北美讲演之旅。他对此并不特别热衷。他写信给他的经纪人约翰·马尔科姆·布里宁：“我不是特别想去蒙特利尔，所以要从麦吉尔大学索取两倍在美国所花费的费用（至少）——当然还包括此行全部的飞行费用。”[35]著名的加拿大诗人路易斯·杜德克在麦吉尔大学讲课，是他招待了托马斯。加拿大很受欢迎的犯罪小说家玛格丽特（莫利）·米勒当时只有18岁，和科恩一样，都是杜德克的门徒。米勒说科恩是从诗人开始的，“而他自己也知道”。[36]

1952年2月28日，迪伦·托马斯在莫伊斯大厅（Moyse Hall）为一大批听众演讲。[37]米勒回忆说自己当时坐在前排的包厢里，被托马斯的演讲深深迷住了，听众里还有其他一些志向远大的诗人比如比尔·哈特利和马尔科姆·米勒，他们也和米勒一样，为托马斯着迷。米勒是科恩在麦吉尔大学的朋友之一，尽管他才华出众，但后来却默默无闻。米勒当时写了一首关于迪伦·托马斯访问加拿大的诗，题为《1952 年迪伦·托马斯在加拿大》。[38]

> 在辽阔的加拿大的寂静中，
> 他那深沉的低音在朗读诗歌，
> 宛如冻原上一堆熊熊燃烧的篝火，
> 一行又一行
> 冬天的白色面孔围绕着他，
> 在远离威尔士的此地，他确实赚了点儿。[39]

在麦吉尔大学朗诵完后，托马斯被请到维多利亚街上被称为“圣地”的安德烈咖啡馆喝一杯。他毫无意外地又喝多了。[40] 杜德克带着莫莉·米勒和其他一些学生，其中就有莱昂纳德·科恩，大家一起乘出租车回到杜德克家里，托马斯也在其中。在那里，他们“懒洋洋”地坐着并谈论诗歌。那时的托马斯已经疲惫不堪，醉气熏天，只顾着与杜德克说话。关于那个晚上莫莉·米勒记得最清楚的事情是“科恩仰躺在地毯上，突然高声说道：‘我永远不会忘记第一个强奸我的女人’。”[41] 这样的言论对于早熟的科恩来说并不奇怪，因为他原本就想让众人震惊。然而，科恩声称自己并没有参加迪伦·托马斯的活动：“我没有去那场朗读会。我相信是在麦吉尔大学。我不记得为什么没有去。”[42]

迪伦·托马斯去世时，垮掉的一代正在崛起。虽然所有人都渴望出名，但无人企及这位威尔士人。垮掉的一代诗人的生存理由就是要功成名就。杰克·凯鲁亚克、艾伦·金斯伯格、加里·斯奈德、迈克尔·麦克卢尔和查尔斯·布考斯基等垮掉的一代作家，当然都体味到了他们所渴望的名声。金斯伯格本人也是一个为明星着迷的人。他把认识知名作家的过程浪漫化了。他之所以去旧金山，是因为派彻恩和雷克斯罗斯（Patchen and Rexroth）在那里，他还有计划地推广身边人的作品，为他们造星。[43] 当凯鲁亚克绝望地认为自己永远不会成名时，金斯伯格“了解他对名声的渴望”，鼓励他坚持下去，提醒他，他们正处在即将成名的边缘，“甚至可能扬名国际”。[44] 布考斯基在他的一首早期诗歌中写道：“如果还没来临，就用泻药引出来。让你的名字**光芒闪耀**。”[45]

莱昂纳德·科恩的转变

莱昂纳德·科恩于 1956 年 5 月出版了他的第一本诗集《让我们比较神话》，这是一系列诗集的第一本，由他的老师和导师路易斯·杜德克编辑，由麦吉尔大学资助，旨在提高加拿大年轻诗人的知名度。这本书销售了 400 册，被认为是一次巨大的成功。它包含了 44 首围绕爱情、丧失、神话、历史和性等几个主题的诗歌。科恩凭借这本书赢得了麦吉尔文学奖，并吸引了加拿大广播公司的注意，邀请他参与了一项名为《蒙特利尔六诗人》的项目，这是一张口述长播唱片（由迪伦·托马斯在 1953 年首创的一种录制方式）。自 1964 年 10 月 27 日之后，当鲍勃·迪伦、垮掉的一代和莱昂纳德·科恩不时出入切尔西酒店时，他们看到了一块铭牌，这块铭牌是托马斯的唱片公司 Caedmon 为了纪念他在切尔西酒店度过的最后时光，本应在他 50 岁生日这天献给他的。铭牌上写着：“献给关于迪伦·托马斯的记忆。切尔西酒店是他最后的生活和工作之地，并从这里出发走向死亡。”

在这张加拿大出品的录音唱片中（科恩朗读了八首来自他 1956 年《让我们比较神话》诗集中的诗歌），也包括在一系列公开演出中的其他诗人同行。该专辑由科恩、欧文·莱顿、路易斯·杜德克、A.M. 克莱恩、A.J.M. 史密斯和 F.R. 斯科特一起录制，1957 年由美国的 Folkways 唱片公司发行。科恩迅速成为加拿大诗歌界的“金童”，不过在他 1964 年出版的第三本诗集《给希特勒献花》中，他本人否认了这一身份。

这个标题本身就宣告了一种新的政治化和挑战，以及对他通常的自谦态度的拒绝。他称这个过程为“一个旧的蛇皮脱落”，或者是“已经完成了其目的蛇的蜕皮”。[46] 这是科恩有意识地试图让自己从一个有限的、不赚钱的加拿大小有名气的声誉中摆脱出来，并与垮掉的一代诗人更广泛的反文化产生联系，起初他对此持矛盾态度。当有人问他愿意被认为是一个好诗人还是一个好的加拿大诗人时，科恩回答说：“一个宇宙诗人。”[47]

路易斯·杜德克曾经是科恩的忠实支持者，但在 1964 年 10 月 31 日的《蒙特利尔之星》娱乐版上发表了一篇不友好的评论。他在评论中提到，作为诗人的科恩需要先治愈自己，然后才能治愈他的诗歌。科恩的回应既谦和又暗含敌意，他认为在蒙特利尔他的作品永远无法被客观评价，抱怨自己至今尚未得到一篇认真的评论。他接着说：“毕竟，像兰波和波德莱尔这样严肃的诗人也被认为是‘病态’，但他们的作品是如此经久不衰。”[48]

在 1963 年，科恩在蒙特利尔写了一封致“亲爱的人们”的信：

天啊，我出名了。我受够了我自己的声音。在加拿大，我成为了我们这代人的代表，我上电视半小时，电视台得付我 100 美元，我能够想得出的任何亵渎的胡闹都没问题。这个星期天我要在犹太公共图书馆发表演讲，我终于要成为一名拉比了。但是我喜欢在我自己的城市里这种有限的名声。昨天我在寄信的时候，一个人走过来对我说，“我敢打赌这封信里没一首好诗”。[49]

到了1964年，他再次厌倦了加拿大，尤其是蒙特利尔。尽管他不得不从希腊的伊兹拉岛回来，以便宣传他的《给希特勒献花》，并更新他“神经质般的联系”。[50] 他与欧文·莱顿、菲利斯·戈特利布和厄尔·伯尼一起做了一次为七所大学而举行的巡回演讲。他们都在1964年10月24日由麦克莱兰和斯图尔特出版公司出版了新书。科恩作为名人衣锦还乡，他引用了《蒙特利尔星报》的评论，形容这次巡回演讲“相当成功”。他说自己“受到了通常只有来访政治家才会得到的关注”。[51] 在宣传巡演时，科恩的《给希特勒献花》被描述为一本“引人注目且令人不安的集子，旨在研究极权主义精神”。[52] 书中的献辞页引用了普里莫·列维的话：“如果从集中营内部传递出去一个给自由人的信息，那就是：小心不要在你们自己的家里遭受我们这里所遭受的。”在科恩未发表的论文中，一本名为《鸦片和希特勒》的早期版本中还有这样的题词：“小心别让这种事发生在你们的家中——一个集中营幸存者。”《给希特勒献花》一书的封底写着垮掉一代特有的不敬话语：“这本书将我从金童诗人的世界带入到前线作家的粪坑。”[53]

尽管如此，他仍然觉得加拿大的知识分子生活，特别是蒙特利尔的生活，令人压抑。执法权已经落入类似盖世太保的手中，他们制定规则以确保当人们四处走动时只展示主流观念，除此之外，什么也不说。知识被用来攻击人，迫使他们退到角落。科恩抱怨说，他的想法让他感觉自己像个乡巴佬，但他觉得自己的视野比那些藏在黑色眼镜背后的人更广阔。他补充道：“在蒙特利尔，你已经能够察觉到艺术专政的苗头。”[54]

与此同时，随着鲍勃·迪伦摆脱了纽约民谣运动的窒息束缚，转向了更加内省的个人诗歌表达——体现在他的专辑《迪伦的另一面》中。科恩也经历了转变，从高度个人化转向对大屠杀和犹太人受迫害的近乎痴迷的关注，甚至在他 1966 年的小说《美丽的失败者》中，也充斥着关于希特勒以及犹太人遭受暴行的各种引语。

在希腊伊兹拉岛的家中完成《美丽的失败者》后，科恩的精神和身体都非常疲惫，他强迫自己长时间写作，废寝忘食，同时依赖各种麻醉品和安非他命。小说出版后，他回到加拿大，面对一片差评的声浪。在他的本国，评论都统一持否定态度，美国的评论稍好一些。《麦克林恩评论》杂志中一篇题为“厕所涂鸦是否必要”的文章中写到，这本书探讨了一个熟悉的主题，即我们生活在紧张而令人不安的时代，其唯一的独创之处在于“用性器官的语言坚持不懈地表达”。[55]《多伦多每日星报》的罗伯特·富尔福德（Robert Fulford）哀叹这本书是“加拿大有史以来最令人厌恶的书。实际上，它需要比近年来出版的大多数黑暗小说都更强大的胃来包容”。[56]

在《多伦多环球邮报》的布鲁斯·劳森（Bruce Lawson）采访中，科恩略带沮丧地表示，他知道有其他作家在说他想说的话，但是说得要好得多。他相信他之前的所有作品都是为“融入其他事物”而进行的训练，是时候“解脱”了。他说，他想写一些能够打动众人、像祈祷一样的歌曲，只是祈祷这个词已经被他自己“贬值”了。[57]《美丽的失败者》对他来说是一种宣泄。在书中，他释放了很多痛苦，并从中学到了东西，现在是时候继续前行了。

他首次抵达纽约是在 1956 年，作为被哥伦比亚大学录取的一名学生。当时垮掉的一代开始成为文化现象。他前往纽约是想在加拿大文学圈之外成名。[58]加拿大文学的“黄金男孩”不再是人们关注的焦点。他听说格林威治村有一群精神上非常慷慨的艺术家。然而，他觉得他被冷落，颇有些怨恨。[59] 不过，科恩主要是通过诗歌朗诵来发展他的公众形象，通常是与其他加拿大诗人一起，如杜德克、欧文·莱顿和 A.M. 克莱因。

他还在自己的吉他即兴伴奏下朗诵诗歌，有时还加入了爵士乐，被称为爵士诗歌。他首次以爵士伴奏朗诵诗歌是 1957 年或 1958 年在位于蒙特利尔西圣凯瑟琳街的 Dunns 餐厅和商店楼上的伯德兰（Birdland）酒吧进行的，这里是对查理·伯德（Charlie Bird）的影射，也是对原版纽约俱乐部的失败模仿。科恩会在比尔·巴里克三重奏或莫里·凯和他的爵士乐队演奏时进行即兴表演。此外，科恩还与来自温尼伯格的爵士吉他手列尼·布劳合作，例如 1964 年在曼尼托巴省的演出。

迪伦·托马斯、垮掉的一代和声名

科恩出版了他的第一本诗集，并与蒙特利尔诗人同行录制了他的第一张朗诵专辑时，艾伦·金斯伯格在 1955 年 10 月 7 日旧金山的“六画廊”首次朗诵《嚎叫》，七个月后的 1956 年在伯克利再次完整朗诵。凯鲁亚克在 1955 年的那次朗诵后说：“金斯伯格，这首诗会让你在旧金山出名”，而肯尼思·雷克斯罗斯补充说：“不，这首诗会让你从此桥到彼桥间都出名。”[60] 安·查特斯在第二场朗诵会上目睹了金斯伯格从安静的波希米亚知识分子转变为如同迪伦·托马斯的灼热吟游者的过程。她声称，托马斯通过朗读和录音“改变了美国观众对诗歌的看法”。[61] 在对金斯伯格的《1947—1980 诗集》的评论中，布雷克·莫里森指出，如果没有音乐伴奏和他连续朗诵的语调，这些诗歌可能会平淡无奇。《嚎叫》的力量在于其不懈的节奏推进："这就像艾略特哀歌般的'他们都走向黑暗'与迪伦·托马斯的'咆哮'相结合，创造出一个现代先知之书。"[62]

理查德·艾伯哈特在一篇主要关于金斯伯格的文章中写道，旧金山正在发生一场意识上的革命，这让麦克卢尔和雷克斯罗斯等西海岸的本土诗人感到非常恼火。《纽约书评》的文章让金斯伯格一举成名。乔伊斯·约翰逊在她的《小角色》一书中评论说："艾伦·金斯伯格一直是传奇，甚至他在《纽约时报》出名之前就是如此。"[63] 金斯伯格对名利的渴望促使他通过策划一些噱头来寻求宣传，这削弱了他作为诗人的严肃性。一位评论家评论说："波希米亚的诗人最终变成了一只皇帝的跳舞熊。"[64]

凯鲁亚克的《在路上》对他自己而言同样具有转折性意义。《纽约时报》的评价非常高，预测《在路上》将成为"垮掉的一代"的标志性作品。乔伊斯·约翰逊和凯鲁亚克有这本书的首版，他俩彼时是男女朋友。她说："我们回到公寓继续睡觉。杰克有生以来最后一次默默无闻地躺着。第二天早上电话铃声把他叫醒，他成名了。"[65] 1957 年，回顾那场在六画廊的朗诵，金斯伯格承认凯鲁亚克成了明星，称他为"当今美国最著名的小说家"。[66]

创作型歌手是垮掉的一代的传奇性遗产，而凯鲁亚克则是垮掉的一代的代表人物。他的新诗受到了爵士乐的启发，特别是"比波普爵士乐"，但他坚信其基础源自蓝调音乐，从而赋予了"垮掉"的音乐意义。此外，他对被剥夺者和失意者深感着迷，赋予"垮掉"这个词破败与颓废的涵义。最后，他对追寻灵性的强烈沉浸，结合之前提及的两个涵义，使"垮掉"一词增加了美好幸福之意。[67]

然而，垮掉的一代对迪伦·托马斯的名声持矛盾态度：他们不仅渴望成名，同时也深知成名的代价。迪伦·托马斯本人也意识到这一代价。在接受《纽约时报书评》的采访时，托马斯感叹成功对他不利，悲叹道："我应该回到过去的自己。"[68] 阿瑟·米勒推测托马斯深受成名之苦，他从父亲那里继承了诗歌天赋，而他父亲是一个失败者，死时默默无闻："托马斯想毁掉从他敬爱的人那里偷来的天赋，以获得补偿。"[69] 艾伦·金斯伯格则描绘了一个不太光彩的形象，揭示 1952 年 4 月末他与托马斯见面时，后者在格林威治村充分利用了自己的名声。[70]

1953 年迪伦·托马斯去世，到 1957 年凯鲁亚克和金斯伯格的声名鹊起，这期间美国的文化、经济和公共政治生活发生了变化。电视在 50 年代初还是个新奇事物，但已经进入了 700 万户家庭，改变了名声的传播和诉求。[71] 流行文化英雄马龙·白兰度、詹姆斯·迪恩和猫王，都代表了一个迷人的形象：强悍、不善言辞的反叛者，带有威胁性的原始性感。格雷戈里·科索，他始终保持在名声的边缘，抱怨猫王和迪恩是他们这一代的反叛象征："多么可悲，这一切要通过猫王或者一个故去的电影演员来表现。本该是诗人，是吟游诗人，他是立法者、永恒的叛逆者……本该是诗人。"[72] 即使金斯伯格作为"垮掉的一代"的"天才公关"[73]，对自己的名声也持矛盾态度，但也只是短暂的一段。在发表了《嚎叫》之后，在写给凯鲁亚克的一封信中他宣称："啊，我厌倦了整件事情，我一直在想着成为著名作家。就像一个幸福空洞的梦……但是多么美啊。"[74] 名声使他痴迷到最后。他最后一首诗的题目是《死亡与名声》。1955 年，在凯鲁亚克出版《在路上》之前，加里·斯奈德（即《达摩流浪者》中杰非·莱德的原型），能感觉到凯鲁亚克"带着明显的名声和死亡的气息"。[75] 当凯鲁亚克获得了他曾倾羡的迪伦·托马斯的名声时，由于彼时发展完全的媒体环境和此环境对名人的痴迷，他更容易受到名声的毁坏。

他一夜成名，是蓬勃发展的媒体时代的第一个文学人物，接受电视脱口秀采访，并在格林威治村的爵士乐俱乐部用爵士伴奏朗诵诗歌。[76] 正如约翰·利兰德所言，凯鲁亚克“在公共场合扮演着圣愚者的角色，醉醺醺地参加朗诵会，并在采访中毫不防备地展示自己，成为一个性感的怪物，深受喜欢性和怪物的名人产业的喜爱。”[77] 与此同时，劳伦斯·费林盖蒂与肯尼斯·雷克斯罗斯合作，在20世纪50年代中期，在旧金山的“地窖”酒吧推出爵士音乐和诗歌表演。而杰克·凯鲁亚克则在格林威治村的广场剧场将爵士和诗歌融合在一起，在爵士乐俱乐部朗诵自己的作品，喝着“雷鸟”，烂醉如泥。在凯鲁亚克看来，爵士对于“垮掉的一代”来说并不是附带物，而是其核心。当被问及原因时，凯鲁亚克回答：“爵士非常复杂。它和巴赫一样复杂。和弦、结构、和声以及其他一切。而且它有一种很好的节奏感。你知道，鼓手们非常厉害。他们能推动节奏。这种巨大的推动力能让你发狂。”[78] 咖啡店如雨后春笋般涌现，回响着吟诵的诗歌声，弥漫着大麻点燃后的气味。“雪松酒吧”成为艺术家的聚集地，如拉里·里弗斯和罗伯特·劳申伯格，他们的诗人伙伴包括弗兰克·奥哈拉、肯尼斯·科赫、约翰·阿什伯利和泰德·贝灵顿，后来被称为“纽约派诗人”。[79]20世纪50年代末，公共诗歌朗诵会很常见，吸引了彼时年轻的莱昂纳德·科恩这类人，他在哥伦比亚大学就读时，19岁的里奇·哈文斯*，会去咖啡馆和酒吧听劳伦斯·费林盖蒂、杰克·凯鲁亚克、艾伦·金斯伯格和泰德·琼斯的诗歌表演。

凯鲁亚克对于名声的看法，如乔伊斯·约翰逊所言，“就像墨西哥

---

* 原名 Richard Pierce Havens，美国原创歌手、吉他手。——译者注

一样陌生，但没有封闭的边界。当你厌倦了，却无法弃它而去。它所带来的短暂的兴奋腐蚀了你的生活，侵入你的梦境。它索取你的秘密，在你背后低声传播侮辱性的含沙射影的流言。”[80]凯鲁亚克在《大苏尔》(*Big Sur*)中描述了名声的破坏性。[81]他写信给劳伦斯·费林盖蒂(小说中以劳伦兹·蒙桑托为名)说：“我刚刚完成了关于你在大苏尔小木屋的新小说……这是自从《在路上》1957年出版之后的第一部小说。”[82]他解释说：“四年的醉酒胡混就是原因。”在小说中，凯鲁亚克的另一个自我杰克·杜卢兹声称，这次去旧金山是自从《在路上》使他出名后的第一次，如此出名，以至于持续三年的无休止的干扰使他发疯。他几乎一直酩酊大醉，他需要离开，或者死去。

在小说中，他安排了一个化名身份与蒙桑托在旧金山会面，然后被带到蒙桑托在大苏尔的小木屋，享受六周的独处和写作。他去了“城市之光”书店，每个人都认出了他，之后，一干人去了附近所有著名的酒吧买醉，而这位“垮掉的一代之王”回来了并请酒吧里的所有人喝酒。在一封写给艾伦·金斯伯格的信中，科索评论了凯鲁亚克的《大苏尔》：“他只看到了自己的一无是处、他的悲伤和垮掉一代的困境。”[83]

公众与媒体的不断关注和干扰，酗酒，自我指责，矫情的退出和渐行渐远的再次上路的前景，对他来说是一种反复出现的噩梦。他说，成功是“你再也无法平静地享受食物”。[84]一位评论家对此书评论说：“一个文青如果太老无法再上路，他还可以喝酒。在《大苏尔》中，杰克就是这么做的。”[85]凯鲁亚克在47岁时因腹部出血去世。

没有人比查尔斯·布考斯基更能体现垮掉的一代对名声的矛盾态度。鲍勃·迪伦在从林肯飞往丹佛的航班上说：“他是一个醉汉诗人……我喜欢他的某些作品……他是一个幼稚的疯子，一个酒鬼。”鲍勃·迪伦补充道：“布考斯基是个酒鬼，伙计，他是霓虹灯闪烁妓院里的诗人。他对自己的作品感到骄傲和敬仰……仅此而已……诗人们通常都这样……那些受到关注的诗人……嘿，我喜欢诗人，伙计。”罗伯特·谢尔顿问：“叶夫图申科怎么样?”鲍勃·迪伦回答：“我一点都不喜欢他。”

查尔斯·布考斯基对迪伦·托马斯的敬仰是矛盾的。通过他的代表人物亨利·奇纳斯基的口吻，布考斯基描述了一段经常醉酒、情绪激动的旅程，然后进行一场诗歌朗诵，并受到来自美国各地民众的崇拜，特别是年轻女性的爱慕。他沉浸在自己的名声以及声名狼藉中，他惊叹道：“这就是杀死了迪伦·托马斯的东西。”[86]

在布考斯基的信件中，这个主题不断困扰着他。他自己的放纵行为和迪伦·托马斯一样臭名昭著。布考斯基承认迪伦·托马斯的天才，他伤感地评论道：“我干的最漂亮的事儿就是醉酒——任何傻瓜都可以做到。”[87]他说托马斯并非因为感到才华减退而酗酒致死。“像我一样，他喝酒是因为热爱它，酒把他带到了他的归属之地。”[88]

1953年迪伦·托马斯去世后，他在美国的名声并未减退。肯尼思·雷克斯罗斯曾与他相识并钦佩他，为他写下了一首名为《汝不可杀害》的颂诗。当迪伦·托马斯在他的首次美国巡演中访问加利福尼亚时，在旧金山与雷克斯罗斯相遇。尽管雷克斯罗斯发现了迪伦·托马斯酗酒，但仍然喜欢上了他：“他确实很真诚。相比那些可恶的英国诗人，他让人觉得很放松。他的威尔士血统，骨子里是无产阶级。”[89]旧金山的“地窖”酒吧原本的容纳量是43人，结果有500人想挤进去，想聚集在那里聆听雷克斯罗斯朗诵这首诗，由萨克斯演奏家布鲁斯·利平科特伴奏。[90]这首诗是对美国商业主义的控诉，对其利用名声和偏好来毁灭诗人的控诉。这首诗预示了金斯伯格更著名的《嚎叫》，对纽约的“社会”提出了控诉，而迪伦·托马斯在他的故事《访问美国》中也狠狠地嘲笑了这个社会。

谁杀了他？
谁杀了这个头脑灵光的鸟儿？
就是你，混蛋。
你用你的鸡尾酒大脑将他淹死。

在雷克斯罗斯看来，托马斯和查理·帕克是战后一代的巨擘，两人都是他的朋友，但他们却通过放纵而自我毁灭。在诗歌和爵士音乐方面，他们对垮掉的一代产生了深远的影响。1957年，雷克斯罗斯回忆起他最后一次见到他俩的情景。帕克在“吉姆波的博普城”（Jimbo's Bop City）俱乐部[91]里，他已经完全不在状态，对外界毫不在意，连自己坐在雷克斯罗斯身上都浑然不觉。雷克斯罗斯最后一次见到迪伦·托马斯时，他的自我毁灭不仅超越了理智的限度，而且“已经是可怕的迟钝，如同无生命的物质。和他在一起就像被一股跌落的石流冲走”。[92]

布考斯基也意识到追求名声的危险。他讨厌金斯伯格和科索这些卖弄自己、对偶像崇拜者大声吆喝的行为。尽管他们的风格很清晰，但“他们对自己的灵魂（非常的重要）有点过于贪心，如同对甜食的喜爱那样，吞食了很多诱饵”。[93]布考斯基认为科索的名声下降得很快，因为他的目标和信息过于简单，而金斯伯格的衰落则稍慢一些。然而，他们都吞食了与布兰登·贝汉和迪伦·托马斯相同的崇拜和名声的诱饵。[94]布考斯基警告说：“任何人都可以像迪伦·托马斯、金斯伯格、科索、贝汉、利瑞*一样滑下这条粪河。关键是创造，而非崇拜；关键是一个

* Timothy Leary（1920—1966），美国心理学家、作家，提倡迷幻药的使用。在60年代的反文化运动中起到过重要作用。——译者注

人独自在一个房间里用力砍石头，而不是吸吮着众人的乳房。”[95] 总是有年轻的听众“被吸进这个粪坑：布考斯基、托马斯、迪伦、金斯伯格——他们接受任何东西，就是不进入那个孤独的房间，发现他们是谁或者不是谁”。[96]

像雷克斯罗斯一样，布考斯基也责怪托马斯的崇拜者导致了他过早去世。在他的诗《噢，我们是被遗弃者》中，布考斯基写道：

还有 D. 托马斯，他们害死了他，毫无疑问
托马斯并不想要那么多的免费酒，
那么多的免费女人——
是他们……硬塞给他的。[97]

垮掉的一代以深沉的焦虑和个人内省来回应核时代的疏离感，不仅尝试大量酒精，还用嗑药的方式去模仿兰波的风格，而这个将他们推向了极端体验。他们以各自的诗歌和生活方式而著名，后者往往是极端和自我毁灭性的。玛丽安娜·费丝福尔回忆说，1964 年她去巴黎时，金斯伯格、科索和费林盖蒂和她以及她的新婚丈夫共住在路易斯安那酒店的同一房间里。他们呕吐在地板上，把玫瑰酒洒得到处都是，嘴里喋喋不休地谈论着鸡奸、塔吉尔、兰波和罗森堡夫妇*。科索的早餐就是一杯混合的波旁鸡尾酒——50% 吗啡和 50% 可卡因——然后在地板上昏迷过去。

罗伯特·布里格斯认为，迪伦·托马斯是 20 世纪 50 年代的明星，并回忆起 1959 年在旧金山的爵士基地，波尼·波因德克斯特 ** 为《爱在

* 罗森堡夫妇（Julius and Ethel Rosenberg），冷战期间美国的共产主义人士，当时被指控为苏联进行间谍活动，最终被判死刑。这一审判过程当时轰动了西方各界。——译者注

** 波因德克斯特（Pony Poindexter，1926—1988），美国爵士乐萨克斯管演奏家。——译者注

疯人院》伴奏。[98]路易斯·杜德克，如我们所知，彼时执教于麦吉尔大学，在1952年托马斯的读诗会结束后一直在诗人左右照顾。迪伦·托马斯继续成为莱昂纳德·科恩和杜德克之间的通信主题。在1956年看到克里斯托弗·弗莱的戏剧《不能燃烧的女士》的演出后，杜德克写信给科恩，评论了弗莱和托马斯之间的相似之处，两者都用了太多的词语来表达事物，弗莱是"诙谐机智的"，而迪伦则是"炽热的想象力"。[99]

托马斯继续在科恩的想象中占据重要位置。1988年，科恩的经纪人马蒂·马夏特去世后，凯丽·林奇被聘为科恩的个人助理，后来成为他的经纪人，直到2005年。林奇出生并成长的家庭，母亲就经常朗读迪伦·托马斯的《威尔士的儿童圣诞节》给她听。林奇的母亲说，1959年，两岁的凯丽每晚睡前都会要求读这个故事给她听。她喜爱迪伦·托马斯，尤其是喜欢听那些听起来像融化的雪的词语。当她告诉科恩这件事时，他建议她听托马斯那张"奇妙的"录音唱片。[100]甚至后来成为美国总统的吉米·卡特也"买了所有托马斯的书籍和唱片"，并为他的孩子们朗诵这些诗歌，直到他们也能背诵为止。[101]美国诗人威廉·格林韦在大约1960年开始阅读托马斯的作品，并评论说托马斯如飓风席卷了美国，并且"这场飓风依然还在"。[102]

罗伯特·齐默尔曼的转变

1959年，罗伯特·齐默尔曼（即鲍勃·迪伦）来到明尼阿波利斯时，迪伦·托马斯的名声依然强健。迪伦·托马斯在活着时就已经成名，死后又列入为艺术事业而殉身的作家之列。齐默尔曼的流行文化英雄很快也会加入其中，诸如詹姆斯·迪恩和汉克·威廉姆斯，更不用说巴迪・霍利（Buddy Holly）、里奇・瓦伦斯（Ritchie Valens）和大波伯（the Big Bopper）。鲍勃・迪伦在 1959 年 1 月 31 日，也就是坠机事故发生的三天前，在德卢斯观看了这三位艺人的现场表演，1959 年 2 月 3 日，三位艺人坠机罹难。

在明尼阿波利斯，罗伯特・齐默尔曼发现了迪基镇（Dinkytown），这是一片小型的波希米亚飞地，与大学相邻，相当于中西部的格林威治村。这个地区有很多爵士俱乐部和咖啡馆，音乐家和诗人们在这里聚集表演，与希宾相比，这里夜晚的空气中弥漫着各种各样智识活动的气氛。在那里，除了凯鲁亚克和金斯伯格之外，他被正式推介并接触了肯尼斯・雷克斯罗斯、格雷戈里・科索和劳伦斯・费林盖蒂等垮掉的一代作家的文学作品。[103] 科索和金斯伯格宣称美国现在可以引以为豪的诗人们"拿着天使的号角，去宣告他们的不满、他们的诉求、他们的希望、他们最终的难以想象的奇妙梦境"。[104]

整个垮掉的一代的主旨是反传统的，他们谴责对性、艺术和宗教的既定习俗。同时，这也是一个反智的、极端个人主义的运动。凯鲁亚克自夸说垮掉的一代"将文学从大学和学院转移到了大众手里"。[105] 年轻的齐默尔曼后来承认："我走出荒野，自然而然地融入了垮掉的一代。是杰克・凯鲁亚克、金斯伯格、科索、费林盖蒂……我是在尾声阶段加入的，那简直非常魔幻……它对我产生的影响与猫王的影响一样大。"[106]

鲍勃・迪伦和他在明尼阿波利斯的迪基镇遇到的垮掉的一代诗人们一样，为这个著名的、不恭的、甚或颓废的威尔士人着迷——他以狼藉的名声创造了一个事实和虚构交织的世界，他是一个卓越的表演者。在 1963 年的一次采访中，鲍勃・迪伦回忆说："我在明尼阿波利斯爱上了一种全然不同的人。我去参加这些人的聚会，思考着新的事物……我深入研究我正在做的事情，并看到自己浪漫地与一切既定秩序的事物切断了关系。”[107] 对于罗伯特·齐默尔曼来说，切断所有关系意味着改变他的名字、身份和位置。但是，相比选择一个与集体主义愿景和伍迪·格思里所代表的民间英雄相符的名字，他选择了垮掉的一代所觊觎的一位诗人的名字。如果你是一个 1959 年的有志向的美国诗人，希望改变自己的名字，并在你周围营造出浪漫的神秘氛围，那么迪伦这个名字所传达的神话和吸引力是不可忽视的。

在 1959 年，鲍勃·迪伦站在十字路口；凯鲁亚克和格思里分别代表了不同道路和愿景的路标：《在路上》和《辉煌之路》都是他珍视的神圣文本，也是他的参考点。伍迪·格思里得了亨廷顿舞蹈症，住在纽约莫里斯敦的格雷斯通医院，许多他的朋友和信徒也居住在格林威治村，在那里，垮掉的一代的余烬与自诩为高度政治化的“民谣运动”并存。当齐默尔曼来到纽约时，他的演出曲目不是配上音乐的诗歌，而是由乡村、蓝调、民谣和他最初的实验性创作组成的兼容性广泛的合成电子音乐。[108]

鲍勃·迪伦在 1961 年初来乍到纽约，一门心思想要见到自己的英雄偶像伍迪·格思里[109]，罗伯特·齐默尔曼的痕迹已经消失不见。1962 年，鲍勃·迪伦正式成为了他的合法名字。对此，鲍勃·迪伦评论道：

在我刚到纽约的几个月里，我失去了对凯鲁亚克的《在路上》生动展现的“渴望刺激”的嬉皮士的兴趣。那本书曾经像《圣经》一样对我产生过影响。但现在不是了。我仍然喜欢杰克笔下涌现出的喘不过气、热情奔放的爵士诗歌，但是现在，莫里亚蒂这个角色似乎是不合时宜的，没有目的——他似乎像一个怂恿愚蠢行为的角色。他像是扛着一头牛在生活中碰撞和摩擦。[110]

然而，在 1964 年 2 月，当他在民谣圈的名声达到顶峰时，对于像埃尔文·斯尔伯（《小字报》的编辑）这一类人所施加的集体主义限制感到厌倦的鲍勃·迪伦开始了他自己的道路之旅，与四位伙伴一起乘坐一辆车从纽约前往加利福尼亚，途中只进行了四场音乐会，以及各种计划之外的旅行，其中包括拜访资深诗人、作家和歌曲收藏家卡尔·桑德伯格。谢尔顿指出，“除了不安、好奇心和对体验的渴望之外，迪伦还强迫自己保持身体和精神上的运动”。[111] 这次旅程在很大程度上融合了格思里和凯鲁亚克走过的路，但也代表了他与民谣运动者疏离、与垮掉的一代建立新的联系这两者的结合。

鲍勃·迪伦对垮掉的一代的钦佩也得到了回应。雷克斯罗斯欣赏他的政治立场，并认为迪伦代表了“代沟”一代，表达了“对于老一辈人在这个世界上制造出的一团糟的境况而发出的道义上的愤怒呐喊，这个糟糕的境况里，人们以为只要有意愿和决心，所有人都可以得到和平和适当惬意的生活”。[112] 在马丁·斯科塞斯的纪录片《没有方向的家》中，艾伦·金斯伯格声称他在第一次听到《暴雨将至》的时候（收录于 1963 年的专辑《自由驰骋》），情不自禁哭了起来。这首歌预示了他在 60 年代中期的抽象表现主义。他第一次听到这首歌是在 1963 年，当时他想：“感谢上帝，又一个传承火炬的灵魂出现了。”

艾伦·金斯伯格和鲍勃·迪伦首次相遇是在 1963 年 11 月的一场聚会上，该聚会是为了支持金斯伯格和彼得·奥洛夫斯基，地点在位于西八街 32 号的书店。就在同一天，迪伦在接受托马斯·佩恩奖时做了一次令人尴尬的演讲，演讲中他对李·哈维·奥斯瓦尔德表达了同情。金斯伯格和迪伦讨论了诗歌和政治问题。迪伦邀请金斯伯格跟他一起巡回演出。[113] 但金斯伯格婉拒了，不过，他在 1965 年的巡回演出中陪同迪伦，并出现在同年于伦敦拍摄的著名宣传影片《地下乡愁蓝调》的两个版本中。

玛丽安娜·费丝福尔曾经感叹金斯伯格认为鲍勃·迪伦的大部分歌曲都是关于他的。[114] 迪伦和金斯伯格的关系在 2007 年的电影《我不在那儿》中得以呈现，凯特·布兰切特饰演鲍勃·迪伦，大卫·克劳斯饰演金斯伯格。[115] 金斯伯格开始偶像化鲍勃·迪伦，认为后者通过从文化的根源中创造艺术，几乎是单枪匹马改变了美国的诗歌。[116]

正如劳伦斯·库珀所说，鲍勃·迪伦“坚定地立于‘垮掉的一代’的传承之中”。[117] 确实，安·查特斯在《“垮掉的一代”便携读本》中不仅收录了迪伦的《塔兰图拉》的摘录，还有《答案在风中飘》《时代变了》和《暴雨将至》等歌词，因为它们展现了典型的“垮掉的一代”的“生动而末日般的视野”。[118] 到 1964 年初，鲍勃·迪伦已经开始感受到名声的压力。纽约日渐变得压抑，他的时间越来越多地在他经纪人阿尔伯特·格罗斯曼位于伍德斯托克附近的贝尔斯维尔的家里度过。他向纳特·亨托夫承认，总是被众人注意让他感到不堪重负，他因此不得不时常消失一段时间。1964 年 1 月 20 日发表在《小字报》上的一封公开信中，迪伦写道：“我现在很有名气，它无声无息地接近我，完全把我毁掉了。”[119] 正如索耶斯所说，他“厌倦了公众场合必须戴上的种种面具，他多年来扮演的所有角色；他被这些面具的诉求所耗尽”。[120] 当鲍勃·迪伦在 1965 年转向电子音乐时，这不仅仅是对他忠实民谣歌迷所指责的那种商业上的出卖，也明显背弃了洋洋自得的民谣运动所倡导的集体主义价值观，拥抱了“垮掉的一代”所代表的激进个人主义。

1965—1966 年间，鲍勃·迪伦是地球上最酷的人，名声达至巅峰。然而，他的身体和精神也因繁忙的日程安排和滥用药物而不断恶化。经常有朋友和记者评论说他看起来糟糕透顶，几乎快要死了。美国爵士和流行音乐评论家拉尔夫·格里森对他的病态外表感到担忧。他说："我非常担心他。我感觉他在忍受致命的痛苦，我想知道是什么在折磨他。我很惊讶他居然还在工作，我认为他应该早崩溃了。"[121] 在本章开头提到的采访是 1966 年 3 月完成的。在这些采访中，他抱怨说，没钱的时候，还可以寂寂无名，现在有钱了，想寂寂无名还得付出不菲的代价。名声和众人的崇拜困扰着他。漫长的全球巡演的日程已经开始影响他的健康。他告诉罗伯特·谢尔顿："维持这个节奏需要大量药物。伙计，太难了。这次巡演几乎要了我的命。从去年 10 月开始，一直都是这样。真的快让我发疯了。之前我从未有过这样的经历。这真是太奇怪了，我感觉糟透了。"[122]

鲍勃·迪伦巡演的最后一场是 1966 年 5 月 27 日在英国的阿尔伯特音乐厅。他筋疲力尽地回到美国，饱受药物和酒精混合在一起的摧残，维持这样的演出强度，以及迷惑他、使他陷入神经质般身体崩溃的名声，这两者都使得药物成为必需品。为了康复，他搬到伍德斯托克，可是在 7 月发生了一次摩托车事故，颈部骨折，幸而保住了性命。迪伦描述发生在《荒凉街》这首歌里的那段时期是"那种典型的纽约时期，所有的歌都是'城里的歌'。听起来就像城市。"[123] 18 个月后，他推出了专辑《约翰·韦斯利·哈丁》，几乎完全否定了前三张专辑所代表的一切。他将声响简化为贝斯、鼓、节奏吉他和主音吉他。歌曲结构也发生了变化，以叙事为基调；将自己与美国的民间传统重新连接了起来。

正如我们所见，科恩在哥伦比亚大学的学生时代，在爵士酒吧听过杰克·凯鲁亚克朗读他的诗配以爵士乐。他在金斯伯格组织的一个聚会上遇到了凯鲁亚克，之后又见过几次面。他是凯鲁亚克写作风格的极度崇拜者。科恩认为金斯伯格织就了伟大的美国故事，它有着闪闪发光的品质，就像蜘蛛一样，把每根线都联系在一起。科恩认为凯鲁亚克在一系列的时间碎片里将他的视野统一起来，他在此方面有很高的天赋。他认为鲍勃·迪伦也有这样的天赋，但这种天赋毁灭了后来者，注定了后辈的平庸，他们不是在写作，不过是在打字罢了。[124]

科恩和下坠的长路

科恩颇为自负，曾在一家破败邋遢的夜总会里站起来朗诵诗歌，大多数客人来这里是为了看脱衣舞女的秀场，她们会脱到法律允许的极限范围。毛利·凯的乐队有六名乐师，包括萨克斯管、吉他、钢琴、康加鼓和击鼓。据一份报道称，未到深夜之前，乐队会演奏一些传统的流行曲目，以配合秀场气氛，而当兴奋逐渐消退，科恩在午夜出现，身着黑色，只有一盏聚光灯照亮他，对大多数顾客来说他像个司仪，可结果令他们惊掉了下巴，大呼“这他妈是啥”，然后他开始朗诵诗歌。[125]有时，蒙特利尔的其他诗人也会加入一起表演，比如欧文·莱顿、路易斯·杜德克和达里尔·海因。通过爵士乐的伴奏来推广诗歌永远不会奏效，因为到了60年代初，爵士乐变得过于自恋和深奥难懂。诗歌通过民谣、民谣摇滚和摇滚乐等媒介更能为大众所熟知，也更能吸引大众。[126]

1966年的科恩在加拿大已经是一位颇有成就且受人欢迎的诗人和作家，但他在国外的影响力仍然有限。同年当罗伯特·谢尔顿问费林盖蒂是否听说过莱昂纳德·科恩时，后者回答说他对科恩的了解并不多，只知道他出版了一本诗集。[127]科恩前往纽约寻求名声，得到朱迪·柯林斯的友情支持。他成为了民谣文化的一部分，而这一文化在迪伦加入后发生了很大的变化。1966 年秋季，科恩成为格林威治村民谣场景的一部分。在一张当时的照片中，科恩与琼·贝兹和她的妹妹咪咪·法里尼亚一起坐在纽约一间公寓的地板上（咪咪的丈夫理查德在 4 月 30 日因摩托车事故去世），戴夫·凡·朗克、朱迪·柯林斯和查德·米切尔也在场。[128] 十年之后科恩重返格林威治村，那时蒂姆·巴克利（杰夫·巴克利的父亲）也从加利福尼亚州来到格林威治村，住在夜间猫头鹰咖啡馆。科恩与他很熟，而且在巴克利发布首张专辑的一年后，科恩也发布了自己的首张专辑。

就是在那时，科恩在都姆俱乐部结识了妮可，她向科恩推介了卢·里德。很多年以后（2008 年），里德将科恩引入了摇滚名人堂。里德在《给希特勒献花》这本诗集于美国出版前就有了这本书，并要求科恩为他签名。[129] 科恩当时也住在切尔西酒店，与众多反主流文化人物如伊迪·塞奇威克（Edie Sedgwick）来往。到了 1968 年，他几乎继承了鲍勃·迪伦的地位。《纽约时报》称他是“我们时代的一个成年男孩”，即将成为“他这一代的主要代言人”。[130]《纽约时报》的约翰·洛克韦尔（John Rockwell）认识到，科恩与 60 年代末出现的其他民谣歌手不同。他指出，科恩似乎是出现在迪伦后期的民谣场景中：“但他的风格，有一种苦涩的老练，有很多是受到吟唱的垮掉派诗人和欧洲的歌舞表演，以及民谣和蓝调复兴的歌者的影响。”[131]

在伊兹拉岛写作《美丽的失败者》期间，科恩在美国军中广播电台上听到一些乡村音乐，并写下了他后来录制的一些歌曲的早期版本。纳什维尔向他招手，但他却被一个对他而言属于新现象的事物分心了——鲍勃·迪伦和他曾在纽约参与过的民谣运动。科恩以一种自嘲揶揄的方式向朋友描述了他拥有的有助于成功的特质：“我有三个优点。首先，我声音很糟糕，甚至唱不准调子。此外，我长得瘦弱，面部还有青春痘的痕迹。而且我是很明显的犹太人（迪伦不是）。唯一对我不利的是我吉他弹得太好了。”[132]差不多一年的时间里，科恩同时做着音乐和朗诵诗歌的事业。他的经纪人玛丽·马丁收到了无数邀请，希望他出现在诗歌节上为现代诗歌状况的小组讨论做出贡献，尽管他已经取得了音乐上的成功。在1956年，科恩还是垮掉派圈子的边缘人物，但到了他出版《1956—1968年诗歌集》的时候，他的支持者已经非常熟悉他，雷克斯罗斯还赞扬了他，后者既是迪伦·托马斯的爱慕者，也是垮掉派作家的灵感来源。雷克斯罗斯认为科恩的诗歌代表了一种突破，指引了诗歌的未来。科恩是“新文明的声音”。[133]

科恩与菲尔·奥克斯、皮特·西格和琼·贝兹有过交往，并于1967年4月在朱迪·柯林斯的反越战慈善音乐会上首次登台演出。1966年，当科恩在玛丽·马丁的安排下向朱迪·柯林斯演唱自己的歌曲时，给她留下了“非常害羞和紧张”的印象，在公众面前演唱时尤其如此。他在1967年的纽波特民谣音乐节上演唱过。[134]他是由阿尔伯特·格罗斯曼的加拿大助手玛丽·马丁介绍给柯林斯的，后者也促成了鹰乐队成为迪伦的伴奏乐队。柯林斯立刻认为科恩的歌曲非常美妙，但对她而言并不合适。她说，若以后有让她感兴趣的作品时再作知会。他回到蒙特利尔完成《天堂的寄生虫》，并在那里对他已经创作了一段时间的歌曲进行最后的润色。他知道这是一支强有力的作品，完美地捕捉了蒙特利尔海滨的气氛和苏珊·瓦朗库尔当之无愧的美。

科恩在加拿大作为小说家和诗人的名声对他成为一位有名的歌手有一定的帮助。他首次在加拿大广播公司（CBC）的一档节目《Take Thirty》中演唱。制片人从未听过科恩的演唱，但冒险邀请他参与节目，以便采访这位诗人。他穿着一套定制的灰色法兰绒西装，演唱了二十分钟版本的《陌生人之歌》，该歌曲在播出时被大大缩短了。

科恩创作的歌曲为他的生活带来了一定程度的凝聚力，即便这种凝聚力只是微不足道的。他形容他的第二张专辑《来自一个房间的歌》非常阴郁。他的声音传递出绝望和痛苦，准确地反映了歌手的心境。在小说《至爱游戏》中，科恩敏感地描绘了一个极度紊乱的孩子马丁，在布里夫曼工作的夏令营中去世。科恩与那个无法与世界沟通、无法理解世界的小男孩产生了共鸣。年轻时，他被那些被众人贬斥为疯子以及社会中的异常人所吸引，这些人包括吸毒者、流浪汉和酗酒者，他们游荡在蒙特利尔的菲利普广场和克拉克街上。第二部小说《美丽的失败者》的完成使他彻底“崩溃”。作为一个男人和恋人，他把自己视为一个道德和经济上的双重失败者。他对自己的生活感到愤怒，甚至发誓要把书页涂黑，作为自杀的替代。这本书完成后，他禁食十天，最终精神崩溃，被送往伊兹拉岛上的医院。科恩说天空中黑色的鹳鸟密密麻麻地停在房屋的屋顶上，次日一早随着他的抑郁一起飞走。[135]

在 1970—1971 年的巡演中，他与被他称为“军队”（因为他觉得他们一直处于围攻之下）的乐队一起，他们的巡演安排了一系列未公开的在精神病院举行的音乐会。垮掉的一代诗人总是把疯狂置于理性之上。他们谈论疯狂的产生，并质问谁有权利来制定理智与疯狂的标准。

科恩在许多现场演出中几乎陷入昏迷状态。LSD、安非他命和安眠酮（Mandrax）是他生活的一部分。在 1972 年与“军队”一起进行的欧洲巡演中，他获得了“安眠酮船长”的名号，演出时找不到歌曲的音高和节奏。[136] 他因在街上与臭名昭著的苏格兰裔意大利人、垮掉的一代小说家、色情作家、吸毒者亚历山大·特罗奇（Alexander Trocchi）一起服用鸦片后晕倒而众所周知。垮掉的一代诗人以一种既不像迪伦也不像科恩的方式赋予毒品魅力，尽管两者都因试验众多违禁毒品而声名狼藉。例如，亚历山大·特罗奇，这位格拉斯哥的垮掉的一代诗人，在纽约度过了一段时间，科恩在蒙特利尔遇到了他。特罗奇用毒品来达到意识的极限，并认为将这种体验介绍给每个人是他的公共职责。科恩遇到他时，特罗奇正在纽约与一群被蒙特利尔的“乡下人”视为文学和诗歌前沿的作家和出版商合作。科恩曾读过《该隐之书》(*Cain's Book*)，熟悉特罗奇对毒品的救世主观点，这在垮掉的一代诗人和哲学家中并不罕见，他们认为这种被污染和弄脏的现实可以被穿透，而一种更为真实的存在可以被理解，被拥抱，被经历。科恩认为他与威廉·巴勒斯和艾伦·金斯伯格并无不同，后两者认为我们对现实的感知必须彻底改变。这些并不是新的思想，在英国已经被探索了几个世纪，例如德·昆西的作品，在法国则有塞利纳和兰波。科恩的小说《至爱游戏》被雪莱学者肯尼斯·H. 卡梅伦（Kenneth H. Cameron）与垮掉的一代的散文相比较。卡梅伦认为科恩的小说有着细腻的、强大的流动，小说结构坚实，有很大的迷惑性。这使得科恩与垮掉的一代诗人如凯鲁亚克区别开来，后者的写作风格不稳定，缺乏流动感。[137]

特罗奇在科恩位于蒙特利尔的山街（Mountain Street）公寓内吸食鸦片，并将鸦片溶解后留在壶边的残留物给了他。由于对硬毒品完全没有经验，科恩摄入了危险的高剂量残留物。在交通高峰中，他突然失明，惊慌失措，昏倒在地。恢复清醒后，科恩认同这样一个普遍的认知：即与特罗奇的交往意味着高风险。1961 年科恩从魁北克写的信中，表示他终于摆脱了彼时正在开往英国的轮船上的特罗奇的困扰。他评论道，特罗奇是个巨大的责任，特罗奇本人也希望别人能感受到这一点，这是他在公共场合吸毒的动机，“他是一个有公共使命的瘾君子”[138]。虽然这是科恩的个人观点，但他写了一首诗歌赞美特罗奇，因为他过着岌岌可危的边缘生活，并坚信自己的使命，因此愿意冒生命的危险。

在 20 世纪 70 年代末 80 年代初，科恩的职业生涯逐渐衰落，他经历了严重的精神崩溃，无法写作。他寻求医疗帮助，并由一位精神科医生开了抗抑郁药。药物平衡了他的情绪低谷，但也限制了他情绪的高峰。他一直处于半昏迷状态，被棉花垫包起来的围栏围着，虽然能写一点，但对进展的速度感到沮丧。

之后，科恩对“垮掉的一代”赞美毒品的看法是：这是一个危险的实验，他自己也完全沉浸其中。他相信这导致了灾难性的后果，但对于某些人而言，也许在缓解方面有一定用途，对于声称毒品带来了启示般效果的少数几个人而言，还是有其作用。尽管如此，他认为“垮掉的一代”诗歌有一种神圣的气质。[139]

迪伦也是“垮掉的一代”诗歌的崇拜者。他在明尼阿波利斯通过他的老师戴夫·莫顿（Dave Morton）对此有所了解，莫顿曾在“十点钟的学者”咖啡屋演唱。迪伦回忆起那些日子时满怀感慨，他说那时空气中充满了不安，加上凯鲁亚克、科索、金斯伯格和费林盖蒂的诗歌朗诵，使得不安情绪更加强烈。费林盖蒂在 20 世纪 60 年代初第一次与迪伦结识，当时芝加哥的“熊”夜总会开业，迪伦“表现并不出色”，1964 年两人在格林威治村附近再次见面。费林盖蒂认为迪伦在想象力方面可以与所有人媲美。他认为迪伦的意象非常出色，具有迷幻效果，但他仍然认为迪伦需要那把吉他。尽管全球范围内似乎出现了诗歌复兴，但他并未看到与迪伦之间有任何联系。[140] 劳伦斯·费林盖蒂在乐队的告别音乐会上朗读诗歌，当时迪伦也在场演出，这一幕被收录在斯科塞斯的电影《最后的华尔兹》中。

费林盖蒂认为金斯伯格是自惠特曼以来美国最伟大的诗人，而且金斯伯格显然对迪伦很感兴趣，迪伦“也很敬仰他”。[141] 金斯伯格是迪伦在 20 世纪 60 年代中期巡演中的随行人员，并在 1975 年的“滚雷巡回演唱会”中演出。虽然金斯伯格在“垮掉的一代”诗人中是核心人物，但与巴勒斯、科索和特罗奇等人相比，他被视为一个异类。当科恩在1961年在雅典与金斯伯格相遇时，他觉得后者是一个有修养的、安静的、胡子剃得很干净的犹太男孩，但和垮掉的一代作家混在一起，显然受到不良影响。[142]玛丽安娜·费丝福尔与金斯伯格相当熟悉，认为他和那些他依附的摇滚乐圈众人相比，是温文尔雅且极具深度的。然而，金斯伯格的行为态度掩盖了一种无法低估的勇气。《嚎叫》的出版让他卷入了一场关于淫秽的审判；因批评卡斯特罗对同性恋的谴责，他被驱逐出古巴；在布拉格被选为“五月国王”后，他被当局拘留；他坐在科罗拉多州的铁轨上，试图阻止一辆运载核废料的火车。换句话说，像特罗奇一样，金斯伯格是坚定的，想要改变世界，并将诗歌作为工具。他擅长做一些引人注目的事件，成为一种自我模仿的笑谈，他以一种自嘲的方式看待这一点，尤其在他的《失败颂》中表现得淋漓尽致。[143]

到1972年科恩出版了《能量的奴隶》之时，他已凭借三张专辑《莱昂纳德·科恩之歌》（1967年）、《来自一个房间的歌》（1969年）和《爱与恨之歌》（1971年）成为摇滚巨星，并在1970年怀特岛音乐节上成了主角。一群不安、疲惫和厌倦的观众对演出之间设置设备和调音导致的漫长延误非常不满，凌晨四点，他们看到一个邋里邋遢、胡子未刮的人好像刚经历过一场战争似的登上舞台，与他的乐队“军队”一起演出，整个过程感觉像是漫长的永恒。克里斯·克里斯托弗森（Kris Kristofferson）认为观众会活活把他杀了：“然后他做了你所见过的最疯狂的事情：他把观众这头野兽给迷住了。一个孤独悲伤的声音做到了世界上一些最优秀的摇滚歌手连着努力三天都没做到的事情，而他成功了。”[144]

科恩的诗歌《15岁的女孩》向所有人表明了名声的陷阱诱惑：他为曾经在15岁时渴望的15岁女孩现在对他产生迷恋而感叹，这既令人愉快，又证明了永远不会太迟："我劝告你们 / 要变得有钱且出名。"[145] 这个建议掩盖了他的生活方式所带来的折磨、苦闷和药物引发的精神错乱。1972 年的全球巡演对科恩造成了严重的压力，这一点在托尼·帕尔默（Tony Palmer）的纪录片《电线上的鸟》中得到了体现。片中一个采访者问科恩如何定义成功，他回答："幸存就是成功。"

科恩个人的苦闷与痛苦在他 1971 年的专辑《爱与恨之歌》中表现得最为令人心酸和不安。《排练服》虽然写于很早之前，并于 1966 年由朱迪·柯林斯录制过，但就像《15 岁的女孩》一样，它也暴露了他当时的心境，即一个躁郁症患者的心态。科恩后来对这些诗觉得尴尬。这两首诗他都没采用，后来在《陌生人的音乐》中也没有出现。[146]

是的，就是这样，
是的，就是这样，
那是一段漫长的跌落之路，
啊，那是一条奇怪的跌落之路。

结　语

我们提出的观点是，迪伦·托马斯代表了垮掉的一代，而对于之后的科恩和迪伦二人，他们确实渴望通过表演诗歌获得超级波希米亚人的名望。这些诗歌和诗人是不可分割的，每一次公开演出都要付出沉重代价，展现出嬉皮士的不恭敬和无条件的不负责任。在最近一本鲍勃·迪伦的传记中，提到了迪伦·托马斯的悲剧一生。作者认为，如果鲍勃·迪伦与托马斯没有其他共同之处，至少这一点是他俩共同的，那就是“诗歌的艺术需要代价，他俩也付出了代价……三年或更少的名声：一片模糊，一种狂热，一件不可阻挡的事物”。[147] 他们没有对名声的矛盾之处感到迷惑。他们渴望得到它，但常常对伴随而来的聚光灯感到不适。当然，迪伦和科恩有应对名声的策略，通常伴随完全的感官放纵以及接踵而来的悔恨和忏悔，以及采用不同的面具来隐藏或通过它们展示自己。就像迪伦·托马斯——“我们这个时代最可爱的诗人”[148] 一样，他屈服于声名的汹涌之潮，鲍勃·迪伦和科恩二人则渴望以一种面具来保护自己免受外部世界的影响。

第五章　蒙面的十字军战士——鲍勃·迪伦

哦，给我做张面具，给我造一面墙，把我和你的间谍隔离开。

——迪伦·托马斯[1]

粉丝：你不知道我是谁，但我知道你是谁。
鲍勃·迪伦：那咱们最好就这样。[2]

“哦，给我做张面具”：迪伦、托马斯、科恩与名望的面具

1937 年，迪伦·托马斯在芝加哥的《诗歌》杂志上发表了诗作《哦，请给我做个面具》。这首诗歌是他对自己取得的名声的痛苦反应，他恳求着“一张面具，一面墙，把我与你的间谍隔离 / 使你的侦查之眼，有锐利、釉面的眼睛和戴眼镜的爪子无法触及”。[3] 迪伦·托马斯晚年的生活充满了对自己成功的矛盾情感。虽然他追求聚光灯，将自己塑造成“克姆登金大道的兰波”，但最终正是这个人设导致了他的不幸死亡。托马斯戴着毫无悔意的波希米亚面具，不仅是为了他的作品争取公众关注，也是为了将真实的自我与公众的窥探之眼隔绝开来。可悲的是，托马斯的公众形象与私人生活的界限变得日益模糊，如西奥多·达尔林普尔所观察到的，“当你长时间扮演一个角色，它就成为你实际上的本质……最终，角色成为自身，也害死了他”。[4] 这种自我的分离可能带来问题，正如迪伦·托马斯的生活所示，公众形象侵占了真实自我的空间，使面具的佩戴者无法区分角色与现实之间的区别。当这种情况发

生时，我们可以将变形的面具视为自我否定和自我毁灭的行为主体，正如彼得·塞勒斯著名的一句俏皮话说的那样："过去有一个'我'藏在面具后面，但我已经动手术将它除去了。"[5]

对于名声带来的压力可是有充足的记录，许多艺术家和表演者对公众的关注超越了他们的作品，入侵他们的私人生活而慨叹不已。面对粉丝对名人的公众所有权，许多名人使用面具和人设作为一种遮掩和伪装，以便将真实自我隐藏起来，远离粉丝可能带来的破坏性需求。《哦，请给我做个面具》为我们提供了一个有趣的框架，让我们同时考察鲍勃·迪伦和莱昂纳德·科恩在他们的职业生涯中采用的面具和人设，既吸引了公众的关注，又转移了公众的兴趣。正如我们在前一章节中看到的，这两个人经常与威尔士诗人联系在一起，科恩在他的小说《至爱游戏》中将布里弗曼的角色描述为"一种温和的迪伦·托马斯"[6]，而正是迪伦·托马斯为鲍勃·迪伦的艺名提供了灵感。[7]这三人都渴望名声，也并未忽略名声所需的代价。

面具在所有人类文明中都是一个普遍存在的象征，从远古部落的仪式到古希腊和罗马的戏剧传统，演员在大型圆形剧场中使用面具或人设让观众更好地看到和听到他们，再到现代戏剧导演（如布莱希特和让·热内）使用面具来使观众产生疏离，同时又让他们震惊。面具有三个基本功能：转变、遮蔽和揭示。

面具的第一个功能是转变。迪伦和科恩都使用具有转变功能的面具和人设来定义自己作为刚刚崭露头角的表演者，后来当他们试图摆脱观众对他们的固定形象时，也在继续使用它们，以便朝着艺术家的方向成长和发展。以迪伦和科恩职业生涯的后期来描述他俩使用这种转变的面具再恰当不过，他们要重新夺回他们的艺术身份，并摆脱公众投射在他俩身上的固化形象——对迪伦来说，是"反文化英雄"，对科恩而言，则是“忧郁的情圣”。

第二个面具的功能是隐瞒和伪装。我们将研究迪伦和科恩如何通过使用面具和人设，作为一种保护和隐藏自己的方式，以免受到公众审视的炙热目光和越来越模糊的公众 / 私人界线带来的危险。

面具的最后功能是揭示和说真话。当戴上面具时，演员们通常会发现自己更能坦诚地说话，同时又在面具的保护下免受可能对他们本人产生的后果和批评的影响。面具还使迪伦和科恩能够扮演他们歌曲和诗歌中的不同角色，让他们能够从不同的视角，同时揭示普遍的真理。

在上一章中，我们探讨了“垮掉的一代”、迪伦和科恩渴望效仿迪伦・托马斯在世时所取得的名望。他们被这位威尔士诗人不拘一格的生活方式以及他名声所带来的不受社会羁绊的自由所吸引，然而，当他们自己的名人地位超过托马斯时，他们才意识到名望所带来的心理困境。在本章中，我们将探究迪伦在职业生涯的不同阶段使用“面具”来展现不同的人物形象，这既是一种有创意的表达方式，也是对日益膨胀的音乐新闻媒体干扰他私生活的应对之法，这种干扰来自歌迷对他们私人生活的毫无约束的窥探欲望。在第六章中，我们将探讨科恩面临的同一主题。

“鲍勃・迪伦”这一身份在他的职业生涯中不断变化，随着每一次音乐风格的转变而改变，不断挑战着观众的期望。从作为民谣歌手的源头开始，迪伦接连扮演了被压迫者的捍卫者；垮掉的一代象征主义诗人；超现实主义摇滚巨星；美国民谣传唱者；生活在乡村田园中的乡村情歌手；摇滚乐圈的萨满般的领袖；火与硫磺的福音传教士；被自己死亡幽灵所困扰的厌世者；以及在晚年成为“‘每个人’，以漫游的蓝调艺术家的身份承载着人类命运和生死无常的人格特质，其不断的巡演……越来越成为我们本体无根的寓言”。[8]

在探索迪伦诸多面具的过程中，我们将专注于他的五个主要转变：民谣歌手、摇滚巨星、乡村情歌手、滚雷巡演萨满和蓝调老手这五个角色。我们将研究他运用服装、人物、面具、声音和音乐风格来创造一个“身份的剧场”[9]，鼓励观众参与构建“鲍勃·迪伦”人格的交织文本。迪伦的福音时期——虽然代表着身份的根本转变——已在我们关于宗教的那一章节中探讨过了。

作为转变之用的面具

面具一词来自阿拉伯语“maskhahra”，意思是“转变”或“伪造”。在古代文明的仪式和宗教中，面具使其佩戴者能够变成其他事物或其他人，在世界各地的戏剧传统中，面具也被用来扮演其他角色。无论面具为佩戴者提供什么功能，它始终是一种变革和转化的工具。唐纳德·波洛克表示，在部落环境中，面具在仪式实践中作为一种“通过临时性和代表性的身份消失来转化身份的技术”。[10] 在这些仪式中，面具被用来代表部落祖先、神灵或精灵。亚利桑那州东北部的霍皮族通过佩戴面具和表演仪式舞蹈来传达古老的精灵卡琴那（Kachina），整个部落参与庆祝这些神灵，并祈求祂们的帮助。S. D. 吉尔在研究这一现象时指出，尽管佩戴面具的霍皮族在比喻的意义上变成了神圣的卡琴那，但实际上是这个跳着仪式舞蹈的人赋予了这个面具以生命——“他成为了神圣的卡琴那，然而他仍然是他自己。”[11]

早在20世纪60年代初期迪伦如同旋风一样闯入音乐圈以来，他就一直与面具和角色相关联。影响深远的《纽约时报》评论家罗伯特·谢尔顿在他早期的一篇对于迪伦的评论中指出，迪伦天生带着原创性的标志（mark），但是当这篇评论被重印在迪伦的首张专辑封底上时，却被错误地引用为“面具”（mask）。[12] 这个印刷错误恰如其分地定义了迪伦的表演生涯。正如我们在前一章中所见，迪伦和科恩都有意追求名声——年轻的迪伦告诉他的祖母：“奶奶，总有一天我会非常有名”[13]——而被作为商品销售的身份建构对于这一追求至关重要。

罗伯特·齐默尔曼直到 1961 年抵达纽约的格林威治村之后，才真正成为“鲍勃·迪伦”，但这种转变的基础是在他的成长岁月中奠定的。早在希宾的高中时期，迪伦就开始尝试使用化名，采用面具和角色来改变自己。他的高中年鉴里宣称他的志向是加入小理查德的乐队，在黑白照片中，罗伯特·齐默尔曼将头发做成摇滚歌手那种蓬松的发型——这是年轻艺术家借用其他身份的第一个实例。[14]

在他的家乡希宾，迪伦已经使用化名埃尔斯顿·冈恩（Elston Gunn）表演，但直到 1959 年 9 月迪伦搬到明尼阿波利斯——表面上是为了上大学，尽管他的学业并没有持续太久——他才完善了今后将定义他的这个形象。20 世纪 50 年代末的摇滚乐圈明显衰败，要在已有众多实力派乐队的市场立足几无可能。迪伦在追求的抱负胜过对理念的追求的一刹那，知道如果他想在音乐行业取得成功，就必须放弃摇滚歌手埃尔斯顿·冈恩的面具，选择一个更市场化的形象。正是在明尼苏达州，迪伦接触到蓬勃发展的民谣和蓝调复兴音乐圈，为他提供了成功的机会。迪伦一直对自己加入民谣运动的原因非常坦诚。在 1965 年的一次采访中，他说：“我对民谣音乐感兴趣是因为我必须以某种方式取得成功。”[15] 同年另一次采访中，当被问及他为何从民谣转向摇滚时，他承认他一直对摇滚乐情有独钟，但是……

……摇滚乐的方式当时无法生存下去……买一把电吉他成本太高，

而且你需要赚更多的钱来聚集足够的人来演奏音乐……这不是一件独自就能进行的事情。[16]

虽然迪伦明白演唱民谣钱来得更快[17]，但他始终否认自己是为了金钱而行动。对于迪伦来说，“成功”意味着“能够与人友好，而且不伤害任何人”。[18]不过，他说这句话的具体意思并不清楚，我们在上一章中已经看到，他对成名的渴望是不可否认的。

在明尼阿波利斯的时候，罗伯特·齐默尔曼经历了根本性的变化，为成为“鲍勃·迪伦”打下了基础。《微刺评论》(*The Little Sandy Review*)的创始人保罗·纳尔逊（Paul Nelson）和乔恩·潘卡克（Jon Pankake）称，“每隔几个星期，鲍勃会成为一个不同的人，风格也不同”。[19]在科罗拉多州丹佛的“讽刺酒吧”(Satire Lounge)演唱了一个夏天（他在朋友沙发上借宿）[20]，19岁的迪伦回到明尼阿波利斯，此时他已焕然一新。他当时的一位熟人回忆道：“迪伦从科罗拉多州回来时，口音有所变化。他说话的方式也不同了。”[21]

在这个早期阶段，迪伦仍然在尝试不同的面具，寻找最适合自己的形象，即使其中一些身份已被其他人采用。被认为是《北国女孩》主题里所唱的邦妮·比彻（Bonnie Beecher）认识明尼阿波利斯时期的迪伦，并声称：

他去旅行了，回来时，说话带着很重的俄克拉荷马口音，还戴着牛仔帽，穿着靴子。他对伍迪·格思里非常着迷，我觉得这很傻……你是明尼苏达的男孩，却要假装成另外的样子。但他确实全身心地投入伍迪·格思里的世界中，几乎融入了伍迪的个性。一旦他喝高了，你得称呼他“伍迪”，他才会搭理你……现在我明白了，那是让更伟大的鲍勃·迪伦显现出来的过程。[22]

到 1961 年 1 月底迪伦抵达纽约时，他已经从一个善良的中产阶级犹太男孩变成了一个激进的抗议歌手。不仅仅是名字发生了变化，整个举止都改变了；他模仿农民的口音说话，穿着中西部工人阶级的服装——牛仔裤和格子衬衫。他的声音表演符合他为自己创造的形象，罗伯特·谢尔顿将其描述为“生锈的嗓音，有着格思里录的旧唱片的味道”，听起来“像一位老农民民谣歌手”。[23] 勒波尔德认为，迪伦的角色“源自歌词，并与公众形象互动”，在他最初的化身中，我们可以看到迪伦完全变成了坚定的民谣歌手。[24] 他将自己融入这个角色，他改变了衣着、说话和唱歌的声音，并创造了一个虚构的背景故事——在《在偷来的时刻里我的生活》中，他声称在抵达纽约之前曾搭便车穿越美国和墨西哥，还搭乘了货运火车。所有这些与虚构的工人阶级民谣英雄形象“鲍勃·迪伦”相符。

尽管这种变身可能被视为对美国蓝领文化的冷酷利用，但保罗·威廉姆斯和斯蒂芬·斯科比等评论家却对此持颇为赞赏的观点。威廉姆斯认为，通过戴上“鲍勃·迪伦”这个变形面具，罗伯特·齐默尔曼能够“将他被众人所认为的特定形象和他的声音建构成能更准确地反映他内心真正感受到的东西，并为之提供了空间”。[25] 同样，斯科比认为成为“鲍勃·迪伦”这个角色让齐默尔曼得以重新塑造自己，摆脱过去的束缚，并提供了“他所变成的这个人格的真实可信的保证”。[26] 虽然民谣界向来以其真实性自豪，却如此迅速地接纳了一个整个身份都是人为制造的歌手，似乎有些自相矛盾，但也证明了迪伦面具的强大力量。威廉姆斯指出，“如果他试图以某个特定空间里以某种特定方式说话的某个人的身份出现，那么这种口音反而会成为束缚，因为这个面具总是要被众人记住的样子一直保持下来”。[27] 相反，迪伦选择了一个允许超越表演行为的变换面具，成为更忠实地展现他真实自我的方式。

他的新名字对这种转变至关重要。从成为埃尔斯顿・冈恩到最终选择“鲍勃・迪伦”，迪伦一直对化名非常着迷。在整个职业生涯中，他曾以各种化名作为嘉宾参与其他艺术家的录音，比如“鲍勃・兰迪”“泰德汉姆・波特豪斯”“盲眼男孩格朗特”以及——明显地暗暗指向他一直在职业生涯中试图与之切割的威尔士诗人——“罗伯特・密尔克伍德・托马斯”。[28] 此外，他还涉足电影界，探索名字的重要性，曾在萨姆・佩金帕的电影《比利小子》中以“别名”亮相，以及他自己2003年被评论界认为的失败电影《蒙面与匿名》。

迪伦的艺名选择一直是他职业生涯中备受争议的话题。有人将其与诗人迪伦・托马斯、希宾的狄龙路、美国电视西部剧《荒野大镖客》中的马修・麦特・狄龙和据称在明尼苏达州希宾的一个叔叔联系起来，但迪伦对他名字背后的灵感始终避而不谈。1968年，他声称“完全和迪伦・托马斯无关，我只是突然想到了这个名字”。[29] 迪伦在希宾时期的女友艾柯・海尔斯妥姆（Echo Halstrom）却提供了一个不同的说法——她告诉霍华德・桑尼斯，1958年迪伦告诉她他的新名字，还指着夹在胳膊下的迪伦・托马斯诗集，说是他的灵感来源。[30] 然而，海尔斯妥姆又自相矛盾地表示她和迪伦从未讨论过他改名一事，但她一直认为这个名字源于这位威尔士诗人。值得注意的是，如果海尔斯妥姆的第一个故事是准确的，那么她提到的年轻的罗伯特・齐默尔曼在家乡携带的这本可能是1953年版的迪伦・托马斯诗集，其中包含了《哦，给我做张面具》这首诗。

“鲍勃・迪伦”这个化名的起源虽然引发了激烈争论和炙手可热的猜测，但比起这个变化本身，它的重要性就显得不那么重要了。迪伦称“那个名字改变了我。我并没有花太多时间去考虑它。我觉得我自己就是他”。[31] 斯科比认为迪伦改名是“一个深远的自我定义姿态，以骗子原型的自我伪装的戏法作为根基来塑造他的身份”。[32] 然而，罗伯特·齐默尔曼于 1962 年 8 月 2 日将其法定名字更改为鲍勃·迪伦，就不再仅仅是一个伪装行为，而是一个转变，使年轻的迪伦能够割断与希宾的联系，将自己重构成为漫游的民谣传唱者。罗伯特·齐默尔曼变成“鲍勃·迪伦”需要他拒绝他的个人历史，并且他不愿讨论他的名字变更，因为它让人们回想起他的过去，提醒观众隐藏在面具之后的“罗伯特·齐默尔曼”这个幽灵。迪伦在格林威治村时期的女友苏珊·罗托洛是他在 1961 年遇到的，而当时他们同居于西四街的公寓里，某天迪伦的钱包掉在公寓的地板上，里面的物品散落，其中有他的兵役卡等物品被苏珊看到了，这才知道他的真名。[33]

尽管迪伦通过法律方式将自己的名字改为“鲍勃·迪伦”，但“鲍勃·迪伦”这个人物的成功并不仅仅依赖于一个名字——为了让这个面具更加真实可信，迪伦依赖了表演、声音、道具和服装等等的作用。理查德·F. 托马斯认为“迪伦的艺术以基本的方式产生作用，不仅仅是通过他的歌词和音乐，还包括他的外表和形象”。[34] 每个阶段的迪伦职业生涯都有一个标志性的外表——从民谣时代的牛仔裤和扣子一扣到底的衬衫，到 20 世纪 60 年代中期摇滚巨星时期的墨镜和昂贵西装，再到 70 年代中期“滚雷巡演”时期的头巾、丝质手帕和花朵装饰的帽带，以及他晚年时扮演老式密西西比赌徒的形象，配以细细的小胡子和牛仔靴。正如我们将在第七章中讨论的那样，戏剧性和表演在我们对音乐的反应中起着重要作用，而迪伦对每个角色的道具和服装的精细是使音乐充满生命的关键。

当罗伯特·齐默尔曼戴上鲍勃·迪伦这一面具时，他并没有完全否定自己，而是渐渐成为了这个传奇人物。萨姆·谢泼德在谈论 20 世纪 70 年代中期的滚雷巡演音乐会时将迪伦的表演比作“古老的仪式”[35]，类似于霍皮族的蛇舞。安妮·瓦尔德曼也评论说她将迪伦在表演中看作是“隐喻般的巫师”。[36] 这些将他的表演与化身古老精神和神灵的部落仪式的比较并非巧合。在舞台上，罗伯特·齐默尔曼利用面具的力量，变身为鲍勃·迪伦。在 1978 年接受乔纳森·科特采访时，迪伦声称“我没有创造鲍勃·迪伦。他一直都在这里……一直都存在。我小时候，就有鲍勃·迪伦。在我出生之前，也有鲍勃·迪伦”。[37] 迪伦的这句话，虽然可能有戏谑的成分，但使“鲍勃·迪伦”这个形象看起来像是一种超自然力量，必须通过罗伯特·齐默尔曼这个容器来传达。在这种情况下，谢泼德和瓦尔德曼对巫术仪式的提及是贴切的。值得注意的是，滚雷音乐会的表演可能是迪伦职业生涯中最充满活力、原始和本能的演出之一。正如约翰·D. 休斯所指出的：

> 有时，音乐听起来令人痛苦……作为艺术家的迪伦和作为人的迪伦越来越多地交织在一起……迪伦总是在自我否定和自我更新、隐私和公众形象之间不停来回穿梭，这种状态很容易就会爆发，而现在逐渐接近了一场精神上的大比拼。[38]

鲍勃·迪伦这一面具成为迪伦成名的关键，但 60 年代早期这一年轻反文化的英雄形象在他的整个职业生涯中一直困扰着他。迪伦后来的变身，从摇滚巨星到福音传道者，应该被视为对艺术和个体自主权的更大斗争的一部分。通过解构和颠覆他最初的形象，迪伦试图夺回在观众和评论家心中固定的不可变形象，挑战他们的期望，往往令他最初的歌迷失望，如 1966 年迪伦在曼彻斯特自由贸易大厅演出时，当他以《犹如滚石》结束他的电子音乐演奏时，来自观众群的著名的“犹大”喊声。这首歌是他从民谣抗议歌手到摇滚巨星的标志性转变。[39]

克里斯托夫·勒波尔德认为：“迪伦在大部分职业生涯中都在进行一场文化战，试图抹除他‘超级相关性’身份和他被视为‘他这一代的代言人’人设，重新获得文化上的匿名。”[40] 鲍勃·迪伦这一人设虽然是迪伦自己创造的，但很快就超出了他的控制。当迪伦在60年代初期进入公众视野时，他将自己从希宾的摇滚梦想家转变成了坚定的年轻抗议歌手，但正是阿尔伯特·格罗斯曼这个经纪人的运作、大众媒体、哥伦比亚唱片的市场部门以及“民谣运动”，一起构建了鲍勃·迪伦作为一代人预言家的形象。格罗斯曼是让迪伦追求名声的关键人物，他曾为许多重要的民谣歌手和摇滚演出做经纪人，如琼·贝兹，彼得、保罗和玛丽，以及“乐队”。格罗斯曼出色的管理才能使迪伦能够在一个对艺术家非常敌对的行业中进退自如，让他能够尝试创作，同时仍能推动他的事业。格罗斯曼将迪伦宣传为先知、天才、一代人的代言人，这使他能够在主流的流行音乐市场取得成功，而这个市场充斥着公式化的流行歌曲和容易理解的好听的音乐。尽管两人之间的关系最终以长期的且不愉快的法律纠纷告终，但彼得·雅罗（彼得、保罗和玛丽的一员）认为：“无论是个人、艺术还是商业意义上，阿尔伯特·格罗斯曼都是迪伦获得成功的核心因素。”[41]

最初，迪伦接受了被赋予“先知”这一转变性面具，但随着他自我形象的发展与“民谣运动”要求他遵循的形象发生冲突，这一负担变得难以忍受。他的观众和评论家们将自己理想化的幻想投射到一个并不打算屈从于他们要求的人的身上。尽管迪伦曾经追求名声，但他没有预料到他说的每句话和每个行动都会受到广泛关注，甚至导致一个被称为“迪伦学”[42] 的文化研究领域的出现。

迪伦在他 2004 年的自传中称，到了 20 世纪 60 年代中期，他对自己的歌词被推演、扭曲成某种辩论感到厌倦，他被封为“反叛之大布巴”（The Big Bubba）[43] 的形象也让他感到困扰。从 1965 年开始，迪伦的职业生涯可以看作是通过面具的转变功能和新人设来系统地拆解“鲍勃·迪伦”这一人设。

1965 年 7 月 20 日发布的《犹如滚石》标志着一个全新的迪伦登场。他试图摆脱他认为自己被民谣运动所利用的束缚，转换了他的面具，从激进的抗议歌手变成了轻蔑嘲讽的摇滚明星。

尽管令人震惊，迪伦的转变始终是一种演变而非革命。在整个职业生涯中，迪伦通过探索和尝试不同的音乐流派、写作方式和表演，作为一名艺术家持续成长。迪伦变身为嘲笑民谣的摇滚明星，成为曾经支持他的民谣界的对立面，但这一转变在他插上电吉他之前就已经开始了。迪伦的第四张录音室专辑《鲍勃·迪伦的另一面》于 1964 年 8 月发行，凸显了他与民谣运动日益疏远的态度。该专辑展现了他之前的某类具有“传递信息”意义的歌曲中缺失的模棱两可和复杂性。《我的往昔岁月》肯定了迪伦对自己作为“一代人的代言人”的失望，对他“自封的教授般的口才”和他以肯定的口吻宣扬“人生非黑即白的谎言”的不满。《鲍勃·迪伦的另一面》，虽然在音乐风格上根植于民谣，却展示了迪伦对抽象抒情主义的兴趣，受到法国象征主义诗人的启发，以及他转向更加个人化的创作方式。这张专辑预示了迪伦对专辑《重访 61 号公路》中所展示的民谣精神的拒绝，并开始尝试他最新的人设。

《鲍勃·迪伦的另一面》在 1964 年 8 月发布时，普遍反应是失望和不满。政治活动家和编辑厄文·席尔伯写了一封公开信给迪伦，指责他的新歌“内向”。[44] 在他尖刻的攻击中，席尔伯指责迪伦与“现实”失去联系，对“名声的功能”太过分心，无法在 1964 年的纽波特民谣音乐节上与观众产生共鸣。[45]尽管很多人排队批评他，但也有人迅速站出来为他辩护。民谣音乐界的坚定拥护者菲尔·奥克斯对席尔伯和保罗·沃尔夫的批评做出回应，他写道："当我习惯了一个艺术家的风格时，我真的期待他不要发生什么激进的转变，从而让我失望。"[46]他称赞迪伦"忠诚于自身"，"不在乎他的歌迷对这种变化的反应"。[47]迪伦感到他之前的支持者现在转身相背，告知他的经纪人阿尔伯特·格罗斯曼不应允许《大声唱》杂志发表他的歌曲。[48]还有传言称，《肯定是第四街》（Positively 4th Street，1965 年作为单曲发布）中的歌词"我知道你背后议论我的原因 / 我曾经是你们中的一员"是因为受到席尔伯对他的否定之词启发而成的作品。

迪伦的创作探索虽然引发了歌迷和曾经的朋友们的愤怒和不满，但并没有因此而停止。随着《犹如滚石》的发布，迪伦不仅改变了自己的音乐，也改变了自己。他抛弃了 1963 年纽波特民谣音乐节上穿着的"褪色卡其军衬衫，破旧的肩章和褪色的牛仔裤"[49]，取而代之的是多样化的卡纳比街套装、圆点丝质衬衫[50]和锥形裤。他放弃了木吉他，转而使用电吉他。他的声乐表演采用"鼻音，滑音和具有高度节奏的朗诵风格"[51]，如迪伦粉丝的杂志《电报》所称，是一个"原始的魔鬼之声"。[52]

很难确定是什么激怒了民谣运动圈对待迪伦的态度——是迪伦的电吉他还是他昂贵的衣着。有一位采访者将他的黑色摩托夹克称为"营销夹克"[53]。格雷尔·马库斯指出："流行音乐象征着资本主义大众化对民谣社群的摧毁"[54]，而迪伦变身成为一个打扮入时的流行歌星，成为民谣社群所代表的一切的对立面。为了摆脱"鲍勃·迪伦"这个他自己与众人一起创造的形象，迪伦必须解构原始人设，转变成与之相反的样貌。对于民谣运动的同人来说，更让他们感到气愤的是，迪伦的风格和形象转变代表着远不止是出卖给商业。民谣运动逐渐取代和嘲笑了在格林威治村占主导地位的垮掉一代的文化，他们自我沉溺的诗歌伴随散发着波希米亚精英主义气息的爵士乐，至少在表面上，具有激进的个人主义的气息。而鲍勃·迪伦公开拒绝了民谣运动倡导的社会责任和集体主义，并公然炫耀与民谣运动所摒弃的人及其代表的不对社会负责的价值观结盟。尽管他从在明尼阿波利斯时就非常欣赏垮掉的一代，特别是凯鲁亚克、科索和金斯伯格，而现在他已经完全被他们接纳。

这些戏剧性的角色转变在迪伦的整个职业生涯中持续进行，但它们从来不是毫无征兆的。1969 年，迪伦推出了《纳什维尔的天际线》专辑，这是一张迷人的田园风情乡村歌曲集。“乡村情歌手”的面具，其中的歌曲包括他最喜欢的馅饼配料——“蓝莓、苹果、樱桃、南瓜和李子”(《乡村馅饼》)，让习惯了自 1965 年以来迪伦抽象象征主义和反乌托邦视角的听众感到困惑。在“石墙酒吧”骚乱*、越战升级和社会广泛动荡的 1969 年，粉丝们对迪伦逃入田园牧歌的作品和“毫无要求”“单一维度”的歌词感到愤怒。[55] 然而，对于留心观察的人来说，迪伦最新的音乐演变应该不会让人感到震惊。在《纳什维尔的天际线》发布之前，迪伦已经在纳什维尔与乡村音乐家合作录制了《金发女郎》和《约翰·韦斯利·哈丁》等专辑。1964 年的纽波特民谣音乐节上，迪伦与传奇乡村歌手约翰尼·卡什相识，获得了卡什赠予的吉他，建立了持久的友谊，一直相互尊重。[56] 卡什后来与迪伦合唱了《纳什维尔的天际线》中的《北国女孩》等歌曲，但早在此之前，他就已经演唱了迪伦的乡村版本歌曲，比如 1965 年的《别再想了，一切都会好的》和 1967 年的

* “石墙酒吧”骚乱（Stonewall Riot）:1969 年 6 月 28 日凌晨，纽约市警局的警察对石墙酒吧（位于纽约格林威治村的一个同性恋酒吧）进行突然搜查，当警察将酒吧工作人员和酒吧的常客强行拉到酒吧外面时，引发了酒吧的常客和附近居民的骚乱，导致了为期六天的克里斯托弗大街与克里斯托弗公园附近地区的居民抗议，以及和执法人员之间发生的暴力冲撞，从而成为美国国内以及世界范围内的“同性恋平权运动”的催化剂。——译者注

《不是我，宝贝》。尤其《约翰·韦斯利·哈丁》专辑中的最后一首歌曲《今晚我将成为你的宝贝》，正如《滚石》杂志的詹·温纳所暗示的那样，“是迪伦进军乡村音乐的自然而然且合乎逻辑的步伐”。[57] 正如他早先摆脱了民谣英雄形象一样，他现在发现那个多少有些疲倦的摇滚巨星的面具再也不适合他，作为一个艺术家，他在不断地成长和演变之中。

或许迪伦转变为“乡村情歌手”最惊人的方面是他声音的彻底改变。就像他改名一样，迪伦不愿讨论从鼻音说唱到柔和轻快的声音表现的转变，他告诉《滚石》杂志的詹·温纳：“别再抽烟，你就能唱得像卡鲁索一样。”[58] 迪伦还坚称“这些歌曲反映了我更多的内心感受，而不只因为它们是老歌而已”[59]，正如他宣称“鲍勃·迪伦”更准确地反映了他的真实面貌。在对《纳什维尔的天际线》的评论中，罗伯特·克里斯塔高声称：“一如既往，迪伦坚称新的迪伦才是真正的自己……我相信迪伦是真诚的，我也相信他过去对抗议类音乐的诚意……他是一位卓越的形象操控者，这种卓越来自他的直觉。”[60]

在 1969 年，“鲍勃·迪伦”觉得他“真正的自我”是一个快乐的牛仔，他的“乡村面具”却没有持续太久。迪伦一直处于不断变化的状态，随着每次音乐风格的转变而切换面具和人设，最新的化身是一个漂泊的蓝调音乐人，躁动不安，总是在路上，无法安定下来。这种角色不仅表现在音乐中大量使用蓝调的十二度和弦进行，而且表现在他的服装上，如铅笔般细的小胡子，密西西比赌徒帽子和博洛罗领带。迪伦的声音也反映了这个新人设，勒波尔德认为他“最近破碎的声音使他能够通过歌曲的声音表面呈现一个世界观——这个声音带着我们穿过破碎且堕落的世界”。[61]

迪伦通过不断重新发明和变换外貌，确保他唯一的界定特征是不确定性。凯特·佩迪认为这种不一致性对于他的音乐至关重要——“他的角色转换是他音乐转变的镜像，而这种需要转变、创造不确定性的心态，在‘迪伦’这一身份所代表的事物以及所作所为之上，这也正是他的音乐之力，也是他的作品为何至今仍然令人感兴趣、让人激动、与当下产生连接的原因”。[62] 事实上，迪伦不断变化的角色不仅影响着他正在创作的音乐，还影响着他之前的旧作。新的面具使旧的经典作品焕然一新。在演出中，迪伦重新演绎和想象自己的作品，重新安排音乐、旋律、节奏和音色，还会根据当前的人设改变歌词；值得铭记的是，在1978 年，他改变了《在忧郁中缠绕》(Tangled up in Blue) 的歌词，删去了对意大利诗人的引用，改为一连串的《圣经》引文，而每晚的演出都会根据因为转向福音基督徒的重生而作出调整。迪伦不断使对他有固定预期的人们产生困惑，可以从斯科比的观点看出，迪伦是一个典型的“耍花招的人”，不断在观众面前玩弄把戏，但这也是他的症状，不断想要掌控公众对他投射的形象和人设。

面具作为伪装：保护私人自我免受公众注视

1961 年，迪伦签约哥伦比亚唱片公司后，告诉女友苏珊·罗托洛：“我一直知道我会这样开始。我会出名。”[63] 虽然迪伦知道自己注定会成名，但他开始厌恶随之而来的公众对他的期望，以及观众视之当然的对他的所有权。 在他的《编年史》中，他回忆起罗尼·吉尔伯特在纽波特民谣音乐节上向观众介绍他时说：“收下他吧，你们认识他，他是你们的。”[64] 迪伦写道：“去他妈的！据我所知，我当时和现在都不属于任何人。”[65]

我们已经看到迪伦如何运用转化性的面具和人设来推广和保护他的

艺术，但面具同时也使得迪伦将他的“公共”和“私人自我”与粉丝和评论家的审视隔离开来，这一点也至关重要。在这一部分，我们将探讨面具的第二个功能——伪装和掩盖——它使得迪伦在媒体的聚光灯下仍能保持自我。

克里斯·罗杰克认为，名人在全球关注的巨大压力下，必需创造一个“公众形象”和“私我”以便生存。保护私我，借助不同的面具和人设不仅仅是名人专属。厄文·戈夫曼在《日常生活中的自我呈现》中指出，在社会中生活必须在不同场合采用不同的面具。他引用乔治·桑塔亚那的话称“接触空气的有生命的事物必须获得一层表皮”。[66]乔治·赫伯特·米德认为在社会中的每个人都有一个“真实的”自我（“I”）和一个被他人观察到的自我（“me”）[67]，这个概念在萨特的“看”观念中有所呼应。萨特认为当他人观看我们时，我们意识到自己的客观性。他人的目光“将我与我的外部行为和外表联系在一起，将我与我为他人而存在的自我联系在一起。但是如果忽视我的自由主观性，则很有可能把我降低为世界中的一个物”。[68]名声引来了全球的“观看”。对于名人而言，私我与公共自我之间的分隔更为明显、危险且迫切。为了在全球关注的持续“他者化”过程中生存，名人必须创造出存在主义哲学家克尔凯郭尔所称的“内心圣所”。克尔凯郭尔本人用各种化名写作，坚持认为“作为一名作家，当然应该像每个人一样拥有自己的私人个性，但这必须是他的 ἄδῠτον［内心圣所］……就像一座房屋的入口处被两名手持交叉刺刀的士兵阻拦一样”。[69]这个内心圣所对于维护公众人物的自我完整性至关重要，迪伦和科恩都通过面具和隐藏将私人和公共人设隔离开来，以应对名声带来的压力和陷阱。

1986 年的一场新闻发布会上，迪伦宣称：“只有在必要的时候我才是鲍勃·迪伦”，这引起了一个困惑的记者的质疑，他问迪伦其他时间是谁。“我自己”，迪伦简洁地回答。[70] 这暗示了齐默尔曼变身为“鲍勃·迪伦”的过程并没有我们想象的那么完整。“鲍勃·迪伦”这个面具让一个来自明尼苏达州希宾市（在 20 世纪 50 年代和 60 年代人口约为 16000）[71] 的年轻中产阶级男孩，完美地蜕变成了叛逆反文化的民谣英雄，其形象和音乐代表了 60 年代早期的境况，但这一面具也在面对压倒性的媒体关注和审查时，给予他虚假的保护感，使得他在退隐伍德斯托克重新塑造自我时屈服了。迪伦在他的自传《编年史》中回忆了那段时光。

人们认为名声和财富意味着权力……但并非总是如此。我发现自己陷入了伍德斯托克（他在纽约城外的家），脆弱不堪，还要保护我的家人。然而，如果你看媒体报道，你会发现他们对我的描述与此完全不符，简直云山雾罩，想到这一点，不免让人心惊。[72]

斯文·伯克茨指出，迪伦的职业生涯是“一系列的伪装”。[73] 他“从未停止过伪装。即使在他最‘真实’、不洗澡、毛发蓬乱的‘行吟诗人’时期，他也一直是罗伯特·齐默尔曼在扮演着流浪者、倒霉的伍迪·格思里，或者超现实主义抒情诗人”。[74] 伯克茨认为这些伪装是一种自我保护的形式，使迪伦能够抵御日益增长的侵入他个人生活的观众的压力。这也是迪伦调和自己性格中矛盾部分的一种方式——正如他在最新专辑《粗砺喧嚣之路》（2020 年）中《万物皆备于我》中唱的：“我是一个矛盾的人，我有多种情绪，我包含万物。”或许迪伦最矛盾的两个方面是他的野心和理想主义。正如我们所见，迪伦不仅追求名声，还对艺术、社会和伦理抱有理想主义的观点。迪伦在 20 世纪 60 年代早期从指责批评的歌曲转向探索个人和精神主题时，他被指责出卖了原则，背弃了他的事业。伯克茨证实，迪伦利用“鲍勃·迪伦”的伪装，使自己免于为自己这些矛盾立场负责。而在斯科比称之为“耍花招的人”这一角色中，迪伦通过《花花公子》杂志的纳特·亨托夫向众人解释，他从民谣转向摇滚音乐是由于“粗心大意”，而“‘抗议’这个词……是为接受手术的人而发明的”[75]。

迪伦运用“鲍勃·迪伦”的人设不仅仅是对媒体提问的战术回避，它还保护了迪伦免受随着名声而来的期望和压力的影响。当一名记者询问他的听众是否期望从那个想象中的“鲍勃·迪伦”人物身上看到英雄气概时，迪伦用第三人称回答，很有意味：“鲍勃·迪伦不是一只猫，他没有九条命，所以他只能做他能做的……不要在压力下崩溃。”[76]

1978 年，迪伦登上《滚石》杂志封面，从他标志性的深色太阳镜片后凝视着读者。这张由安妮·莱博维茨（Annie Leibovitz）拍摄的图像捕捉了乔纳森·科特（Jonathan Cott）后来所称的“‘鲍勃·迪伦’面具”。[77] 采访中所附的一系列照片展示了这个面具被缓慢取下的过程；在一个镜头中，迪伦摘掉了他的太阳镜，但他的手指在眼睛上围成一个圈，“就像正在做面具的孩子”。[78] 采访的最后一张图中的迪伦歪着头，羞涩地抬头看了一眼镜头，好像意识到自己的面具被去除后的突然不适应。在 2006 年再次看到这张照片时，科特说：“我真不知道她（莱博维茨）是如何做到的。”[79] 迪伦在最后一张照片中摘下面具也许证明了摄影师和拍摄对象之间已经建立起来的信任，但它也证明了面具所具有的保护性质。被剥离了技巧和伪装，迪伦失去了摇滚明星的声势，无法直面镜头，因此暴露出真实的自己所有的脆弱。

在整个职业生涯中，迪伦运用伪装和掩饰的方式来拒绝观众的期望和已经深入公众意识当中的固定的“鲍勃·迪伦”这一形象。这种方法使他能够继续作为艺术家而不断演变，同时也对他在全球舞台上仍能保持“自我”至关重要。通过拒绝一个固定的“自我”观念，无论在公众还是私下，迪伦成功地避免了许多名人在分开“真实的自我”和“公众的自我”时所面临的危机。

佩戴“鲍勃·迪伦”这个面具时，其主人一直有一个认知：当舞台灯光暗淡，观众散去时，它可以被摘掉。当他戴着这个面具时，齐默尔曼会变身为迪伦，就像霍皮人变成卡琴那一样，但自我从未真正在面具后消失，而是被保留着。迪伦的自我通过不断的变化，永远不会被一个身份或伪装所占据，正因为它处于不断变化的状态。对于迪伦来说，拒绝不可变的“公众的自我”是一种生存手段。

迪伦一直对自己的身份有着模糊不清的理解；他否认他的个性应该被狭隘的定义和范围所限制。遵循赫拉克利特的箴言，即没有人可以两次踏入同一条河流，迪伦曾经宣称：“我今天想着一件事……明天又是另外一件事……我醒来时是一个人，睡觉时又变成另一个人。大部分时间我都不知道自己是谁。”[80] 这种拒绝，无论是公开还是私下，将他的身份与核心的“自我”相一致的观念联系起来，让迪伦得以在聚光灯下幸存了数十年。

面具的启示：面具背后的真相

迪伦的伪装不仅仅是区分现实中的人和神话中的人的手段。丹尼尔·卡林认为，扮演不同角色和伪装让迪伦有机会探索他人的生活。他认为，“这个假想的角色就是丰富多样的来源（无数人的父亲），其中流淌出歌曲”。[81] 迪伦在音乐和电影实验中使用面具和伪装来探索自我的概念和“他者性”。研究古典作品的学者彼得·梅尼克认为，古代面具是将表演者与观众区分开来的方式——“戴上面具的人立即与观众分隔开来……戴上面具就表明演出即将开始”，但面具也“要求被观看”。[82] 作为歌词中的角色，迪伦善于利用面具的最后一项功能——揭示真相。

面具作为揭示的功能可能与其用于转化和掩盖的功能看似相矛盾，但这些功能协调合作，成为揭示自我的有力工具。奥斯卡·王尔德曾说：“当一个人以自己的真实身份说话时，他是最不真实的。给他戴上面具，他将告诉你真相。”[83]

在 2010 年接受《洛杉矶时报》采访时，琼尼·米歇尔对鲍勃·迪伦进行了出人意料的抨击，声称“鲍勃根本毫无创意可言。他是个剽窃者，他的名字和声音都是假的。关于鲍勃的一切都是欺骗”。[84] 她后来在另一次采访中澄清了自己的说法，称迪伦“他的声音是从乡村那里借来的”，并“创造了一个角色来传递他的歌曲”。[85] 她承认有时候她也希望自己能做同样的事情，因为“鲍勃·迪伦”这个角色是“某种类型的面具”[86]，允许他超越个人经历，通过扮演歌词中的角色和采用不同的面具和角色来探索他人的生活。

民谣运动将正直诚实与真实性等同起来，无法接受迪伦从“一个青年无产游民，他的时代的代言人”[87] 转变为一个具有自我反省的风流潇洒的摇滚明星，与虚无主义的、纵欲的垮掉派交往密切。他的角色转变被视为背叛，许多人感到自己被欺骗，相信了一个其实从未存在过的迪伦。在犹太—基督教的框架中，隐藏和伪装与不诚实等同，被视为不道德。然而，道德哲学家们对诚实的绝对道德性进行了辩论，并认为在某些情况和背景下，欺骗可能是为更伟大的目标服务。基督教哲学家克尔凯郭尔提倡了“虔诚的欺骗”这个概念，即如果谎言带来的益处大于真相，或者造成的伤害较小，那么故意欺骗或隐瞒可以被视为一种道德行为。回到迪伦使用面具（伪装和人设）这一主题，我们可以认为，作为揭示和讲述真相的手段，戴面具者为了更伟大的目标而“虔诚地欺骗”。

然而，克尔凯郭尔对于没有经过“未经承认”（unconfessed）[88]的戏剧性和隐匿持怀疑态度。在他用笔名“约翰内斯·克利马科斯”发表的《一则非科学的后记》中的结尾，克尔凯郭尔走出戏剧的幕布，宣布自己是这篇文章的真正作者。该作品是对黑格尔戏剧性概念的批判，然而文章也运用了戏剧性手法来表达观点。克尔凯郭尔并非攻击戏剧性本身，而是那些没有披露自身戏剧性的表演。实际上，他的作品预示了德国戏剧导演布莱希特的创新。布莱希特尝试了各种技巧来和观众产生“疏离”和“距离”，暴露了戏剧的人为性。他的演员会打破第四堵墙，戴着面具，走出角色或者提醒观众注意舞台提示——向舞台工作人员大喊“来点愤怒的红色聚光灯”[89]。这种有意打破观众对真实性的怀疑，旨在揭示传统中产阶级戏剧的情感操控，以及通过宣传者之手可能带来的危险。因此，只要观众意识到戏剧中人为性的欺骗，它就并非总是不道德的。

日本传统的能剧中，演员戴着面具，并没有完全遮盖他们的脸。谢克纳称之为“有意的不完整转变”[90]，它提醒观众戏剧的人为性，从而实现戏剧与现实之间的相互转变。R.L. 格赖姆斯指出，面具的真正用途不是掩盖或转变，而是揭示。当脸与面具统一时，

> 他不再被他的面具所束缚，不再仅仅躲藏在面具之后，也不再欺骗自己相信他可以变得无面具，而是对自己的面具负责并戴着它，让他的面容、他的社会关系和他的神祇透过面具被看见，但戴面具者本人并不把自己完全认同为面具。[91]

迪伦一直知道在他的作品中使用面具和伪装的重要性。1964 年 10 月 31 日，他出现在纽约音乐厅的舞台上，告诉一群欢欣鼓舞的观众："这就是万圣节。我戴着我的鲍勃・迪伦面具，我正在装。"十年后的同一天，迪伦在马萨诸塞州的普利茅斯上台演出，戴着一张真正的面具。剧作家、导演和迪伦的合作者萨姆・谢帕德在他的《滚雷巡演日志》中回忆了这一事件，写道："迪伦戴着一张他在第 42 街上买的迪伦橡胶面具[92]。观众都看傻了……这是个巨大的恶作剧吗？这是个冒牌货！声音听起来倒一样。如果真是个冒牌货，他干得不错！"[93] 在试图戴着面具吹口琴的失败尝试后，迪伦不得不摘下面具面对"困惑的观众……他们仍在猜测这是否真的是他"。[94] 这场音乐会的录影素材后来被用于迪伦的电影《雷纳尔多和克拉拉》的开头场景中，电影通过使用面具、伪装和戏剧性来探索这一模糊的自我概念。在为了推广电影而进行的采访中，迪伦提到："这部电影中的面具不是用来隐藏内在自我的，而是用来展示内在自我的。面具比脸更真实。它没有隐藏任何东西。"[95] 这反映了奥斯卡・王尔德对面具是真理的行为主体这一信仰。在他的散文《作为艺术家的评论家》中，王尔德认为，艺术揭示了真理，因为艺术家隐藏在他作品的面具后，使得他可以公开坦诚地说话。他以莎士比亚为例说明了这一观点："正因为他在剧本中从未谈论过自己，所以他的剧本向我们完全地展现了他。"[96] 王尔德的美学理论与迪伦的表演哲学相吻合。王尔德认为，"要达到自己真正相信的东西，必须通过不同于自己的嘴唇说话"[97]，而这正是迪伦一直通过他在舞台角色和歌词中采用不同的叙述声音所做的。

迪伦在《雷纳尔多与克拉拉》开场镜头中戴着的面具是半透明的，观众可以察觉到面具下的人，遵循布莱希特和克尔凯郭尔的传统，揭示了所有表演中所固有的人为性。在电影中，罗尼・霍金斯扮演鲍勃・迪伦，而鲍勃·迪伦本人以雷纳尔多的形象出现。在1978年的一次采访中，迪伦试图向困惑的乔纳森·科特解释这一点，科特问："所以鲍勃·迪伦……可能在电影中，也可能不在？"[98]

马丁·斯科塞斯在制作Netflix纪录片《滚雷巡演》时，受到迪伦对面具、伪装和身份转换这一喜爱的启发。虽然这部纪录片看似是对1975年巡演的真实描述，但其中包含了演员的采访，他们扮演了某种混合角色，或者在某些情况下完全虚构的角色，这些角色从未参加过巡演。只有那些眼尖的观众注意到片尾字幕的"演员"一栏中迈克尔·墨菲被列为"政客"时才会意识到——他所扮演的角色是密歇根州众议员杰克·坦纳，该角色在片中接受了采访，其名字取自罗伯特·奥尔特曼的讽刺模拟纪录片《坦纳88》。[99]虽然斯科塞斯的手法拓宽了对"纪录片"的定义，但这也是捕捉滚雷巡演精髓的最佳方式，该巡演使用戏剧性、面具和伪装来向观众展示真相。

面具"让佩戴者从看似有序的日常生活中的压抑、法则和细节中解放出来"，让面具背后的人得以展现真实本性，并公开坦言，但它们也提醒观众"混乱、毁灭和易变始终与我们同在"。[100]《滚雷巡演》的混乱本质不仅与布莱希特的观众疏离技巧相似，也与布莱希特的同时代安托南·阿尔托有关，后者倡导"残酷剧场"的概念。阿尔托与古人对戏剧的看法一致——戏剧不是娱乐，而是一种激发宗教或神秘体验的过程。阿尔托试图打破观众的感官，摒弃情节、形式、角色，通常也不使用文字，而是靠手势、噪音和非理性来表达。颠覆传统戏剧和资产阶级的品位框架，阿尔托希望使观众受到震动，使他们参与到一个更广阔的现实中，在更深入的层面引起共鸣，使观众的"整个有机体被震动并加入其中"。[101]

迪伦通过苏珊·罗托洛对布莱希特的作品有所了解，苏珊·罗托洛是迪伦在格林威治村时期的女友，也是他的专辑《自由放任的鲍勃·迪伦》(*The Freewheelin' Bob Dylan*，1963 年）封面上的合影者。[102] 苏珊·罗托洛曾担任谢里登广场剧场的舞台助理，并邀请迪伦参加一场布莱希特的剧《布莱希特论布莱希特》(*Brecht on Brecht*）的排练。她注意到迪伦对歌曲《海盗珍妮》的表演着迷不已——“他静静地坐着，一动不动，连腿都没抖。布莱希特现在成为了他的一部分。”[103]

“滚雷巡演”以其杂乱无章的吉卜赛剧团和令人迷乱的狂欢氛围，借鉴了布莱希特和阿尔托的戏剧理念。迪伦在舞台上戴着丝绸围巾和头巾，脸上涂抹着白色粉彩，这种明显的戏剧性与他在 20 世纪 60 年代早期的舞台形象形成鲜明对比，当时他只带着一把吉他、口琴，很痞地歪戴着一顶帽子登台。迪伦早期表演的极简风格所营造的亲密感的幻象，在“滚雷巡演”年代的超现实的怪异无序中被打破。华丽的戏剧性——无论是在服装还是表演上——不仅在乐队和观众之间创造了审美距离，而且通过揭示表演中的人为性，摒弃了简化的声乐演奏带来的虚假亲密感，从而创造了更加真实的体验。

“滚雷巡演”也是迪伦首次演奏新写的歌曲《伊西斯》(Isis)，这首歌曲创作于他的婚姻破裂期间。在马萨诸塞州普利茅斯的演出中，迪伦向观众宣布这首歌时说：“这是一个真实的故事……实际上，它们都是真实的。”当晚在场的杰森·贝利（影评人，作家）声称他从未见过迪伦以如此强烈和身体化的方式演出，“他完全放开了自己，在那层白色粉彩的背后”。[104] 实际上，正是因为他脸上抹了白色粉彩，迪伦才能够放下束缚，展现自己内心的原始情感，通过这种方式揭示了爱与心碎的永恒真理。

面具作为揭示的工具，保护着说真话者免受言论带来的后果。古希腊戏剧中使用面具是为了区分演员和观众，并强化演员的表情，使那些坐在大型半圆剧场后排的观众也能看清。然而，面具也保护了演员，让他们免受“演出带来的任何政治上的对号入座……让演员和观众感到安全，不受演出的影响”[105]。从这一点而言，在滚雷巡演中，迪伦用白色粉彩的选择非常精彩。评论家指出白色面具是对他一直着迷的黑人吟游表演者的反转，但它也被比作意大利即兴喜剧（commedia dell’arte）传统中使用的面具。这种比较很有趣，因为这种 15 世纪的艺术形式由一组固定角色和基本情节组成，允许演员即兴演说，对政治体制进行批评或者评论社会状况，因为在形成文字的喜剧剧本中这些都会受到审查。[106] 演员们戴着面具不仅标示他们的角色，而且还允许他们用角色的声音说话而不受惩罚。白色面具是佩德罗里诺（Pederolino）角色（也称为 Pierrot 或 Pagilaccio）的标志，他的白色面孔有时会添上一颗单独的眼泪来代表他的忧郁。佩德罗里诺是“赞尼”（zanni）或仆人角色之一，相当于莎士比亚戏剧中的小丑。尽管他看起来天真可笑，但他能察觉到主人看不见的真相。这在帕拉普拉的《明理女孩》（1692 年）中得到了体现，当 Pierrot 思索他年迈雇主追求年轻女人不成功的情况时：

> 而我还应该认为他是一个伟大的学者吗？啊，爸爸妈妈，我多么感谢你们从未让我学会阅读！……科学和书本只会让人变傻。我从来只知道老人的格言，但我觉得自己像那种你必须戴手套才能拎起来的猫。[107]

虽然不确定迪伦是否研究过帕拉普拉的文本，但它与他对过度教育的立场形成了有趣的对比，同时也突显了他选择面具的恰当性。佩德罗里诺也被描绘成一个不成功的恋人，与同僚哈利昆竞争侍女哥伦比娜的青睐，这也反映了迪伦在与妻子莎拉·洛温兹的婚姻中所面临的困境。

迪伦对面具作为自我揭示的工具的偏爱，可以从他于 2003 年拍摄的电影《蒙面与匿名》中得到充分体现，他是该片的剧本合作者和主演。这部电影虽未受到好评，但仍然值得提及，并不是因为片子的优点，而是它自我指涉的本质。迪伦扮演了被囚禁的歌手杰克·费特，他的角色和生平故事与迪伦如此相似，几乎是交汇的。正如迈克·马奎斯所评论的，“对于一个经常强调需要隐私和不可知性的艺术家，数十年来对于观众对他个人崇拜非常不满的人来说，这是非常自我指涉的”。[108] 或许，正如王尔德所信仰的，通过扮演一个虚构版本的自己，迪伦获得了匿名，从而有机会调查和审视他的早期生活和职业生涯——虽然这种调查并没有转化为特别出色的电影。

迪伦的歌曲展现了一系列角色，他像戴面具一样扮演这些角色，运用转化、伪装和揭示的三种功能，创造出能够在普遍层面上打动听众的音乐。在《我是一个孤独的流浪汉》(《约翰·韦斯利·哈丁》, 1968 年）中，迪伦是一个失魂落魄的男子，他曾经拥有一切，却因嫉妒和不信任而失去了所有。他警告听众：“远离琐碎的嫉妒，不要被任何人的准则束缚，坚持自己的判断，否则你会走上这条路。”[109] 在 1962 年创作的《唐纳德·怀特之歌》中，迪伦成了一个面临死刑的杀人犯。他详细描述了导致他入狱的不幸和所处的社会劣势，并质问类似他这样的人是“社会的敌人还是受害者”[110]。戴上这些角色的面具，让观众对他产生了同情和理解，这是以冷漠的、第三人称方式叙述他们犯罪行为所无法做到的。他戴上别人的面具，成为真相的叙述者，传递着一种道德和普世的信息。

苏珊·罗托洛在被问及她对迪伦歌曲的影响时证实了这个观点，她表示：“你真正听这些歌时，它们有点像小说——他写了一些源自他生活的东西，但他把它放在一个虚构的环境中，用另一个人的声音。”[111] 迪伦歌词中出现的这些角色让他不仅能够体验他人的生活并揭示普遍的真相，还可以在做自传式的自白时创造出一种揶揄的距离。这些揭示带来的情感冲击和真实性并未因为这种距离而减少，反而让迪伦能够自由地探索这些概念，不用担心过于紧密地与这些情感联系在一起。勒波尔德认为，迪伦在歌词中使用的“我”和“你”创造了一种叙事人格，通过它来探索自己的真实，同时邀请听众“探索他们自己的主体性……迪伦的人设和面具，说到底就是我们的认同和艺术家的认同可以相遇和融合的空间”[112]。

结　语

在本章中，我们探讨了鲍勃·迪伦如何运用不同的面具和角色来实现三个特定的功能：转变、隐藏和揭示。这三个功能相互协调，使得迪伦能够通过使用不同人设来推广和保护自己的艺术，同时保持与“鲍勃·迪伦”的全球形象的分离，使他能够在音乐、电影和散文中探索自身和普世真理。在下一章中，我们将继续探询莱昂纳德·科恩在他的作品和公众生活中类似地使用面具和人设，并对比两位艺术家的职业生涯。

迪伦本人已经成为一个数百万美元的产业，他的经纪人杰夫·罗森巧妙地将他整个职业生涯进行商业化的运作。拾遗系列已经达到十五卷，这一系列原来是为那些非官方的、违法的但有肥利可图的商业实行利益最大化而设计的。彭尼贝克和斯科塞斯的电影作品所表达出的银幕形象，以及迪伦自己的表演角色；他的艺术品的商业复制，以及“永不停止的巡演”，都确保鲍勃·迪伦在他职业生涯的各个阶段里戴着不同的面具，无论何时何地都能迅速且巧妙地接触到他，而他无需对此做出任何解释，因为这些面具都同时存在于公众视野之中。

第六章　孤独的游侠——莱昂纳德·科恩

如果你想要另一种爱
我会为你戴上面具

——莱昂纳德·科恩[1]

我在路上遇见了谋杀者，
他戴着卡斯尔里的面具，
他看起来非常淡定，但严肃，
七只猎狗跟随着他。

——珀西·比希·雪莱[2]

莱昂纳德·科恩像垮掉的一代诗人以及鲍勃·迪伦一样，追求迪伦·托马斯所获得的名望和公众崇拜，但如同托马斯一样，他渴望一个"面具和一道墙"[3]，用以避开公众聚光灯的照射。在上一章中，我们探讨了鲍勃·迪伦如何使用面具和人设来保护，同时又推广他的艺术，分隔他的个人和公众生活，并揭示他认为的普世真理。在本章中，我们将探索科恩对面具在隐喻的层面上如何作为转变、伪装和揭示的工具。

科恩戴着具有转变功能的面具，将自己确立为一位诗人和严肃的音乐家，这些面具可以分为六种不同的人格，与他职业生涯的不同阶段相对应。我们将讨论他如何从加拿大本土的文学名人转变为他早期音乐生涯中的摇滚诗人。我们将研究他与导师欧文·莱顿之间的共生关系，以及两人如何利用对方和他们的公众形象来推广自己的作品，吸引观众。接下来，我们将讨论定义科恩职业生涯各个时期的独特音乐形象。科恩第一次进入摇滚音乐世界时，他被唱片公司宣传为“摇滚诗人”。后来，科恩变身为“有女人缘的男人”，歌曲专注于性和诱惑，与他作为风流情种的个人名声相一致。由于抑郁和职业困境，科恩这位风流情种又演变成了忧郁浪荡子，他在1977年的同名音乐专辑和诗集《大众情人之死》中成功地“杀死”了自己的人设。直到1988年，随着《我是你的男人》的发布，科恩成功地转变为下一个形象——“优雅的情歌手”，赢得了评论界的好评，商业上也颇为成功。科恩的最后变身与他日益增长的灵性觉醒相吻合，他进一步探索了在20世纪70年代首次涉足的禅宗佛教和他出生时所接触的犹太信仰。克里斯托夫·勒波尔德将这个人格归类为“心灵的大祭司”[4]，科恩的歌迷，如埃尔顿·约翰，描述看他的演唱会就像是一次“宗教体验”[5]。科恩的转变是本身个性特点的自然延伸，他的经历和情绪通过各个不同的阶段呈现出来。这些人格形象增强了他的音乐，使歌词在每个角色中得以活灵活现。

科恩为了推广自己既是诗人又是流行巨星而戴的面具和人设，同时也是一种将内心隐藏起来不让公众窥视的手段。与迪伦一样，科恩拒绝“固定的自我”这一观念，在1988年的一次采访中他说：“每个人都在不断地进入各种不同的角色和身份。”[6]在这里，我们将探讨科恩如何运用面具和人设来区分他的公众和私人身份，以及佛教的自我否定理念与他自身强烈的自我意识之间的相互作用。

最后，我们将探讨科恩对面具的最终功能的运用：揭示。科恩是一个矛盾人物——他既坦率地表达内心感受，又在公众审视下保持警惕。他的歌曲创作常被描述为“自白式的”，然而我们认为科恩的自传体歌词和诗歌是通过“莱昂纳德·科恩”这个虚构人物的声音来表达的，使他能够透过戏剧性面具的保护，揭示个人和他认为的普遍真理。

转变的面具：从诗人到流行歌星

正如我们之前讨论的，莱昂纳德·科恩首先在加拿大成为一名备受瞩目的诗人，他当时在加拿大所取得的成就在文学界是前所未有的。尽管他早期诗作的销量并不大，但他成为了加拿大的公众人物，经常在加拿大广播公司（CBC）亮相，宣传自己的诗歌、小说以及个人形象。科恩还是1965年的纪录片《女士们先生们……莱昂纳德·科恩先生》的主角，该纪录片最初集中于四位加拿大诗人——欧文·莱顿、厄尔·伯尼、菲利斯·戈特利布和科恩——但最终成片只有科恩的镜头，因为“出于某种技术原因，只有与我有关的部分似乎是可用的”[7]。科恩特有的自嘲其实暗示了比起他的年长导师欧文·莱顿，科恩的青春与活力使他成为更为吸引人和迷人的话题，导师欧文·莱顿的名声已是日暮西山，而科恩的声誉却冉冉上升。莱顿名望的逐渐衰退，部分原因也是由于他“过于频繁地出现在公众面前”[8]。尽管如此，科恩的文学名声在很大程度上归功于他与加拿大诗歌界这位“可怕的老小孩”之间的关系，后者花在自我宣传和自我吹嘘的时间，和他专注于写作的时间一样多。

这两个人塑造了自己的公众形象，这些形象是他们本身性格的夸张体现：莱顿成为了“伟大的先知”，而科恩作为他的追随者，则是“烈士般的圣人”[9]，迈克尔·翁达杰也称他为“流行圣人”[10]。这两个角色紧密相连，在诗歌和公众对话中相互呼应。他们常常一同被邀请参加各种活动、电视节目和诗歌朗诵，1961年，麦克莱兰与斯图尔特出版公司发行了一张促销传单，联合推出了科恩的《地球的香料盒》和莱顿的《摇摆的肉体》。[11]他们的形象因此进一步交织在一起，成为了先知和圣人的象征。他们互相寻求媒体关注，常常在自己的作品中提及对方，同时明里暗里地又带有敌对性。

科恩的《献给我的老莱顿》中，这位被导师扶持的学生对他的前任教授和他的自大妄想进行了猛烈抨击，他说："镇上的人们以垃圾向他致敬，而他却认为是为赞美。"[12] 在《天才的画像》中，莱顿将科恩描述为被自我形象所束缚的俘虏，他"爬到床底下，凝视着镜中的自己"。他警告说，他的学生很快将发现他的"童年微笑"被"茫然恐怖"所取代。[13] 这种敌对关系体现了莱顿和科恩之间竞争的本质，两人依靠相互联系的公众形象来推广自己的作品，但同时又担心对方超越自己。在《我的眼睛睁得很大》(《摇摆的肉体》，1961）中，莱顿写了一个父亲害怕被儿子超越的故事——这是他对他的学生将要取得的全球名声的预言，远远超越了他自己平庸的名人身份。

"流行圣人"这一面具是科恩对宗教、信仰以及与犹太传统关系冲突的自我关注的延伸。科恩以牺牲的圣人形象增强了他作品中始终交织的宗教主题，使观众在阅读他的诗歌时通过他圣洁的人设来与这些思想交流并欣赏。然而，就像迪伦·托马斯一样，至少在他的祖国加拿大，虚构的"圣莱昂纳德"的名声开始超越他的作品，观众更愿意在电视上看到他，而不是购买他的诗集。这是科恩后来批评他的朋友莱顿的原因之一，在 1983 年，他说："他永远不会成长，不管是他的作品还是他自己。他对诗歌身份的紧迫感是无与伦比的。"[14] 科恩看到他的导师已经陷入了自我投射的固定形象中，甚至演变成了讽刺的对象，并且这对他的诗歌产生了不利的影响。在我们继续讨论科恩使用面具作为遮掩和伪装手段时，我们将讨论科恩担心他的作品会因为公众对他私人生活的关注而受损，但值得注意的是他的诗歌作品中对名人的怀疑态度。在《奴隶的能量》(1972 年）中，科恩将名人与奴隶相提并论，并担心自己和他的作品会因公众目光而失去自我：

他的绝对隐私

就在我们眼前侵犯了自身

他的绝对隐私

禁止侵犯[15]

在同一部诗集中，科恩建议每个人“变得有钱和出名”[16]，表现出他对自己名声的矛盾态度。尽管如此，科恩显然努力实现在祖国之外的认可和赞誉，他进军全球流行明星舞台需要另一种身份的转变，即进入摇滚音乐圈。

科恩在加拿大拥有的文学名声并没有立即受到音乐界的认可。评论家和观众对他的“摇滚资质”持怀疑态度，不像对他的同时代人鲍勃·迪伦那样欣然接纳这位诗人。这正是科恩本人在 1975 年的一次采访中表达的观点，他为自己在音乐界遭遇的困境感到悲伤：

我似乎陷入了评论界的两种批评之间……文学界的人对我在摇滚圈赚了钱感到气愤，而在另一方面……摇滚界的很多人……认为我对音乐一无所知……说我的声音很单薄……他们对我使用了同一风格领域内从未对其他歌手使用过的标准。[17]

在从高雅的文学界过渡到摇滚乐坛的过程中，科恩发现有必要戴上“流行诗人”的变身面具，试图在善变的流行文化市场中确立自己在文化上的重要性。

《莱昂纳德·科恩之歌》在科恩的第一本诗集《让我们比较神话》发行十年后推出。西尔维·西蒙斯指出了这张专辑封面与诗集的作者照片之间的对比。《莱昂纳德·科恩之歌》的封面照片是在纽约地铁的自动照相亭里拍摄的，棕褐色调里的科恩凝视着镜头，“一位穿着黑夹克和白衬衫的庄严男子……就像是一位已故的西班牙诗人的照片一样”。[18]放弃了诗歌中的烈士圣人角色，科恩在流行音乐的“忧郁诗人”的面具之后显得不那么“拘谨”，而是更具“挑衅”。[19]

科恩发布首张专辑时被吹捧为摇滚圈的“诗人”，是一个回归更为浪漫时代的骑士形象。在早期的表演中，科恩努力找到自己的表演方式，利用道具和戏剧效果来掩饰自己的不安全感，并营造出浪漫英雄的形象。例如1970年8月，他在普罗旺斯艾克斯音乐节上骑着一匹白马登台，让观众感到十分困惑。音乐节组织不善，人数过多，科恩和他的团队驱车通向音乐节场地时，发现弯弯曲曲的乡村道路完全堵塞。乐队改变计划前往当地的酒吧，几杯法国美酒下肚后，他们找到了解决办法。科恩和他的乐队“军队”入住的这家当地客栈有马厩，供客人租用马匹。正如乐队的名字那样，他们决定骑马前往音乐节，就像骑兵一样。在美酒的微醺中，科恩骑着自己的战马登台，“像来自某本古书中的骑士”(《电线上的鸟》)，以符合公众对“莱昂纳德·科恩”的昔日浪漫印象。西尔维·西蒙斯声称“莱昂纳德是完美的表演者，似乎完全掌控着表演的即兴和技巧”。[20]但观众并不这么认为，他们发出嘘声和讥讽。这个出色的表演，与民谣圈中所定义的真实和简朴的精神格格不入。

正如我们在前一章中所看到的，克尔郭凯尔认为戏剧性在传递重要概念和思想方面至关重要。他对虚构和演艺的看法在《一则非科学的后记》中得到了解析，这是对黑格尔戏剧性概念的批判，利用戏剧手段来强调其观点。这部作品以“约翰尼斯·克利马库斯”的化名出版，然而在书的结尾，克尔凯郭尔走出戏剧帷幕，宣布自己是文本的真正作者。对克尔郭凯尔而言，戏剧性只有在“未经承认”[21]时才值得担忧。对于克尔凯郭尔而言，除非让观众意识到这是戏剧的一个伎俩，否则，通过使用人格和面具欺骗观众来让他们深信不疑你是“别人”的手段是令人憎恶的。科恩骑着他的白马登台，无疑向观众透露这是一场表演。当然，表演总是一种艺术伎俩——正如我们通过探究对鲍勃·迪伦精心打造的角色所看到的那样——但传统民谣追随者不愿接受如此明目张胆和明显的戏剧性表演。对于民谣追随者来说，只有扎根于现实的表演才能让他们相信其真实性。

正如我们讨论过的，鲍勃·迪伦的舞台表演和公众形象变得愈发浮夸和戏剧化，并且转向了电子音乐而非原声吉他，他也面临着类似的来自民谣界的批评。相反，科恩以华丽和人为的角色开始了他的流行音乐生涯，这使得他试图争取的民谣界疏远了他。他表演的明显虚构性让观众看到了面具并不总是真实的本人——这在追求真实和真理的时代是无法原谅的过失。这导致科恩受到此行业的怀疑和不信任，不愿接受他作为一个音乐艺术家，但具有讽刺意味的是，正是通过他最初的观众所拒绝的这个面具和人设，他找到了他认为自己应得的认可。

西蒙·弗里斯认为在 20 世纪 60 年代和 70 年代，音乐记者充当着流行文化的门卫，拥有定义表演者的形象和指导观众接受的权力。[22] 然而不幸的是，对于科恩来说，评论家们对他的音乐并没有“领悟”。阿伦·埃文斯在评论科恩 1971 年的专辑《爱与恨之歌》时说道：“这个科恩真是个令人沮丧的家伙！”[23] 正如我们稍后将讨论的那样，不管科恩是否接受这样的角色刻画，这个由评论家们创造的抑郁形象成为了科恩的一个显著特征。

总结一下，科恩的音乐生涯大致分为四个阶段，并通过五个不同的角色来定义：摇滚诗人、大众情人、抑郁的浪荡子、优雅的情歌手和心灵的大祭司。[24] 在 20 世纪 70 年代，我们看到科恩的“大众情人”这一面具开始褪去，变成“抑郁的浪荡子”，他的歌词和歌曲同时关注到性和死亡，这在《爱与恨之歌》专辑中得以体现。1971 年的专辑中包含了歌曲《去年的男人》，反映了科恩在这个时期对自己的感受。由于无法取得商业或乐评圈的好评，科恩陷入了长期以来困扰他的抑郁之中，“雪崩覆盖了我的灵魂”(《爱与恨之歌》)。科恩之前的“诗歌的殉道圣人”和“流行音乐的忧郁诗人”这些面具是科恩本人性格的延伸，但“抑郁的浪荡子”或“大众情人”这种公众面具与科恩的个人属性非常相似，并且有可能威胁到他的内在自我。20 世纪 70 年代标志着他心理健康状况下滑、药物和酒精滥用的时期，这或许是由我们所说的被“公众”自我覆盖了“真实的自我”导致的。事实上，在回顾他的同名诗集和唱片专辑《大众情人之死》中，在“杀死”这个角色之前的岁月，科恩承认“我一直在维持的个性正在崩溃，所以我不得不修改我的作品，直到它成为我唯一可能唱出的歌”。[25]

在最初作为“摇滚乐的诗人”进行市场推广后，由于专辑销量下降和差评不断，科恩“消除了他诗意的舞台形象”[26]，转而拥抱了摇滚精神。这导致了 1976 年发布的由菲尔·斯佩克特制作的专辑《大众情人之死》，受到评论家和歌迷的否定。主要问题似乎在于斯佩克特的华丽旋律与科恩复杂的歌词之间的张力——也许可以从一篇关于专辑录制过程的幕后文章中看出，据报道，斯佩克特尖叫着：“这不是朋克摇滚！这是摇滚朋克！”[27] 而科恩则坐在录音室里，据说穿着“精心剪裁的深蓝色西服外套和笔挺的灰色长裤”[28]。这位来自加拿大服装制造商家庭的绅士之子与新兴的朋克音乐家们戴着别针、穿着破洞牛仔裤的形象，对比不能再鲜明了。

科恩试图扮演无政府主义摇滚明星的面具，但这个面具与他真实的自我如此不协调，以至于它似乎更像是一个拙劣的伪装，完全无法让乐评家们上当。对于科恩新的“摇滚形象”的怀疑可以从 1977 年 12 月法国杂志《摇滚和民谣》的封面中看出，封面上是科恩尝试模仿埃尔维斯·普雷斯利的姿势的笨拙画像，电吉他搭在肩上，旁边是标题“莱昂纳德·科恩，摇滚乐手?”甚至科恩本人似乎也对这个伪装感到厌倦——在1976年的单曲《我必须得整晚跳舞吗》中他表达了努力跟上时代潮流时感到的疲惫，“我四十一岁，月亮正圆……我喜欢你，小姐/但我必须得整晚跳舞吗?”

科恩的嗓音在他之前的专辑中得到了很好的运用。他贴近麦克风演唱的习惯创造了一种亲密的低语，与简单的乐器和谐相融，让听众感觉科恩就是在和他们独自交谈。事实上，备受赞誉的摇滚乐评人罗伯特·克里斯塔格曾经宣称，科恩的声音可能“单调，但它也是新流行音乐迄今为止所制造的近乎奇迹的工具，它制造了亲密”。[29]在《大众情人之死》中，斯佩克特过度制作的编曲与科恩深沉的演唱形成冲突，导致他难以跟上快节奏。特别是在《别硬着回家》这首歌中，科恩的嗓音在斯佩克特的“摇滚朋克”制作下，用完全不是他的风格努力喊叫着歌词。

直到1988年发行的《我是你的男人》，科恩才开始重新找回自己作为一名艺术家的感觉，并进入了一个“评论和商业双复苏”的时期[30]，这在很大程度上得益于詹妮弗·沃恩斯翻唱科恩歌曲的专辑《著名的蓝色雨衣》，科恩开玩笑地建议她给这张专辑取名为“詹妮唱莱尼”。他为他的新嗓音构建了一个新角色——温文尔雅又暗带威胁的情歌手——在当时的宣传视频里得到呈现。《我们首先拿下曼哈顿》黑白色调的宣传视频反映了歌曲中阴森恐惧的氛围，科恩穿着长黑大衣在被风吹拂的海滩上阔步而行。这首歌被勒波尔德描述为一种“复仇的悲剧，他将羞辱那个……拒绝了他的产业”。[31]1984年，哥伦比亚唱片公司的总裁沃尔特·耶特尼科夫（Walter Yetnikof）告诉科恩：“我们知道你很伟大，但我们不知道你是否真的好。”[32]面对观众的冷淡和乐评界的严厉批评，哥伦比亚唱片公司对科恩作为一个录音室音乐人的未来感到不确定，并决定不在美国发行他随后的专辑。《我们首先拿下曼哈顿》的歌词表达了科恩被文化边缘化的感受，他宣称“他们判我二十年的无聊，因为我试图从内部改变这个体制”，这涉及他作为“忧郁诗人”的角色以及他试图将诗歌融入流行音乐的尝试。

《我是你的男人》里科恩采用了“优雅情歌手”这一面具。在专辑封面上，他以黑帮时尚风格亮相：墨镜、白T恤，套一件细条纹西装外套，面部表情略带威胁。这种隐含的威胁被他手中亮丽的黄香蕉所化解，代替了黑帮分子的手枪。这个形象是对他在前一张专辑中“杀掉”的“大众情人”角色的调侃，香蕉的阳具象征意象被“公开宣称的诱惑者……象征性地吃掉了自己的武器”。[33] 在音乐上，《我是你的男人》与他之前的专辑不同，采用了20世纪80年代的合成器和鼓点节奏，但看似简单的编曲为科恩的声音提供了空间和节奏，让他的声音占据主动。科恩的嗓音随着烟酒不断和岁月的流逝变得更为低沉，同时兼具威胁、挑衅、庄重、温柔和诱惑，符合超酷抒情歌手这一角色。

这个面具之所以成功，是因为它反映了科恩所成为的自己。当他放弃试图迎合观众的想法时，他才能创作出让观众真正产生共鸣的音乐。实际上，在专辑的同名曲中，科恩唱道：“我会为你戴上面具”，这实际上就是他在整个职业生涯中不得不做的，以说服观众他的真实性。

尽管科恩的演唱生涯在晚年获得复苏，但他在20世纪90年代只发布了一张全新的音乐专辑。《未来》（1992年）在他的祖国加拿大取得了商业上的成功，获得了他一直努力工作以争取的评论家的赞誉。在当时的一次采访中，他说：“电话有人迅速回复。在机场有豪华轿车接送。酒店里有鲜花。所以我知道肯定发生了什么事情，而且是相当令人愉快的。”[34] 虽然科恩渴望得到赞美和赞誉，但这种喜悦可能比他预期的更加空虚。正如我们在第三章中所看到的，1994 年，他背弃了聚光灯，前往位于圣加布里埃尔山脉的秃山禅寺，向他的朋友和导师学习。1999 年初，科恩离开山寺，重返录音室。

《十首新歌》(2001 年) 展现了科恩的最后一个面具，即被勒波尔德称作的“心灵的大祭司”。宗教和灵性始终是他的诗歌和歌词中出现的主题，神圣与亵渎的意象并置交织在一起，但对于科恩来说，有些变化已经发生。他最后这张面具既是对他作为蒙特利尔的诗人时期所培养的“流行圣人”这一角色的回归，也是对其的拒绝。曾经困扰他一生的抑郁症消失了，科恩获得了新的视角。他的歌曲仍在沉思死亡、渴望和灵性实现等主题，但作品中有一种新的“禅宗”般的品质，对有缺陷的现实的平静接受，这是多年来在寺里跟随师父的严格日程所获得的。他的声音也在圣加布里埃尔山上发生了变化，变得更深沉、共鸣更好，回响着“流亡、破碎和堕落的精神实境”。[35]

当科恩在 2008 年恢复巡演时，观众对他报以高涨的热情。如今 76 岁的“心碎的大祭司”以他的表演技巧和戏剧性给观众留下了深刻印象。他的长期合作伙伴和伴唱莎朗・罗宾森在巡演中陪伴着他，回忆说：“其中的表演部分让我惊讶……他确信自己尽可能投入地演唱一首歌……他年纪渐长，看起来有些虚弱，这成为了表演的一部分。”[36] 科恩的年龄只增添了他的庄重感——他深沉而令人陶醉的声音，他标志性的定制西装和小礼帽让他看起来像一个“老鼠帮的拉比，上帝选定的黑手党”[37]，他在舞台表演中巧妙运用他渐长的岁月，当他演唱《我是你的男人》时，他唱道：“我会为你而戴上老人的面具。”[38]

科恩后期演出的“宗教体验”得益于他的“心碎的大祭司”这一人设。每天晚上，科恩以一位睿智的精神导师的形象出现在他忠实的追随者面前，他的新洞见是通过多年的艰难经历获得的，只与他精心挑选的几个人分享。在他的最后转换中，科恩融合了之前所有角色的特质，将自己变成了一位诗意的牧师，其灵性仍然拥抱肉体，他穿着双排扣西装，戴着小礼帽，依然是那位优雅的抒情歌手。

科恩的面具和人设之所以具有持久的吸引力，在于它们含蓄地邀请了观众的参与。罗兰·巴特认为，有“作者文本”（writerly）和“读者文本”（readerly）之分。“读者文本”不鼓励观众进行互动。作者引导读者走向结论，不要求他们动用批判性思维。巴特认为，“读者文本”构成了大量的文学和文化作品。而“作者文本”则与被动消费相对立。他宣称，“作者文本是我们自己在写”，它有“小说的特质，却不是小说；它是诗，却不是诗歌；它是论文，却没有论点，是一种无文体的写作”。[39] 简而言之，“作者文本”是观众对文本的自我诠释和推演。名人和具有媒体特质的人正是这样的“文本”，他们的崇拜者对他们进行深入的阅读和解读，尽管这些文本提供的深度各有不同。迪伦和科恩使用的面具和人设将两人变成了“文本”，可以与他们自己的诗歌和歌曲文本一起阅读，增强对他们作品的欣赏。科恩作为“万人迷”的形象有助于我们理解《切尔西旅馆 #2》等歌曲，其中“我并不是暗示我爱你最多 / 我无法追踪每一只倒下的知更鸟”这句歌词与他作为浪荡子的形象相互交织。他的媒体文本与歌词文本之间的互文性通过他的不同人设传播开来，导致了他作品的持久的文化意义和他作为摇滚诗人的遗产。

面具作为伪装

在科恩的职业生涯中，他利用面具的转化力量来推销自己，但同时也非常清楚需要将“私人自我”与“公众自我”分开。面具不仅能改变佩戴者的形象，还能将其伪装起来。尽管科恩积极参与自己的神话建构，但他对于将过多的私人自我暴露于公众之中保持警惕，尤其是当他从文学界转向音乐舞台时。在本节中，我们将探讨科恩如何运用面具和人设来保持他的“公共自我”和“私人自我”分隔，并分析这两者发生碰撞时可能带来的危险。

在 1967 年发布首张歌曲专辑之前，科恩习惯于以诗人的身份表演，有时还伴以爵士乐伴奏。然而，在现场演唱时，他总是感到不安，害怕受到羞辱[40]，以及现场音乐人为创造出来的亲密感。他曾希望自己的歌曲能像诗集和小说一样，邀请听众像欣赏他的书一样欣赏唱片，无需他亲自现身。在他备受好评的第二张专辑《来自一个房间的歌》发布后，他签约的哥伦比亚唱片公司显然不满意推广一个拒绝公演的表演艺术家。科恩别无选择，只能安排了一次为期八场的欧洲巡演，1970 年 5 月 3 日从阿姆斯特丹开始，包括传奇的怀特岛音乐节演出[41]，在那里他与那些穿着优雅的高领上衣和剪裁得体的西装的香颂歌唱家大相径庭。他身着军装，并将他的乐队命名为“军队”，这种新的“伪装”反映了他的心态。科恩一直痴迷于军事隐喻，他感觉自己像是在领导军队进入战斗，并且每到一个新营地就面临被围之境。

然而，科恩对走进聚光灯仍有所顾虑。在巡演开始之前，他委托好友、著名的加拿大艺术家和雕塑家马蒂·罗森加滕为他创作了一副戏剧面具，用于在舞台上佩戴。西蒙斯回忆说，这个面具是“莱昂纳德自己的面具：用他的脸部石膏模制的活体死亡面具，面无表情，留有口和眼的空隙”[42]。与迪伦·托马斯的诗歌的比喻性面具以及鲍勃·迪伦利用服装、道具和角色扮演来掩饰真实身份不同，科恩希望有一个真实的面具，在他第一次面对观众时能够藏在其后。当然，科恩可能意识到迪伦·托马斯是通过雕塑家大卫·斯利夫卡在圣文森特医院停尸房为他制作的死亡面具而得以永垂不朽。最终，科恩放弃了在“科恩面具”下表演的想法，但罗森加滕认为这个道具“在决定他的舞台角色上非常有用”[43]，科恩对这件作品评价极高，几十年后仍保存着它，甚至请求罗森加滕为它制作一个铝铸版本。

虽然这个面具没有登上舞台，但他的“科恩”人设代替了它，使他能够界定他本人与他向世界展示的形象。尽管他的音乐已经成为“自白式”和“自传式”创作的代名词，科恩对于向观众和媒体分享过多真实的自我仍持保留态度。在1970年8月的《公告牌》杂志的一次采访中，南希·埃尔里奇（Nancy Elrich）沉思道，“他努力实现那种毫无血色的嗓音，那种平淡无味、毫无幽默感的声音，就像死后说话一样”。[44]埃尔里奇的话也许比她本身的意图更有意味。就像鲍勃·迪伦通过调整口音来展现更贴近真实自我的形象一样，科恩的单调语调消弭了他歌词的情感，给每个陈述都带来一种讽刺感。人们很难分辨他是真诚还是讽刺，这使得他能够坦率地表达，而不会过多透露自己。的确，科恩的“毫无血色”的情感与德里达的观点相符，即面具无法摆脱与死亡的联系，预示着我们最终都要戴上的面具——死亡面具。

面具是对佩戴者自身面容的否定，人类学家伊丽莎白·汤金（Elizabeth Tonkin）指出，“由于将个性最直接的表达——面容替换掉而导致的个性的微小死亡无论如何都有些怪异……面具的固定性与佩戴者的生命形成矛盾”。[45]当一个人长时间佩戴面具，他有可能失去自我，而被自己塑造的形象所掩盖。面具的力量，包括随之而来的危险，不仅表现在迪伦和科恩身上，也表现在我们在本书中提到的威尔士诗人迪伦·托马斯身上。唐纳德·霍尔（Donald Hall）在美国巡回讲座期间遇到这位诗人后写道，“迪伦·托马斯是个扮演‘诗人’的白痴。我看到了虚伪，我看到了预谋，试图让自己看起来很自然”。[46]后来，霍尔在托马斯位于拉格恩（Laugharne）的船房中与他共度了一段时光，他瞥见了公众外表背后诗人脆弱的一面。托马斯的酗酒和抑郁虽然是他性格的一部分，但这些特点被自己制造的神话所滋养。托马斯是一个热衷于自我推销的人，为了吸引公众的注意力而编造复杂的故事，从不避讳扮演“咆哮的醉鬼”和“威尔士的兰波”。最终，托马斯无法与他所创造的公众人设分离，在 39 岁时去世。正如西奥多·达雷姆普尔（Theodore Dalrymple）所敏锐观察到的，“他为自己的形象努力工作；最后，形象成为了他本人，且让他丧命”。[47]

科恩也意识到公众与私人人设融合所带来的危险，他的诗《此书的代价》证明了这一点——“我为向你索要金钱而感到惭愧……但我需要这些来区分我的不同生活。否则当它们融合时，我将被击垮。”[48] 正如我们所见，在 20 世纪 70 年代，科恩的舞台人设和“私人自我”接近到几乎碰撞的危险程度，导致了滥用药物和酒精的恶性循环以及抑郁症的加深。

对面具佩戴者的真实个性的否定不一定会导致真正的死亡。科恩所信奉的佛教哲学之一就是“自我死亡”的概念。尽管修行者和启蒙领袖对这种自我否定的确切性质存在争议，但迪帕克·乔普拉（Deepak Chopra）将自我定义为“你的自我形象，是你的社交面具，是你正在扮演的角色”。[49] 要实现自我死亡，这本身就是一种形式的精神重生，他们必须摆脱对自我重要性的依恋，以及对世俗成功标志的执着。矛盾的是，虽然乔普拉将自我视为面具，但正是通过面具背后的自我的转化和否定，佩戴者才能与物质世界保持距离。

值得注意的是，史蒂芬·斯科比（Stephen Scobie）也谈到了贯穿于科恩作品中的自我否定这一主题。在谈论 1978 年的诗集《大众情人之死》时，斯科比认为科恩运用了双声和解构叙事的手法，创造出一个诗意的人设，这个人设“温柔、冷嘲、绝望、愤怒、热讽……色情、可怜、乏味、幻觉……‘莱昂纳德·科恩’的声音承担了太多相互矛盾的特质，永远无法融入任何统一的清晰形象。”[50]这种自我的传播本身就是一种否定。戴上“莱昂纳德·科恩”这个面具使科恩能够探索多重自我，但最终导致了面具背后的稳定和核心自我的否认。

然而，对于科恩来说，这种自我的丧失并不令人害怕。1984年的诗集《慈悲之书》中包含了科恩对自我和个性的坚决否定，将对固定不变的身份的追求视为愚人的差使。诗集中集体叙事的声音告诉我们，“我们认为我们被召唤，上了年纪的领班、不入流的歌手、二流的神父。但我们无法逃脱这些自我描述”。[51]虽然这些角色戴着他们的职业、才能、宗教隶属的面具作为他们的身份代表，但他们从未真正转变。自我始终是模糊的，“只有疯子才敢于投身于‘他是谁’之问”。[52]这种对稳定自我的拒绝是佛教的无执着理念的根基，而这也是科恩定期退隐秃山，跟随禅师学习时所努力实现的目标。在他的舞台人设和叙述声音的伪装之后，科恩能够成为“不是莱昂纳德·科恩，也不是‘莱昂纳德·科恩’的任一形象，而是那个问题重重、空虚、不连贯、非权威性的‘作者’，在我们面前一再将自己清空”。[53]

汤金指出面具是“接近生殖的再创造”[54]，因为它将两个形象合成一个，从而在这个过程中否定了原初的形象。她认为，“通过压抑一张脸来创造一个角色……再创造是通过毁灭实现的”。[55]尽管面具与死亡有关——既有字面意义上的死亡面具，也有面具背后的自我死亡——我们可以看到科恩隐藏在“无生命”的面具后是一种自我保护的行为，它保护他免受粉丝和评论家的干扰和攻击。面具成为一种保护性伪装，而虽然外表可能“毫无血色”，但实际上是一种维持生命的行为，而非破坏性的行为。

尽管他可能害怕名人的陷阱，但他并不排斥对公众关注的争取。我们已经看到，他对名声的渴望从年轻作家时期就显而易见，然而他的诗歌表现出对成功的不安，透露出他对公众干涉可能对他的个人生活和艺术产生不利影响的担忧。《地球香料盒》中的“戴绿帽的男人之歌”包含以下几行：

但重要的是让莱昂纳德·科恩成为戴绿帽的男人。
见鬼，我倒不如把这一点向你两人提出，
我都没时间写点儿别的。[56]

这首诗揭示了科恩对于他的个人生活和私人情感被公众占有的焦虑，这一点随着他日益增长的名声以及名人地位的获得，可能对他的艺术产生破坏性影响。第三行指出科恩觉得自己没有足够的时间专注于艺术，因为他在追求公众关注时，观众往往期待娱乐和轰动效应，而这与他希望在作品中达到的纯粹相抵触。在诗中的后段，他坦承，“我喜欢这句话，因为它有我的名字”[57]，揭示出尽管新获得的名声可能有害，但他仍然渴望它。具有讽刺意味的是，科恩在1968年拒绝接受加拿大总督文学奖，他声称世界是一个残酷之地，他不想要它的任何礼物，虽然此举比较任性，然而，与毫不违和地接受这个奖项相比而言，拒绝这一动作显然获得了公众更多的注意。[58]

乔尔·德舍描述名人与其他形式的公众认可不同，是一种强度上常常强烈、时长上通常短暂、商业上总可利用的名声。[59]他认为，“在公众审视下保持私人生活……名人试图藏在他们所选择的角色后面”。[60]这些角色被提供作为象征或诱饵，以满足公众对接触途径和娱乐的需求，同时让艺术家保持私人和艺术生活。科恩为了解决他内心对赞誉和认可的欲求与这两者可能给他生活和艺术带来困扰的担忧，他采取的策略是给自己佩戴上一个讽刺的人设，同时也是他自己性格的夸张和延伸。

科恩对名人身份的矛盾观点再次在他对詹尼斯·乔普林的描写中表现出来，体现在《切尔西酒店 #2》这首歌中。乔普林在名人生活中苦苦挣扎，并最终在该歌曲发行前四年因服用海洛因过量而死亡，该歌曲收录于科恩的专辑《新瓶旧酒》(1974 年)。歌词详细描述了科恩与乔普林在声名狼藉的切尔西酒店度过的一个夜晚，并包含了看似非常无所谓的一句，“就是这样，我甚至不常想起你”。然而，德舍认为，考虑到乔普林个人对媒体聚光灯的抵制，这句歌词是对一个希望被遗忘的女人的恰当致敬。[61] 矛盾的是，这首歌将乔普林带回了公众的视线，特别是对于那些认为了解科恩歌词关键在于了解他歌曲中具有的传记信息的歌迷。与从不把名声当成享受的乔普林不同，科恩对自己作为文学名人和著名歌手的地位感到矛盾，他追求名声，但也害怕它，而这种紧张状态同时也成为他作品的灵感和推动力。

在 1972 年接受《麦克林》杂志采访时，保罗·索尔兹曼（Paul Saltzman）问科恩是否喜欢自己。科恩回答说他喜欢真实的自己。索尔兹曼理解这句话的意思是，“和我们大多数人一样，他给自己塑造了许多自我，公众面具，英雄形象，浪漫的可能性，但现在正在一一剥离它们，成为他真正的自我”。[62] 虽然鲍勃·迪伦更经常被与使用化名的嗜好联系在一起，科恩对于使用化名也并不陌生。在他的职业生涯中，他曾称自己为“战地指挥官科恩”“L. 科恩”和“大笑的列尼”，禅师还给他取了“自闲”的法名，意为“沉默”或“沉默之人”。在《天堂寄生虫》中的诗歌《南希躺在伦敦的草地上》中，科恩对他不同的人设作了自我参照的暗示——“自从他偏离了自己的名字，莱昂纳德就变了。”

给某物取名是给它一个固定的意义。名字让人们熟悉这个人，并让我们相信我们了解他们是谁，以及他们会如何行动。通过“偏离自己的名字”，科恩拒绝了这种固定性，也拒绝了他可以被任何人所了解的观念——不管是歌迷、评论家还是恋人。这种拒绝他人所赋予的身份，让他得以形成新的自我。因为没有固定不变的名字，它是无形的，且可能变成任何东西。在迪伦和科恩的演唱生涯中，两人自始至终都深受这个想法的吸引。

科恩使用多个化名也是为了对抗媒体赋予他的大量“化名”，这些化名将他描绘成“一个艺术家，他的主要手法似乎只是让人们感到痛苦”[63]——比如“忧郁教父”“悲悯的大祭司”“苦难的梅尔·布鲁克斯”[64]和“蒙特利尔悲观主义者”[65]。使用化名让科恩能够重新塑造自己的形象，并展现出一个他希望的“大笑的列尼”这一形象来遮盖新闻报道所建构的固定形象。

正如我们之前讨论的，这个投射出来的形象也掩盖了科恩的私人自我，因为他越来越多地参与公众活动、巡演和自我宣传。尽管他的作品都是以自我为参照的——在《著名的蓝色雨衣》的结尾有他的L.科恩签名，在《因为》(《亲爱的希瑟》，2004年)中，他的名字不断被提及，女人们恳求：“看着我，莱昂纳德”——但总是提到“莱昂纳德·科恩”这个角色，而不是他本人。在《回家》(《旧理念》，2012年)中，科恩说他愿意“和莱昂纳德谈谈/他是个运动员，也是牧羊人”。与他自己虚构的角色对话的渴望，副歌部分更加令人感动，在他尝试摆脱这个伪装时：“回家/没有我的重担/回家/在幕布后面/回家/不再穿着/我曾经的演出服。”戏剧性的意象增强了“莱昂纳德·科恩”作为一个角色和伪装的概念，就像幕布降下，歌手脱掉了他的演出服。

面具作为揭示

在科恩的表演生涯中，他既通过面具和人设来获得名声，又和它们带来的不良影响保持距离。在本节中，我们会探讨科恩将面具用作揭示的方式。正如我们所见，面具有着长久的传统，它让佩戴者能够坦诚地说话，同时又避免了言论所带来的后果。在达芙妮·杜穆里埃所著的勃朗特姐妹的不幸兄弟布兰韦尔的传记中，她提到这一家族的父亲，牧师帕特里克·勃朗特，当他想让孩子们说实话时，会给他们戴上面具。通过面具这个“无名而带来的至福狂喜”，姐妹们能够“大声说话，同时保持……匿名……隐藏在空洞的面孔后面；批评、嘲笑、责备——这些事情都无法触及佩戴面具的人”。[66] 对于科恩来说，他戏剧性的角色也起到了类似的作用，让他通过不同的角色和人物展示他的个人和他所认为的普世真理。

科恩的歌词和诗歌显得既亲密又疏远，让人印象深刻，他讽刺的语调使得观众与他保持了一定距离。讽刺不仅是一种自我伪装，也是一种自我披露的形式。这是古希腊哲学家苏格拉底奉行的概念，克尔凯郭尔在《讽刺的概念》中对此探讨过。苏格拉底在教导雅典的年轻人时，采取了一种讽刺的天真态度，通过伪装来教育他们。克里斯托弗·拉伊尔指出：“就像科恩的演唱生涯长期以来既是告白又保持疏离，苏格拉底似乎总是在隐藏着自己的一些东西，即使他的语言听起来很直截了当。”[67] 这种苏格拉底式的讽刺在科恩的作品中可以察觉到。他的歌词经常在第一人称、第二人称和第三人称之间切换，让他能够以讽刺的距离探索各种立场，同时又不完全遵循任何一个观点。尽管他被指责过滥用代词“我”，但他的歌曲和诗歌同样可能出现集体名词“我们”或第二人称“你”。例如，在《奴隶的能量》（1972 年）中，我们可以看到这种频繁的视角切换，从“我们”到“我的”再到“你的”。

表面上看，科恩被认为比鲍勃·迪伦更直接、不那么回避。科恩也没有像迪伦那么直接采用面具、伪装和与媒体的策略性周旋来定义自己的表演人格。正如加里·夏皮罗所说，科恩似乎“把心挂在袖子上或者身体的其他不那么遮掩的地方”。[68] 科恩的粉丝认为理解他的音乐关键在于生平资料，不可否认的是，他作品中的许多细节确实来自他的个人生活，他称之为报道，但这并不意味着他的小说、歌词和诗歌中的叙事可以完全与本人的声音互换。出现在作品中的生平事件可能激发了科恩的艺术创作灵感，但这并不意味着作品中叙述者的情感、反应和结论与创作它们的人相同。像所有伟大的艺术家一样，科恩能够把个人的经历变成普遍的，通过他所扮演的人物来谈论大家共同的经历，而不是封闭的。

维兰德·施瓦内贝克使用文学研究中的“抒情自我”概念来“避免混淆写下诗歌的历史人物（作者）与在诗歌中发声的声音”。[69] 在英国文学的基础教育中，我们被教导不要将作者与他们在叙述中所扮演的声音混淆起来，但这种误解经常发生。加拿大小说家和评论家迈克尔·翁达杰就犯了这样的错误，比如他认为科恩的小说《美丽的失败者》中几位主角是毫无保留的自传，认为他们是“莱昂纳德·科恩的一些特质的有力延伸”[70]，把小说中饱受痛苦折磨的叙事者与他活泼的同伴 F. 看作是科恩性格中二元对立部分的表现。然而，这种解读忽视了小说的政治主题——即 20 世纪加拿大法语和英语社区之间的深刻分歧。F. 这个角色是一个法国民族主义者，而叙述者则是一个说英语的魁北克人。这两个角色之间交替出现的冲突和亲密关系代表了科恩所见证的蒙特利尔法语和英语社区之间的紧张关系，通过作者的生平参照来解读这部小说未免忽略了其要点。

科恩的第一部小说比《美丽的失败者》更容易被解读为自传，因为它专注于描述蒙特利尔一位年轻诗人的挣扎。虽然劳伦斯·布里夫曼这个角色无疑是科恩自己的代表，但就像所有伟大的艺术家一样，科恩将自己生活中的细节转化成普世的真理。布里夫曼和科恩可能有相同的经历，但这部小说将它们转化为艺术，而不仅仅是日记条目。

在科恩的歌曲和诗歌中，我们更容易受到他话语的诱惑。作为“莱昂纳德·科恩”出现的叙述角色让我们误以为就是这个人在向麦克风传递秘密，而不是一个创造出来的人设。史蒂芬·斯科比主张采取将“莱昂纳德·科恩”视为文本的方法。在加拿大诗歌1993年关于莱昂纳德·科恩作品研讨会的主题演讲中，斯科比批评了通过自传的视角来解读科恩的作品，认为这种方法是“浅薄和危险”的，他建议大家去“读‘莱昂纳德·科恩’——这个坐在洛杉矶某酒吧的人，这个出现在杰·雷诺的晚间访谈电视节目的人——将‘莱昂纳德·科恩’看作是文本的一部分，或许甚至是作品的中心。”[71] 如果我们将科恩视为文本，我们就能把他本人与角色区分开来，从“莱昂纳德·科恩”这个面具的后面听取他的话语。

勒波尔德认为，在演唱会中，科恩“从一首歌到另一首歌，不断地变换面具：他时而是好色的罪人，时而是流浪的犹太人，一会儿是绝望的僧侣，一会儿又是禅宗大师或者大祭司”。[72] 每个角色的表演都对观众产生了强大的揭示作用，他们在每个角色中都看到了科恩和自己的各个面向。面具的三个功能不能仅靠表演者一人来激活。观众必须参与，相信面具具有变换、隐藏和显露的力量。面具由佩戴者控制，但这种控制并非全部。正如努里特·梅尔赛-帕东所观察到的那样，“面具只能反映被投射在它们上面的东西：如果我们不喜欢所看到的，那只能怪我们自己”。[73] 科恩在舞台上和他的诗歌、小说和歌词中采用的人物形象是他自己个性的延伸，它同时也是观众身份的一部分，他们把这些身份投射到科恩身上，又从他身上看到反射到的他们自己的影子。

科恩意识到在向观众传递信息时，表演和戏剧性的重要性。1974年，他在接受采访时表示："无论你做什么，首先应该成为一个娱乐家……观众的想象力必须被激发，他们必须进入与娱乐相关的想象力、放松和悬念的漩涡中。"[74] 正如我们在关于鲍勃·迪伦和面具的章节中讨论过的那样，真实性常常被视为创作歌手的重要组成部分。科恩一直努力要被民谣运动所接受，而这一运动尤其看重真实性，然而他认为歌手也必须是一个娱乐家，能够吸引观众，同时探索一些禁忌的话题，诸如死亡、宗教、性和这几个主题之间的看似亵渎性的交织。

18 世纪法国哲学家让-雅克·卢梭对戏剧性的鄙视，与 20 世纪 60 年代早期的民谣运动对其的鄙视类似。在他的《致达朗贝尔先生的信》中，卢梭将戏剧和演员描述为内在固有的腐败。

> 演员的才能是什么？……是伪装的艺术：假扮成与自己不同的人物，表现得与他实际感受相悖，冷漠时假装热情，毫不费力地说出自己并不相信的事物，就好像他真的相信一样。[75]

卢梭接着将演说家或政治家与演员区分开来，宣称演说家是真实可信的，因为他说的就是自己的话，没有策划的伎俩或精心准备的伪装——"人与角色完全一致"[76]。然而，当我们考虑到现代的政治家往往都经过表演训练管理，精通媒体这一套，传递由专业撰稿人撰写的演说辞时，卢梭的这一批评未免天真得可爱。实际上，在这个层面上，演员比政治家更诚实，因为他们的伎俩已经被暴露出来。演员依靠自己的经验来表现真实的情感，在舞台上将自己的身份融入角色中。相反，政治家必须要表现得迂回和不诚实，以便在选举中呈现出可信的形象。

尽管科恩在他的戏剧性面具后可能感受到了勇敢，但他在首次巡回演出之前对可能的“耻辱”和“羞辱”之恐惧贯穿了他的整个职业生涯。1986 年，他告诉记者，无论是音乐会、诗歌、祷告还是与他人对话，他“总是在与创作所需的材料斗争，很少能够处在一种从容自在的流动状态。”[77] 在即将展开 2008 年的全球巡演之前，也就是 1993 年之后他的首次全球巡演，他的焦虑并没有减轻。即使经过数月的排练，他说：“排练的倒数第二天。必须承认我有些焦虑。”[78] 这种自我意识对科恩作为表演者来说是一个真正的问题，但是“莱昂纳德·科恩”这一面具的采用使他能够与观众互动，并坦诚表达自己，因为针对表演者的任何批评都可以与他这个真实的人分开。

服装对于“莱昂纳德·科恩”这一角色的呈现至关重要。他的服装选择成为一种自我显露的方式，向观众和自己表明他是什么样的人。作为一名服装制造商的儿子，科恩的穿着总是非常考究——也许正是他对优雅着装的执着使他一开始就未能得到民谣界的热情接受，就像在早些年的“垮掉的一代”中，他的精致造型让他始终站在这个圈子之外。对于科恩来说，服装在构建他的个人和表演身份方面至关重要，与迪伦不同，他终身保持着自己的标志性风格。

关于科恩的采访，很少不提及他的着装，《滚石》杂志注意到他穿着“保守的喇叭裤、黑色衬衫和短夹克”[79]。科恩去世后，米卡尔·吉尔摩（Mikal Gilmore）撰写了一篇回忆文章，提到 1988 年 7 月科恩在卡内基音乐厅穿的条纹双排扣西装。这套西装可能给这位记者留下深刻印象，因为科恩本人对它的展示给予了特别的关注：

有一次，他站了起来，脱下裤子，把它们整齐地折叠在另一把椅子的椅背上。这是个明智的做法。天气太热了，为什么要把裤子弄皱呢？之后，科恩坐回椅子上，穿着上衣，戴着领带，穿着袜子和鞋，以及蓝白相间的短裤。[80]

在《环球邮报》的一篇文章中，娜塔莉·阿特金森（Natalie Atkinson）指出，科恩的标志性高订着装选择是一种“协同”的风格，是市场营销人员和造型师希望他们的艺术家们穿上与其“品牌”相符的那种服装。[81] 然而对于科恩来说，他的服装是一种面具，不仅帮助他融入他的公众形象，还与他的真实自我建立联系。

我把旧东西穿破了……我找不到能代表我的新衣服……服装是有魔力的，一种真正能在一天内改变你的东西……直到我找到更为明晰的方式，发现我对于自己而言是谁之前，我将继续穿我的旧衣服。[82]

科恩对高订衣着的热情几乎从未减退，但在1970—1971年的巡演中，他为自己赢得了“曼德拉克斯上尉”的绰号，出现在怀特岛音乐节的舞台上，身穿过大的军装，胡子拉碴，长发凌乱，也许这为他在二十万观众面前增添了另一层保护。即使在1996年成为佛教僧侣后，但凡没穿传统袈裟的时候，他通常会穿阿玛尼西服进行冥想，“他在日常着装中注入了出家人的意愿，西装和长裤就像做礼拜时穿的礼服一样”。[83] 2011年，科恩甚至与高级时尚品牌Comme des Garçons合作，推出一系列以他的歌词和画作为特色的产品。与鲍勃·迪伦出现在汽车广告、内衣广告和其他商业广告不同，这一切可能会让他被众人指责为“出卖自己”，这次合作符合了科恩的基本信念——衣服是真实自我的表达。他认为时尚的面具既是一种转化，又是一种揭示——让穿着者成为他想成为的人，同时又展示了他的真实自我。

结 语

我们已经看到科恩采用了面具的三种功能，虽然可能没有迪伦那么清晰明确，但仍然显而易见。首先，作为一种自我保护的方式，其次用于自我投射，第三是作为真实性的载体，以扮演他歌曲中的角色，并展示角色们经久不息的智慧。虽然面具在某种程度上提供了保护，但它并没有保护他免受自己的伤害。他脆弱的精神状况因为滥用药物而加剧，虽然通过寻求精神疗愈而得到一定程度的缓解，但直到老年时也没有消失，而此时他已经接受了这样的事实，即并没有终极的"实在"可寻找或发现。在新千年之际，他的抑郁症状消退，他更加有效地保护自己免受公众目光的窥探，特别是在 2008 年至 2013 年的全球巡演期间，除非在精心控制的情况下，否则没有人能够看到科恩在完美编排的公众演出背后的真实面貌。

他几乎一直以自我揭示的形象呈现，从 2004 年的专辑《亲爱的希瑟》开始，其中以拜伦勋爵的诗《不再漫游》开篇，献给晚年时患了痴呆症的老友欧文 · 莱顿。直至 2019 年他去世后制作的《谢谢陪我跳这支舞》专辑，以《听蜂鸟歌唱》结尾。这个形象是自我放弃、自我贬低以及对衰老和死亡的接受。正如我们在第三章中所见，对于精神启蒙的追求，最终使他与祖先的宗教和解。在科恩的自我放弃和对死亡的接受中，没有愤怒地对抗光的消逝，他向上帝宣告："主啊，我已准备好"（《你想让它更暗？》），并以一种自我否定的姿态告诉观众："听蜂鸟歌唱 / 它的翅膀你无法看到 / 听蜂鸟歌唱 / 不要听我说话。"（《听蜂鸟歌唱》）

第七章 诗歌与歌

> 我不在乎人们如何称呼我，无论是你称之为民谣演唱还是有些人称之为神职职能……或者诗人们视其为诗歌的普及。
>
> ——莱昂纳德·科恩[1]

> 诗歌就是胡扯。
>
> ——鲍勃·迪伦[2]

导 言

到目前为止，我们已经探讨了迪伦与科恩这两位艺术家持久的职业生涯，他们所处的不同背景，他们职业生涯中的起伏变化，以及他们与宗教的矛盾关系；他们与迪伦·托马斯、垮掉的一代以及名望的诱惑之间的关联；以及他们生活中“面具”这一主题。在本章和接下来的两章中，我们将探讨诗歌和歌曲之间的关系，并用不同的美学观点来理解这两位来自美国和加拿大的艺术家的创作。

鲍勃·迪伦和莱昂纳德·科恩都被誉为他们时代的“诗人”和代言人，然而两者对这些称号都表现出一种犹豫。鲍勃·迪伦在被问及他的作品是否可以被视为诗歌时，以尖刻的反驳回避了这一问题，1965 年的某次，他告诉一位采访者，他宁愿被称为杂技团里的“空中飞人”[3]。他大部分的职业生涯都在拒绝民谣运动，并坚称自己从不代表任何人。莱昂纳德·科恩虽然最初是作为一名诗人开始其职业生涯，但对于这个称谓他也开始回避，让众人去评判，他后来因为音乐而声名更盛。尽管他一开始确实渴望扮演代言人的角色，但他从未成为改革者，而且终身坚持“去掉自我”。

诗歌和流行歌曲之间的分歧对于文学学者来说很难将之概念化并将两者联系起来。1969 年出版的理查德・戈尔茨坦（Richard Goldstein）的《摇滚诗歌》(*The Poetry of Rock*）汇编了迪伦和科恩的歌词，这在一定程度上为研究“流行”歌词作为诗歌的形式赢得了正当性，但学术界仍然不愿意将歌词和诗歌并列为高雅文化。要理解诗歌和歌曲之间的张力，我们首先必须问自己：“何为诗歌?”

何为诗歌

“诗歌”一词就像“自由”这个概念一样，正如哲学家莫里斯・克兰斯顿（Maurice Cranston）所称，是一个“欢呼词”(hooray word）[4]。称某物为“诗意”意味着积极的认可，用“高雅文化”的标志将作品正当化。诗歌是一个评价性词汇，它描述了一种易于识别的艺术形式，然而它的定义仍然存在争议。一般对诗歌的概念是指受韵律、押韵和格律控制排列而成的诗节。然而，这个描述排除了许多被认定为诗歌的作品，而这些作品并不符合传统诗歌的形式和声音。

文学评论家似乎无法就这种形式达成固定的定义，它的分类，无论从字面还是形而上，仍是激烈争论的焦点。在 1918 年，“纽约市诗歌爱好者”为公众提供了 50 美元的奖金，用于寻找最佳的诗歌定义，这促使佩特洛尼乌斯・阿比特在《艺术界》杂志上发表了一篇探讨此主题的文章。他对诗歌逃避定义的观念感到遗憾，并将其归咎于现代主义运动中“招摇过市的自我主义者”，他们侵犯了掌握这门艺术的“基本法则”。[5] 对于阿比特而言，定义很简单——“诗歌是用文字表达思想和情感的，形式上多少带有节奏感的艺术”。[6] 备受赞誉的哲学家和科学家哈德森·马克西姆也同意这一观点，他宣称诗歌“并非随意的艺术……它是法则的产物，并遵循法则”。[7]

这种对诗歌的字面定义，注重语言和结构，忽视了使其成为一种艺术形式的形而上学和灵性元素。菲利普·西德尼爵士（Sir Philip Sydney，1554—1586）认为“仅靠押韵和断句并不能造就一位诗人——就像长袍并不等同于律师”。[8] 埃德加·李·马斯特斯（Edgar Lee Masters）认为，“诗歌是灵魂对生活状况的定位”[9]，对他而言，诗歌包括莎士比亚的作品和《圣经》。

如果我们将诗歌的定义扩展到“页面的排列形式”之外，它就涵盖了许多传统上不被视为“诗意”的形式。保罗·加伦（Paul Garon）认为蓝调音乐应该被视为诗歌，因为“诗意的艺术必然包含着革命性的元素，表现为对自由而做出的努力”。[10] 加伦认为学院派和正规教育对于实现这种自由状态是种干扰，认为正规诗歌无法表达原创思想。这种立场虽然在迪伦的作品中并没有非常明细的阐释，但反映了鲍勃·迪伦本人的反智识阶层的主张。在早期的采访中，他热衷于摒弃常规教学的限制，希望在工人中接受教育，认为民间歌谣比 T.S. 艾略特和埃兹拉·庞德的形式化风格更给人以启迪。在自传中，迪伦表达了对主流文化的鄙视。他将其描述为“蹩脚透顶，一大骗局”。[11] 在同一本书中，他称自己为“诗人音乐家”[12]。在他看来，歌曲不仅仅是文字。他反问道：“否则，杜安·爱迪（Duane Eddy）这个伟大的摇滚吉他手，为什么要录制一整张专辑，全是我的歌曲的器乐演奏曲？”[13]

鲍勃·迪伦对诗歌的看法颇为矛盾，他不愿在诗歌和歌之间划出明确界限。在 1965 年的一次采访中，他说："诗歌并不仅仅局限于印刷出来的页面"，并且他的歌词是"以你可以阅读的方式书写的……如果你去掉歌中的其他元素——节奏、旋律——我仍然可以朗读它"。[14] 然而，在典型的自相矛盾的表现下，他在同一时刻又声称："歌只是歌……别对任何一件事期望太多。"[15]

科恩与加拿大诗歌界的路易斯·杜德克、F.R. 斯科特、A.M. 克莱因和欧文·莱顿等人交好，但他对追求学术生涯没有兴趣。他将诗歌描述为一种裁决，而不是意图。诗人不能宣称自己的作品是诗歌，此种荣誉必须由外部来赋予。

尽管迪伦和科恩一直被誉为抒情诗人，但音乐业界也迅速将这一荣誉赋予了更具争议的候选人，将吉姆·莫里森、范·莫里森、帕蒂·史密斯、琼尼·米歇尔、希恩·麦克高恩和鲍勃·吉尔多夫等流行明星的歌词包装成精美设计的诗集。尽管流行歌词可能是有诗意的，但它们并非固有的诗意。歌词的质量往往取决于其上下文；许多流行歌曲的歌词在其音乐框架之外无法发挥作用，但其中一些却以其深刻和共鸣震撼了听众。斯蒂芬·特鲁斯曾提到，"认真对待流行歌词会带来巨大而根深蒂固的尴尬"，也许是因为像 T. 雷克斯的歌词"我开着劳斯莱斯 / 因为它使我的嗓音美丽动人"一类的歌词有种"壮观的平庸"。[16] 然而，史蒂芬·斯科比却认为，将"诗人"的称号赋予表演艺术家是一种学术上的势利，这种势利会让人误认为只有当流行音乐符合"高雅文化"的标准时，它才有价值。因此，"许多评论家不得不坚持认为迪伦不是诗人，从肯定的意义而言，他是一位歌曲创作者"。[17]

歌与诗歌的历史联系

将诗歌轻易分类是吃力不讨好的，诗歌的模糊特质使得评论家可以将迪伦和科恩的作品纳入诗歌框架中。这并非像斯科比所认为的那样完全是一种“学术上的势利”。在现代社会，诗歌和歌可能是互斥的类别，但在古代并没有这样的划分。术语“抒情诗”源自希腊语“lyrikos”，字面上翻译为“为弹奏竖琴而唱”。在古代文化中，诗歌和音乐之间联系紧密，这种联系直到有了书面文字后才开始逐渐破裂。这两者以不同的形式结合在一起幸存了数个世纪，通过吟游传统和贵族娱乐，直到印刷术的发明才导致了两种艺术之间的明确裂痕。然而，关于诗歌和歌曲具体何时分离并没有一致共识。

雅克·德里达是法国哲学家和解构主义运动的创始人，他认为歌曲与言语之间的分离发生在它的起源，“分离即退化，声音和歌曲的断裂始终就是如此”。[18] 乔治奥·阿甘本将诗歌与歌之间的裂痕定位在12世纪末，当时诗歌“基本上是图形化的”。[19] 詹姆斯·威廉·约翰逊认为，诗歌与歌之间的关系转变发生在更晚的15或16世纪，当时诗人不再为音乐演奏而创作他们的作品，而是开始为读者而写作。这导致诗歌成为一种视觉而不仅仅是听觉的媒介，因为抒情“失去了构成其抒情诗的基本要素——音乐”。[20]

诗歌和歌之间的区别也是“高雅”与“低俗”文化之间的分界线。在19世纪版的《牛津民谣集》前言中，亚瑟·奎勒·库奇爵士写道，在其他选集中，民谣与形式化的诗歌并置时，民谣表现并不好。“我有时被迫重新评估我的个人喜爱，并自问‘这些民谣真的像它们一直以来对我所呈现得那样美吗？’……孩子和成年人之间的对比是不公平的。”[21] 这种区分似乎将民谣视为不成熟和粗糙的，然而，迪伦和科恩都提到民谣对他们的作品产生的深刻影响。事实上，科恩声称他对诗歌的早期兴趣并非来自其他诗人，而是源自对阿巴拉契亚地区民谣的研究，这些歌词“深深触动了他”。[22]

尽管歌曲和诗歌之间存在的分界线比较任意，但两者之间的界限并非不可渗入。诗人经常与音乐家合作，将他们的作品谱成音乐——比如垮掉的一代诗人艾伦·金斯伯格于1981年发布了名为《最早的蓝调，拉格，民谣，以及由小风琴伴唱的歌》的“民谣”专辑，而前卫作曲家菲利普·格拉斯则创作了一组歌曲，将莱昂纳德·科恩的《渴望之书》配上管弦乐伴奏。

然而，诗歌与音乐的融合并不总是受到好评。雅克·鲁巴德曾谴责这两种形式的交叉污染，认为将诗歌称为歌是“对诗歌的侮辱。将歌称为诗歌也是一种侮辱”。[23]然而，将没有音乐框架的诗歌谱成器乐伴奏并不总是受到欢迎，人们对于它是否能被视为歌而存有疑虑，但不可否认的是，音乐与歌词的结合确实可以产生诗意的效果。雅克·布瑞尔和塞尔日·甘斯布，法国香颂传统的两位代表人物，其中歌词与音乐受到同等重视，因其独特的演唱风格和歌词所具有的强大诗意而备受赞誉。在以法语为主导的魁北克备受赞誉的莱昂纳德·科恩被视为这一传统的一部分。一位评论家形容他为“加拿大法裔香颂的风格演唱”。[24]

尽管诗歌与音乐在各个时代都交织在一起，但当代的“创作歌手”这一概念直到20世纪60年代初才出现在流行音乐中，当时像迪伦、科恩、帕蒂·史密斯和琼尼·米歇尔等艺术家重新将诗歌与歌联系在一起。1968年，《纽约时报》评论家威廉·克洛曼将正在崭露头角的莱昂纳德·科恩描述为“诗人—小说家—作曲家—歌手”，并称其为“连字符时代”。[25]然而，直到70年代，“创作歌手”这个词才进入流行词汇，同时“诗人”这一称号也被广泛地用于新一代的表演艺术家，为这种音乐风格赋予了“高雅文化”的声望。

克里斯塔·安妮·本特利在她关于艺术真实性的论文中对这些称谓冷嘲热讽了一番。她认为这些表演者更像是为了钱而做事的雇佣兵而不是艺术家，利用“诗歌”的防护甲来抵挡商业化的指责。她指出评论家罗伯特·谢尔顿在赞扬鲍勃·迪伦所使用的语言，比如在专辑《鲍勃·迪伦的另一面》中所传达的迪伦放弃左翼民谣运动和他公开的政治信息传递，转而采用自白特质和个人化的创作方式，称赞他为“年轻美国的桂冠诗人”。[26]

而莱昂纳德·科恩，作为一位已经功成名就的诗人和小说家，对于这新一代复合型音乐人的主张的正当性至关重要，使他们被当作诗人和艺术家认真对待，而不仅仅是当成流行明星。在 1968 年，也是他的首张专辑发布的同一年，科恩因《1956—1968 年诗集》而荣获加拿大总督“英语诗歌和戏剧奖”，但他拒绝了此荣誉。本特利可能认为“诗人歌手”是一个可疑的称号，是唱片公司为了销售和获得文化荣誉而制造出来的，但迪伦和科恩的作品对于 21 世纪英语语言的影响不可否认，他俩都频繁地被提名为诺贝尔文学奖的有力候选人，而迪伦在 2016 年获得这一奖项，完全出乎某些评论家的意料。在 2017 年的诺贝尔演讲中，鲍勃·迪伦告诉观众，这个奖项让他“思考我的歌与文学之间到底有何关系”。[27] 接下来，我们将迪伦和科恩两人和迪伦提出的这一问题联系在一起讨论。

诗歌与歌的异同

罗迪·兰姆斯登在《信息：穿越诗歌和流行音乐之间的界限》这本

关于流行音乐与诗歌之间联系的论文集中指出，“诗歌和歌词本质上是不同的，尽管诗歌和歌的关系极其亲密”。[28] 剥离了音乐支撑的歌词在纸面上往往显得平淡无味，而配上音乐的诗歌也往往缺乏歌曲的情感力量。然而，这两种形式之间有共同之处，我们在讨论这两者时，它们始终是彼此缠绕的关系。

西蒙·弗里斯认为，在“诗歌”和“歌”之间划定严格界限是“美学上的误导”。[29] 相反，这两种形式之间存在着连续性，许多人认为迪伦和科恩的作品延续了诗歌古老的口头传统，通常有音乐伴奏。这也正是亨丽埃塔·尤尔琴科（Henrietta Yurchenco）的观点，她是民谣音乐广播节目制作人，也是鲍勃·迪伦的支持者，她将迪伦比作“吟游诗人——他是一位吟唱诗人，属于一种古老但被完全忽视的传统”，甚至宣称“他让诗歌在美国的生活中获得了前所未有的意义和地位”。[30] 保罗·威廉姆斯（Paul Williams）也认同这种评估。他认为诗歌本质上是一种表演艺术，其根源可以追溯到书面交流出现之前，尽管现代诗人的概念“并不是那种走到大街上展示最新诗作的人……而对迪伦而言，写作就像这样”。[31] 法赫里·奥兹（Fahri Öz）回应了迪伦是表演诗人的观点。他称“诗歌在其初期是一种表演艺术，是由吟游诗人或吟唱者在观众面前演绎的一种表演”。[32] 哈佛大学古典学教授理查德·F. 托马斯（Richard F. Thomas）也认为迪伦是荷马式的诗人。他称他“工作方式像是表演艺术家和诗人的结合，处于口头文学和文学交汇之处……像荷马一样，他是叙述和歌词的原创者和原始演绎者，其种子可以在从《圣经》到蓝调的一系列文本中找到”。[33]

莱昂纳德·科恩谈及人们在艺术形式之间做出的武断区分，“成行的文字如果没填满页面，并不一定就能称之为诗歌。或者因为成行的文字填满了页面，也并不等于它就是散文”。[34] 歌词和诗歌之间的相似之处显而易见——两者都受格律和押韵的控制，并且都采用类似的修辞和意象手法——科恩热衷于这两种形式的融合。他曾经声称，即使在专注于诗歌和小说创作时，也“从未希望我的作品离音乐太远。埃兹拉·庞德说过一句话很有意思，‘当诗歌离音乐太远时，它就萎缩了’”。[35]

奥兹认为抒情诗与流行歌曲有许多共同之处，其中之一就是“副歌”——即一个重复的关键句或一个重复的概念，这是现代歌曲的特征，但在诗歌中也有此深厚根源。埃德加·爱伦·坡在他的文章《创作哲学》中讨论了这一手法的重要性，他称“副歌，或重复句，在抒情诗中并不是唯一的……愉悦仅仅来源于重复时的熟悉感”。[36]但凡诸位听过科恩的“我们首先占领曼哈顿，然后占领柏林”，或者迪伦的“我曾在乎过，但时过境迁”，或者爱伦·坡的《乌鸦》中“永不复焉，乌鸦曰”等重复句时，都会产生这种熟悉和愉悦之感。

歌词可以使用与诗歌相同的文学技巧进行分析，正如约翰·吉本斯在《夜莺法典：鲍勃·迪伦的诗歌研究》中所阐述的那样。吉本斯对迪伦的全部作品做了细致入微的分析，用韵律学指出迪伦早期歌曲中“独特的韵脚”的“抑抑扬格”，以及在歌谣《哈蒂·卡罗尔的孤寂之死》中罕见地使用“长短格”。[37]2004—2009年间执教于牛津大学的诗歌教授克里斯托弗·里克斯在《迪伦的罪恶幻象》中也采用了这种方法。斯蒂芬·斯科比评论说迪伦的“生动怪异的意象”[38]中的诗意特质，比如歌曲“骑着摩托的黑圣母/双轮的吉卜赛女王”，通过采用押半韵、头韵和尾韵等诗歌手法来获得平衡，使歌词不至于变得滑稽可笑。迪伦通过他“街头俚语”的表达方式削弱了其华丽的隐喻，使他避免了像吉姆·莫里森一类的流行明星兼诗人被人指责为矫揉造作，因为后者在使用类似意象时缺乏迪伦和科恩的讽刺和智慧。

尽管迪伦坚称大部分诗歌是“煮得软的蛋而已”[39]，但他在许多场合都尝试过这种形式。1963 年 4 月 12 日，迪伦在纽约市的一场演唱会上朗诵了一首名为《关于伍迪 · 格思里的最后思考》的诗歌。这段没有音乐伴奏的演讲赢得了观众起立鼓掌和当晚最热烈的掌声。演唱会的节目中还包含另一首诗歌《在偷来的一刻中我的生活》——这是一首无韵诗[40]，有着细微且不规则的韵律，描述了虚构的 1963 年间他童年的传闻。《给戴夫 · 格洛弗》，也是一首无韵散文诗，是写给他一位来自明尼阿波利斯的朋友，刊登在 1963 年纽波特民谣音乐节的节目册上，而迪伦也将他的诗歌刊登在他早期的一些专辑的内衬上，例如《全部带回家》(1965 年)。而科恩的职业生涯一开始就是诗人，将诗歌和歌词都印在他的巡演节目宣传册上，以及菲利普 · 格拉斯以科恩的同名诗集创作的歌剧《渴望之书》(2007 年) 的剧本中。

虽然诗歌和歌词使用了许多相同技巧，但这两种形式的途径和方法确实不同。帕特里克 · 克罗蒂指出，流行歌词在结构上依赖于尾韵和内韵，而诗歌则不然。在歌曲中，纸页上的半韵无法像歌手演唱时那样被表达得细致入微，因为音乐和歌手的表演使得类韵成为全韵。相反，当诗歌被谱入音乐时，半谐音和半韵在音乐伴奏下会失去它们的“微妙的不和谐力量”。[41] 同时，押韵对于听众或读者而言是非常令人愉悦的；我们在接触到第一个韵时会预测下一个韵，如果没有实现我们会感到失望。维多利亚时期的诗人阿尔杰农 · 斯温伯恩评论说：“在英语抒情诗中，押韵是其本质特性：没有押韵的抒情诗是残缺不全之物”[42]，这也许可以解释为什么在迪伦的歌词创新中，他仍然坚持使用押韵的传统。

尽管这两种形式有相似之处，但它们要求创作者采用不同的方法，从而使它们彼此区别开来。科恩回忆起在一次聚会上播放迪伦的《全部带回家》，聚会者包括他的诗歌老教授欧文 · 莱顿和路易斯 · 杜德克。

他说："'伙计们，听听这个。这家伙是真正的诗人。'我放了唱片，他们却哈欠连连。他们说：'这可不是诗人。'"[43]

诗歌是一种视觉艺术，而不仅仅是听觉形式。文字中包含了使读者理解其意义所必需的框架。诗人尝试使用大写字母，将诗句排列成不寻常的形状和图案，并使用标点符号，如页面上出现的删除线和括号。这正是贾汉·拉马扎尼所称的"极具图形和排版特色"[44]的文本元素——诗歌中纯粹视觉的部分，在歌曲中是无法体现的。例如迪伦·托马斯的《视觉与祈祷》中，诗句形成菱形和等边三角形的形状，尖端对尖端；格雷戈里·科索的《炸弹》则呈现出一个原子弹蘑菇云的形状。[45]鲍勃·迪伦特别欣赏科索的《炸弹》，因为对他而言比任何其他作品都更好地概括了当代精神，"一个被浪费的世界，完全机械化——忙忙碌碌的……"[46]歌曲也具有自己的特质，在我们继续探讨西班牙诗人费德里科·加西亚·洛尔迦关于"魔灵"（duende）的理论时，我们将论证这一特点在表演中尤为显著。

音乐的向心性和它对于语言的作用

音乐和语言之间的张力是无法避免的。评论家劳伦斯·克莱默将文字和旋律之间的关系描述为"解构性的"和"痛苦的"。[47]马丁·博伊坎认为音乐和文本之间总是存在"脱节"，因为音乐"抹杀了诗歌所依赖的许多效果"。[48]事实上，埃兹拉·庞德对将正式的诗歌谱上音乐时产生的脱节感到震惊，他警告说，"失真可能会让诗人感到恐惧，他将自己的文字建构成完美的押韵和语言旋律，而它们被演唱时这两者都失去了，因此诗人要么对其中一个充满了狂怒或两者都如此"。[49]将语言与乐器结合所产生的这种失真意味着歌词作者不能以诗人的方式来处理他的创作。作曲家马克·布思认为歌词的词汇不能像诗歌那样复杂，也不能像诗歌那样信息密集。他认为歌曲“由于统一性和清晰性的要求，必须说出简化的东西”[50]——尽管人们不禁怀疑他是否听过那些使科恩和迪伦备受赞誉的引人入胜的叙事、生动的意象和复杂的文字游戏。

虽然歌词的文学价值仍存在争议，但不可否认歌曲是一种跨媒体形式，与书面诗歌不同。歌曲依赖于音乐、文字、声音之间微妙的相互作用——我们稍后将更深入讨论这一点——的演出来传达其含义，当然，这里可能与约翰·库珀·克拉克（John Cooper Clarke）* 和本杰明·泽法尼亚（Benjamin Zephaniah）** 等诗歌表演存在相似之处。诗歌本身是自足的。诗人运用押韵、格律和句法来决定文本的朗诵方式，向读者传递其节奏。诗歌可以通过现场演出或音乐增强，但即使没有这些“额外”的元素，读者也能理解。迪伦自己曾经评论说，阅读垮掉一代的诗人艾伦·金斯伯格和彼得·奥洛夫斯基的作品“会在你的脑海里响起某种曲调”。[51] 歌词就没有这一特质。虽然歌词可能是诗意的，但它们常常依赖于音乐背景来表现其力量，就像迪伦嘶哑的吉他、有力的节奏和咆哮的表达，或者科恩的弗拉门戈和忧伤低沉的嗓音，为听众提供了更丰富的解释或理解框架。

西蒙·弗里斯认为，优秀的歌词不会成为一首好诗，因为它们并不需要如此。

诗歌本身在文字中“谱写”了朗诵或演奏的诗句……让歌词包含自

---

* John Cooper Clarke（1949— ），英国表演诗人，20 世纪 70 年代末作为“朋克诗人”一举成名。——译者注

** Benjamin Zephaniah（1958— ），英国作家，配音诗人（dub poet）。“配音诗”源于牙买加的一种表演诗的形式。——译者注

己的音乐（或表演指示）……会过度决定其表演，使其变得幼稚。[52]

尼尔·科可伦在《你呢，琼斯先生？鲍勃.迪伦和诗人与教授一起》(*Do You, Mr Jones? Bob Dylan with the Poets and Professors*）的序言中警告说，在“承认音乐的向心地位……不能毫无保留地将迪伦视为一位诗人”。[53] 这并不意味着歌词不能是诗意的。任何被科恩和迪伦的歌词所感动的人都会认识到他们的文字所具有的诗意。一首歌可以是诗歌，但它们作为一种诗歌形式，更多地借鉴了这种形式古老的口头传统，而不是现代诗歌所具有的形式风格。

如果考虑到迪伦和科恩的创作过程的协同性质，歌曲的音乐背景变得更为重要。

迪伦在采访中对他的创作方法非常坦率。文字和音乐是同时创作的，而不是作为单独的实体在最后的录音中合成。他说：“东西就会出现，比如一个曲调或者某个奇怪的句子……如果是在钢琴或吉他上找到的曲调……不管会带出来什么样的声音，你就把那些词写下来。”[54] 迪伦创作方法中唯一例外的是1967年的专辑《约翰·卫斯理·哈丁》，其中只有两首歌的音乐和歌词是同时创作的，迪伦回忆说，“其余的歌都是先写在纸上，后来再配的曲。在那之前我没这样做过，自那之后也没再这样做过。”[55] 这种改变是因为迪伦曾遭遇创作困境。他说：“那天我正在做一个半音程，然后就失去了创作灵感……以前我无意识就能做到的，后来有很长一段时间我必须有意识才能做到。”[56] 他称这张专辑“充满恐惧”，因为他在职业生涯中第一次意识到他必须要努力才能找到恰当的词。然而，这张专辑是迪伦协同创作过程中的例外，这种方式后来似乎扩展到他的所有文学创作，正如他在1965年对拉尔夫·格里森说的，“我写作时总是唱歌，即使写散文也是这样”。[57]

科恩对于创作歌曲有着类似的方法。在 1993 年的一次采访中，当被问到是音乐还是歌词先诞生时，他宣称："它们一起诞生，一起斗争，彼此影响……这个过程是相互的、艰苦缓慢的。"[58] 对于科恩来说，创作歌曲的过程与创作诗歌的过程是不同的。他说："这两个领域很少会相互交叉。"[59] 这是由于歌词的特质，它难以适应诗歌语言的复杂性或格律上的实践。科恩承认歌词受其音乐框架的限制，他告诉一位采访者："一段乐曲在决定一段歌词的长度或密度，以及音节密度方面有很大的影响。"[60]

科恩在决定从事流行音乐事业后，遭到了对其诗歌主题深度"明显下降"的批评。[61] 罗伊·艾伦在他 1970 年的硕士论文中对科恩的诗歌表达了遗憾，称与 1961 年的《地球的香料盒》相比，科恩第二张录音室专辑《来自一个房间的歌》当中，比如《电线上的鸟》，丧失了词汇的密度。然而，这种对比是不公平的，没有考虑到每种艺术形式所需的不同词汇。《电线上的鸟》之所以感人，正是因为其简化的语言赋予了"像一只停在电线上的小鸟，像半夜合唱团中的醉鬼，我用我的方式以得到自由"这样的句子以哀愁之感。[62] 实际上，像菲利普·拉金这样的诗人也创作出了令人动容的诗歌，而不依赖于语言上的花样，比如《晨歌》(Aubade）中简单朴素的语言，描述日常工作中感受到的绝望，平实地表达出作者对永恒的思考。

白日整天工作，夜里半醉，
凌晨四点醒来，黑暗无声，我凝视着，
很快，窗帘边缘将变得明亮。
在此之前，我看到一直就在那儿的真实的事物。[63]

指责科恩的歌词缺乏他的诗歌所具有的深度，这是因为批评者并未认识到流行歌曲中音乐与歌词之间的重要互动。歌词是固定在多样语言元素中的，这些元素为其赋予了页面上所缺乏的背景和意义。贝茜·鲍登认为，当我们听一首歌时，我们不需要像阅读书面作品一样的叙事、意象或理性联系，因为乐器演奏和演唱已经代替了它们。[64]音乐通过遵循或偏离蓝调的十二小节进程、弗拉门戈的六和弦进程，或重金属音乐中哀嚎的吉他独奏等通用惯例，为歌词提供了一个语境。这些通用惯例为歌曲提供了一个互文框架，使其可以被听众接受和理解。斯蒂芬·特鲁斯认为，对流行音乐进行批评分析时，歌词的突出地位往往因为它是最容易谈论的元素，但这否定了歌词传递的重要性。对于特鲁斯来说，歌曲《犹如滚石》所呈现的天才不仅在于迪伦的歌词，还在于“声音的怪异程度，词与曲的节奏不完全吻合，汉密尔顿风琴的魅惑浮动，以及不稳定的节奏”。[65]这是一个不仅关注“文本”而且关注周围“质地”的论点——音乐、演唱者的声音和歌词共同合作并传播意义。

歌曲演唱的重要性

对于大多数听众而言，“质地”的概念使我们对迪伦和科恩的作品有了鉴赏的能力，而歌词往往是大多数听众的愉悦之处，作为一首歌的整体部分，它值得被听众认识。然而，重点应该放在被歌唱出来的歌词上。克里斯托弗·巴特勒认为：“迪伦的歌词带有为表演而设计的节奏、押韵和强调”[66]，正是在表演中，它们才真正有了活泼的生命。正如鲍勃·迪伦在他的诺贝尔演讲中提醒听众：“歌曲不同于文学。它们是为了唱，而不是在页面上阅读。”[67]

流行歌曲的表演充满着文本之外的元素，比如歌手的个性、态度、服装、肢体语言、语调、用词、表达力以及与观众的互动，这些共同构成了歌曲的体验。即使是录制的歌曲也依赖这些额外文本的信息，专辑封面和唱片内页也会影响听众的接受度。科恩特别重视歌曲的这些方面，特别是在创作时。他认为迪伦是一个掌握语调的大师。你可以从他的声音中听到硬汉、祈祷者、寻求帮助的人，或者在向你表白。在创作歌曲时，作者明白自己要占领这个听觉空间，所以知道如何去体现这些语调。创作要演唱的歌尤其容易运用讽刺，因为“单凭声音就可以传达讽刺，而在纸页上，你通常需要更大的结构来表现讽刺”。[68]

诗歌的表演朗诵由威尔士诗人迪伦·托马斯推广，引领了一众只有“薄诗集”的胖诗人在贪婪的美国观众面前自我折磨。[69] 他在舞台上悠扬顿挫的演绎吸引了美国观众，也是 Caedmon 唱片公司做有声读物的先驱。然而，与歌曲的表演相比，表演相对于诗歌文本的欣赏并不如何重要。事实上，菲利普·拉金认为朗诵诗歌这股潮流对艺术形式造成了伤害，它来自和音乐的错误类比：文本是“乐谱”，一定要“表演”才会有活力。相反，拉金坚持认为，“人们可以阅读文字，而不能阅读音乐”。[70] 他认为公开朗诵的时尚迫使诗人在创作时考虑表演，降低了他们作品的标准。他对这种“诗歌”类型感到悲哀，认为它立即就能被理解，依赖“轻松的节奏、简单的情感、简单的句法”。[71]

拉金可能不喜欢诗歌朗诵，但在 20 世纪五六十年代，人们对观看诗人表演他们的作品产生了浓厚兴趣。正如我们在第四章中看到的那样，艾伦·金斯伯格、格雷戈里·科索、肯尼斯·雷克斯罗斯、劳伦斯·费林盖蒂和杰克·凯鲁亚克等人表演他们的诗歌，配以爵士乐伴奏，从而将诗歌带回到古老的口头传统。迪伦·托马斯属于威尔士吟游诗人的传统，强调“cynghanedd”*——一种在诗歌的单行中严格实行

* cynghanedd：在威尔士语诗歌中，cynghanedd 是在诗歌单行中使用重音、头韵和押韵来建构诗行的声音。——译者注

的头韵、押韵和格律系统。艾伦·金斯伯格因其充满活力的表演而闻名，使他的诗歌注入了一种充满张力和激动的气息，让观众着迷。尽管诗人的表演增强了他们的文本，但它们并非与文本不可分割。诗歌使用的格律、押韵、标点符号和诗节几乎像一个节拍器，向读者提供了诗歌在纸面上的节奏。然而，歌词并没有这种编码框架，这就是为什么它们通常不能独立存在的原因。

歌曲创作，与印刷出来的诗歌的标准相比，应该被视为诗歌口头传统的一部分。科恩和迪伦都受到民谣的影响。例如，迪伦指出民谣的游离特质，把生命的真实通过歌词中的“谎言”表达出来，所以听众大多觉得很舒服。他说：“民谣有着无数种面貌，如果你想演奏这些东西，你必须认识它们的全部。”[72]

迪伦和科恩，正如我们在第三章中所见，都受到他们的犹太信仰和儿时参加的犹太会堂圣咏的影响。科恩坦率地谈到了早期宗教教育对他音乐的影响：“我一直喜欢那些被称为神圣的音乐，教堂和犹太会堂的唱经音乐。”[73] 事实上，“contrafact”原则在迪伦和科恩的作品中都有体现，这一原则来自犹太圣咏，用新的文本配以旧的旋律，使听众感到熟悉的同时，传达原创信息。尤其在迪伦和科恩两人的早期职业生涯中，都重新利用了民谣和传统民歌的音乐，重新创作了他们自己的歌词。

犹太人口头传统的丰富遗产尤其影响了莱昂纳德·科恩的作品，并使他意识到诗歌、歌曲和表演之间的历史联系：

> 我年轻时作为一名作家和作曲家接受的训练，让我清楚地认识到从吟游诗人时代开始，这条漫长的由歌手、诗人和音乐家组成的队伍中我自己所在的位置；甚至在那之前的荷马；再之前的以赛亚和大卫王；经

过各种传承，一直延续到英语文学，延续到诗歌；延续到像皮特·西格、艾伦·洛马克斯和伍迪·格思里这样的民谣歌手。[74]

口头诗歌，就像歌曲一样，需要通过表演来传达其完整的意义。科恩曾说过："没有什么比一首歌更棒的了……它有令人惊讶的冲力。而一首诗则是在纸页上等待。"[75] 在下一章中，我们将通过引用费德里科·加西亚·洛尔迦的"魔灵"理论来解释这种"令人惊讶的冲力"，而这种冲力最明显地体现在表演中。

乐器在流行歌曲歌词的力量中发挥着至关重要的作用，但歌手的声音也是一个必不可少的元素。迪伦和科恩在他们的职业生涯中都遭受过对他们演唱风格的批评，但正是他们独特的歌词表达方式让大量的听众为之迷醉。迪伦学家和科恩的追随者都评论了歌手声音中罗兰·巴特所称的"纹理"(grain)。这里的"纹理"是指"歌声中的身体感觉"。[76] 巴特将歌曲分为两种文本："现象性歌曲"包括表演中与沟通目的相关的一切。"生产性歌曲"是指作用于声音能指之上的旋律，着重于歌手表达时的声音和发音，而不是他们在说什么。这一概念在解释迪伦和科恩的作品时是有趣的，因为许多评论家指出两位艺术家的表演对于歌词的意义至关重要。

基思·尼格斯再次强调了理解歌词中声音的重要性，他说："歌手声音的纹理和他们的文字，在演唱和吟唱中，在听完后仍然久久低回不去。"[77] 读者但凡读到迪伦或科恩的印刷歌词，都会情不自禁地想起他俩独特的声音，因此很难将歌曲文本作为诗歌来阅读，因为歌曲所携带的文本之外的框架结构，而我们在接触它之前就对其表演有了认识。这在一定程度上解释了为什么歌词在纸页上往往显得平淡乏味，因为我们已经体验了那激动人心的表演，如果没有表演，歌词往往就会显得乏味无趣。

西蒙·弗里斯认为音乐和歌词之间的关系被冲突和张力所定义。声音在这方面是独特的，因为它通过文字和旋律同时创造意义。一首歌的语言可能与其萦绕的音乐直接冲突，歌手声音的抑扬顿挫和演唱的旋律为文本增加了另一层复杂性和意义。迪伦和科恩都在他们的歌曲中实验了文字和旋律摩擦时所产生的张力，以创造出超越歌词表面的意义。保罗·威廉姆斯也同意“表演至关重要”。[78] 他举例说明，在传奇般的《地下室录音带》发行之前，其中许多歌词被收录在 1973 年的迪伦歌词选集《鲍勃·迪伦的著作与绘画》中。当他看到印刷在纸页上的歌词时，不了解它们的音乐背景，他并不为之所动。但当他最终听到这些歌曲的演唱时，深深为之撼动，而这是纸页上的歌词无法带来的。

歌曲在表演中的力量很大程度上依赖于歌手的声音。威廉姆斯坚称，伟大的歌手不需要完美的技巧和清晰的发音，但他们的声音必须与他产生共鸣：“是否有一种意识，想听清每个名词、动词和代词的发音……你怎么对歌词进行分析都行，但要记住，这些词语是如何打动你的。”[79]

迪伦是创新声乐表演艺术的大师，故意改变风格、方式、语调、音高和音色。读他的歌词，你可能会想知道这后面是否有押韵结构。但听到他的演绎后，你毫不怀疑“头骨”（skull）和“国会”（capitol）是完美的押韵。艾伦·金斯伯格对迪伦在《愚人的风》中的词语操控力印象深刻，他称其为“伟大的国家幻灭的押韵”。[80] 在《暴雨将至》中，迪伦通过他的抑扬顿挫的节奏使“山”（mountains）与“公路”（highways）押韵，“森林”（forests）与“大洋”（oceans）押韵。这是一个令人惊叹的壮举，只有在表演中才可能实现。而在纸页上，几乎无法想象这些词语如何能成为押韵伙伴，但迪伦以令人印象深刻的灵巧和自如实现了这一壮举，确保了他在歌曲创作大师中的地位。

伊恩·汉密尔顿谈到一些人称迪伦“过于依赖”押韵，称那些不断出现的尾韵在页面上可能“令人恼火，但在他的演绎中往往成为歌曲的要点，成为其侵入式戏剧的一部分”。[81] 迪伦谈到表演在他的歌词中所起到的重要角色，当他有一些概念或句子拒绝简化时，他会“将其无一遗漏悉数纳入，并找到演唱方法，以使其适应押韵结构”。[82]

鲍勃·迪伦的声乐表演不仅仅是帮助歌词的押韵结构。拉维妮亚·格林劳曾评论过迪伦对唱法中延迟和保持的运用，通过“控制歌曲不按自然节奏前进，将歌词从预期的节奏中脱离出来以增强张力”。[83] 她认为《北国女孩》这首民谣的很大魅力来自迪伦在延迟音节和短语时所展示的“身体上的努力”。[84] 如“如果你在雪花飞舞时离去 / 当河流冰冻而夏天终结”，迪伦控制自如的演唱带来更多来自内部的冲击。这种技巧同样在《躺下吧，女士，躺下吧》中得到运用，延迟被用来打破意象之间的联系，比如“我渴望在 / 清晨的 / 光中见到你”，创造了一种忧郁而暗淡的氛围，让“一切都被抓住……达到了顶点”。[85]

莱昂纳德·科恩或许经历了更多对于他的声音的批评。2009 年，英国《电讯报》在其“十大不会唱歌的伟大歌手”名单中列出了迪伦和科恩。[86] 对于《伦敦时报》2008 年宣布科恩为加拿大最伟大的歌手，《多伦多报》发表了一篇名为“莱昂纳德·科恩不会唱歌”的文章，震惊于一个“只会嗡嗡作响”的男人竟被认为是他们国家最优秀的代表。[87] 科恩本人亦对自己的歌声表示怀疑，他于 2016 年接受 BBC 采访时说：“我从来没想过我会唱歌。”[88] 科恩试图解释他歌声的吸引力：“我觉得我们喜欢歌手的原因是他真的用自己的声音在唱。他并不是在作秀。这就是为什么像我这样的人也可以录制唱片而没有遭受麻烦。”[89] 尽管他对自己的声音抱有怀疑，科恩深知他的表演所带来的影响。他清楚地意识到，在纸页上阅读他的歌词与他演唱的歌词之间的差别。

> 在创作音乐并知道它将占据一个听觉空间时，可以考虑在创作时加入这些语调……在纸页上，通常需要更大的结构来突出讽刺……如果用优美的和弦唱“你对它是怎么想的？”它听起来像“好吧，宝贝，你对它怎么想的？”但如果把它写在纸上，它就需要一个具体的地方。[90]

他独特的演唱方式，近乎吟诵般的语调为他的音乐带来了巨大的冲击力。科恩调侃地告诉采访者：“我的声音只是碰巧是单调的，我又好发牢骚，所以大家称它为悲伤的歌。但你也可以欢乐地唱啊。”[91] 他将这归结为“完全生物性的偶然”[92]，导致他的歌曲充满了忧郁，其实科恩一直有意识地用某种演唱方式来加强歌词的表达效果，他这样说是故意轻描淡写而已。

无论是迪伦还是科恩，对于他们的表演如何影响观众对他们歌词的理解这方面，一直都有很强的意识。赋予歌曲力量的不仅仅是演唱、音乐与歌词之间的张力，还有表演者的态度和个性。在前面的章节中我们讨论了迪伦和科恩在舞台扮演的不同角色，但我们也有必要提醒自己，这两位艺人在表演中所展现的存在感。诗人西蒙·阿米塔吉（Simon Armitage）认为迪伦的“优点在于他的风格、态度、对世界的态度以及他对文字的表达”。[93] 把科恩描绘成一个忧郁的浪漫主义者，迪伦则是一个自由奔放的吟游诗人，这赋予了他们的歌曲一种超越文本的深度，影响着我们对此的回应。看到科恩穿着定制西装和后来成为他标志性的小礼帽，唱着关于失去的爱情和深夜的歌曲，就像电影演员使用的道具一样，给我们带来对他们角色的感知，使台上的人看起来更“真实”。看到迪伦穿着流苏皮夹克或密西西比赌徒的过膝长外套和牛仔帽，演唱民谣《哈迪·卡罗尔的孤寂之死》或对世界厌倦的《天还未暗》，使得这些歌曲更加真实。作为观众，我们愿意相信歌曲里提及的人真经历过歌曲里讲述的故事。

民主诗歌

现在我们想要考虑“民主”诗歌的概念——为民众创作的诗歌，以及这一观念与迪伦和科恩的关系。2017 年“民众参与的艺术调查”中发现，仅有 11.7% 的美国成年人在过去一年中阅读了一首诗。这个数字相比 2012 年可怜的 6.7% 有所上升，但如果我们问同样的受访者有多少人听过一首歌，这两个数字将无法相比。[94] 诗歌不像音乐那样融入人们的日常生活。因为阅读诗歌的人数寥寥，所以人们通常会有此种偏见，认为读诗必须要接受正规训练，否则就很难理解。然而，音乐已经存在于我们的日常生活之中。在某些方面，它无法避免——从超市里播放的电台音乐节目到街角的流浪歌手。词曲作者乔什·里特（Josh Ritter）的说法代表了很多人的心声：“诗歌已经变成了一个上了锁的盒子，我们只能读了研究生才能写或读。”[95]

这并不是艾伦·金斯伯格、费德里科·加西亚·洛尔迦和沃尔特·惠特曼等诗人的观点，但这是很多人的共识。自诗歌主要以书面形式表达以来，人们认为它是社会精英、贵族或知识分子的专属。在许多西方国家，大众识字教育直到 18 世纪末 19 世纪初才发展起来，因此广大人口被排除在诗歌的欣赏之外。在赞助人制度下，诗人为君主和宫廷贵族创作诗歌，涉及的主题与贵族的兴趣爱好有关，而不是平民百姓。

19 世纪法国政治哲学家和外交家亚历西斯·德·托克维尔将美国

建立的新民主体制视为艺术发展脱离贵族局限的机会。他认为这个独立国家的日益富裕和闲暇时间将使普通人有机会从事艺术的生产和消费。他相信在一个民主国家，每一代人都是从头开始，因此不可能出现贵族艺术中所要求的严格规范。

德·托克维尔在“贵族文学”与“民主文学”之间划清了明确的界限，无论是在其创作还是形式方面。在民主社会中，虽然更多的人能够写作文学作品，但由于需要找其他方式来获得收入，他们无法像贵族精英那样全身心地投入其中。他认为对于读者和作者而言，“他们能够抽出的时间用于文学是非常有限的……他们喜欢那些容易获取、迅速阅读，且无需学术研究就能理解的书籍……他们需要迅速的情绪张力和动人的篇章”。[96] 因此，民主艺术缺乏贵族写作中的“秩序、规律、与科学”[97]，后者可以把生命投入对技艺的研习之中。德·托克维尔预测，民主文学的作者将会“追求迅速完成，而不在细节的完美上下功夫……文学作品将带有未经训练和粗犷的思想力量的痕迹……它们将促发激情，而不是滋养品味”。[98]

德·托克维尔认为贵族和民主诗歌的主题必然不同。贵族通常满足于现状，从过去寻求灵感，而民主艺术家则需要展望未来，因此会创造出更具创新性的艺术形式。在民主社会中，所有人都同等地“微不足道”，没有英雄人物可以通过文学来颂扬。民主诗人们转身抛弃了古老的神灵和主宰者，将他们的想象力“专注于人类自身”。[99] 尽管德·托克维尔尚未看到真正民主的声音在美国艺术中的出现，但诗人沃尔特·惠特曼已准备好宣称自己是这样的诗人。在 1851 年的个人日志中，他宣布：“同志们！我是民主的吟游诗人。”[100] 惠特曼可以被认为是美国第一位民主诗人，打破了贵族写作的高雅形式，用他“粗俗的惧然之力”同时又注意得体，创作了颂扬所有人的作品，无论高低贵贱。[101] 惠特曼唯一不感兴趣的是那些只“生活在书籍中的人”[102]，这与迪伦自己的反智识分子态度是一致的。惠特曼对洛尔迦和金斯伯格产生了深远影响，他们认为诗歌应该反映日常生活，应该是一种能够与大众交流的形式，而不仅仅是上层阶级。洛尔迦和金斯伯格关于民主诗歌的观念影响了迪伦和科恩，也可能促使他们选择音乐作为自己的艺术表达形式。

艾伦·金斯伯格视迪伦为通俗诗歌的顶峰。他的歌曲比诗人自己的作品更广泛地传播，但并没有为了吸引大众而牺牲智识。相反，迪伦的歌词以一种前所未有的方式向听众介绍了诗歌。他的机智诙谐和讽刺、引文和文字游戏以及奇诡的意象，与以往流行歌曲中平淡无奇的歌词全然不同，激发了听众的兴趣。通过通俗歌曲这种媒介，迪伦成为了惠特曼梦寐以求的民主吟游诗人。

迪伦和科恩的歌曲不仅仅是通俗化的诗歌。我们认为，他们的音乐将诗歌带回了口头传统的根源，而非重新创造了一种新的艺术形式。重申一遍，迪伦和科恩都受到传统民谣和犹太诗篇的影响，他们的作品是民间艺术与高雅文化的结合。

鲍勃·迪伦常常被指责反智，他的冷嘲热讽的回答使这种印象更加难以消除，尤其是在记者询问有关诗歌对他自己作品的影响时。在《瘦子的歌谣》中，迪伦对学院派文化投以蔑视的目光：

你读过 / 菲茨杰拉德的所有书 / 你博学多识 / 这是众所周知的 / 因为这里发生了一些事情 / 但你不知道是什么 / 对吧，琼斯先生？[103]

迪伦可能对学院派的学者们不太耐烦，但他对文学和诗歌非常感兴趣。在接受诺贝尔文学奖演讲辞中，迪伦宣称在明尼苏达州希宾市高中时期（他于 1956 年毕业），影响他最深的三本小说分别是《白鲸》《西线无战事》和《奥德赛》。这些作品中的诗意语言和普世主题在迪伦自己的作品中得到了体现。他还提到了兰波、魏尔伦和邓恩三位诗人对他对语言的鉴赏产生了影响。除了这些高雅文化的影响外，迪伦还引用了阿巴拉契亚山脉的民谣、民间歌曲、巴迪·霍利和乡村以及西部歌手汉克·威廉姆斯的音乐。所有这些作品共同创造了他独特的风格，他“吸取了当地土话。将其内化……（那些）设备、技巧、秘密和神话”。[104]

这种民间与经典的融合体现了迪伦对歌曲创作的态度，类似于惠特曼对民主诗歌的理念。在迪伦 1976 年录制的专辑《欲望》的内页说明中，艾伦·金斯伯格写道，鲍勃·迪伦是“诗歌音乐的巅峰”。[105] 这一观点在评论家和粉丝对迪伦的诗歌传承进行分析时也得到了共鸣。艾登·戴认为，“他的诗一般的歌词……成功地表达了在听众和诗句之间并没有隔离之墙”，并称此为迪伦对英语抒情诗的“主要贡献”。[106] 克里斯托弗·巴特勒也有类似看法，他认为迪伦作品的重要意义在于“迪伦的歌被众人所记取，而许多经典诗人的作品只被少数精英所熟知”。[107]

迪伦的诗一般的歌词之所以有力，是因为它能渗入人们的日常生活。它不是贵族的专属，也不仅为智识精英所理解。真正的民主艺术对所有人开放，且不会因此而牺牲其意义。迪伦本人相信音乐是唯一的民主媒介。在 1965 年的一次采访中，他宣称：“博物馆是墓地。画应该挂在餐馆的墙上，在廉价商店里，在加油站里，在男厕所里……音乐是唯一与时俱进的事物。”[108]

科恩通常被视为迪伦的对立面——一个文雅的都市知识分子，而迪伦则是傲慢的牛仔形象。虽然科恩是学者和诗歌的写作者、文学界的明星，但他也是艺术民主化的信奉者。洛尔迦，这位被科恩开玩笑地声称“毁掉了”自己一生的诗人，在他的祖国西班牙被称为“吉卜赛诗人”。这个称号一开始让洛尔迦觉得有趣，他开始自我认同这个形象，但后来他开始厌恶它，因为这个称号暗示着教化未开。

科恩的音乐和诗歌，正如我们将在第八章中看到的那样，反映了洛尔迦关于纽约的诗中贯穿始终的主题和思想，如贫困的堕落、人类的苦难、暴力和疾病。通过这种方式，科恩继承了民主艺术的传统，关注普通人的困境，而不是专注于高尚的理念和对自然的描绘。事实上，科恩的 1992 年专辑《未来》中就收录了单曲《民主》，而这个主题的兴趣贯穿了他的一生。他在 1993 年告诉一名记者："民主是西方的伟大信仰。"[109] 他认为"重要的是体验自己作为一个男人，但同样重要的是既不作为男人也不作为女人的身份去体验"。[110] 这种观点反映了民主艺术的目的。在一个平等的社会里，艺术应该成为一个平台，超越我们自己的物质身份，体验他人的生活和情感。通过迪伦和科恩作品的普世性，我们不仅获得了感受内心最深处的途径，也能感知到我们无法经历到的他人所体验到的日常生活。民主艺术的繁荣不仅是强大的民主社会的标志，也在该社会内部起到了平衡的作用。

科恩从不认为自己是"文人"[111]。他厌恶那种高高在上的知识分子，远离听众，这或许是他拥抱流行音乐的原因之一，以实现与观众的即时连接。1967 年，他宣称在写小说和诗歌时，"我与读者之间从未有过距离"[112]，但他也意识到诗歌没有流行歌曲的广泛影响力。1993 年，他在接受采访时表示，他并不认为诗歌和歌曲在艺术形式上有任何固有的区别，但"在很多诗歌中仍然存在着精英主义的一面，就是人们认为有一个广泛的共同文化，我们都参与其中。不幸的是，现在情况变得更加碎片化，大多数人知道的是像 T 先生 * 一类的事物"。[113] 科恩对现代诗歌和普通人的经典知识的分析可能听起来很暗淡，但确实准确。在信息

* T 先生：Laurence Tureaud（1952—　），美国演员。——译者注

过载的时代，我们已经失去了文化共同体和共享经典文本的共同知识，这些知识使我们能够达到但丁所称的“文本的完成”。在中世纪和现代社会的早期，对圣经寓言和古代神话的引用被受过教育的读者所理解，并为文本增添了另一层意义。在我们这个民主艺术的时代，旧的知识来源已经被过量的流行文化和大众传媒信息所淘汰。

迪伦和科恩虽然在创作歌词中有意避免了晦涩和深奥，但他们的作品却浸润在对《塔木德》、《圣经》、古代作家和浪漫主义诗人的引用中。回到之前讨论过的“旧曲配新词”原则——犹太诗篇传统中利用老旋律写新词的方法——我们认为迪伦和科恩利用这个原则来传递新的和被遗忘的思想。当迪伦在 20 世纪 60 年代初登上民谣舞台时，他将自己的歌词配上了大众熟知的民谣旋律。这两位艺术家都在各自的实践中时而坚守时而偏离乡村、西部、民谣和流行等音乐类型的传统。“旧曲配新词”使新的思想更容易被融入，因为它们用我们熟悉的曲调或我们理解的音乐类型的形式呈现。通过这种方式，迪伦和科恩利用了流行歌曲的媒介创造了民主诗歌这样一种艺术形式，而在此之前，大多数人觉得被疏远和排斥在这种艺术形式之外。

结　语

在本章中，我们探讨了歌词和诗歌之间的相似之处，两种形式之间的历史关联，以及迪伦和科恩如何被视为吟游传统中的流行诗人。如我们所见，歌曲不是现代诗歌的形式。歌词必须被唱出来，而不是被阅读，才能发挥其最饱满的影响力。约翰·吉本斯（John Gibbens）指出，“在页面上错综复杂的韵律序列在其音乐环境中可能是完全合适的……一个在诗行中显得笨拙和虚假的强调，在歌曲中可能恰到好处”。[114]“歌曲文本”需要放置在其音乐语境中——其“质地”——不应被孤立起来。

“歌诗”是一种类似于古代口头传统的诗歌形式。这并不贬低迪伦和科恩的歌词，而是防止它们与书页上的诗人相比较，后者需要不同的技巧来实现相同的音乐效果。保罗·威廉姆斯认为，与艾略特或庞德相比，单是迪伦的歌词无法经得起考验——这是因为他首先是一个词曲作家。这并不是轻视。流行歌曲这种媒介与斯宾塞式十四行诗一样值得受到批判性的关注和赞誉。威廉姆斯认为，迪伦的天才在于他知道如何在音乐和歌词之间达到最大的效果，并且有一天他将因为对英语的贡献而与詹姆斯·乔伊斯一起受到赞誉。

表演是歌曲的一个重要组成部分。器乐伴奏、翻唱版本、歌手的语调以及他们声音的“纹理”都会影响歌词的含义。诗歌并不需要表演才能被欣赏。读者的反应已经被编入文本的框架中。格律、押韵、断句和标点符号都用来向读者传达信息。歌词并不需要这样的框架，它们有器乐和表演来完成这一任务。帕特·凯恩（Pat Kane）声称，“流行音乐就是——流行诗歌”[115]，这一点在科恩和迪伦的作品中得到证明。他们的音乐将诗歌带回到其古老的口头传统根源，并使这种艺术形式民主化，让每个想欣赏它的人都有进入的途径，也对每个想欣赏它的人产生意义。

第八章　魔灵精神

另一方面，如果“魔灵”没有看到死亡的可能性，如果“魔灵”不知道它将萦绕死亡之屋，那么它就不会出现。

——洛尔迦[1]

导　言

在本章中，我们将讨论费德里科·加西亚·洛尔迦对诗歌、舞蹈、艺术和歌谣的思考给早期的莱昂纳德·科恩带来的影响，这能帮助我们更好地欣赏和理解科恩的歌词和诗歌。科恩首先是一位诗人和小说家。在我们尝试判断他作为诗人和创作型歌手的重要性时，他自身并不总是最可靠的意见参考来源。他说过他渴望是一名不重要的诗人；实际上，对于那些真正配得上诗人称号的人，他总是非常谦卑。在他最自嘲的时刻，他暗示自己根本不是诗人。他半认真半开玩笑地说：“我从未将诗歌谱成音乐，我被卡在了那里。那是个坏名声。我从未将诗歌谱成音乐。我还不至于那么毫无希望。我知道诗歌和歌之间的区别！”[2]然而，他也相信，诗歌是文学界有建树的一代人作出的判断。他坚称一个人不可能成为一名诗人，因为这取决于别人对你的表达的看法。他认为自己的作品是否是诗歌“并非真的那么重要，也有可能不是”。[3]

1998年9月25日，尼克·凯夫在维也纳诗歌节的一次反思性演讲中告诉听众，情歌充满了悲伤。[4]它是悲伤本身的最高体现，是灵魂中难以解释的渴望和思念，是灵魂生活在想象中并孕育了情歌。这是一种葡萄牙人称之为 Suadade，威尔士人称之为 Hiraeth 的情绪，一种忧伤甜蜜的渴望，怀旧且忧伤，蕴含着希望。威尔士的这个词捕捉到了一种苦乐参半的悲伤，对失去某人或某物的思念之情。

凯夫坚持认为，洛尔迦试图捕捉我们所有人都经历过但可能无法表达的这种黑暗、可怕且悲伤的本质。这也正是优秀诗歌被诵读时的核心构成。它无法被描述和言喻，却能让我们迷醉于其中。[5]洛尔迦强调，在表演时，“魔灵”的存在或缺失对于文本的演绎至关重要，我们不仅在诗歌中发现它，也在“深歌”（deep song）中发现它，其原始的音乐根源在印度，而在 18 世纪演变为弗拉门戈。[6]凯夫指出，“魔灵”是贯穿迪伦职业生涯的主题，尤其是定义科恩的标志。

科恩与洛尔迦之间有直接的联系，而迪伦与洛尔迦之间的联系则更为隐晦，因此我们把“魔灵”在迪伦的抒情诗中的体现推迟到第九章中去讨论。在本章中，我们探讨洛尔迦对科恩对于世界的诗性图景的形成所产生的深刻影响，也许这同时也解释了加拿大人科恩为何在西班牙如此受欢迎，2011 年他因对文学的贡献被授予阿斯图里亚斯亲王奖，他的作品“影响了三代来自世界各地的受众”。评审团向这位 77 岁的作家表示祝贺，称赞他创造了“将诗歌和音乐融合成为经典”。[7]

在 10 月 21 日的颁奖演讲中，科恩对西班牙人民的土地和灵魂表示感激，因为他得以饱享其馈赠。正是通过洛尔迦，他找到了自己的声音，此前他在英国文学的伟大作家中寻找了很久都没有结果。而在他的音乐生涯中，正是从一位西班牙弗拉门戈吉他手，一位 17 岁的移民身上，在三节课的时间里学会了从三和弦到六和弦的过渡，而弗拉门戈音乐的很多基础就是建立在六和弦之上。[8]

这种对洛尔迦和吉他的迷恋始于他十四五岁的年华。1949 或 1950

年，科恩出于纯粹的功利目的买了一把二手吉他。他琢磨过，弹奏吉他才会有更大的机会吸引女孩子，而单簧管、钢琴或者尤克里里则逊色很多。在同一年，科恩在蒙特利尔的一家书店里翻阅时，偶然发现了洛尔迦的诗集。他有时在舞台上会玩笑式地宣称这本诗集毁了他的一生，但这本诗集也赋予了他表达自己声音的自由。纳德尔和西蒙斯都认为他读的是《选集》[9]里的诗，纳德尔认为特别触动科恩的是一首名为《塔马里特庭院》的诗。《塔马里特庭院》是写于 1931 年至 1934 年的一组诗，发表于 1936 年洛尔迦被共和国枪队杀害之后。这组诗歌没有被选进《选集》，该书最初于 1943 年由 J. L. 吉利和斯蒂芬・斯宾德翻译出版。而深深打动科恩的词，正是来自此译本[10]：

穿越埃尔维拉拱门
我想看着你离去
好让我能知晓你的名字
然后痛哭流涕

这些是《加塞拉：早市》(Gacela: The Morning Market）中的诗句，它出现在《塔马里特庭院》里，直到 1955 年才被翻译出来。[11]西蒙斯正确地辨认出这首诗，但她和纳德尔都没有意识到科恩无法在 1949 年或 1950 年时获得其译文。

科恩坦白说，这位西班牙人对他的“政治和个人作品产生了非凡的影响。我很钦慕他。14 岁时，我意识到如果要定义‘纯洁’和‘诗歌’，我可以去找洛尔迦”。[12]1974 年科恩的女儿出生时，他将她命名为洛尔迦，以此永久纪念这位西班牙诗人对他的影响。1991 年接受黛博拉・斯普雷格采访时，科恩评论道，他的女儿“很适合这个名字，是一个非常古怪有趣的人”。[13]

科恩与洛尔迦的首次相遇是他不厌其烦重复提到的故事，以表达对这位西班牙诗人的感激之情。科恩还推出了对《小维也纳华尔兹》（Little Viennese Waltz）这首诗（收于诗集《诗人在纽约》）的自由演绎《跳这曲华尔兹》(Take This Waltz)。科恩添加了音乐，突显了爱与死亡的超现实主义和黑暗元素。[14] 这对于基本不懂西班牙语的他而言是一个巨大的成就，导致他“150 个小时的翻译和一次精神崩溃。所以这个翻译，代价不菲”。[15] 他之所以进行这次翻译，是对洛尔迦去世的 50 周年纪念（洛尔迦在西班牙内战期间于 1936 年被佛朗哥的格拉纳达长枪党杀害）。科恩为致敬洛尔迦《诗人在纽约》而录制了这首歌，后来在他 1988 年的专辑《我是你的男人》中重新制作。洛尔迦对科恩的持久影响在他 2008 年的诗集《渴望之书》中得以体现，其中一首《不忠的妻子》，参考了洛尔迦的诗集《吉卜赛民谣》中的一首。[16] 洛尔迦的诗以这样的方式开始：

Y que you me la llevéal río	我把她带到河边
Creyendo que era mozuela	以为她还未婚
Pero tenía marido	但她已有个丈夫
Fue la noche de Santiago	这是在圣地亚哥的一夜

科恩的开头两节诗自由地演绎了洛尔迦的原作：

圣地亚哥之夜	她说她是处女
我只是路过而已	但我听闻的可不是这样
所以我带她来到河边	可我并非宗教审判

像任何男人都会做的那样　　我信了她的话

科恩将这首诗改编成歌，发表于科恩去世后的 2019 年发行的专辑《谢谢陪我跳这支舞》。他将第一节诗改编成副歌，将第二节诗变成了第一节，将“处女”一词改为“少女”，并将原文中“但我并非”一句改为“只是为了对话”。为了增加戏剧效果，他将歌曲命名为《圣地亚哥之夜》，但这次在制作人员名单中略去了洛尔迦。

洛尔迦的诗歌和个人形象都让科恩着迷。洛尔迦首次离开西班牙，前往美国哥伦比亚大学留学（1929 年 6 月至 1930 年 3 月），随后游访古巴三个月。

对科恩而言，哥伦比亚大学和卡斯特罗领导下的新解放的古巴之所以具有吸引力，是因为这些地方与洛尔迦有关。哥伦比亚大学又是常青藤盟校之一，科恩的导师路易斯·杜德克 1951 年在此获得博士学位，金斯伯格也是 1948 年在此获得学位。金斯伯格继续在纽约与凯鲁亚克、威廉·巴勒斯、格雷戈里·科索和加里·斯奈德等人一起活动，彼时科恩正居于此。科恩对哥伦比亚大学的课程感到非常失望，也未能进入新兴的垮掉派的文化圈。格林威治村的活力，诗歌朗诵和爵士伴奏以及反主流的激进个人主义都使他兴致盎然。当他回到蒙特利尔，同样尝试在爵士伴奏中演绎自己的诗歌，然而这座城市却缺乏他在纽约所经历的活力。在蒙特利尔，用英语写作是少数人的活动，追随者非常有限，整个城市完全被法语文化所主导。

科恩并未因第一次踏入洛尔迦的领地而气馁，他跟随洛尔迦的脚步前往古巴。古巴的革命使人联想到洛尔迦参与的西班牙内战，也是他被处决的原因。对于科恩来说，卡斯特罗和洛尔迦之间有一种亲和力，都为了正义的事业而与腐败和不公进行斗争。将自己置于危险之中，体验革命的热情，对他来说充满了无可否认的刺激。虽然肮脏和堕落得到了严厉遏制，但科恩长期以来夜生活的习惯，依然使他沉浸于那些只存活于深夜死寂时刻的幽暗污秽之中。1961 年 4 月的猪湾事件令美国入侵部队受到羞辱，也发生在科恩逗留期间，导致古巴对人员流动的严格控制，自然也引起了对外国人的怀疑。他军事化的穿衣风格、不拘一格的行为和不走寻常路的倾向引起了古巴军方的注意，他们怀疑他是间谍，将他拘留起来审问。几小时的盘问之后，他成功说服古巴军方自己只是一名游客，并是革命的热情支持者。[17] 最后他深受抓捕者喜爱，坚持要与他合影留念。

随着政治局势越发紧张，科恩决定在四月底离开古巴，海关发现他随身携带的和革命卫队的合照，将他拘留在机场。他被指责伪装成游客，持伪造的加拿大护照企图叛逃。在混乱中，科恩逃离并躲藏在飞机上，最终安全脱险。

洛尔迦在 1930 年 3 月来到古巴，在那里进行了一系列演讲，其中包括一场关于“深歌”（canto jondo）的讲座。“深歌”是安达卢西亚地区的一种音乐形式，洛尔迦通过播放留声机唱片来进行演示。[18] 他最早于 1922 年撰写并进行了演讲，旨在争取西班牙知识分子对“深歌”节日的支持，为之赢得声誉。然而，这种音乐在人们心中却与不道德、酒馆和深夜狂欢等联系在一起，被认为是“典型西班牙小咖啡馆里的舞蹈，可笑的哭泣悲吟”。[19] 洛尔迦认为弗拉门戈已经被商业化和市场化，因为迎合城市咖啡馆和剧院的观众而变质。当时，洛尔迦认为，从严格的意义上而言，“深歌”只属于乡村，吉卜赛人从东方带来了它，蕴含着亲密、无名的痛苦和渴望，最好由业余爱好者来表达。他坚持认为：“这是一种没有景观的歌声，退向自身，黑暗中呈现其可怕。深歌将它的金箭直射我们的心脏。在黑暗中，它是一个可怕的蓝色弓箭手，箭筒永不空置。”[20] 它的阴郁、旋律迷人的风格是集体意识的表达。它们是无个人特色、模糊、无意识的集体创作，其歌词不专属于任何人。[21]

在这个 1922 年的表述中，洛尔迦强调了文本的创作，而不是创作者；强调了表演，而不是表演者，这意味着深歌在本质上独立于演绎它的艺术家之外。

他对自己在表演和表演者个性之间创建的二分法感到不满，这可能是因为他与专业歌手（cantaores）和舞者（bailaores）之间的亲密接触。在写《赞美安东尼娅·梅尔塞，阿根廷》时，洛尔迦不仅强调了艺术作品的创作，而且强调了表演者在其传播中所作出的“非常个人的艺术”的重要性。他认为：“西班牙舞蹈家、歌手或斗牛士不仅仅是简单再现，他创造了独特、无法模仿的艺术，死后便消失了。”[22]

通过欣赏科恩和迪伦的作品，洛尔迦的观点加强了我们对艺术作品与艺术家在表演中所表达的内容之间密不可分关系的认识。这就是格雷戈里·科索所说的：“《嚎叫》本质上是一首需要大声朗读的诗歌，但只有这个特定的嚎叫者才能朗读……其他嚎叫者会把它弄糟，所以那些不能亲自听到金斯伯格朗读《嚎叫》的人将只能满足于其视觉效果。”[23] 这也是威尔·奥德汉姆（Will Oldham，用 Bonnie “Prince” Billy 为名发表作品）试图总结科恩的伟大之处时所表达的。他认为，这是“歌曲演唱、编曲和歌词之间非常关键的相互依赖关系”。[24] 无论有多少人翻唱迪伦和科恩的歌曲，他们几乎无一例外让人失望。他们在表演中缺少一些东西，只有极少数例外，演绎者将表演注入了他们难以言喻的“风格”或“魔性”，例如杰夫·巴克利（Jeff Buckley）翻唱科恩的《哈利路亚》或吉米·亨德里克斯（Jimi Hendrix）翻唱迪伦的《沿着瞭望塔》。

“魔灵”作为表演中不可或缺的一部分是无法否认的。然而，这里有一个危险，就像 R. G. 柯林伍德的美学和伊夫·克莱因的“国际蓝”一样，过于强调情感的表达会导致艺术中形式和内容的消失。罗波塔·安·昆丝（Roberta Ann Quance）认为洛尔迦对“魔灵”的描述是“为一个事件命名，而并非这个世界中的事物”，因此“无法在文本中具体表现”，只能描绘它的效果，这一点未免失之苛刻。[25]洛尔迦承认“魔灵”是难以捉摸和无法言喻的，它几乎无法描述，“没有地图或练习可以帮助我们找到‘魔灵’”。[26]这是每个人都能感觉到但无法言说之物。科恩也证实了这一点，当他回答有关“怎么会有人创作出如此美妙的歌”这一问题时，还是他惯常的自谦：“这是个奇迹。我不知道好歌到底是从哪里来，否则我会常去那里。”[27]

在我们进一步探索洛尔迦作品中的“魔灵”这一概念之前，值得对他对“深歌”观念的修正和改进做一番探索，因为对“深歌”观念的修正和改进，导致他对“魔灵”的深入思考。而且这也将引领我们进入莱昂纳德·科恩的诗歌艺术。探索洛尔迦的观念是为了提出一种可以取代当前流行然而稍嫌肤浅的方法，我们稍后将对此进行探讨。这条路径将指引我们朝着一个有趣且思维激荡的方向，能从更深的层面去欣赏歌词。

洛尔迦的《纽约诗集》标志着他风格上的显著发展，从他所谓的“想象之诗”转向被超现实主义和隐喻所吸引的“灵感之诗”。这些区别在他一系列的演讲中有所阐述，这些演讲或多或少地被媒体报道，并被汇编成《想象，灵感，隐喻》一书。它们代表了不同形式的自由，而隐喻则是最无拘无束的。[28]隐喻与洛尔迦对超现实主义的迷恋最为密切相关，等同于一个梦幻世界，对于他而言，这个世界却非常真实，因为他要求神秘之处的可见，并具有形式和感官。他被好友和对手，超现实主义艺术家达利和超现实主义雕塑家阿拉德雷所拒绝，他们指责洛尔迦是一个传统的资产阶级艺术家，导致洛尔迦放弃了隐喻作为诗歌的主要目标的观念。[29]

然而，对于我们的目的而言，想象、灵感和隐喻仍然很重要。想象是我们发现的才能。它使我们能够揭示隐藏的东西，并赋予人类视野中已经消失的现实碎片以活力。然而，想象的诗歌是有限的，受到现实的制约。它必须遵循逻辑和理性的规律，必须在世界的结构中建立联系。它旨在发现对象和思想之间意外的关联，从而减轻神秘感。这是探索和描述宇宙的诗歌。正如洛尔迦所言："一个人的想象需要有对象、景观、数字和星球，这种想象在纯粹的逻辑形式中的关系是至关重要的。"[30]

洛尔迦认为，想象位于人类的逻辑能力之内，并受理性控制。它是一种需要秩序和边界的特殊创作方式。想象是诗歌的起点，诗人为了抵御自然和神秘，建造了一座高塔。他的声音让人倾听，因为他创造了秩序，但是，倘若没有束缚，诗人又很难激发出强烈的情感。他说，

诗歌的想象力是第一步，也是所有诗歌的基础。诗人通过想象建造了一座高塔，以此抵御自然和神秘。他创造秩序，并受人倾听。然而，最美丽的鸟儿和最灿烂的光芒几乎总是从他那里逃走。一个诗人若只有纯粹的想象力，如果我们可以这样说的话，很难用他的诗歌产生强烈的情感。[31]

最终，想象力消弭，而诗歌的想象力更是如此，因为想象力的诗歌几乎无法创造情感，除非通过一种人为的公式，与其新发现或创造的现实法则相关。西班牙诗人贡戈拉（Góngora，1561—1627）是洛尔迦眼中想象力诗歌的完美代表。他的诗歌在语言上平衡，没有神秘感，也"不会失眠"。[32]

换句话说，诗歌的情感并非人为制造，而是纯粹无拘无束的情感表达。与想象力诗歌所能表现的比起来，可见的现实更为微妙多变，也比

想象力所能理解的更有诗意。洛尔迦通过指出科学现实与想象的神话之间的冲突来阐述他的观点。例如，想象力将建造的巨大洞穴和令人陶醉的城市归功于巨人。然而，科学解释却将它们的形成归因于持续、耐心、永恒的水滴渗入裂缝，形成峡谷、钟乳石和石笋，这是现实战胜想象力的证明。或者更准确地说，想象力变得自觉其不足。洛尔迦认为：

当想象力把看起来确实是巨人的工作归因于巨人时，似乎是通过逻辑方式在运作。然而，科学现实，极度富有诗意并超出逻辑范畴，向我们展示了真相存在于永恒、清澈的水滴之中。认为洞穴是由永恒法则所驱使的水的神秘性所形成，要比相信这是巨人的突发奇想而成更为美妙，而对后者这种想法的解释则毫无意义。[33]

洛尔迦认为，诗歌的想象是灵魂的事实，而诗歌的灵感是灵魂的状态，指的是一种没有边界和限制的自由状态。灵感的诗歌承认并欢迎神秘感。它游走于诗意的和谐秩序之中，此秩序避免了想象的现实中那些被认为是美丽和丑陋的常规标准。相反，灵感进入了一种诗意的现实，这种现实以惊愕为其特质，有时充满温柔，有时则充满巨大、深邃而黑暗的残酷。它难以捉摸，通过追随梦境的小径来回避现实，无意识地达到一种出人意料的事实。在灵感的诗歌中，传统的隐喻和人类逻辑被灵感的诗意逻辑所取代。

洛尔迦认为，与其说神秘需要想象力来减弱，不如说“只有神秘才能让我们生活”[34]。想象的秩序和平衡经常让位给灵感的不一致性。在这方面，诗歌是自指性的，它只指向自身。[35]它是对现实的一种回避。它通过梦境，通过潜意识，摆脱了人类逻辑的控制，从而获得诗意的灵感。它是对被理解的诱惑的有力拒绝。洛尔迦的《诗人在纽约》的神秘构成了他实现“诗意事实”或“诗意事件”的时刻，这些意象遵循着自身内在的诗意结构和情感逻辑。

洛尔卡认为，诗歌无法被理解，它是被接受的，而不是被分析的。它反对智力和既有秩序。灵感的诗人必须用孩子的眼睛看世界，并在向月亮许愿时真的相信有人会伸手把月亮放在他手中。[36] 总体说来，想象力的诗人受到人类逻辑的限制，通过解释莫名其妙的事情来减弱神秘感，而灵感的诗歌则被诗意的逻辑解放，承认并不是每件事都有因果关系，而纯粹的现实从解释中逃逸。这似乎意味着想象力的诗歌渴望被理解，并提出关于现实可以被探索和驳斥的命题。而灵感的诗歌则钟情于神秘，拒绝被理解，并呈现无法被真假这一概念所定义的意象。

另一方面，诗歌的灵感承认其神秘且难以捉摸，从现实逃逸而出。诗歌中的传统隐喻被诗歌事实所取代，与诗歌逻辑联系在一起。就此而言，诗歌是一个“自给自足的实体，与自身之外的任何现实无关”。[37] 当谈到诗意想象时，迈克尔·奥克肖特也有类似的想法。您不会问意象是否是事实还是非事实。它们并不适用于世界的真实或虚假这一命题，人们只需陶醉于其中。[38] 这正是洛尔迦 1930 年春在哈瓦那发表的关于“诗歌力学”的演讲中所暗示的。[39] 他说，问他是什么构成了诗歌中的真实或虚假这一问题毫无意义。诗歌不是我们寻求理解的东西。它是接受而不是分析。人们因其本身而爱它。西班牙诗人圣胡安·德拉克鲁斯（1542—1591）最完美地诠释了诗歌的灵感，他渴望并意欲无法控制的爱情，他的话语高飞于自然之上，他的脚趾蹭过山脉。[40]

洛尔迦对于想象之诗与灵感之诗这两者的区分，以及相关的隐喻理念，使我们能够对一首诗或歌的美学价值作出品质上的判断。洛尔迦着重于作品本身，他对于想象、灵感和隐喻的概念与表演时所具有的“魔灵”相辅相成。在他 1932 年 3 月的演讲中，他介绍并朗读了从《纽约诗集》中选择的几首，洛尔迦宣称：“在向众多观众朗读诗歌之前，首先要做的就是召唤魔灵。”他接着说：“像这样的诗歌如果没有魔灵的热忱相帮，是难以理解的。”[41] 尽管“魔灵”的概念在他与弗拉门戈相关的演讲中早有涉及，但在他 1922 年的《深歌》演讲中未曾提及。克里斯托弗·毛勒指出，1930 年修订的演讲《深歌的构建》引入了一种用来判断艺术家的优劣标准。一位歌唱家在演出时到底有没有这个“魔灵”，往往就能区分出平庸与伟大。[42]

“魔灵”从血管里跳动的血流中涌现。它是一种无法形容的悲伤或忧愁，是一个可怕的深邃而痛苦的问题，它没有答案：“它使鲜血燃烧，就如同燃烧成齑粉的玻璃，摒弃了我们所理解的一切甜蜜几何。”[43]“魔灵”暗示了所有传统社会中黑暗、难以表达的邪恶和不安的潜流。它是淤泥中埋藏的神秘、幽暗、黑色的声音，正是它才产生了艺术的“本质”。洛尔迦强调，“魔灵”是一种力量，也是一种斗争，而非一个作品或思想。“魔灵”不在于能力，而是更深层次的东西，是一种真正的生活，能够产生自发的创造。[44] 正如柯林伍德所说，对于艺术本质来说，并非首先制定意图或计划来表达特定的情感，而是在艺术创作的过程中同时表达情感，直到它被表达出来前还没有被有意识地体验到。

洛尔迦宣称所有艺术形式都能拥有“魔灵”，但“魔灵”在音乐、舞蹈和口头诗歌中最为明显，并拥有最广阔的表现范围，因为需要有生命的身体才能呈现它们。[45] 由于“魔灵”是从身体的内心召唤出来的黑暗力量，所以在感知到死亡的可能性和向死亡吟唱的时刻，它会感到最自在。在洛尔迦看来，所有重要的西班牙艺术都是“魔灵”的体现，因为它们表现出生与死搏斗的感觉。[46] 引用歌德对帕格尼尼的评价，洛尔迦认为“魔灵”是“一种神秘的力量，每个人都能感受到，但没有哲学家能解释”。[47]“魔灵”是一种无法愈合的伤口。诗歌不需要追随者，只需要爱人，他们会被诗歌所种植的带着玻璃刺的黑莓树枝所捕获和伤害。

“魔灵”并非像给予光明的天使或给予形式的缪斯那样来自艺术家外部的东西。这三者是艺术创作的核心。洛尔迦认为，天使是向导和守护者。它向前看，宣告和预警，高飞在头顶，为作品的迷人表现铺平道路，使它的实现轻松无阻。天使强加了一个预定的秩序，无法抗拒。九个缪斯是记忆女神谟涅摩叙涅的女儿。阿波罗是美、诗歌和音乐之神，是缪斯的同父异母兄弟。基于情感和认知经验获得的记忆，通过缪斯在艺术家的身体内唤醒。[48] 缪斯感到疲惫，从远处口授，唤醒智慧或智力，这是诗人的敌人，使他们升至高位，忘记可能降临的灾难。天使和缪斯是外在于诗人的存在，赋予他们礼物，而“魔灵”是内在的，必须从“血液最深处的大宅中唤醒”。[49]

换句话说，“灵感”和“魔性”一起传达了对我们已知的既定现实的挑战，一种对确定状态的深沉、黑暗的颠覆，被令人不安、可怕的神秘所取代。

洛尔迦在致力于创造诗歌事件以及坚持不被理解这两件事上一直保持一贯立场。诗歌是一种被接受而非解释和分析的东西。[50] 在他的演讲《诗人在纽约》中，他有力地指责读者——如果他们无法解释或理解一首诗。他宣称：“我无法解释任何东西，除了磕磕巴巴地叙述降临到我头上的生命。”[51]

作者的意图

在文学解释以及解释理论中，优先考虑作者意图以便揭示文本的意涵一直是一种传统，无论是诗歌、歌曲还是美术作品。在这方面，无论该主张明确与否，我们必须超越文本本身，以确定文本中的指称对象；即文本中赋予文字更深层含义的人物、地点、物品和事件，而非作品能否独立反映其文本。对于其他解释者而言，尽管他们承认作者意图在阐明某些特定作品时的重要性，但文本的含义通过确定其在众多艺术创作中的位置来揭示。在解释真正伟大的诗歌时，仅仅依靠西方传统乃至更为广泛的传统是远远不够的。这种寻找意义的过程特征在于识别回响、影响和相似之处，这些联系在解释者的心灵中形成，其背景参考正是构成“经典”范畴的准文本世界。然而，这种方法通常未能超越一致性思维的层次。詹姆斯·艾伯特·麦克尼尔·惠斯勒就不赞成这种方法，称其为“搜集-比较-编纂-分类-矛盾”，对于那些从事这种方法的人来说，“一个日期就是一种成就——一种鉴定标志，代表成功”。事实上，他们把“艺术降低为统计数据，将15世纪‘归档’，把古代文物‘归纳整理’”。[52]

A）人物、地点和物体

科恩邀请读者通过将他的作品当作报道或新闻，并提供一些外部参考，将事件、人物和暗示与他的歌或诗歌联系起来，以此来揭示他的歌和诗歌的深奥之处。[53] 这在许多词曲创作者中是公认的。例如，鲍勃·吉尔多夫认为，他只能写关于那些基于“经验性现实”的歌，“那些我谈论到具体事物的地方，激发了我的思绪和歌词的创作”。[54] 这并不意味着它们的意义是显而易见的，或者它们不需要解释，而是其中有一种试图去理解的意愿，一种想减轻神秘感的尝试，或者让作者所处的世界变得明晰清楚，正如洛尔迦所说的想象诗歌。

在科恩的作品中，《苏珊》《慈悲姐妹》和《歌之塔》可能是最为著名的，而关于9/11“双子塔”袭击的那首《在那一天》则不太为人所知。从未被编排成歌曲的诗歌中，有几首来自诗集《向希特勒献花》《渴望之书》和《火焰》:《关于阿道夫·艾希曼的一切》《89 岁的老师》和《师父说》。

《苏珊》，科恩最著名的一首歌，最初是以诗歌《苏珊带着你走下……》的形式收于《天堂的寄生虫》一书，他直率地指出了歌词中的指涉对象，歌词中提到的人，地点，和苏珊·韦达尔以及她丈夫阿南德·瓦兰库尔之间暧昧不清的关系的重要性。科恩承认这几乎就是一篇报道。他表示当所有的线索都汇聚在一起时，只需要“尽量准确地表述她所说的”。[55] 这首歌意在传递这次相遇的纯粹，刻意唤起听众对修复前的港口周围地区的回忆，也就是如今被称为老蒙特利尔的地方，矗立着港口的护佑圣女教堂，教堂高耸于港口上方，有一尊闪闪发光的镀金圣女像，阳光如蜜糖般倾泻下来，她双臂大张，欢迎水手来到这个圣洁和慰藉之地。科恩解释说，这是一个为水手而建的教堂，教堂内装饰着船舶模型。教堂面向河流，是水手在启程前接受祝福的地方。这就是为什么歌词很顺滑地从全神贯注于苏珊的存在过渡到耶稣基督的存在。科恩解释道：“下一节歌词很容易过渡，你知道耶稣是个水手，被你的智慧淹没，如同一块石头。所以如果按照这个方向继续写……你可以建立一个非常完整的连贯性。”[56]

在 1988 年的纽伦堡舞台上，科恩宣称：“这是我的故事。一个令人沮丧的故事。一个怪好玩儿的故事。而这是我的故事。”[57] 他指的是《歌之塔》。科恩是最自谦的人之一，二十年后，当他被引入摇滚名人堂时，这是他“不敢觊觎的荣誉”，他把这首歌作为领奖演说词中的一部分吟诵出来。他经常拿自己的声音开玩笑，最有名的是在《歌之塔》中，他唱到“我天生如此。别无选择。我生下来就有个金嗓子”，观众瞬间热烈鼓掌。科恩认为这是他最好的两三首歌之一。在《歌之塔》

中，他谦逊地将汉克·威廉姆斯置于他的“歌之塔”上方高于他的一百层楼。

《在那一天》收录于专辑《亲爱的希瑟》(2004年)，这一天发生了震惊世界的暴行，以及之后乔治·W.布什对阿富汗和伊拉克的强硬军事干预，这首歌是科恩与阿佳妮·托马斯对这两个事件的即时和诗性的反应。它的歌词在道德上是矛盾的，对这一事件感到懊悔，同时又与毫不含糊的谴责之声保持距离。这也是一篇报道式的作品，传达了一些人的观点：对双子塔的袭击是活该，是对上帝和世界犯下的罪行的神圣惩罚。仿佛是预示“圣地亚哥之夜”中的观点：“你生来是要审判世界的。原谅我，但我不是。”[58] 科恩对传教士做出回应：

我不会知道

我只是守卫这座堡垒

自从那一天

他们伤害了纽约

他转向听众，问道：“你是发了疯，还是做了报告，在他们伤害纽约的那一天？”此一问引发了听众的自我反思。在专辑的内页注释中，他提到《美国传统词典》对“报告”一词的定义：“本人出现，履行职责。”[59]

有时，一首歌可能会与并非最初的指涉物紧密联系在一起，从而贬值或贬低其主题，将其从有害的环境中解救出来，有可能会恢复其纯洁性。将《慈悲姐妹》与1971年由罗伯特·阿尔特曼执导的电影《花村》(*McCabe & Mrs. Miller*)联系在一起，导演的构思灵感来源于当时他正在听的《莱昂纳德·科恩的歌》专辑，这一关联让这首歌的真实性染上了污点，而科恩本人也参与其中。[60]很多人看了这部电影后认为这首歌是“关于妓女”的，The Pogues 乐队的夏恩·麦高恩就是其中一位。[61]尽管细节上有不一致之处，但这首歌的起源可以追溯到 1967 年左右的加拿大阿尔伯塔州的埃德蒙顿，彼时科恩正在此地巡演。一个风雪交加的寒夜，人生地不熟的科恩遇到了两个搭便车的女人，芭芭拉和洛林。他邀请她们回到自己的酒店房间，而她们的陪伴给了他安慰。当她俩在双人床上酣睡时，他坐在椅子上，月光让他灵感迸发，写下一首歌，等她们醒来后，他把这首歌唱给她俩听。[62]这次邂逅抚慰了他的孤独和绝望，使他充满感激之情，歌词也增添了额外的哀伤和更深的意涵。

她们在等我
我正以为自己再也无法继续
她俩带给我抚慰
然后又给我带来这首歌

对于最后两个例子，我们将提到《为希特勒献花》和《渴望之书》中的两首诗。[63]

卡尔·阿道夫·艾希曼在纽伦堡逃脱了正义的审判，逃离了德国，一直藏身于欧洲，直到 1950 年才逃到阿根廷，用化名生活。[64]1960 年 5 月 20 日，以色列摩萨德特工在布宜诺斯艾利斯将他拘留，并在九天后飞往以色列，将他引渡至耶路撒冷地方法院接受审判。丧失了权力后的艾希曼的样貌普普通通，让摩萨德特工很吃惊，丝毫没有人们所以为的那样，样子威风且邪恶。审判于 1961 年 4 月 11 日开始，最终于 1962 年 5 月 31 日执行了他的死刑。虽然他并非“终极解决方案”的设计者，也不是最高级别的纳粹分子，但艾希曼高效地组织了运输这些受害者，将他们运往死亡集中营，似乎毫无良知上的犹豫。他声称自己没有亲手杀过人，也没有下过杀人的命令。

1964 年，莱昂纳德·科恩发表了《关于阿道夫·艾希曼的一切》，他描述了艾希曼的头发和眼睛的颜色、体重、身高和智力。艾希曼有正常数量的手指和脚趾，没有任何显著特征。科恩以这几句话结束了这首诗："你期待什么？爪子？超大的门牙？绿色的唾液？疯狂？"通过这几个简短的词句，他传达出那种让摩萨德特工不安和汉娜·阿伦特在《纽约时报》报道此案时深为震撼的彻彻底底的平庸。[65] 阿伦特在 1963 年基于这些文章出版了一本书，在 1964 年进行了修订增补。阿伦特本人否认她的书是一篇"关于邪恶本质的理论论文"。[66] 然而，她书中的主题——大屠杀和纳粹对精神病患者、吉卜赛人，尤其是犹太人的"清洗"计划——已经成为邪恶的象征，不仅适用于 20 世纪，而且适用于所有时代。

几乎每一次试图从理论上理解邪恶本质时，这本书都是参考的标杆，因为它的结论是如此令人不寒而栗。阿伦特的文章和后来的书没有直接影响科恩的诗歌，但他说：

汉娜·阿伦特在某种程度上参与其中，但我不记得具体情况。我没有读过这本书，但可能读过对这本书的评论，或者听说过这本书。我和老朋友欧文·莱顿肯定在讨论这些问题，当时这些问题就笼罩在空气中，我猜这首诗就是从这些谈话中产生的。莱顿可能确实读过这本书。我似乎记得，汉娜·阿伦特的观点在蒙特利尔的一些犹太圈子里是不被接受的。[67]

科恩（或称自闲）与他的精神导师、禅宗大师即杏山禅师（更广为人知的名字是“师父”）之间的长期关系如今已成为传奇。我们在前面的章节中讨论了其中的宗教方面。科恩的许多作品中对这段关系都有提及，这段关系始于 1969 年，之后每年中都有几个月的时间，直到他在 1993 年退隐到加利福尼亚州圣伯纳迪诺县的秃山禅修院，进行了长达五年多的密集学习和虔修，最终被授予佛教僧侣的职位，因为他是师父的助手，这是一个正式的仪轨要求。师父是一位非常有影响力和魅力的禅宗大师。他在洛杉矶开设了禅修中心，并于 1971 年在秃山开设了禅修营地，1972 年又在新墨西哥州的杰梅兹温泉开设了另一个禅修营地。科恩与师父的关系成了阿梅尔·布拉斯克的创作题材——纪录片《莱昂纳德·科恩：1996 年春天》，该纪录片拍摄于秃山的禅修院。在片中，科恩将他的导师描述为“充满爱心、迷人、虚实难辨——这个人绝对是真实的。他的爱是一种解放性的爱”。[68] 他 1996 年的诗《89 岁的师父》（2006 年收录于《渴望之书》）中，科恩温柔而稍带戏谑地刻画了师父，评论他经常要求续杯的酒瘾，“奇迹从未停止”，对着满足的胃，由梅子顺利完成其功能。2014 年 7 月 27 日，杏山禅师去世，享年 107 岁。在他去世前两年，禅师展现出黑暗、邪恶的一面。在科恩与他相识的长时间内，有指控称师父是一名持续的性侵者。许多前学生和尼姑在网站和讨论版块上讲述了师父在他于洛杉矶的禅修中心和禅修营地一对一教学中发生性侵和性骚扰。[69] 一个独立的佛教领袖委员会的调查报告称，师父可能在长时间内侵犯了数百名男女，报告中有性骚扰和强奸的指控。一些事件被报告给禅修中心的董事会，但没有采取任何纪律处分。“我们看到社区有意无意间被卷入一个公开的秘密中。”董事会写道，并补充说，“我们听说那些选择说出来的人被禁声、流放、嘲笑甚至受到处罚。”[70] 报纸文章经常报道科恩受到师父的教导，他们的关系密切而长久，他可能对师父长期的性侵并不知情，但两人经常在一起对饮，讨论各种事情。科恩暗示他为了让师父熟悉北美的文化，曾在 1998 年为师父放映过“重要的性录像”。而师父用他磕磕巴巴的英文回应说：“研究人类的爱很有意思，但也不是那么有意思。”[71] 科恩并没有试图为师父开脱，他只是非常温和地指责：“师父是个非常淘气的家伙。”[72] 所以，要欣赏《师父说》这首诗，了解上下文毫无疑问是非常必要的。

师父有了这桩性丑闻（他已经一〇五岁了）
而我和师父的关系
被很多新闻报道
提及。
师父说：
“我给你添了很多麻烦。”
我说：
“是的师父，你是给我
添了很多麻烦。”
师父说，
“我该死了。”
我说，
“这没啥用。”
师父没有笑。[73]

我们已经论证了有些歌和诗，尽管了解它们的上下文或参照物并不能为我们提供充分的条件去欣赏它们，可能也没有这个必要，但这样做可以增进我们的理解，揭开这层神秘面纱，让我们一窥歌词里提及的人和地点。莫里斯·拉特克利夫采用了同样的方法来解读科恩的所有歌曲。虽然他完全承认诗人使用的模糊性，但暗示我们能够揭示其中的模糊之处，甚至在超越了模糊性的边界之外，在意义变得不可理解或丧失之处也能够如此。在讨论《旧革命》(《来自一个房间的歌》) 时，拉特克利夫问道："主人公在说什么，为什么要这样说？模糊性固然很好，但在这里，科恩似乎越过界了，进入了印象层面。"[74] 这就预设了这首歌必须有一个作者意图，如果诗人不能传达它，那就是诗人的失败。拉特克利夫更喜欢讨论《嘿，无法说再见》，因为他了解其中的参照物，能辨别歌曲的主题。这首歌写于 1966 年的纽约宾夕法尼亚的车站酒店。与歌曲所给的印象相反，因为它与同张专辑中的《再见，玛丽安娜》主题相似，是关于一段已经结束的但仍然在平行状态里的感情关系。他又一次爱错了人！在寻找参照物来赋予歌曲意义时，拉特克利夫提出了一点警告。他辩称自己并没有听从这一警告，"歌曲创作的缘起凸显了在艺术品里过多去寻找作者的自传色彩这种危险"[75]，他甚至承认，有时对于那些善于使用模糊性的诗人来说，观众必须自己找到意义，在某些歌曲中，比如这首《屠夫》(《来自一个房间的歌》)，其意义并不容易被揭示出来。

坚持将意义与外在的参照物联系起来，无情地对其进行持久的审问，以找出作者的意图，这是误将局部当成整体的错误方法。在诗歌的想象中，作者试图消除神秘感，那么我们也许可以自信地，但并非必然地认为这些文字旨在解决生命的谜团。拉特克利夫认为《我们首先占领曼哈顿》(《我是你的男人》) 是一个寓言，用来"为即将到来的巡回演出做好准备，是用手去召唤武器"。[76] 这样的意象已经暗示了巡回演出的辛苦日程，但它并不能解释这首歌，也不能帮助我们更好地欣赏它。这首歌充满了威胁与恐吓，它也不是政治歌曲，因为"它既没有明确问题的原因，也没有提出解决问题的方法”。[77] 他说得很对，这并不是一首指责他人的歌曲，但也不能因为他没有找到歌中所指的事件或歌中所提及的不公正，就否认这首歌所包含的政治性。科恩曾经说他所有的歌都是政治性的，尤其是来自《新瓶旧酒》中的《一个歌者必须死》，其中最后一节对某种特定的权威表达了强烈的反对。[78] 录音版本以印刷版本的倒数第二节结束，并用“我只是和人上了床”替换“我只是回家晚了”。

他们的方式让人蒙羞　他们的膝盖狠踢你的蛋蛋　他们的拳头砸到你脸上。是的，国家万岁！无论它是谁造！长官，我啥都没看见，我只是和人上了床。

一首诗或歌可能因其所质疑的内容、其黑暗威胁的情绪而深具政治性，代表着反主流文化，并因此令人深为不安。这些令人不安的意象可能并没有我们能够辨识出来的参照物，而且语言和意义不可分割，可是对于能感知到“魔灵”的人来说，它们可能在读者或听者心中产生深刻的影响。例如，《我们首先占领曼哈顿》中的威胁性口吻和暗示：

你曾爱我如爱一个失败者，但现在你担心我可能会获胜。
你知道如何阻止我，但你没有足够的戒律。
我为此祈祷了多少个夜晚，让我的事业开始。
我们首先占领曼哈顿，然后再占领柏林。

（《我们首先占领曼哈顿》，来自专辑《未来》）

或者同样令人不安和具有世界末日意象的《未来》：

天堂之轮停止转动，

你感受到魔鬼的鞭策。

准备好迎接未来：

这是谋杀。

如果觉得收集关于一个主题的新的事实会导致理解的不断积累，这对于欣赏激发和拥有“魔性”的诗歌事实而言是一种谬误。马克·吐温在《密西西比河上的生活》中高妙地表达了这一点。他描述了自己如何了解这条大河的每一种特征，就像了解字母表一样。这本身就是一个成就：“但我也失去了一些东西。在我的有生之年，这些失去的东西无法恢复。所有的优雅、美丽和诗意都已经离开了这条壮阔的河流。”[79]

斯蒂芬·斯科比强烈批评那些试图在文本之外寻找参照物的方法。他评论说，我们知道科恩的《苏珊》这首歌的主题是苏珊·瓦兰库尔，这并不能使我们更能欣赏这首歌。重要的是歌曲本身。[80]但正如我们之前所讨论的，这种看法并非完全正确。科恩直率地谈论他歌曲中具有的报道性背景，对此我们已经有目共睹，这使得我们对于科恩那些带有报道性质的歌曲作品中不甚明晰的引用内容有更为清晰的了解，减轻其神秘度。

B）诗性与音乐源头中的参照物

因此，问题依然存在：这种方法是否只是猎奇性的浮光掠影？当然，这种方法可能会受到诗歌或蓝调词汇索引的影响。

例如，迈克尔·翁达杰、乔治·伍德科克、德斯蒙德·佩西和斯蒂芬·斯科比都以这种方式进入科恩的作品。翁达杰认为《恋人》这首诗（收录于《让我们比较神话学》中），表现出一种尖刻的讽刺，让人想起 A. M. 克莱恩。他声称，两位作家都使用了类似的诗意和修辞手法：

"除了明显的相似之处——如异国情调的词汇和世界，以及圣经式的风格——还有关于自己和童年英勇行为的轻柔讽刺。"[81] 在《诗集》中，我们发现了迪伦·托马斯的"蓬乱的幽灵"，以及对艾略特的巧妙模仿。我们还发现了从 W. H. 奥登和伊迪丝·西特韦尔那里借鉴和回应的痕迹。[82] 在《近作》中，《吉卜赛妻子》这首歌，"如果不是依赖于洛尔迦的《血婚》，至少也是对它的回应"。[83] 然而，虽然洛尔迦写过《吉卜赛之歌》，但这并不能充分证明将他不间断的黯淡忧伤的剧作与科恩的歌词联系起来的理由。科恩自己说这首歌与他与苏珊·埃尔罗德（他的孩子的母亲）之间紧张关系的破裂有关。表达的情感是对想要挣脱获得自由的冲动，同时又因为她可能躺在别人的臂弯而深受嫉妒之苦。

德斯蒙德·佩西将科恩与华兹华斯进行对比，因为前者在实现魔幻般的清晰度方面与后者相似，二者都不是通过一般性的世界观或科学概念来观察，而是通过对细节的仔细观察，比如郁金香上的纹理。这种对比是有道理的，因为在《美丽的失败者》中，有一次出现了对华兹华斯《丁特恩修道院》的回应。[84] 两位诗人都展现了对感官精确性的追求。当然，这并不是暗示借鉴之物可以转化为原创性的陈述，比如《地球香料盒》中《旅行》一诗，其中这句"地平线保持着你柔软的脸颊 / 多风的天空是为你的长发而准备的小盒"，接下来的诗行对于叶芝而言，不过是可用之物而已。但由于"地平线"一词，"一种新的精神进入——一位有能力在传统内进行完全个性化陈述的诗人，从这一点上看，与叶芝的相似之处变得模糊不清。这些句子不再是对于叶芝的好的效仿；它们是只有叶芝才能模仿的句子"。[85] 斯科比在阅读《让我们比较神话学》时认为"《奉献》让人想起艾略特"，而《苍蝇》一诗则让人想到约翰·邓恩。他认为科恩的《苍蝇》是对邓恩《跳蚤》一诗的苍白模仿。[86]

灵感与隐喻

因此，有人认为，科恩创作的作品中有些歌曲和诗歌可以适当地理解为想象的诗歌，作者在其中试图解开谜团或达到更高层面的自我理解，揭示出一种清晰度，以便减少围绕他生活的神秘感。

欣赏科恩的抒情诗的第二种方法是用洛尔迦的诗意事实来理解，即灵感、隐喻与魔灵的诗歌，它陶醉于神秘、黑暗、紧张躁动和冲击感，喜欢闪烁不定的形象。

对于这种类型的歌曲，“意图只是其中的很小一部分”。[87] 科恩承认，在某些情况下，我们可以完全忽略诗人的意图，因为这首作品“独立存在于他对它的看法之外”。[88] 科恩这一看法并非异端，也不具革命性。科恩在学校读书时，彼时颇具影响力的威廉·恩普森的著作《七种歧义》里就提到过这种观念。[89] 就此而言，歌词不被视为某种表态声明。这些词就是诗人调色板上的颜色，通过描绘和唤起强烈的形象来感动受众，并没有确定无疑的含义。最有效的例证是莫过于 20 世纪 60 年代由基思·里德创作，广受好评且持久不衰的《苍白中更白的白色》（A Whiter Shade of Pale），由普罗克·哈伦演唱。在接受《未删减》杂志采访时，里德否认这首歌的歌词有任何意义。他试图捕捉一种心境，“一幅场景”。[90] 更重要的是，这正是洛尔迦在想象的诗歌中所提及的诗意事实，为了能够接触它，诗人必须感受到魔灵。关于他的诗《梦游人谣》（Romance Sonámbulo），洛尔迦说：“如果你问我为什么写了‘一千面玻璃鼓’在伤害黎明，我会告诉你我看到了它们，在天使和树木的手中，我无法再说出更多。”[91]

M. L. 罗森塔尔，这位纽约教师和著名评论家，认为科恩的抒情诗几乎没有意义。保罗·巴雷拉乍看之下似乎在暗示寻找作者的意图是徒劳的，但随后又认为科恩的模棱两可就像是隐秘的填字游戏线索，读者必须尝试解开诗意密码。然而，当他宣称《慈悲之书》(1984年)是如此私密，以至于“无法突破到其内在的意义”时，有一丝失望之情。[92]道格·比尔德斯利是科恩在蒙特利尔的同代人，他认为这样的评论，虽然从字面上的理解而言是正确的，却忽略了至少一部分诗人所做的工作的全部意义。重要的是歌词所唤起的神秘氛围和感觉，而不是它们的意义。[93]鲍勃·吉尔多夫表达了所有具有“魔灵”的抒情诗人所体验的情感。他说，这些尚未成型，且并不受人待见的情感从难以触及的幽暗处冲涌上来，要求被承认。他坚持认为：“我常常不知道这些诗行的‘意义’，或者为什么这些特定的词出现，但在写下它们时，我绝对知道它们是真实的。”[94]道格拉斯·巴伯在评论科恩的《诗集》(1968年)时认为，诗歌既不对也不错。它唤起的是意象，而不是命题。巴伯谈到“一种谜一般的诗歌，即便在你深深感受到它的迷人时，往往你都并不知晓在诗中到底发生了什么”。[95]

洛尔迦对灵感诗歌的理解表现了他对这一媒介的敏锐，远比罗森塔尔的理解更为复杂，且与科恩自己对于一首诗该如何提问的看法是一致的。在《新音乐速递》的一次采访中，科恩争论道，诗人将自己完全沉浸在模糊之中并非是说诗人在表达时可以不清晰：

这里有一种由心灵感知的清晰度，也有一种由头脑感知的清晰度。你知道，清晰度并不是固定的概念。有时候，对心灵来说很清晰的东西需要相当复杂的表达。你只需让文字或旋律对你说话，它们自会非常清晰。你沉浸在一个吻或拥抱中，而在此过程中并不需要知道发生了什么。你只是融入其中……但在我的作品中，有一种无法被渗透的模糊，这是没有人能够理解的，甚至包括我自己……你只是尽力忠于那个拥有自己规则的内在风景。忠于它们是很重要的。如果有人说:“我喜爱这首歌,这他妈到底是什么意思?”这个句子后半部分的问题并没有前面部分的声明那么重要。[96]

科恩在其他地方曾辩称,作品本身超越了意义和含义。作品就像一颗钻石,诗人进行切割和打磨,反射、折射并放大其光芒。然而,诗歌并非一种被召唤或故意激发出来的活动,也不是自觉的预谋。诗中呈现的意象是在生活这场战争中绝望和凄凉落败的结果。[97]

我们认为在科恩的作品中可以觉察到他自觉从想象的诗歌转向灵感的诗歌,从他所谓的“报道类”转向洛尔迦所说的想象和隐喻的诗歌。我们并非在暗示这是一个断裂,因为许多主题是持久的,只是随着主题描绘的意象变得更加超现实、不祥,甚至是异常恐怖。《给希特勒献花》是展现这一转变的诗集,这种转变早在之前的单首诗歌中就发生了。这本诗集远不如他以前的作品敏锐,显得笨拙,未能完整充分地处理,展现了欧文·莱顿的哲学观点:即诗人应该发表一切,时间自会过滤掉糟糕的作品。

科恩有意地着力去震撼读者,他摒弃了“黄金男孩”这一具有误导性的称谓形象,暗示他以前的诗歌没有包含类似令人不安的意象。他想要更大胆地写作,写生命中的黑暗面。他在诗中使用的主题并未直接表达,而是通过象征主义和超现实主义的意象来处理。这本书在某种程度上是一种对风格的自觉反叛,是一种有意识地否认这样一种认知:即诗歌具有风格。正如斯科比指出的那样,否认诗歌具有风格的姿态本身就是一种风格。他认识到在许多意象中,科恩所做的不是传递字面或陈述性的含义,而是反映出书中的整体氛围和语调。[98]内容是政治的,不是通过指责的方式,而是强调最丑陋、颓废、分裂、不祥和威胁的底层现实，它们不是生活的某些方面，而是存在于生活的方方面面——在寻常之中的非凡，或者更为不堪的是，非凡之中的寻常。

科恩离开秃山禅修院后，有意地限制了他的音域和音调，想达到他一生都在努力实现的情感深度，以至于评论家将其表演归因于一种故意的虔诚或正义感。科恩本人否认他的歌曲是自觉地宗教性的，称之为“意图谬误”的一部分。他继续说：“但是当我看到詹姆斯·布朗（James Brown）时，会有一种宗教感。任何深刻的事物都会有。”[99]《十首新歌》是与莎朗·罗宾逊的合作作品，被誉为他的胜利回归，然而，颇为讽刺的是，随后的专辑被誉为他的长别。约翰·刘易斯认为，《亲爱的希瑟》听起来像是一个男人为自己写下的挽歌[100]，用经久持续，又并非前所未有的，被着重体现的参照之物，从肉体渐渐滑向缥缈，通过欢迎和庆祝黑暗，从而把自己俗世中的事务整理妥当，这一呈现相比之前的“裂缝之处正是光进来的地方”更具有先见之明。科恩经历了抑郁症的深渊，最终在晚年打破了导致他绝望的枷锁，呈现一种新的清晰和服从。死亡的黑暗不再像以前那样让人恐惧到身体发僵，虽然仍有担忧，仍能感受其威胁。我们必须得面对并拥抱这个不速之客，我们会被迫去取悦它，有时会出人意料地去拥抱它。

魔灵、黑暗与死亡

洛尔迦所表达的魔灵特质的主题充斥着科恩晚期的抒情诗歌。命运和必然性在“月亮的牵引和太阳的推动”（《不同的面向》）的意象中交织在一起，形成强大的暗流在充满敌意的“黑暗海洋”（《Banjo》）的表面以及下面的流层，“那么深那么盲目”《信仰》(The Faith)。黑暗是一种神秘的力量，颠覆了经验，甚至将过去所维系之物吞进它的漩涡。“哦，看到黑暗在消退 / 撕裂了光明 / 愿理性得以愈合 / 愿心灵得以愈合。”[101]

在科恩漫长的职业生涯中，有许多抒情诗歌超越了新闻报道性质的歌曲作品，从魔灵散发的内在深处涌现出来。其中许多反映了他与抑郁和滥用毒品的斗争。从他的第一张专辑到最后的绝望、死亡、鲜血、屈辱和精神困扰一直是一条连接线，交织着希望与绝望、自贬、讽刺和机智。他的第一张专辑《莱昂纳德·科恩的歌》中最黑暗的作品，由田园诗与绝望的意象交错出现，闪烁着天堂和地狱的幻影。《来自街上的故事》源于深处的抑郁，将科恩从那些透过的微光中又拉回来。他从未在巡回演出中唱过这首歌，也没有在《陌生人的音乐》中重印。[102]弥漫毒气的夜晚，一手拿着自杀工具，一手拿着玫瑰，双手并置在一起，而田园诗般的场景中有着草地、苹果和被温柔饲养的动物，但一想到它们将被带到屠宰场与羔羊放在一起，这种甜美的感受被打破。屠杀和牺牲的主题在《以撒的故事》和《屠夫》(《来自一个房间的歌》) 中继续出现，这两首作品没有在《陌生人的音乐》中出现。它们都有一个潜在的主题：柔顺者将继承这个世界，孩子将继续传递接力棒，并在献上羔羊时献祭纯真。《以撒的故事》是对耳熟能详的《圣经》故事的重新讲述，上帝吩咐亚伯拉罕献祭他的儿子，而他不得不遵从：“当一切都归于尘土时，若必要，我会杀死你。”《屠夫》以屠宰羔羊的血腥画面开始，以“引领吧，我的儿子，这是你的世界” 这样的诫导结束。

交织这神圣与亵渎的爱与死亡，是持续的主题：“我几乎活着，我几乎回到家；我被死亡 / 和愤怒 / 冲昏了头 / 这地儿可不适合你 / 而死亡很古老 / 但它总是新的 / 我冻结在恐惧中 / 为了你我会在那里”(《为了你我会在那里》，专辑《亲爱的希瑟》)。“那么多坟墓需要填满”，不知不觉地给予“谋杀和戕害”的许可；“它正为我而来，亲爱的 / 无论我走到哪里 / 它的职责就是伤害我 / 而我的职责是去了解”。“我得死一点点 / 在每一个杀人的想法之间 / 当我完成思考时 / 我必须死很多。”“派对结束了 / 但我还能站得住 / 我将站在街角 / 那儿曾经是一条街。”

真相是难以捉摸的，逃避确定性和谎言的欺骗性。科恩曾说，为了让自己在演唱时感到舒适，它们必须在“真相和谎言，光明和黑暗”[103]之间保持平衡。诚实和真相之间是有区别的。每一个作家都努力做到诚实，但没有人了解整个探索的真相：“虽然所有鲜血和肉体的地图都贴在门上 / 还是无人告诉我们，布吉街是为了什么。”[104]这里对真理的时效性有一种疲惫：“有些真理活着 / 有些真理死去 / 我不知道哪个 / 所以没有关系。”“听起来像真相，但在今天它不是真相”“引导你的心超越昨天所相信的真相”“聚集四散和失落的碎片 / 在神圣之中的谎言，在非神圣之中的光明”。甚至自己的内心感受也不能提供智识的锚点：“我不相信我的内心感受。内心感受来了又去。”[105]

尽管存在着黑暗和死亡、幽默和谦卑，乐观的情绪仍然突显出来。

你让我歌唱，
即使一切看起来黯淡无光。
你让我歌唱，
哈利路亚圣歌。

（《你让我歌唱》，来自专辑《普遍的问题》）

我不需要赦免，
无人可指责。
我正离开这张桌子，

这场游戏我已出局。

（《离开这张桌子》，来自专辑《你想让它更暗？》）

拜伦开篇的《亲爱的希瑟》中，抱怨对爱的追求已逝，他安慰自己，灵魂有能力超越肉体，而他的漫游已经结束。科恩也表达了类似情感，他被一种“甜蜜的疲劳”拯救，不再为选择欲望而感到厌烦，但仍然因女性的无尽温柔而感到满足，她们仍然有能力令他无法呼吸，她们恳求他“最后一次”凝视她们，如同一个没有未来、余生不多的人，踏上最后的归途，摆脱了他的悲伤和在众人前所戴的面具，“渴望回家”，轻装上路，道别，再见。[106] 他在去世前几周发布的专辑中展现了他与上帝的和解，但并非按照传统的方式。即便在光明消逝之际，世俗的一面也显现在神圣之中。“他死，从而使万物神圣，让我们死，从而使万物廉价。”生活的意象被喻为一场纸牌游戏，死亡就像离开桌子，摊牌宣布退出比赛。[107] 在《你想让它更暗？》发布之前的一次采访中，科恩表示自己没有什么精神策略。虽然还有一些事情要做，一些俗事要处理，但他已经准备好辞世了。他说：“我希望不会太难熬。对于我而言就是这样。”[108]

结　语

在这一章中，我们运用洛尔迦所做的定义来揭示诗意表达的不同方面，以表明我们对欣赏像《苏珊》这样的作品的态度和方法，歌中提及了生活在蒙特利尔老街区的人和地方，无疑是具有报道性质的作品。而《我们首先占领曼哈顿》或《未来》则陶醉在神秘与威胁中，激发起黑暗与绝望，并向深渊屈服。魔灵的概念表明了诗歌与表演之间密不可分的关系，使我们能够捕捉到科恩本人在诗意表达中投入的独特品质，清晰地表达了格雷戈里·科索通过直觉所认识到的一点：在诗歌中，尤其是抒情诗歌，若要发挥其全部力量，取决于诗人在表演中的个性。

在下一章中，我们将展现，如果要以相同的方式去理解迪伦的歌，我们要探索鲍勃·迪伦与兰波之间的关联。兰波不仅启发了科恩，还启发了洛尔迦，以及迪伦·托马斯这位自诩为来自斯旺西高地的波希米亚人，克姆登金大道上的兰波。

第九章　我的亲密关系如同魏尔伦和兰波

> 我该从哪里开始……跟随兰波的脚步，像是一颗跳动的子弹穿过炙热的新泽西之夜的隐秘街道，充满了毒液和惊奇。
>
> ——鲍勃·迪伦[1]

在本章中，我们将探讨迪伦对阿蒂尔·兰波而言的亏欠以及他所代表的诗歌理念，证明洛尔迦和迪伦·托马斯所追求的也曾是兰波所追求的目标。他们并未为鲍勃·迪伦提供一种可随之而行的方法，而是提供了一种值得效仿的诗歌愿景。然后，我们将提供不同的理解方式鉴赏迪伦的歌词，从追寻歌曲中的人物和地点的迪伦研究者（Dylanologists），到寻找其他诗人作品中的文学典故的文学评论家，再到认为应该将这些诗歌或歌曲作为独立的部分去理解的人。接着，我们将探讨迪伦在创作歌曲时的方法以及常常对他提出的剽窃指控。最后，我们简明扼要地讨论几个构成鲍勃·迪伦作品的不同风格的例子。

兰波和迪伦·托马斯

在第四章中我们提到，鲍勃·迪伦、莱昂纳德·科恩和垮掉的一代诗人都为迪伦·托马斯的声名所吸引。作为一个具波希米亚特质的表演诗人，他在当时无人可比肩，他令人惊讶的不负责任、毫无节制的酗酒和几近丑闻的行为一时成为大家谈论的奇闻逸事。[2] 虽然很多人都在迪伦·托马斯与鲍勃·迪伦名字的相似性上大做文章，尝试建立一个直接的因果联系，但是正如我们之前讨论的那样，更有关连的应该是与迪伦·托马斯作为一个人，他的名声和生活方式之间的关系，与他的诗歌本身关系并不大。几乎没有人试图将鲍勃·迪伦的歌词作品归功于迪伦·托马斯对他的影响。

在少有的几次认真尝试中，克里斯托弗·里克斯算是其中一位。[3] 他在谈及为了让鸟儿歌声更美把鸟儿弄瞎这种残忍的行为时，认为这正是迪伦·托马斯在他的一首诗的开头所暗示的："因为快乐的小鸟在高压电线后鸣叫，/ 盲马就能唱得更甜吗？" [4] 里克斯推测这些诗句可能与鲍勃·迪伦创作的童谣"我妈妈说我从不应该 / 在森林里和吉卜赛人一起玩"结合在一起，小女孩花了十先令用一匹瞎白马带她穿越大海。[5] 这种结合，正如里克斯所说，启发了迪伦的两个时刻：

这匹引导你四处走动的盲马让小鸟唱歌，让小鸟飞翔

（《在红色天空下》）

布谷鸟儿真漂亮，她飞翔时柔声鸣唱
我在宣扬上帝的道
我正在让你失明

（《涨潮》）

童谣对歌曲产生某种程度的启发或影响是完全合理的，这首歌以让人毛骨悚然的童话形式创作而成。这原本是英国的一首儿歌，但在美国广受儿童喜爱。年轻女孩为了逃避父母的嘲笑而跑向大海，但她没有船

可以带她渡海，最终她买得一匹瞎白马，骑着它获得自由，并发誓永不回来。鸟儿的升起象征着解放的行动。

然而，与迪伦·托马斯之间的联系则不太合理。“因为快乐的小鸟鸣叫”回顾了如何通过难以理解或目盲的痛苦从而得到更为清晰、甜美的体验，这两者之间存在的张力。即使我们承认迪伦·托马斯在这两行诗中起到的启发作用，其影响仍然微不足道，而且姗姗来迟，几乎不能成为证明鲍勃·迪伦推崇迪伦·托马斯的任何证据。迪伦的《天还没暗》(收录在《被遗忘的时光》专辑中）充满了世故和悲伤之感，这激发了布赖恩·辛顿的评论，认为这首歌的“对生命无常的反抗”与跟他同名的诗人的这句“怒斥，怒斥这生命之光的消歇”有相似之处。[6]不同之处在于，迪伦·托马斯鼓励他垂死的父亲奋力抵抗生命的消逝，而鲍勃·迪伦则在抵抗自己即将到来的死亡。《别温柔地进入》是一首鲍勃·迪伦选择在他的“时间主题广播”中朗读的诗歌，以“死亡和税收”为主题。[7]

有更多证据表明，法国象征主义诗人让-尼古拉·阿蒂尔·兰波（1854—1891）是影响迪伦·托马斯的思想观念的主要来源之一，是诗人在写作中致力于到达的目标。就是在这里，迪伦·托马斯与兰波存在一些联系，他自称是“克姆登金大道的兰波”[8]，就像兰波一样，他同时获得了恶名和声望，他也经常被与超现实主义联系在一起，就像洛尔迦一样。托马斯、兰波和洛尔迦一样，都意识到自己内心的恶魔，并渴望在意识的极端表达中为它们提供机会。在一封标记为 1938 年 5 月 16 日写给亨利·特里斯的信中，托马斯坦率承认：

我知道，我的大部分诗歌是一种对可怕期望的探索和恐惧，是对恐惧的发现和面对。我内心有一个野兽、一个天使和一个疯子，我的探索是关于它们的运作，我的问题是如何征服它们并获得胜利，是如何颠覆和震荡的，我的努力就是关于它们的自我表达。[9]

拉尔夫·格里森认为，迪伦·托马斯将诗歌描绘为需要找到自己的形式，而不是将其加诸其上，依靠诗歌的结构从词语和表达中“崛起”，这在鲍勃·迪伦和“乐队”在《行星波》(1974 年) 中得到了体现。[10]

1965 年 12 月，迪伦在旧金山的一次经典采访中，有点儿古怪地列举了他最喜欢的诗人，其中包括两位创作歌手，斯莫基·罗宾逊和查理·里奇；一位独特的喜剧作家和表演者，W.C. 菲尔兹；一个马戏团的飞人蹦床和高空杂技表演，飞翔的瓦兰达斯家族；以及两位诗人，艾伦·金斯伯格和阿蒂尔·兰波。[11] 兰波不仅仅是一个随意提及的名字。在 9 月 3 日，他在好莱坞露天剧场演出时，演唱了《从别克 6 出发》(From a Buick 6)。在“她的步伐像波·迪德利”这句歌词中，他用迪德利替换了兰波。[12] 在 2016 年诺贝尔文学奖颁奖典礼上，霍勒斯·恩格达尔教授在对鲍勃·迪伦的赞扬中表示，在他的职业生涯早期，“人们不再将他与伍迪·格思里和汉克·威廉姆斯相比，而是转而将他与布莱克、兰波、惠特曼和莎士比亚相提并论”。[13]

兰波对“垮掉的一代”作家来说，是一个具有远见的诗人楷模。约翰·拉达斯认为，凯鲁亚克“理解兰波是赞美艺术家的高度敏感性，并呼吁通过经验来获得精神的敏锐性，以便进入普遍领域”。[14] 鲍勃·迪伦的专辑《轨道上的血痕》中有一首《你离开会使我很孤单》，里面提到了兰波和诗人保罗·魏尔伦（1844—1896）之间风暴般的关系：“事情结束得很悲哀 / 亲密关系一直不尽如人意 / 我的亲密关系就像魏尔伦和兰波”。这句话在表面上看来是不言自明的，也是自我参照的。它们表明魏尔伦和兰波之间的关系确实不怎么愉快。在特定情况下，在文本之外，我们试图将诗歌与魏尔伦和兰波之间的实际关系联系起来时，这个简单的暗示也变得复杂起来。这时会出现一些问题，比如在这种关系中，迪伦认同谁——是年长的魏尔伦还是年轻却占据支配位置的兰波？尽管两人都没有承认他们的关系，但他们在时断时续的关系里一直是情侣。这段关系以醉酒、激烈争吵以及兰波通过体验各种放浪行为来寻求并行使权力为特点，而这些行为的燃料是苦艾酒、吗啡和大麻。他们的关系于1871—1873年之间在巴黎、伦敦和布鲁塞尔时有时无，在那个时候，魏尔伦因企图杀人未遂而被监禁，他朝兰波的手腕开了枪，试图阻止他离开布鲁塞尔。[15]

众多迪伦的解释者都强调了兰波的象征主义对迪伦的重要性。就像关于影响迪伦的多种声明一样，关于这个问题也有多个版本的“真相”。戴夫·范·朗克是迪伦在格林威治村的亲密伙伴，他认为，尽管迪伦没有谈论过兰波，但他肯定对法国象征主义感兴趣，因为他有一本关于象征主义的英译本，范·朗克在迪伦的公寓里见过。范·朗克认为，这种影响可以在迪伦后来的作品中看到。[16]迪伦彼时的女友苏珊·罗托洛向他推介了兰波。[17]罗托洛当时正在阅读兰波的作品，这“引起了他的兴趣”。[18]皮特·卡门（Pete Karmen）回忆说，在村里迪伦对他说：“兰波就是这一切的关键。那是一种有意义的东西。那就是我要写的那种东西。”[19]

迪伦从兰波那里得到了什么？伊恩·贝尔对将迪伦的影响归因于兰波感到相当不屑和恼怒。他明确表示：“他从这位法国人那里得到的是有关创造力的想法，而不是一种文学方法。”[20]他特别不满的是那些文学评论家试图通过引用其他诗人的句子中找到的相似之处来证实兰波对迪伦的影响。他没有明说指的是谁，但迈克尔·格雷和克里斯托弗·里克斯追寻的正是这一方向。例如，格雷暗示在歌曲《尊严》(专辑《哦，仁慈》）中，当迪伦唱道："我在一条颠簸的船上漂流在汹涌的河水中"，可能有对兰波《醉舟》的"略微的暗示"。同样，歌曲《真爱容易忘记》（《街头合法》）"这个周末在地狱中 / 让我汗流浃背"一句就回响着兰波的《地狱中的季节》。[21]

安东尼·斯卡杜托认为，迪伦希望像兰波一样为街头的普通人写诗。他坚持认为："在迪伦和他的同时代人身上有很多兰波的影子：兰波是一个傲慢、叛逆的年轻人，质疑政府、教会、教育家的权威，非常像格林威治村里街道上的猫或者凯鲁亚克式的流浪汉。"[22]迪伦在《编年史》中宣称，他发现兰波是"大事一桩"。他特别受到兰波一封信的影响，其中兰波说"je est un autre"（我是别人）。这句话与他产生共鸣，与他在"约翰逊（Johnson）的灵魂的暗夜和伍迪（Woody）高涨的工会集会布道以及《海盗珍妮》的框架中找到的东西相符"。[23]兰波的信还表达了将感官推向极限的代价，而迪伦在摩托车事故前就已经亲身体验过这一点。兰波宣称："痛苦是巨大的，但是你必须要忍受，为了生而成为一个诗人，我知道我就是这个。这不全是我的错。说我在思考是错误的：应该说我被思考。"[24]兰波是迪伦永远的灵感来源，不仅20世纪60年代象征主义在他的许多歌词中占据了主导地位，而且一直延续至今。帕蒂·史密斯意识到她和迪伦一直在朝着兰波的"感官紊乱"努力，以获得来自"痛苦、远行、探索"的知识。[25]史密斯为2011年版的兰波诗集《地狱中的季节》撰写了前言[26]，她于1975年首次与迪伦见面，之后成为密友。她代表迪伦在2016年的诺贝尔文学奖颁奖典礼上接受奖项，在典礼上她演唱了《暴雨将至》，这首歌就和迪伦对兰波的着迷有关。

马乔丽·佩洛夫（Marjorie Perloff）认为，这种类型的诗歌源自兰波，基于"不确定性和无从决定"的原则，其价值在于它是"构成性的而非指涉性的，焦点从意义转向能指的游戏”。[27] 这种诗歌有一个内在的动态，即陶醉于神秘之中，而不是分解神秘，不需要外部可理解的现实来赋予它意义。这就是洛尔迦所属的传统，也是迪伦·托马斯努力追求的诗歌理念。托马斯认为，诗歌“是它自己的问题和答案，自己的矛盾，自己的协议……诗歌只朝着它自身的终点前进，那就是最后一行。任何超越这个的事物是诗歌中存在的问题，而不是这首诗本身的问题”。[28]

洛尔迦和鲍勃·迪伦

对于洛尔迦在创作上施加的影响，迪伦的态度远不如科恩那样明确，但洛尔迦的影响力不仅仅局限于与兰波属于同一传统，尽管这本身并非微不足道。克里斯托弗·罗拉森毫不怀疑，在讨论鲍勃·迪伦时，要提到的主要西班牙诗人是洛尔迦。正如我们所知，在西班牙内战开始后不久，37 岁的洛尔迦于 1936 年被佛朗哥的法西斯分子处决。洛尔迦在“深歌”和弗拉门戈中都是诠释“魔灵”的权威。他会弹弗拉门戈吉他和钢琴，写自己的吉他作品。1931 年，洛尔卡在钢琴上给歌手拉·阿尔真蒂尼塔伴奏，录制了他自己编排和收集的十首传统西班牙歌曲。洛尔迦深爱吉他，并写了许多赞美它及其与深歌之间根连关系的诗歌。[29] 他的诗歌《六根琴弦》将吉他比作一只编织出了一个巨星的蜘蛛！[30] 迪伦的《蜘蛛》提到了“洛尔迦的坟墓”，唤起了这位西班牙诗人可怕的死亡。当迪伦因与莎拉·洛恩兹的激烈离婚而痛苦时，他引用了洛尔迦的《血婚》中毫不妥协的绝望意象。在备受低估的专辑《行星波》中，弥漫着一种绝望的氛围。这是继《约翰·韦斯利·哈丁》之后第一张表达情感深度和承诺的专辑，其中有一种愤怒和受挫的强烈情感，这种情感在20世纪60年代中期以来的经典专辑中从未如此明显。在《婚礼之歌》中，他宣称他爱妻胜过“鲜血”，在《走吧，走吧，离开》中，他坦诚对自己的明天毫不在意，但他正在回避关系中的暗礁，他讨厌自己的软弱，并在《去往自杀之路》(《哀歌》)。这是一种强硬的声音在宣布：“去吧，去为进步和末日机器唱赞歌，只要在能看得见的地方，裸露的真相仍是禁忌”(《哀歌》)。这是一张充满了对杜卢斯城的怀旧专辑，包括他在孩提时代玩耍的墓园（《关于你的这些》）和（《没有人，除了你》）中，欢乐变为哀愁，出现了“生命的骨头堆得高高”这一意象，在这个小镇他已成为陌生人。对杜卢斯的苦甜参半的怀旧之情体现在专辑背面的注释中，注释以一个孩子般的胡乱涂鸦的字迹写成，并压制在随后的专辑再版中。迪伦写道：“杜卢斯——波德莱尔居住的地方，戈雅下了赌注，而约书亚把房子拆了！”然而，和《血婚》不同，《行星波》带来几线积极的光亮，比如在《你，天使般的你》和《永远年轻》两首中。 罗拉森认为，洛尔迦和迪伦都将音乐与具体的地方联系起来，有情感上的认同，西班牙南部的深歌和弗拉门戈传统与美国南方的蓝调音乐之间存在着强烈的亲和力。《瞎子威利·麦科特尔》这首歌中，迪伦引用了象征着洛尔迦的吉卜赛人的熟悉意象：“木炭般的吉卜赛少女们/可以自信地昂首阔步/但没有人能像瞎子威利·麦克特尔那样/蓝调唱得那么棒。”[31]

解密迪伦

围绕迪伦歌词的分析产业蓬勃发展。自称为“迪伦学家”的学者们把自己的智力生活投入到解读晦涩的歌词和隐晦的引用中。[32] 这些人正如迈克尔·格雷所指的，是“迪伦解释者”，他们的“愚蠢目标是不停地说迪伦的歌曲是在讲什么”。[33]

对于迪伦的“指指点点”的指责歌曲或抗议歌曲，科恩所称的“实况报道”，这可能是完全合理的。了解戴维·摩尔（Davey Moore）是谁以及他是怎么死的，对于理解迪伦的《谁杀了戴维·摩尔》(《拾遗系列 1—3，CD1》) 至关重要，就像询问谁“只是他们游戏中的一个棋子”(《时代在改变》) 中的“棋子”，这些刨根问底不仅仅是好奇而已。然而，将这种方法应用于他的所有歌曲作品是不明智的。正如佩迪（Peddie）坚持认为的那样：

> 迪伦的抗议歌曲是他最不追求兰波风格的作品。例如，“威廉·赞兹杰尔杀死了可怜的哈蒂·卡罗尔”这一行，尽管赞兹杰尔名字中缺少了一个“t”，以及生物学上的事实，它的力量在于词语直接指向引用之物——实际上，这可能就是迪伦所称的“指指点点的谴责之歌”的定义。在一首这样的歌中，你需要清楚知道把你的手指指向哪里。[34]

像克里斯托弗·里克斯、基思·尼格斯和约翰·吉本斯这样的作者，格雷会认为他们的工作让“评论家”这一职业更有价值，这三位已经出版了很多书籍，声称对迪伦的歌词进行了解构，以达到最终的意义——但如此一来，就否定了这样一个观点：即歌曲对每个听众产生的意义各异。鲍勃·迪伦经常驳斥关于他作品的各种理论，宣称连他自己都不知道自己想要表达什么。这并非否定对他歌词的各种解释，但这确实引发了一个问题，即到底是作者的意图，或是听众的反应，还是两者共同赋予了歌曲其含义。

1967 年，法国文学理论家罗兰·巴特发表了他引发众人争论的论文《作者之死》，在其中提出结束“作者的暴政”，恢复读者在文本上的合法权力。巴特认为，读者的解释取代作者的意图。在巴特的模式中，当审视一段文本时，应该完全忽视作者，倡导在读者和作品之间进行闭环分析。[35]

巴特指出，读者的角色是从文本中构建意义，作者的意图并不是个体文本“真理”的最终裁决者。艺术家不需要意识到正在被表达的内容。在讨论文本时，不应考虑作者的生平传记。读者是文本意义的最终裁决者。这将文本留在了一个本质上非常模糊的形式，其信息在不同读者之间不断变化。

然而，斯蒂芬·斯科比认为，巴特关于“读者接受”的理论并不一定是将作者从文本中排除，而是在提示作者不应该支配文本。这不是指作者终有一死，而是指作者对文本意义所具有的权威或特权。因此，鲍勃·迪伦和莱昂纳德·科恩的生平细节可以用来解码他们的信息，而不是无视作者对歌曲意义可能产生的任何影响。在斯科比看来，艺术家生活中的关键事件无疑会塑造他们的歌曲，尽管他们自己可能没有意识到这一点。

保罗·威廉姆斯认为，让鲍勃·迪伦的音乐如此深刻地与人们产生共鸣的，不是他的生平细节或晦涩的暗示，而是他作品中的普遍性。威廉姆斯认为歌曲的意义是“与听者在其中听到和感受到的”[36]。对歌曲的持续分析所带来的问题，是因为每个人都会将自己的听歌体验投射到歌曲中，导致很难达成共识。威廉姆斯将讨论迪伦的音乐用批判性的术语比喻为试图给出“多维体验的一种线性描述”[37]。这并非是对他的作品的批判性分析置之不理。阅读他人对迪伦和科恩作品的回应可以拓宽我们自己的欣赏，并为歌曲添加另一层意义，但我们必须意识到，说到底歌曲是一种深刻的个人体验，其意义无法被完全固定或确凿无疑的。艺术之所以重要，是因为它能够唤起观众在日常生活中沉睡的思想和情感。与艺术的互动让个体能够以不同于平时的方式看待世界，探索他们以前未曾考虑过的想法，并与自己的情感核心产生联系。正如格雷尔·马库斯所说，“我从来没兴趣去弄清楚歌曲的意义。我只是对弄清楚自己对它们的回应感兴趣”。[38] 他指出，迪伦和科恩的歌曲之所以如此有感染力且深受观众的喜爱，正是因为它们没有预设信息，而是允许每个听众自己体验，没有来自作者意图铺就的安全轨道和指示牌。

迪伦在音乐创作上远不如他在歌词创作方面来得那么克制，因此我们应该更加重视他对歌词的强调。在接受琼·贝兹的妹婿理查德·法里纳（Richard Farina）的采访时，迪伦认为：“重要的不是旋律，兄弟，而是歌词。我才不在乎旋律呢。”[39] 他对罗伯特·谢尔顿坦言道：“我认为自己首先是诗人，其次才是音乐家。”[40] 大部分评论，除了过度关注生平之外，都不太关注音乐本身，除非是为了解释不同的音乐风格，而是关注那些发挥最好的情况下，对许多评论者来说达到了诗歌水准的歌词。迈克尔·格雷和克里斯托弗·里克斯非常认真地对待迪伦的歌词，将其作为独立的诗歌作品或具有更广泛的生平、历史或文学 / 诗歌指涉来分析。格雷主要著作中的大部分都致力于迪伦的晚期作品，而且在著作中也更加严厉地对待迪伦晚期的作品。里克斯对迪伦的整个创作产出几乎给予了同等的重视。[41] 通常，对迪伦歌词的解释形式是解读歌曲中明显或隐藏的意义，例如已故的迈克·马克西（Mike Marqusee），他承认迪伦的作品是艺术，将其视为个人对时代的态度，而不是对时代的反映。[42]

现在，我们来探讨评论家们如何解释迪伦，并指出他们方法中的一些明显缺陷。正如柯林伍德很久以前所认识到的，提出正确的问题是得出正确答案的先决条件。[43] 当面对不同的关于“阅读”迪伦歌词诗的适当方式的观点时，我们如何区分这些主张的有效性，如果我们确实能区分的话？我们应该如何阅读迪伦？如果我们要以不同的方式阅读不同类型的诗歌，这些类型又该如何区分？

例如，克里斯托弗·里克斯区分了关于历史事实的歌曲，就像科恩所称的“报道性质”，例如“哈迪·卡罗尔的孤寂之死”和“只是他们游戏中的棋子”以及那些存在于神话世界中的歌曲，因此其“真理要以其他方式来测试和展现，而不是在历史中”。[44] 在关于迪伦的评论和批评分析中，这种区分的变体、修改和拒绝认可充斥其中。

我们想要探讨的第一个主张在关于迪伦的文献和网络讨论中非常普遍。这就是格雷所说的“蠢脑子”。它的特点是在歌曲或诗歌中寻找地点、人物和物体的对应参照，无论它们在“现实”世界中是多么隐晦，多么和诗歌本身没有关联。第二种解释方法是寻找参照或影响，无论是音乐还是诗歌方面的。对于格雷来说，这是唯一合法的文学批评形式。[45]

第一种方法，寻找歌曲中的人物、地点和物体的参照，假定你对歌曲所指的事物和人物了解得越多，你就越能欣赏它。以《肯定是第四街》为例，这是紧随《犹如滚石》发行的单曲，录制于 1965 年纽波特民谣音乐节之后的四天。它常被解释为迪伦对他的朋友和民谣运动的犀利批判，歌名指的是他当时在格林威治村第四街上的居住地。事实上，在《编年史》中，迪伦告诉我们，在他和女友苏珊·罗托洛分道扬镳之前，他俩在第四街的公寓里一起度过了很多时光。尽管迪伦否认自己与民谣社区和朋友的疏远正是这首歌的主题，但似乎对其解释者毫无影响。合理的回应可能是，迪伦和真相从来都不是亲密的熟人。[46]

另一种观点是，明尼阿波利斯被认为是歌曲中的地点，因为迪伦曾在那里上大学，而明尼阿波利斯刚好有一条第四街。他后来从明尼苏达大学辍学，这可能解释了歌词中的尖刻言辞，并暗示他之前的朋友和丁克镇周围的学生是这首歌的目标。托比·汤普森在追踪迪伦在明尼苏达的足迹时，提出明尼阿波利斯的丁克镇的人们都认为《肯定是第四街》是关于同名的那条街；这是迪伦逗留、社交以及在“学者”和“巴士底狱”咖啡馆演唱的区域。汤普森说：“对于鲍勃来说，第四街代表了所有这些，社交场景，大学的恶俗……老民谣人。”[47]

再举一个例子，我们来看看《就像一个女人》(收录在《金发女郎》专辑)这首歌以及通常伴随它的故事。[48]这首歌出现在电影《再见，曼哈顿》(由伊迪·塞奇威克主演)的配乐中。伊迪·塞奇威克在1970年电影完成后去世。她出生于富裕的家庭，既是时装模特，又是演员，1965年与迪伦同时居住在切尔西酒店。她是安迪·沃霍尔许多电影的主角，常常与沃霍尔的工厂朋友一起出现。塞奇威克和迪伦在1966年初有过一段短暂的关系，结束的原因是沃霍尔告诉她迪伦已经与莎拉结婚。这发生在迪伦从纯洁民谣过渡到疯狂摇滚的时期。[49]塞奇威克在她的身体里倒入各种各样的药物鸡尾酒，以极端的方式生活，由于安非他命和巴比妥酸盐的恶性循环，她的情绪也剧烈波动，以跟上她疯狂的生活方式。她有自我毁灭的倾向。她外表华丽而自信，掩盖了内心深处的脆弱。如果从这个角度来理解，歌词中的几行是关于一个可识别的女人的陈述，许多女权主义者认为这种陈述是居高临下且性别歧视的。[50]如果真是如此，那么询问这些陈述的真实虚假与否也算正当：

没有人需要猜测
那个女孩不会受到祝福
直到她最终看到，就像所有其他人一样
带着她的迷雾，她的安非他命和她的珍珠

这种方法往往倾向于将细节置于歌曲之上，歌曲的外部参考变得比歌曲本身更加重要。但是，收集关于歌中这一主题的新事实是否有助于更好地理解它的含义呢？

作者看起来似乎想让我们与外部参考建立联系，但这些参考可能有意地用来模糊而不是使之清晰，使之更加复杂化而不是去阐明。围绕着《瘦子之歌》(《重访 61 号公路》) 存在着无休止的猜测。马克・波利佐蒂指出，这首歌延续了《犹如滚石》(《重访 61 号公路》) 和《肯定是第四街》(《放映机》，并于 1965 年作为单曲发行）中的控诉之风。[51] 菲尔・奥克斯（Phil Ochs）坚持认为，在那个时候遇到迪伦就像“走进了一个脱粒机”。[52] 滚石乐队的布赖恩・琼斯通常被认为是歌中的主题，他是迪伦的朋友。迪伦总是对这首歌中愤怒的对象具体是谁保持回避。大家还认为布赖恩・琼斯在《我想要你》这首歌中也被涉及，歌词中写道：“现在，你那个穿着中国风舞蹈服跳舞的孩子 / 他对我说话，我拿走了他的笛子”，以及“因为时间站在他这边”。琼斯穿着缎子的中国式夹克，吹奏笛子，而且滚石乐队在 1964 年以《时间站在我这边》一曲首次进入美国前十名。[53]

波利佐蒂得出结论，对于《瘦子之歌》以及《犹如滚石》等歌词来说，试图将一个特定的个体与这个角色联系起来最终是愚蠢的游戏，同样可以说琼斯先生是我们所有人——正如奥利弗・特拉格（Oliver Trager）所称的，他是一个“复合刺激物”。[54] 这首歌是迪伦经常演唱的为数不多保留了最初那种刺痛的节奏和语气的歌曲之一，而且也没经过大量的修改处理。

让我们再看两个例子：首先是专辑《重访 61 号公路》的同名歌曲，正是这首歌让迪伦成为明星。当然，“61 号公路”是一首古老的蓝调歌曲，许多早期被迪伦视为楷模的歌手在不同版本和标题下录制过，它蜿蜒而过的路线和城镇并不总是被忠实地再现。迈克尔·格雷和约翰·吉本斯都追溯了“61号公路”的蓝调和地理的关联。“重访”一词被认为既指代了影响迪伦青年时期的蓝调音乐及其演唱者，也指向了穿过他故乡明尼苏达州杜卢斯的公路。吉本斯花了26页的篇幅来讨论这条公路的路线以及著名蓝调演唱者的出生地或居住地。[55]然而，这些信息对歌曲本身并没有什么帮助，事实上这首歌并未提到任何地点或蓝调歌手，而是利用了公路的象征意义，作为不同叙述片段的发生地。这些片段从亚伯拉罕的《圣经》故事的重新定位到可能的第三次世界大战的位置。换句话说，61号公路是一个意象，与其他意象被放置并连接在一起，它们共同的发生地就是这条公路。我们所了解的真实的61号公路的信息并没有增加我们对歌词的理解。如果主题是“66号公路”，这条公路从芝加哥延伸到洛杉矶，正如查克·贝里（Chuck Berry）的那首经典歌曲所描述的，作为一种旅行指南，这样倒可能是有关联。查克·贝里这首歌突出并推荐了沿途的城镇和城市，给计划前往西部的人准备，以获得在66号公路上可能享受到的快乐。

在61号公路上，你得到的会比你预期的更多，一千部无用的电话；一个被福利部门拒绝提供衣物的人；第二位母亲的第七个儿子；在第十二个夜晚的第五位女儿；以及在一个临时看台上的廉价座位里观看下一次世界大战。

那么，那些将这首歌与公路本身铆定在一起的人寻求的是什么意义？这是否是弗雷格*在语言使用中的句子的意义和指称之间的关联？弗雷格还添加了一个额外的区别，他认为这与表达的意义无关，他称之为词语的“色彩”。因此，在句子中使用“家伙”（guy）、“小伙子”

* 弗里德里希·路德维希·戈特洛布·弗雷格（Friedrich Ludwig Gottlob Frege，1848—1925），著名德国数学家、逻辑学家和哲学家。数理逻辑和分析哲学的奠基人。——译者注

（chap）或“兄弟”（man）作为同义词是一种色彩，而不是提供命题。句子的意义与字典中单词的定义有关，与句子上下文中的相关内容有关，或者至少与可能影响表达的、真正有价值的相关内容有关，以及那些词所指的事物，即词的指称。

基本上，通过将伊迪·塞奇威克确定为迪伦这首《就像一个女人》的主题，我们能够确定歌曲中陈述的真实性。在这方面，我们理解诗歌就像理解其他任何陈述一样，是作为对世界的陈述。在与寻找参照物相关的方法中，意义与作者的心理状态等同，也就是与作者的意图等同，建立上下文可以帮助我们理解意图。

然而，即使我们一定程度上得以确定歌曲主题的情况下，它的意义也可能并不总是与作者的意图相一致。在《放映机》（拾遗系列中第1—3辑）附带的小册子中，迪伦揭示了即使是那些可能符合“事实”或具有“报道”特质的歌曲，有时也可能出现这种情况，比如《永远年轻》这样的作品：

这些词来到我这里，一分钟就完成了。我也不知道。有时候这就是你得到的东西。你得到像这样的东西。你不知道自己想要什么，但就是这样出现了。那首歌就是这样产生的。我当然不是有意要写它。[56]

第二种方法类似是在寻找参照、暗示和相似之处，但与其寻找地点、人物或事件的不同，不如在诗歌和音乐来源的影响中进行识别。这种方法由约翰·格雷、克里斯托弗·里克斯（两者都非常倾向于F.R.利维斯）以及格雷尔·马库斯所代表。这个假设是，如果我们能够发现某人在其他地方写过或演唱过类似的内容，将增加我们对迪伦写过和演唱过的内容的理解。这三位评论家对于格雷称之为“表面信息搜索”的做法不以为然。[57]

因此，问题仍然存在，这种替代方法是否仅仅是另一种只追寻影响力的肤浅方式，一种通过巧妙运用百科全书式的诗歌知识或蓝调歌词知识，使评论家能够将迪伦歌曲中的词语和短语与其相对应？这些相似之处几乎总是通过主观直觉和灵感闪现联系在一起，而不是通过证据。这些联系是颇为印象主义和脆弱的，以故意不精确的语言表达出来，就像本章开头所示的与迪伦·托马斯的诗歌相似之处的例子一样。

将鲍勃·迪伦的作品与其他诗人联系起来时，格雷使用连接线诸如"在我看来，它包含了许多重要英国诗人的回忆"；它"有时让人想起约翰·邓恩"；"这些技巧相似"；"似乎模糊地提醒"；"存在着明显的对应关系"；"轻微的对应关系"；甚至"完全的回响"。我们还被告知"迪伦也从帕钦*那里继承了一些观念，我认为——也许只是从帕钦所创造的环境中继承来的"。[58]

尽管在某些解释的具体内容上存有不同意见，里克斯在很大程度上对格雷的解释方式持同情态度。[59]在将迪伦的歌词与伟大的诗人作品联系起来这一点上，里克斯同样富有想象力，使用了类似的印象主义、不精确和故意模糊的词语和短语来建立联系。当里克斯讨论《来自低地的眼神悲伤的女士》作为贪婪罪的一个例子时，他与阿尔伽农·查尔斯·斯温伯恩进行了比较。他认为斯温伯恩的《多洛莉丝》不一定是《来自低地的眼神悲伤的女士》的源头，迪伦也不必明里暗里提及这首诗歌，以"照亮"这首歌的艺术性。里克斯暗示迪伦在《来自低地的眼神悲伤的女士》中使用"看透"（outguess）一词"与斯温伯恩的'特大号'（outsizing）、'爱得更长'（outlove）、'瞪视'（outface）和'比

* 帕钦（Kenneth Patchen，1911—1972），美国诗人，作家。——译者注

我们爱得更长'(outlove us)相吻合”。[60]里克斯继续声称,《多洛莉丝》“可以被视为迪伦歌曲的预言,一首迷人的催眠歌”。[61]在讨论迪伦的《蝗虫的日子》时,里克斯断言,使用“小鸟儿”一词时,迪伦正在“呼唤罗伯特・彭斯的歌”。[62]换句话说,迪伦在用词语做各种各样的事情,没有意图、安排或设计,而斯温伯恩则展示了在预测未来形态方面的卓越才能。

然而,寻求影响和起源是对于无限回归的倾向。说“迪伦与艾略特都使用了城市的意象,表达了城市幻灭感”[63]将引发无限回归的过程。迪伦与许多其他诗人都表现了这一点,包括波德莱尔、兰波和洛尔迦。

马库斯遵循更加微妙、复杂、真实的推理线索,唤起了迪伦与之联系的美国景观。在探索《地下室录音带》的广度和深度时,他试图捕捉迪伦和乐队“从空气中带走”的东西,以及在他们的歌曲中回响之物。他们捕捉到的不是抽象概念,而是美国历史上真正的儿女们的幽灵,在《美国民间音乐选集》中显现出来,这是由哈里・史密斯编撰和制作的“美国民间音乐复兴的奠基文本”。[64]这部选集包含了在1927年至1932年之间录制的84首歌曲,正值民间音乐的销售受到大萧条的毁灭性影响的时期。这五年捕捉到了美国地区音乐的多样性,是在“留声机、收音机和有声电影开始融合当地类型之前的时代”[65]。对马库斯而言,《地下室录音带》实际上是这部选集的“起步版本”。

过去是另一个国度

欣赏歌词的第三种方法是放弃认为理解其意义必须通过其提及的外部参考联系起来,或者与其他诗歌或歌曲之间可能引发的相似之处,采取迪伦·托马斯的态度，即诗歌是自足的，终止于最后一行。这些词不应被视为一种陈述或可以“事实核查”的命题，也不是可以通过确认它们与其他诗歌或歌曲的“一致性”来验证的命题。这些词更像是艺术家调色板上的颜料，用来绘制强有力的图像，在没有明确意义或命题的情况下引起我们的情感共鸣。保罗·威廉姆斯也持这个观点，他写道，问真正的鲍勃·迪伦是谁，以及他到底想要说什么，严格来说，这些问题是没有答案的。威廉姆斯认为，他听《来自低地的眼神悲伤的女士》，感受到这首歌并且陶醉于其中的意象，因为作曲家成功地传达了一种情感，尽管“我仓库的双眼和我的阿拉伯鼓”这句歌词对他甚至对作者本人而言都没有明确的含义。然而，在欣赏这首歌的过程中，它们与他产生了联系。对威廉姆斯而言，艺术不是被解释，而是被体验。[66] 在他看来，《地下室录音带》标志着迪伦有意超越了有意识的陈述。

约翰·哈里斯在引用《我想要你》的前四行之后惊呼道：“这是关于什么的？可能这个问题并不那么重要。它听起来很美……”[67] 某些类型的诗歌，比如那些属于象征主义、抽象主义、超现实主义以及珀洛夫将其归类为“不确定性和无法决定性”的范畴，它们不适合进行过度分析和询问以揭示其意义：“形式的美和说唱中的音乐性是批评所摧毁的，而哲学对其态度至多就是漠不关心，然而它们是诗歌所必需的元素。”[68] 诗人、艺术家与哲学家和其同类分享着某些东西，这一点应该不会让人觉得惊讶。事实上，毕加索对于他对昔日艺术的掠夺毫无歉意，他将它们改造并使之成为自己的作品。他最著名且政治性很强的画作之一《格尔尼卡》，就是受不同风格影响的拼贴，包括西班牙中世纪的肖像。

从他的第一张专辑开始，迪伦并不排斥掠夺过去，将歌曲和民谣标准转化成适合他的独特且有影响的风格。然而，他在声称自己的创作权方面比后来要保守一些。《鲍勃·迪伦》专辑中包含了各种类型的歌曲，有传统歌曲，比如《货车蓝调》和《日升之屋》，他从戴维·范洛克那里“借用”了它们的编排；有他创作的歌曲，如《献给伍迪的歌》和《说说纽约》；有由他编排的歌曲，如《福音之犁》和《一直悲伤的男子》；还有一些由著名蓝调音乐家创作的歌曲，如《她一无是处》（杰西·弗勒）、《准备好了赴死》（布迦·怀特）和《看顾我的墓地，让它保持清洁》（盲人莱蒙·杰弗森）。这些没经他亲手创作的歌曲和原作之间几乎没有相似之处。在专辑《自由放任的鲍勃·迪伦》中，众所周知，迪伦从英国和爱尔兰民谣传统中窃取了旋律，在 1962 年 12 月至 1963 年 1 月间迪伦前往英国，在 BBC 的剧目《城堡街的疯人院》中扮演“鲍比”。他“借用”了马丁·卡西的编排中的旋律，例如借用《富兰克林老爷》的旋律创作了《鲍勃·迪伦的梦》，借用《斯卡波罗集市》的旋律创作了《北国女孩》。在《时代在改变》中，他继续借用旋律。《上帝站在我们这边》的旋律取自爱尔兰民谣《五月的欢乐时光》，多明尼克·贝汉（布兰登的兄弟）为其歌曲《爱国者游戏》使用过这个旋律，当时在格林威治村由“克兰西兄弟”演唱。他们还演唱了传统的爱尔兰歌曲《离别之酒》，迪伦使用了它的旋律创作了《不安的离别》。

剽窃还是借用？

在整个职业生涯中，尤其是后半段，鲍勃·迪伦使用了一种类似大卫·鲍伊和作家威廉·巴勒斯的创作方法。其先驱可以在乔纳森·斯威夫特的《格列佛游记》（1726 年）中找到。拉加多学院的一个房间里有一个巨大的机器，其中包含拉普塔语言的所有词汇和声音。一旦启动后，它会生成随机的单词组合，有时构成句子的一部分。当完善后，它将取代通常费时费力的方法，用于创作艺术和科学作品。教授告诉格列佛，他的发明可以让任何一个最无知的人通过支付合理费用，再加上极轻微的体力活动，就可以撰写哲学、诗歌、政治、法律、数学和神学方面的书籍，完全不需要天赋，也不需要学习。[69] 当凯特·帕蒂将《塔兰图拉》描述为“并未完全符号化整合——它更像是一个由拼贴在一起的场景构成的诗歌，这些场景只有在相互的关系中才产生可能的意义”[70]，她的这一观点更接近创作的真相，虽然她自己可能并没有意识到。

在接受保罗·J. 罗宾斯的一次采访中，迪伦提到正在写一本暂名为《录制外的鲍勃·迪伦》的书，次年以《塔兰图拉》为书名出版[71]，迪伦暗示他正在实验这种方法。他问罗宾斯：“嘿，你喜欢类似切割拼贴的东西吗？我的意思是，像威廉·巴勒斯那样？”他接着说：“是的，就是这样。”他坚持说他不能把书中的内容唱出来，因为它们都是“拼贴品”，“没有押韵，全都切碎了，什么都没有，除了正在发生的东西，也就是文字”。[72]

威廉·巴勒斯的写作方法是将文本随机切割，并将它们粘贴在一起以创建文本。大卫·鲍伊则通过计算机来实现相同的效果，以激发和生成新的意象或对熟悉事物的新看法。[73] 鲍伊的专辑《外部》(2003 年)的歌词内容就是通过这种方式制作。鲍伊声称他并不是唯一使用这种方法的人。这是很多诗人常用的方法。

迪伦曾经向琼尼·米歇尔透露，从他职业生涯的中期开始，他的歌曲是由“盒子”创作的。他解释说，他不断地从电影和他听到的人们说的话中记录下来。他把所有的碎片放在一个盒子里，然后用它来创作歌词。在她看来，这并没有削弱歌曲的质量，因为迪伦仍然把这些碎片拼凑在一起。[74] 这解释了为什么迪伦的专辑《帝国滑稽戏》中出现了来自哈梅特的《马耳他之鹰》的对话片段[75]，以及来自美国内战时期鲜为人知的诗人亨利·蒂姆罗德的七首诗歌中的十多行出现在《摩登时代》中，证实了迪伦所做的类似“取样”，而不是抄袭。虽然这张专辑里对蒂姆罗德的借用比较集中，但它也“取样”了许多其他来源，包括伟大的蓝调歌手罗伯特·约翰逊、马迪·沃特斯、孟菲斯·米尼、桑尼·博伊·威廉姆森和盲人莱蒙.杰弗逊，以及科尔·波特、霍吉·卡迈克尔和杰罗姆·克恩等伟大的美国作词家。罗伯特·波利托认为：“迪伦为《爱与窃》重新打造的程度无处不在，非常巧妙。如果有一天我们发现专辑中的每一句话——无论多么亲密或迪伦式——都可以追溯到另外的歌曲、诗歌、电影或小说，我都不会觉得惊讶。”[76]

回到兰波

在查尔斯·布列塔尼的鼓励下，阿蒂尔·兰波学习了东方哲学和卡巴拉哲学，以其神秘和超自然的维度，形成了将诗人视为有远见的人或预言家的观点。1871 年，他写道，他正在努力成为一个预言家，他的意思是通过“扰乱所有感官的方式朝着未知前进。痛苦是巨大的，但必须忍受它，以成为一个诗人，我知道，那就是我。”[77] 兰波没有一个可以统一他整个作品的诗歌风格，而是发展了他频繁采用的各种风格。1873 年，他出版了唯一他认为完成了的作品《地狱的季节》。[78] 兰波最后的主要作品由保罗·魏尔伦编纂而成，主要是散文诗，夹杂了一些韵文。对兰波来说，散文诗是一种从传统韵诗的束缚中解放出来的形式。瓦特·梅森认为，《照明》中包含了兰波创作的最直接和生动的意象，其中每个意象几乎都是独立自足。[79] 例如，《照明》中的《野蛮人》，其中每个词、一系列词和句子都是单独的笔触，油画刀留下的长条，构成了每个对象都独立自足的图画，创造出闪回动画、令人不安和栩栩如生的并置图像，冲击着感官，打破了地点和时间的平衡：

远离季节和日子，生命和土地，
肉体之旗在丝绸般的大海和北极之花上鲜血淋漓（它们并不存在），
幸存的古老英雄的号角声仍冲击着心脏和大脑，远离了
早期的刺客……
来自地狱的夹着冰霜与雹子的强风——如此甜美！钻石雨中燃烧的火焰，
风，被一颗凡尘之心投掷，无休止地烧成黑色，为我们……

对于洛尔迦而言，兰波是一个穿着“杂耍演员的绿衣”且拥有“魔灵”的诗人。[80] 在洛尔迦看来，这种理性的错乱是兰波的概念的一部分，即通过使感官迷失，解脱智力，将灵魂转化为魔怪。赫尔曼·梅尔维尔是迪伦在他的诺贝尔演讲中称为影响他的主要诗人之一，他也拥有“魔灵”的黑暗能量。梅尔维尔是在他所谓的世界中的邪恶知识下写作的。梅尔维尔谈到他的杰作《白鲸》时说：“我写了一本邪恶的书，之后就感觉像只无邪的羔羊。”[81] 爱德华·赫希尔认为《诗人在纽约》是洛尔迦的《地狱的季节》（兰波），是他的《荒原》（T. S. 艾略特），他的《地球上的住所》（巴勃罗·聂鲁达），他的《俄耳甫斯之歌》（迪诺·坎帕纳）。这是“具象化了他的恶魔观念，他‘魔灵’的典范”。[82]

艺术是情感表达这一观点虽有争议，但却得到广泛的支持。保罗·威廉姆斯在讨论迪伦的艺术表现时，将其描述为情感的表达，并强调了表演者在特定时间的感受。[83] 这与洛尔迦对“魔灵”中的表演元素的强调相关。我们看到，过分强调“魔灵”可能会使风格与内容分离，

也就是将表演与歌曲分离。在艺术世界中，以国际克莱因蓝为例，这是由伊夫·克莱因与埃杜瓦·亚当共同开发的一种颜色。这种颜色的强度通过聚乙酸乙烯聚合物黏合剂保存，效果如此强烈，以至于它本身成为了艺术，超越了形式和内容。例如，1958 年在旧金山现代艺术博物馆展出的《无题蓝色单色画（IK74）》。迈克尔·奥克肖特强调了艺术的自我指涉和非命题性质，即艺术为艺术本身。迈克尔·奥克肖特将诗歌理解为一种特定的想象方式，与实际、科学或历史图像不同。他认为，将人类对话中的诗歌之声与其他声音区分开来的是其活动的方式，或者海德格尔所称的此在（Dasein）——存在于世界中。艺术或诗歌活动就是在为图像本身而制作的过程中沉思或愉悦。与其他论述的习语中的图像相比，诸如实际生活、科学和历史，它们是“纯粹的”图像。它们不是关于世界的事实，因为它们不是命题，因此真理和虚假这样的术语不适合用来欣赏它们。你不会询问这些图像，这是否可能发生，是否可能或仅是幻觉或虚构，因为提出这些问题就设定了事实与非事实之间的区别，这在诗意的沉思想象中是不合适的。当凯特·梅卢亚演唱迈克·巴特的歌曲《九百万辆自行车》时，是否北京真有九百万辆自行车并不影响对这首歌的欣赏。当然，这并不能阻止好奇的人们想知道这个数字是否准确！有一名为“歌曲含义 + 事实”的网站致力于揭示歌词中的“真相”，并得出结论称，2005 年的北京大约有九百万辆自行车这种假设是合理的！[84]

此外，这些图像是当前的图像，它们没有过去或未来。人们喜欢它们是因为它们就是如此，而不是因为它们与之相关的事物，即可能激发它们的场合。一张照片可能会撒谎，如果它声称是其拍摄对象的真实样子，但是诗意的图像不能撒谎，因为它既不肯定也不否定任何事情。它是否忠实地代表了主题，与它是不是一件艺术品无关。

塞尚的《普罗旺斯的岩石风景》是由不规则的彩色形状组成的构图，这些形状一起构成了一件艺术品，其艺术品质并不取决于它是否忠实地代表了普罗旺斯。对于毕加索的《阿维尼翁的少女》也同样可以这样说，其呈几何角度的彼此并置的色块既不代表，也与其声称要代表的外部现实无关。前往阿维尼翁寻找类似于毕加索的少女必然会令人失望。梵高的《星夜》的吸引力不能从它对一个没有地图的旅者在夜晚借助星座的排列从一个地方到另一个地方的实际或科学的用途来评判。塞尚、梵高和毕加索的绘画仅存在于他们创造的诗意图像中。沉思图像的排列和修辞是区分不同诗人或艺术家的特点，这些象征物不可互换；将一个作为同义词替代另一个会毁坏图像。

奥克肖特坚持认为，诗意图像只是图像，因为在诗歌中，象征（语言）与意义（思想）之间的关系与在非诗歌思维方式中的象征与意义之间的关系有所不同。R. G. 柯林伍德在这方面与奥克肖特持相同观点。在《心灵之镜》(*Speculum Mentis*）中[85]，柯林伍德通过区分艺术、宗教、科学、历史和哲学之间在象征与意义之间的不同关系，将它们从彼此区分开来。在我们的实际生活中，例如，每个象征，或者说是每个词语，都具有明确的指涉或意义。在奥克肖特看来，指涉越明确，交流就越好。如果我要买一条面包，我正在使用一个象征来唤起一个图像，而不是创造一个图像。我并不试图赋予象征一个新的细微差别。我只是希望在共享的固定语言中被理解。换句话说，意义和象征是不同的，但并非完全可以分离，因为在这方面"每个词都有其恰当的指涉或意义"。[86]象征可以与我们传达意义的方式分离。艺术或诗歌不同的原因在于象征与意义之间没有分离：诗意图像就是其意义，它不象征它自身之外的任何东西。[87]

洛尔迦使我们能够进一步细化对诗歌的理解。洛尔迦的《纽约诗集》反映了他对一个广阔而无情的城市景观的不安，对其贫困、堕落、隔离和暴力感到不安——这种痛苦似乎无法解释。这些诗篇标志着洛尔迦风格上的重要发展，从想象的诗歌转向灵感的诗歌。这一区别在第八章中有详细阐述，并且与迪伦和科恩的歌词相呼应。

鲍勃·迪伦的发展可以分为三个重叠且同时发生的阶段，与兰波、柯林伍德、奥克肖特和洛尔迦所确定的三种诗歌类型相对应。首先，艺术作为魔法，意味着有意激发情感以达到特定的实际效果，这在“指责”和“抗议”两种类型的时事歌曲中得到体现。在“指责”这一风格中，诸如《让我死在我的足迹里》《谁杀死了戴维·摩尔》《哈迪·卡罗尔的孤寂之死》《只是游戏中的一个棋子》《乔治·杰克逊》和《飓风》，等等。在这些歌曲中，犯罪行为及其肇事者被明确指认；有时整个社会可能都有罪责。

早期的抗议歌曲在其意图上显然是命令性的。它们在目的和实际效果上都是预先构想的。大多数甚至为听众提供了道德教训。这些歌曲的目的是在情感上激发观众，将这种情感引导到对政治事业的积极支持上。一些直接敦促行动，换句话说，呼吁观众对特定的情况或不公正的行为采取行动。《让我死在我的足迹里》就是一个典型例子：

如果我拥有红宝石、财富和王冠
我将购买整个世界并改变周围的一切
我将把所有的枪支和坦克扔进大海
因为它们是历史的错误。

在 1963 年的一次采访中，迪伦明确表达了他的意图：“我音乐中呈现的是一种行动的召唤。”[88]

抗议歌曲从原则上区别于“指责”歌曲，因为它们更加微妙，表达了对结构性的或经济的不公，以及社会中的腐坏元素或腐败趋势的愤怒。在歌里追究了不公正，意想不到的关联因此显露出来，并将意象嵌入到表达政治观点的场合或情境中，往往比“指责”类歌曲来得更为微妙。其中包括《地下乡愁蓝调》《自由的钟声》《工会日落》《邻里的霸凌》《一切都很好》和《最卑劣的谋杀》。

以下面两首歌曲为例，它们是“时事”歌曲，但并未直接指责任何人，也未提供解决方案，但它们属于“抗议”歌曲。在《一切都很好》（《共渡此生》专辑，2009 年）中，迪伦运用讽刺手法发挥了最大限度的效果，就像他在整个职业生涯中一样。这首歌的标题引起了人们的乐观期望，然而这种情感被歌词和音乐内容所削弱。它描绘了一个正在瓦解、濒临崩溃的世界，充满了《启示录》的氛围，撒谎的政客、破裂的婚姻、灾难性疾病和对谋杀的指责。这是对虚伪自恋者和特权精英的嘲弄和蔑视，他们总是轻浮地回应说，尽管失败不断，但一切都还好。

《最卑劣的谋杀》指的是 1963 年约翰・F. 肯尼迪遇刺事件，而这首歌恰好是《粗砺喧嚣之路》专辑的首支单曲，于 2020 年 6 月发布。《最卑劣的谋杀》是迪伦第一次登上单曲排行榜榜首，但与他主要的抗议时代的歌曲模式不同。这首歌经常被朗诵，而不是唱出来，几乎没有人声旋律，也没有和声伴唱，只有“最卑劣的谋杀”这句歌词的重复。这首歌回顾了当代美国历史，不断地涉足文学和更遥远的过去，提供了意象，所有这些都由肯尼迪遇刺的这条线索连接在一起。

这一事件常常被引述为迪伦职业生涯的转折点，他从抗议运动的中心舞台退却，融入“垮掉的一代”反文化的怀抱。他对肯尼迪遇刺事件怀有一种病态的好奇心。他曾参观过现场，20 世纪 90 年代拍卖的一份文件据称是他本人写下的关于当时的记录，但迪伦否认了这份文件的真实性。尽管如此，他对于描绘李·哈维·奥斯瓦尔德*和杀死奥斯瓦尔德的凶手杰克·鲁比的肖像仍然充满了兴趣。[89] 这首歌不仅仅是图像和文化参考的大杂烩，也是一种政治干预。迪伦明确接受那种说法，即肯尼迪遇刺是由一个秘密的阴谋集团所为，他们意图夺取权力并通过将杀人罪归咎于流氓枪手李·哈维·奥斯瓦尔德来转移真正目的。这是一个巨大的欺骗罪行，欺骗了迪伦这一代人，削弱了民主制度。

其次，我们可以通过引用那种表达他个人更深的情感和动荡情绪的一类作品，进一步区分迪伦的诗歌，这种类别仍可以称之为“报道”，但更像是洛尔迦的想象诗歌，其中某一时刻的混乱被凝结在一系列图像中，试图理解某个时代、地点、人物或事件，例如：《我的副刊新闻》《平平无奇的 D 之歌》**《你是个大姑娘啦》《如果你见到她替我问个好》《来一针爱》《大多数时候》《天还未暗》《万物备于我》和《我已下定决心献身于你》。

以《我的副刊新闻》为例。这是一首抒情诗，表面上可能被认为是一系列意象：“深红的火焰穿过我的耳朵 / 高而强力的陷阱滚压而来。”但如果仅仅将其视为图像，歌曲的意义就会丧失。尽管它并没有采取叙事的形式，但了解它的指涉对象会让我们对它产生不同的欣赏角度。这是一首自我批评的歌曲，批评自己经常以确定性和绝对性的口吻交谈，但自己并没有意识到自己的过于傲慢和自以为圣洁。这是对那些他认为曾经利用并试图控制他的人的含蓄批评，也是对自己轻易被愚弄的批评：

---

* 李·哈维·奥斯瓦尔德：刺杀肯尼迪的凶手。——译者注

**《平平无奇的 D 之歌》：此处的 D 是指迪伦自己。这首歌写的是他和彼时女友苏珊·罗托洛之间的紧张关系。——译者注

“平等”，我说出这个词
像是一个婚誓。
啊，但那时的我老气横秋，
现在我更年轻。

迪伦最有张力的作品之一是《暴雨将至》。在这首歌中，迪伦没有以任何直接的、叙事性的或描写性的方式表达他的情感，而是以抽象的方式，常常以不连贯的意象来表达，不是通过故事或情境的描绘，并且我们怀疑他是否有意引起观众任何特定的情感以产生实际效果。歌手回应了一系列由一对有好奇心、不带偏见、关心孩子的父母角色提出的问题。这些问题很简单：你去了哪里？你看到了什么？你听到了什么？你遇到了谁？你现在要做什么？答案是一系列引人回味的意象，大多数都不连贯，但在前三节中，数字 10000 重复出现。他在“坟场的口中走了 10000 英里”；看到“10000 个说客，他们的舌头都断了”；听到了“10000 个低语者，然而无人在听”。在《自由放任的鲍勃·迪伦》专辑的评论里指出，这首歌是在古巴核导弹危机期间写的（尽管对此存在一些怀疑）[90]，并代表了此危机引发的迪伦的情感表达。斯卡杜托在解释迪伦的所作所为时表现出了他的敏感性：“《暴雨将至》充满了简洁而闪亮的意象，激起了对国内的不公以及疯狂外交政策的恐惧情绪。它没有提及核战争或核辐射，也未提及种族隔离的罪恶或人类对同类的不仁慈，但却迫使听众在自己的情感中召唤出这种恐怖。”[91] 这不是一首偏激的抗议歌曲，正如纳特·亨托夫在评论中所说，这是迪伦“将他的强烈信念转化为唯一可称之为艺术的东西”。汤姆·帕克斯顿是首批听到这首歌中的一位，他说这首歌迅速受到歌迷们的称赞，认为这是迪伦迄今为止最伟大的作品，而戴夫·范·朗克则坚持认为每个人都强烈意识到这标志着一场艺术革命的来临。[92] 保罗·威廉姆斯认为迪伦写这首歌时没有预先设定它应该有何含义，也没有设计过要在观众中引起什么反应，但他对听众产生的反应非常敏感。[93] 而当谈到电影《雷纳尔多与克拉拉》时，这正是鲍勃·迪伦想要表达的："当你去看电影，你会问那个人在实际生活中都做些什么吗？" [94]

这些类型的歌曲就是洛尔迦所称的想象力诗歌，是对现实相互关联性的探索，是对其矛盾的揭示，以便理解它们。正如迪伦本人所评论的，他希望创作出在多个层面上都有效的歌曲。同样的词语在不同的视角下，换个对象就可以同时既真诚又讽刺。

第三，有一个时刻，迪伦不再是一名工匠，不再有预设的想法和明确的目标，不再通过创作歌曲来表达他大多数时候愤怒的情感，而是在创作歌曲之中来表达他的情感。这就是他在 1965 年 10 月发表评论时想要表达的，他说："现在我不再写歌，除非它就这样发生了。" [95]《犹如滚石》成为一首歌曲的过程证实了这一点。他涉足散文、诗歌，甚至戏剧创作，都是他对歌曲这种表达方式的限制感到不足的表达。《犹如滚石》是他对自己的艺术贫瘠感到的愤怒和挫折的自发表达。他对自己正在做的事感到厌倦，对他已创作的内容感到不满意。在 1965 年短暂的英国原声巡演后，他在飞回伦敦的航班上发泄了他的愤怒，一种没有预设主题的意识流和抽象焦点。在这个阶段，"它有十页长，也不知道应该称它为什么，只是一种关于我到了某一个点对于诚实的持续的憎恨"。[96]

意图的缺失也体现在 1966 年的电影之中。ABC 委托制作一部基于 1966 年巡演的一小时电视专题节目。D. A. 彭尼贝克，这位纪录真实电影的专家再次受雇，之前他们在《别回头》的合作很成功。严肃的电影和纪录片制片人哈里·拉斯基被招募来制作这个专题节目，使用彭尼贝克的摄制组。三十五年后，拉斯基发表了他对这次不幸合作的描述。他问迪伦认为电影应该传达什么。迪伦回答说："这么说吧，伙计。它不需要传达任何东西。"迪伦接着表示，电影必须是某种东西，但当被问及是什么时，他回答说："我不知道。我这会儿怎么知道？"[97] 换句话说，无论在那部未果而终的电影中要表达什么，都不会事先制定，而是在制作过程中表达出来。

第三个类别，洛尔迦称之为"灵感"，其特点在于表演中的"魔灵"，鲍勃·迪伦称之为"幻觉……血管内的歌"。实质上，他谈论的是一种抽象的歌曲，并不一定是药物引发的，其歌词通过散乱的指涉呼唤出意象，没有特定的故事，但可能有一个或多个观点，无需明确陈述。在 20 世纪 60 年代中期，迪伦坚持"我已经停止创作和演唱任何必须要有理由的写作或必须要有动机的演唱……"。"'信息'这个词让我联想到疝气一样的声音。"[98] 这些歌通常是黑暗、令人不安、不连贯和令人迷失方向的，甚至是变形的，与现实世界的物质和时间联系薄弱。它们是噩梦的构成部分，梦见我们在一个已经败坏的世界中醒着。这就是洛尔迦所称的放弃追求意义，放弃去理解世界的混乱和动荡，将自己置于遗忘之中，走向图像引导你的地方，屈服于穿过血管的玻璃碴的感觉的诗歌。

这些歌曲作品受到兰波的影响最为强烈。正如我们所看到的，他是一个叛逆者，希望用他的诗歌来质疑各种建制性的权威，包括教会和国家，从而吸引更广泛的大众读者。像伍迪·格思里一样，他几乎过着流浪者的生活，酗酒严重。此外，兰波过度沉迷于大麻和鸦片。兰波声称，为了将诗人转变为先知先觉者，感官必须经历一段长时间的失序或错位过程。迪伦自己广为人知的酗酒和滥用药物行为恰好与他抽象、几乎超现实的诗歌阶段的发展相吻合。在这里，艺术不再是代表性的，而是碎片化，一系列抽象的图像，情感上的需求，但没有直接的意图。正是他周围的世界提供了灵感，通常是一个具体的事件或情境，激发了他的创作才华，产生了一系列大多是抽象的图像，唤起一种情绪或感觉，但你不能说这些歌曲是关于那些激发灵感的特定情况的。即使在迪伦创作“墓碑蓝调”(《重访 61 号公路》) 时，越南战争在他心中占据重要位置，而诗歌图像正是受到它的启发，这首歌不是叙事性的，而正好碰上越南战争的发生，由此而灵感生发的一系列隐喻：

> 腓利士人的国王派遣士兵来拯救
> 在他们的墓碑上放好下巴骨，美化他们的坟墓
> 将风笛手关进监狱，把奴隶们养得肥又胖
> 然后把他们送入丛林。

林登·约翰逊总统是那位将逃避兵役者投入监狱的腓利士领袖，他有一个内城振兴计划，旨在改善黑人的状况，而在越南的营队中，黑人的比例很高。这些或许是或许不是图像的指涉对象，但这些图像本身就是独立存在的。换句话说，一首歌可以唤起一个时代的情绪，而不必在其中具有特定的指涉对象。乔恩·兰道在他对《约翰·韦斯利·哈丁》的评论中意识到了这一点。他认为迪伦对战争有着深刻的认识，以及它对每个人产生的影响，就在整个国家即将在马丁·路德·金和罗伯特·肯尼迪的暗杀，种族、政治和警察骚乱，总统选举以及越南的惨状之间分崩离析之际。兰道并没有声称任何一首歌是关于越南战争或抗议它的：“我要说的只是迪伦感受到了战争，整张专辑的情绪中包含了对它的意识。”[99]

在迪伦的作品中，最能体现这种类型的歌曲有《荒凉街》《再次和

孟菲斯蓝调一起困在摩拜尔》《来自低地的眼神忧郁的女士》和《约翰娜的幻象》等。然而，它们并不仅局限于20世纪60年代中期，这在他的整个职业生涯中都占据重要地位：其中包括《再来一杯咖啡》(《欲望》专辑，1976年)、《尊严》(《鲍勃·迪伦最佳作品集》卷3，1994年；《拾遗系列》卷8，2008年)、《山上的雷声》(《摩登时代》专辑，2006年)、《血偿》(《暴风雨》专辑，2012年)、《我眼中的你》和《伪先知》(《粗砺喧嚣之路》专辑，2020年)。在这些歌曲中，提到了许多名字，有些非常熟悉，比如施洗者约翰、卡萨诺瓦、伽利略、爱因斯坦、T.S.艾略特、塞西尔·B.德米尔、莎士比亚、蒙娜丽莎、圣母玛利亚、埃兹拉·庞德，最近的还有艾莉西亚·凯斯、金斯伯格、科索、凯鲁亚克、莱昂·拉塞尔、利伯莱斯和阿尔·帕西诺。其他名字没有明显的指涉，比如《兄弟比尔》《费尔斯博士》《路易丝》和《露西》。所有这些名字共同的特点是，它们是沉思的图像，而不是人：它们所处的情境，所扮演的角色，都是闪烁的图像，画布上的笔触，一起组成了一个人类居住的景观，其现实性无关紧要。

到了20世纪60年代中期，迪伦开始将自己的歌曲视为体验，理解歌词的含义对于理解这种体验而言并非必要，实际上，过多的思辨可能会破坏这种体验。

尽管《约翰·韦斯利·哈丁》标志着音乐上的转变，但并没有预示着迪伦诗歌上的转变，相反，他对意象的掌控更加稳定。这些歌曲仍然以呈现意像的形式展开，以戏剧性的形式叙述，但与此同时，那些试图通过似乎有方向和观点的方式来揭示歌曲意义的人可能会一无所获，因为它会突然改变方向或出现意料之外的转折。一位评论家在评论《弗兰基·李与犹大祭司之歌》时断言："在毫无意义中有一种可怕的愉悦：慢吞吞的语言……无关紧要的细节和没有前提的论证"。[100]

例如，《再来一杯咖啡》（《欲望》专辑，1976 年）受到法国南部吉卜赛节日的启发，但其所处的景象没有特定的地点和时间。迪伦表示，这首歌并没有关于任何特定的事情；歌词来自其他地方，而“山下的谷地”只是用来托起这些歌词的一个构架。“山下的谷地”，他补充说，“可以表示任何东西”。[101] 迪伦试图以弗拉门戈的腔调演唱，配以斯卡莱特 · 里韦拉（Scarlet Rivera）的小提琴，洛尔迦对吉卜赛人和弗拉门戈的痴迷由此被唤起。

更近期的作品，《山上的雷声》（《摩登时代》专辑，2006 年）无疑包含了《圣经》的引用和关于善恶、真理和现实的道德判断，这在他所处的幻想世界中并不令人意外，以及他曾深受的犹太教和基督教原教旨主义教义的影响。因此，人们很容易会在歌词中寻找隐藏的含义或者教诲性的信息。从一开始就假设欣赏迪伦的歌曲必然涉及解读其歌词的前提下，马戈丁和盖斯东推测，《山上的雷声》可能是指犹太人的《出埃及记》，甚至可能影射《山上宝训》（指耶稣在山上讲的一段教训），或者可能仅仅是指他宗教转变后的回归。如果这一切都行不通，那也许是关于他与莎拉 · 洛温兹的离婚？[102] 对于迈克尔 · 卡沃夫斯基来说，这首歌的标题绝对是指摩西从西奈山上接受上帝的十诫，他将歌词的含义解读为对上帝降临于火焰中的重新诠释。此外，迪伦提到的“今天是这个日子，我将吹起我的长号”，是对《出埃及记》中的“号筒发出巨大的响声”的回应，将其视为《圣经》上的无稽之谈。此外，他又补充道：“‘吹奏’进一步引出了真理之风的概念，也就是他神召的灵感。”[103] 这两种解释都预设迪伦正在创作洛尔迦所称的想象的诗歌。在这些解释中，他试图通过将某种逻辑或意义归因于世界和迪伦在其中的位置来理解难以解释的事物。[104] 迪伦“编写”歌词的过程并没有有意识地呈现，甚至也没有暗示比离散的意象并置带来的更深层次的含义。迪伦之前的专辑《爱与窃》（2001 年）曾引发了一连串对他的抄袭指控，指责他从日本黑帮小说作家佐贺纯一、南北战争时期的诗人亨利·蒂姆罗德和奥维德的作品中盗用了片段。在对《山上的雷声》的解释中，重点被放在了前四行，特别是《出埃及记》中上帝的声音。然而，第五行立即将听众的注意力从《出埃及记》转移到了当代现象上，即一位女歌手，迪伦在格莱美奖上为她的歌声而着迷，她就是艾莉西亚·凯斯。他说："我在想艾莉西亚·凯斯，情不自禁地哭了起来。"[105] 这一行的前半部分来自第一行，而后半部分来自孟菲斯·米妮 1940 年的《玛·雷尼》中的第九行："我在想着玛·雷尼……我无法停止哭泣。"[106]

在 2020 年 5 月 8 日发布的专辑《粗砺喧嚣之路》之前，第三首歌曲《伪先知》以一个身穿礼帽和上衣、披着绸带的骷髅为插图，来自专辑标题曲所属的时代，即 20 世纪 20 年代，他手持一个带有丝带的礼盒，在一个被绞死的人的阴影下，他右手拿着一支皮下注射器，而不是一把镰刀：这就是死神，带着礼物，打扮得非常华丽，是正义和惩罚的施行者。在《黑骑士》中，迪伦与死神本人面对面，暗示了启示录（6：1—8）中的四骑士。用第一人称的叙事声音试图为他的生命讨价还价，在屈服于他的命运之前，威胁要砍掉死神的手臂。在《渡过卢比孔河》中，被圣灵附体的叙述者，在自由光芒的指引下，自以为是地威胁要用一把"弯刀"将收信人剁碎，终结他到达"老年"的前景。[107]

这些歌曲的歌词扰乱了感官，违背了叙事逻辑。它们并没有通过施加某种合理性或解释性框架来减少神秘感，而是服从于这种神秘感，邀请听者在其中欣然陶醉。我们认为迪伦早期职业生涯中的抗议歌曲阶段可能最好作为一种伪艺术去理解，或者是柯林伍德所称的魔法艺术。这些歌曲在很多方面不仅忠实于该流派的形式，而且在信息的微妙性上也是独特的，将凶手与受害者描述为病态社会的牺牲品。他并没有提供一个社会的结构分析，其中运作的力量是非个人的。相反，他将主动权归因于那些维持种族主义、军备竞赛或从传统工业的撤资的机构官员。我们认为，这些歌曲与那些表达个人情感而非集体情感的歌曲有很大不同，后者的指称仍然锚定在日常现实的逻辑上，正如洛尔迦所称的想象诗歌。这两种类型的歌词都应与相互重叠的“启发性”阶段的抽象表达主义区分开来。在这里，一个平行宇宙被呈现给我们，由我们自己的夸张荒谬之处构成，一系列图像，但并非命题，去问这些图像的对错与否毫无意义，用奥克肖特的话来说，这些图像的目的就是要你陶醉于其中，但是以一种可怕的方式。这些图像是受到兰波令人迷乱的文字的启发，兰波一直在尝试通过野兽般的轻悄隐秘，去扼制并清除他头脑中对希望和快乐的欲望。[108]

结　语

我们已经表明，在至少某些情感中，鲍勃·迪伦应被视为在模仿兰波、洛尔迦和迪伦·托马斯渴望达到的那种诗歌类型，其中的意象在诗歌内部是自我参照的，不需要外部内容做进一步的阐明或解释。也就是说，这种拥有独特的“魔灵”的灵感之诗。虽然这些诗人没有为鲍勃·迪伦提供方法，但他们向他展示了一个愿景，一个需要实现的目标，而不是一个需要遵循的公式。接下来，我们探究了两种旨在阐明迪伦作品的调查顺序。第一种方法是将每首歌看作是一系列命题展示，这些命题可以通过发现歌中所指涉的人、地点和事物来“证明”。第二种方法则是承认这种寻找文本“真正”含义的徒劳，转而遵循作者对其他诗人或歌曲的提及，并告知读者某些歌词如何使他们想起其他诗人和歌手创作的文字、思想或句子。由此我们证明，许多迪伦的诠释者认为迪伦的歌曲，或者说抒情诗歌，是自足的、自我参照的意象，这正是兰波、洛尔迦和迪伦·托马斯作品的特点。

结 语

在本书开头我们已提到，迪伦和科恩都是通过深具启发的“人民之歌”和《美国民间音乐选集》而成为伟大的美国民间音乐传统及其复兴运动中的重要组成部分。迪伦和科恩的深刻信念始于他俩沉浸于传统民谣和当代音乐，同时又添加了自己的独特之处：迪伦是丰富的英国和爱尔兰旋律，而科恩则带有西班牙弗拉门戈和法国香颂的欧洲遗产。吉他大师约翰·法希将史密斯的项目描述为一项天才的工作，是一部极其重要的美国民歌汇编。他认为史密斯创造了美国的民间音乐典范。“可以毫不含糊地说：在史密斯的工作之前，没有‘民间音乐典范’。”[1]

范·莫里森曾经说过，他对将自己的歌曲公之于众总是感到惶恐不安。与评论家试图发现其真正含义所进行的探究和分析相比，创作歌曲相对容易。他说甚至他自己也不知道自己创作的歌词是什么意思。它们来自潜意识。[2] 对于那些创作出相当复杂、隐晦和富有想象力的歌词的词曲创作家，这是他们普遍感受到的一种拘束。我们已经提出，某些歌曲，比如这些符合兰波、洛尔迦和托马斯在他们最佳时刻所展示的诗歌类型，也不适合进行挖掘并分析深层含义的尝试。意象本身已经包含了所需的一切。我们试图做的是在各种上下文和轮廓中构建和探索迪伦和科恩在作品中的映射，以指明歌曲来自何处，不赋予它们作者本人并未指引我们去探索的层层意涵，比如科恩所指的“报道”和迪伦的时事话题歌曲。

他们深刻的精神本质和对宗教的持续追求——无论是基督教、犹太教、佛教还是印度教，为他们作品中的很多意象提供了来源。我们并没有试图表达他们生活中存在着一条金色的线索，也没有试图因他们言行之间的许多矛盾而谴责他们。他们职业生涯之所以如此长寿的原因之一，是因为他们对改变持开放态度，接受新的角色并用不同的方式表达自己。他们通过戴上不同的面具展示了许多不同的自我，这些面具一度定义了他们，至少是他们的公众形象，同时他们试图（虽然并不总是成功）保护和保持他们认为自己是的那个自我，而这通常与他们正在吸收的宗教教义不相容，这些教义教导自我在宏伟的事物计划中是微不足道的，应该被融入到一个永恒的意识中，在那里不存在我和你。悔恨与救赎、罪恶与拯救，贯穿着他们在自己以及不断变化的观众之间保持信仰的持续斗争。对他们而言，名声的代价，正如对“垮掉的一代”和迪伦·托马斯一样，是精神上的折磨，而且，像托马斯一样，他们渴望有一个面具来保护他们免受外界的影响。

迪伦通过其管理团队的精心策划，仍然活跃在公众的视野之中，团队在声音和视觉上持续呈现过去和现在的图像，使得他的作品在他那批永远无法满足的观众中非常流行。与此同时，“永不停歇之旅”（The Never Ending Tour）为观众提供了在“现场演唱会”（Live and in Person）中看到他的机会，但同时作为听众又不会与他有真正的联系。相比之下，科恩在公众视野内没那么活跃，由于录音室专辑的产量相对较少，因此在重新创造过去形象方面的原创机会也较少，而且为了避免对同一首歌曲的不断重复，这些歌曲的编曲变得更加复杂，但仍然可以立即被识别出来。然而，这个新千年我们看到他复兴的迹象，2001 年发布的《战地指挥官科恩》重新演绎了他 1979 年的巡演，而 2009 年发布的《1970 怀特岛现场》则捕捉到了他在声音和影像中的一次传奇且毁誉参半的表演。

音乐是流行歌曲中歌词力量的一个至关重要的元素，而其中不可或缺的一部分是歌手的声音。迪伦和科恩的声音和表演风格一直受到嘲笑，但正是他们独特的嗓音吸引了许多听众。迪伦和科恩的粉丝们经常想到的，罗兰·巴特所谓的歌手声音的“肌理”。这里的“肌理”指的是声音的音色或质感，正如洛尔迦所称的“魔灵”。[3]歌曲在巴特的观点中可以分为现象之歌与生产之歌两部分。前者包括歌词中的所有内容，其目的是传达信息。后者则关注于旋律如何影响声音，不是单纯专注于歌词，而是它们的表达方式，即声音和发音如何用来表达歌词。当应用到迪伦和科恩的作品时，人们普遍认为表演对于这两者的艺术内容至关重要。

许多音乐艺术家都翻唱过迪伦和科恩的歌曲，是为了向他们崇拜的传奇人物致敬，但很少有人能够模仿原创作品的美和力量，因为他们缺乏“魔灵”，它源自创作者内心最深处、通常也是最黑暗的地方。[4]

致　谢

本书的大半部分撰写于新冠疫情期间，所以无法进图书馆查资料。在没有所需材料的情况下，纽约大学阿布扎比分校的卡米娜·波伊森帮助我们追踪并获取了一些很难找到的出版物的电子版。我们对她深表感激。

2012 年至 2014 年间，围绕迪伦·托马斯的百年诞辰，戴维·布歇和杰夫·布朗在许多不同场合和节日上做了演讲。他们有时会与迈克尔·格雷、迈克尔·L. 琼斯和丹尼尔·威廉姆斯等人一起上台，讨论“两个迪伦”。休·戴维在那段时间一直提供出色的技术支持。能够与这样专业并容易相处的同事一起工作是一种荣幸。

多年来，莱昂纳德·科恩对于我们提出的每个问题或者要求都很亲切迅速地给予回应，比如汉娜·阿伦特和她关于阿道夫·艾希曼的书的观点。凯丽·林奇在这本书的早期研究阶段慷慨相帮，后来被罗伯特·克里和米歇尔·赖斯的管理团队接手。鲍勃·迪伦的经纪人杰夫·罗森总是迅速回应问题，并在整个过程中给予鼓励。

我们要感谢布卢姆斯伯里出版社的编辑丽亚·巴布-若森菲德，在我们的写作过程中给予的鼓励、耐心和理解，我们对她的善意深表谢意。在此一并感谢瑞切尔·摩尔和穆罕默德·拉菲的高效和专业。

戴维·布歇　露西·布歇

注释

序　言

1. Cited in Ben Pleasants, *Rexroth, Bukowski and the Politics of Literature*（Coventry: The Beat Scene Press, 2007）, p.1.

2. Letter from Thomas to Henry Treece, 16 May 1938, Thomas, *Collected Letters*, new edition, ed., Paul Ferris（London: Dent, 2000）, p.344.

第一章　渴望回家

1. Brian Hinton, *The Bob Dylan Complete Discography*（New York: Universe Publishing, 2006）, p.303.

2. Dylan Thomas, 'Do Not Go Gentle into That Good Night', *The Collected Poems of Dylan Thomas*, Centenary Edition, ed. John Goodby（London: Widenfeld and Nicolson, 2014）, p.193. "《天还未暗》是关于老年和死亡迫近的最感人的一首作品。" Philippe Margotin and Jean-Michel, *Bob Dylan All the Songs: The Story Behind Every Track*（New York: Black Dog, 2015）, p.614.

3. Phil Sutcliffe, 'The Comeback Kid', *Mojo*, September, 2006, p.71.

4. *Uncut, The Ultimate Music Guide: Leonard Cohen 1934—2016*, Uncut Ultimate Guide Series, No. 1, 2017, p.84.

5. 科恩的专辑《普遍存在的问题》(*Popular Problems*，2014）发行于《旧理念》(*Old Ideas*）之后，被评论界描述为"一次低哑的告别，可爱，充满悔意，非常感人"。

6. David Remnick, 'Leonard Cohen Makes It Darker', *The New Yorker*, 17 October 2016. https://www.newyorker.com/magazine/2016/10/17/leonard-cohen-makes-it-darker. Accessed 23 June 2020.

7. https://www.theguardian.com/music/2016/oct/20/leonard-cohen-you-want-it-darker-album-review. Accessed 15 June 2020.

8. 这张专辑于 2016 年 10 月 21 日由哥伦比亚唱片公司发行。科恩此时已沉疴缠身，与他的合作者帕特里克·莱昂纳德，同时也在亚当·科恩（Adam Cohen）的鼓励与支持下，经过诸多不易，完成此专辑。

9. https://www.bing.com/videos/search?q=Leonard+ Cohen %2c+Thanks +for+the+Dance&docid=60804423217309 3590& mid=0F1A0C37E858D03EBE110 F1A0C 37E858D03EBE11&view= detail&FORM=VIRE. Accessed 16 June 2020.

10. Will Hermes, 'Leonard Cohen's Profound "Thanks for the Dance" Is a Posthumous Grace Note', *Rolling Stone*, 22 November 2019. https://www.rollingstone.com/music/musicalbum-reviews/leonard-thanks-for-the-dance-916417/. Accessed 16 June 2020.

11. 前者也印行于 *The Flame: Poems Notebooks Lyrics Drawings*（New York: Farrar, Strauss and Giroux, 2018）, p.65，后者见 *Book of Longing*（New York: HarperCollins, 2006）, p.153。

12. 也是 Jimmie Rodgers 的 *Rough and Rowdy Ways* 的主打歌曲 , RCA Victor 唱片公司。

13. 这本书的副标题为：我们体内的微生物以及对生命的宏观视角（*The Microbes Within Us and a Grander View of Life*），由 HarperCollins（New York）出版。

14. Douglas Brinkley, 'Bob Dylan Has a Lot on His Mind', *New York Times*, 12 June 2020. https://www.nytimes.com/2020/06/12/arts/music/bob-dylan-rough-and-rowdy-ways. Accessed 17 June 2020.

15. Robert Shelton, *No Direction Home: The Life and Music of Bob Dylan*, revised and updated edition edited by Elizabeth Thomson and Patrick Humphries（London: Omnibus Press, 2011）, p.90.

16. https://www.nme.com/enau/reviews/bob-dylan-rough-and-rowdy-ways-album-review-2688797.Accessed 16 June 2020.

17. https://www.theguardian.com/music/2020/jun/20/bob-dylan-rough-and-rowdy-ways-review-enthralling-mischievous-and-very-male. Accessed 25 June 2020.

18. https://www.rollingstone.com/music/music-album-reviews/bob-dylan-rough-rowdy-ways-1015086/. Accessed 26 June 2020.

19. Review of Rough and Rowdy Ways in *Mojo*, August 2020, p.82.

20. Nigel Williamson, 'We Are the Marines of the Spiritual World', interview with Leonard Cohen, *Uncut*, 12, 1997, reprinted in *Leonard Cohen 1934—2016, Uncut* Ultimate Guide Series, 2017, issue 1, p.78.

21. 对这一事件写有非常具有启发性的、深刻的分析，见 Michael Jones, 'Judas and the Many "Betrayals" of Bob Dylan', in *The Political Art of Bob Dylan*, ed. David Boucher and Gary Browning, second enlarged edition（Exeter: Imprint Academic, 2009）, pp.75—103。

22. 'That Thin, That Wild Mercury Sound—Metallic and Bright Gold', *Billboard*, 24 July 1965.

23. Margotin and Guesdon, *Bob Dylan All the Songs*, p.276.

24. Bob Dylan and The Band, *The Basement Tapes*, complete. Bootleg Series 11, booklet, p.4.

25. Sylvie Simmons, *I'm Your Man: The Life of Leonard Cohen*（London: Jonathan Cape, 2012）, pp.184—5.

26. Arthur Schmidt, 'The Songs of Leonard Cohen', Rolling Stone, 9 March 1968. https://www.rollingstone.com/music/music-album-reviews/songs-of-leonard-cohen-255565/. Accessed 27 June 2020.

27. Daryl Saunders, *That Thin, Wild Mercury Sound: Dylan Nashville and the Making of Blonde on Blonde*（Chicago: Chicago Review Press, 2019）, p.23.

28. Jim Devlin, *Leonard Cohen: In His Own Words*（London: Omnibus, 1998）, p.82. 在第四章，我们将探讨"盛名"这一理念。

29. Interview with Paul Williams, 'Leonard Cohen: The Romantic in a Ragpicker's Trade', *Crawdaddy*, March 1975. Reprinted in *Leonard Cohen on Leonard Cohen: Interviews and Encounters*, ed. Jeff Burger（Chicago: Chicago Review Press, 2014）, p.91.

30. Simmons, *I'm Your Man*, p.157.

31. Liel Leibovitz, *A Broken Hallelujah: Leonard Cohen's Secret Chord*（Dingwall, Ross-shire: Sandstone Press, 2014）, p.90.

32. Sean Egan, *'John Wesley Harding', The Mammoth Book of Bob Dylan*, ed. Sean Egan（London: Robinson, 2011）, p.148.

33. https://allanshowalter.com/2019/10/28/leonard-cohen-forest-hills-1970-nervous-uncomfortable-oppressive-lifeless-in-a-tiff-with-bob-dylan/. Accessed 29 August 2020.

34. Howard Sounes, *Down the Highway: The Life of Bob Dylan*（London: Random House, 2001）, pp.252—60.

35. Simmons, *I'm Your Man*, pp.220—1.

36. Cited in Maurice Ratcliffe, *Leonard Cohen: The Music and the Mystique*（London: Omnibus, 2012）, p.24.

37. Andy Greene, 'How Lost Leonard Cohen Doc "Bird on a Wire" Finally Made It to Theatres', *Rolling Stone*, 19 January 2017. https://www.rollingstone.com/movies/movie-features/how-lost-leonard-cohen-doc-bird-on-a-wire-finally-made-it-to-theaters-123707/. Accessed 28 June 2020. 一个很糟糕的重剪版，1973 年在伦敦只放映了一场，科恩本人很讨厌这个版本。

38. Larry 'Ratso' Sloman, *On the Road with Bob Dylan*（London: Helter Skelter, 2002）, p.361.

39. Leibovitz, *A Broken Hallelujah*, pp.100—103.

40. Simmons, *I'm Your Man*, p.278.

41. Ian Bell, *Time Out of Mind: The Lives of Bob Dylan*（New York: Pegasus, 2013）, p.108. Cf. p.27.

42. Sean Egan, 'Pat Garret and Billy the Kid/Planet Waves/Before the Flood', in *The Mammoth Book of Bob Dylan*（London: Running Press, 2011）, pp.193—205.

43. Sounes, *Down the Highway*, p.273.

44. Steven Machat, *Gods, Gangsters and Honour: A Rock 'n' Roll Odyssey*（London: Beautiful Books, 2009）, p.84.

45. Simmons, *I'm Your Man*, p.284.

46. Cited in Ratcliffe, *Leonard Cohen*, p.35.
47. Cited in John Robinson, 'Death of a Ladies' Man', *Leonard Cohen 1934—2016, Uncut* Ultimate Guides Series, 2017, issue 1, p.41.
48. Radio interview with Vicki Gabereau, May 1984, printed in *Leonard Cohen on Leonard Cohen*, ed. Jeff Burger, p.156.
49. Interview with Jon Wilde, December 1987, printed in *Blitz*, February 1988, and reprinted in *Leonard Cohen on Leonard Cohen*, ed. Jeff Burger, p.194.
50. Machat, Gods, *Gangsters and Honour*, p.85.
51. Review of *Death of a Ladies' Man* by Paul Nelson, https:/www.rollingstone.com/music/music-album-reviews/death-of-a-ladies-man-88054/. Accessed 2 July 2020.
52. Simmons, *I'm Your Man*, p.290.
53. Devlin, *Leonard Cohen in His Own Words*, p.86.
54. Interview with Albert Manzano, May 1988, Rockdelux, reprinted in *Leonard Cohen on Leonard Cohen*, ed.Burger, p.215.
55. Dylan, *Chronicles: Volume one*, pp.38—9.
56. Devlin, *Leonard Cohen: In His Own Words*, p.82. Dylan, *Chronicles: Volume one*, p.55.
57. C. S. Lewis, *Mere Christianity*（London: Collins, 2014）.
58. Helena Springs, interviewed by Chris Cooper, reprinted in *Wanted Man*, ed. Bauldie, p.126.
59. Scott M. Marshall with Marcia Ford, *Restless Pilgrim: The Spiritual Journey of Bob Dylan*（Lake Mary, FL: Relevant Books, 2002）, p.27.
60. Michael Karwowski, *Bob Dylan: What the Songs Mean*（Kibworth Beauchamp, Leicestershire, 2019）, p.334.
61. Sounes, *Down the Highway*, p.336.
62. Sounes, *Down the Highway*, p.337.
63. Scott M. Marshall, *Bob Dylan: The Spiritual Life*（Washington, DC: WND Books, 2017）, p.78.
64. Cited in Marshall, *The Spiritual Life*, p.112.
65. Michael Bonner, 'A Year on the Road with Leonard Cohen by His Band Mates', *Uncut*, 11 October 2012. https://www.uncut.co.uk/features/hallelujah-leonard-cohen-meets-uncut-29455/2/. Accessed 4 July 2020.
66. Interview with David Remnick, 'Leonard Cohen Makes It Darker', *The New Yorker*, 10 October 2016, https://www.new yorker.com/magazine/2016/10/17/leonard-cohen-makes-it-darker. Accessed 15 June 2020.
67. Andy Green, 'Bob Dylan Covers Leonard Cohen's "Hallelujah" ', *Rolling Stone*, 13 October 2016. https://www.rollingstone.com/music/music-news/flashback-bob-dylan-covers-leonard-cohens-hallelujah-121224/. Accessed 4 July 2020.
68. Williamson, 'We Are the Marines of the Spiritual World', p.7.

第二章　归途

1. Christian Williams, *Bob Dylan in His Own Words*（London: Omnibus, 1993）, p.101.
2. Jim Devlin, *Leonard Cohen: In His Own Words*（London: Omnibus, 1998）, p.26.
3. http://www.citypages.com/music/bob-dylan-selling-out-his-8-best-produc-endorsements/481354261. Accessed 21 July 2020.
4. C. P. Cavafy, *The Collected Poems*, trans. Evangelos Sachperoglou（Oxford: Oxford University Press, 2007）, p.35.
5. Steven Machat, *Gods, Gangsters and Honour*（London: Beautiful Books, 2010）, p.246.
6. Colin Irwin, *Leonard Cohen: Still the Man*（London: Flame Tree Publishing, 2015）, p.102.
7. Andy Gill, 'Tell Me It's a Bad Dream', *The Word*, June, 2006, Issue 40, p.104.
8. 凯丽・林奇在本书作者大卫・布歇写作《迪伦和科恩：摇滚诗人》(*Dylan and Cohen: Poets of Rock and Roll*, New York: Continuum, 2004）一书时给予了大量帮助。2004 年科恩的专辑《亲爱的希瑟》即将发行时，她的生活方式绝非挥霍浪费。她彼时已经停止作为科恩的经纪人，同时也笃定认为科恩因为担心可能观众寥寥，再也不会巡演。彼时她和自己的母亲在位于城郊的一栋木制平房里，一起经营出售佛教的礼品卡片。本书作者也是林奇发出的大量邮件的收件人之一，这些邮件都是控告莱昂纳德・科恩的诸多不法行为。

9. Machat, *Gods, Gangsters and Honour*, p.256.

10. Leonard Cohen, *Book of Longing* (New York: Harper Collins, 2006).

11. *Leonard Cohen Artworks*, exhibition catalogue (Manchester: Richard Goodall Gallery, 2007), p.1.

12. Larry Sloman, 'On the Road with Leonard', in Sharon Robinson, *On Tour with Leonard Cohen: Photographs by Sharon Robinson* (New York: Powerhouse Books, 2014), p.12.

13. Sylvie Simmons, 'Travelling Light', *Mojo*, October, 2008, p.94.

14. Cited in John Robinson, 'Death of a Ladies' Man', *Uncut Ultimate Guide Series*, 2007, issue 1, p.41.

15. Michael Bonner, 'A Year on the Road with Leonard Cohen by His Band Mates', *Uncut*, 11 October, 2012.

16. Brian D. Johnson, 'Leonard Cohen Wore Ear Plugs to a Dylan Show', Maclean's, 8 June 2008, https://www.macleans.ca/news/c anada/cohen-wore-earplugs-to-a-dylan-show/. Accessed 4 July 2020.

17. Sloman, 'On the Road with Leonard', p.12.

18. Don McLeese, 'Ask Him Something, and a Sincere Dylan Will Tell You the Truth', 26 January, *Chicago Sun-Times*. Reprinted in Jeff Burger, ed., *Dylan on Dylan Interviews and Encounters* (Chicago: Chicago Review Press, 2018), p.318.

19. David Remnick, 'Leonard Cohen Makes It Darker', New Yorker, 10 October 2016. https://www.newyorker.com/magazine/2016/10/17/leonard-cohen- makes-it-darker. Accessed 20 July 2020.

20. https://www.newyorker.com/magazine/2016/10/17/leonard-cohen-makes-it-darker. Accessed 15 June 2020.

21. Cited in Brian Hinton, *Bob Dylan Complete Discography* (New York: Universe, 2006), p.190.

22. Christopher Connelly, Review of *Infidels*, 24 November 1983. https://www.rollingstone.com/music/music-album-reviews/infid els-247152/. Accessed 13 July 2020.

23. Bob Dylan, *Chronicles, volume one* (London: Simon & Schuster, 2004), p.147.

24. Dylan, *Chronicles*, p.154.

25. Sean Wilentz, *Bob Dylan in America* (London: Bodley Head, 2010), p.212.

26. Nigel Williamson, *The Dead Straight Guide to Bob Dylan* (London: Red Planet, 2015), p.143.

27. Michael Gray, *The Bob Dylan Encyclopedia* (New York: Continuum, 2006), p.397.

28. Dylan, *Chronicles*, p.219.

29. 在专辑所附的手册中，史密斯详细描述了每一首歌。1997 年，这张专辑再次以三 CD 发行，里面附上了包含几篇文章的小册子。

30. Also see David Boucher, *Dylan and Cohen Poets of Rock and Roll* (New York: Continuum, 2004), pp.173—4.

31. Peter Sutcliffe, 'The Comeback Kid', *Mojo*, September, 2006, p.68.

32. June Skinner Sawyers, *Bob Dylan: New York* (Berkeley, CA: Roaring Forties, 2011), p.108.

33. Cited in Ian Bell, (New York: Pegasus Books, 2013), p.439.

34. Peter Doggert interview with Don Was, 'Dylan Encounters: The 90s', *Mojo*, p.72.

35. Alan Jackson, 'Dylan on Song', *The Times Magazine*, 8 September 2001, p.18.

36. Jackson, 'Dylan on Song', p.18.

37. Alex Petridis, 'One for the Bobcats', *The Guardian*, 7 September 2001, p.15.

38. Bell, *Time Out of Mind*, pp.446—7.

39. Peter Travers, '"Rolling Thunder Revue" Review: Scorsese's Dylan Doc Is Simply Brilliant', https://www.rollingstone.com/movies/movie-reviews/rolling-thunder-revue-movie-review-scorsese-dylan-netflix-doc-845141/. Accessed 2 August 2020.

40. Peter Bradshaw, 'Rolling Thunder Revue: A Bob Dylan Story by Martin Scorsese Review: Passion on Tour'. *The Guardian*, 11 June 2019. https://www.theguardian.com/film/2019/jun/11/rolling-thunder-revue-a-bob-dylan-story-review-martin-scorsese. Accessed 2 August 2018.

41. See Jones, 'Judas and the Many "Betrayals" of Bob Dylan', pp.75—103.

42. Larry 'Ratso' Sloman, *On the Road With Bob Dylan*, with a new introduction by Kinky Friedman (London: Helter Skelter, 2002).

43. Dylan, *Chronicles*, p.175.

44. See Bell, *Time Out of Mind*, pp.431—6.

45. Dylan, *Chronicles*, p.81. 1990 年 8 月 27 日，迪伦得知斯蒂维·雷·沃恩几小时前过世的消息，在印第安纳州的梅里尔维尔的音乐会上为了纪念他，演唱了《月亮河》。https://dylanchords.info/00_misc/moon_river.htm. Accessed 26 July 2020. 2013 年 11 月 10 日，他在萨凡纳的约翰尼·默瑟剧院再次演唱了这首歌。《月亮河》由亨利·曼西尼作曲，约翰尼·默瑟作词。

46. Jon Blistein, 'Bob Dylan Accused of Plagiarizing Nobel Lecture from SparksNotes', https://www.rollingstone.com/music/music-news/bob-dylan-accused-of-plagiarizing-nobel-lecture-from-sparknotes-19815 0/. Accessed 23 April 2020. And Andrea Pitzer. 'The Freewheelin' Bob Dylan: Did the Singer-Songwriter Take Portions of His Nobel Lecture from SparksNotes?' https://slate.com/culture/2017/06/did-bob-dylan-take-from-sparknotes-for-his-nobel-lecture.html. Accessed 23 April 2020.

47. Bob Dylan, *The Nobel Lecture*（New York: Simon and Schuster, 2017）, p.23.

48. Adam Sherwin, 'Bob Dylan "Copied" My Blackpool Pier Photo for Virginia Painting, Blogger Claims'. https://inews.co.uk/culture/arts/bob-dylan-copied-blackpool-pier-photo-virginia-painting-blogger-claim-530299. Accessed 23 April 2020.

49. Fred Bals, 'Real Life or Something Like It'. https://medium.com/@ fredbals/real-life-or-something-like-it-bob-dylan-and-the-asia-series-547a2873f148#:~:text= %E2% 80 %9C The %2 0Asia %20Series% E2 %80 %9D %2 0is %2 0Dylan %E2% 80 %99 s %20third% 20art %20 exhibition, his %20first %20public% 20showing% 20in% 20the %20United% 20States. Accessed 26 July 2020.

50. Cited in David Kinney, *The Dylanologists: Adventures in the Land of Bob*（New York: Simon and Schuster, 2014）, p.174.

第三章　救赎之人

1. Radio interview with Kristine McKenna, *Eight Hours to Harry*, KCRW-FM, October 1988, printed in *Leonard Cohen on Leonard Cohen: Interviews and Encounters*, p.246.

2. Bob Dylan onstage at Syracuse Area Landmark Theatre, 5 May 1980.

3. Edward Foley, 'Music and Spirituality—Introduction', *Religions*, no.6（2015）, p.639. DOI: 10.3390/rel6020638. Accessed 18 July 2020.

4. Foley, 'Music and Spirituality', p.639.

5. *The Dialogues of Plato: Volume Four: The Republic*, trans. Benjamin Jowett, ed. M. Hare and D. A. Russell（Sphere Books Ltd., 1970）, Book III, p.165.

6. Saint Augustine, *Confessions of S. Augustine*, trans. E. B. Pusey（London: Dent, 1907）, pp.234—6.

7. Robert Palmer, 'The Devil and Jerry Lee Lewis', *Rolling Stone*（13 December 1979）. https://www.rollingstone.com/music/music-news/the-devil-and-jerry-lee-lewis-2-179111/. Accessed 3 August 2020.

8. Robert Palmer, 'The Pop Life; Rock: No Longer "Devil's Music"?' *New York Times*（16 September 1981）, p.23. https://www.nyt imes.com/1981/09/16/arts/the-pop-life-rock-no-longer-devil-s-music.html#:~: text= WHEN% 20rock %2Dand %2Droll% 20enjoyed, it %20" the %20De vil's %20music.Accessed 3 August 2020.

9. Leonard Cohen quoted in Karen Lehrman Bloch, 'Healing of the Spirit: The Genius of Leonard Cohen', *Jewish Journal*, 3 July 2019. https://jewishjournal.com/coverstory/301044/healing-of-thespirit-the-genius-of-leonard-cohen/. Accessed 8 August 2020.

10. Leonard Cohen 与 Arthur Kurzweil 的访谈全文（23 November 1993）。https://www.leonardcohenfiles.com/arthurkurzweil.pdf. Accessed 31 July 2020。 节略和编辑的版本见 1994 年 1 月出版的 *The Jewish Book News*。

11. Sylvie Simmons, *I'm Your Man*（London: Jonathan Cape, 2012）, p.7.

12. Simmons, *I'm Your Man*, p.7.

13. Richard Kreitner, 'Lyon Cohen and the Jewish Times', Museum of Jewish Montreal（website）. http://imjm.ca/location/1070. Accessed 28 July 2020.

14. Kreitner, 'Lyon Cohen and the Jewish Times'.

15. Simmons, *I'm Your Man*, p.74.

16. Simmons, *I'm Your Man*, p.74.

17. Simmons, *I'm Your Man*, p.36.

18. Simmons, *I'm Your Man*, p.76.

19. 科恩 1963 年 12 月在犹太教的未来研讨会上发表的《孤独与历史》演讲的手写笔记。Leonard Cohen Papers, Box 9, file 1. Thomas Fisher Library, University of Toronto, p.3.

20. Cohen, 'Loneliness and History', p.6.

21. Cohen, 'Loneliness and History', p.6.

22. 'Leonard Cohen Sparks Rumpus: Poet—Novelist Says Judaism Betrayed', *Canadian Jewish Chronicle*, Montreal, 10 January 1964, pp.1 and 15.

23. Certificate of tree planting in Israel by Shaar Hashomayim Chapter of Hadassah, Jewish National Fund of Canada, in Thomas Fisher Rare Book Library, University of Toronto, Leonard Cohen Archive.

24. Leonard Cohen, Letter to McClelland dated August 1965. Leonard Cohen Papers, Fisher Library Toronto.

25. Interview with Robert Sward, *Malahat Review*, December 1986, reprinted in *Leonard Cohen on Leonard Cohen: Interviews and Encounters*, ed. Jeff Burger (Chicago: Chicago Press, 2014), p.164.

26. Rabbi Dr Revven Hammer, 'Unetannah Tokef', My Jewish Learning (website). http://myjewishlearning.com/article/unetanaht okef/. Accessed 17 July 2020.

27. Hammer, 'Unetannah Tokef'.

28. Liel Leibovitz, *A Broken Hallelujah* (Dingwall: Sandstone Press, 2014), p.134.

29. Laura Weber, 'Jewish Religious Life on the Iron Range', Mnopedia.org (website). http://mnopedia.org/jewish-religious life-iron-range. Accessed 19 July 2020.

30. Weber, 'Jewish Religious Life on the Iron Range'.

31. Seth Rogovoy, *Bob Dylan: Prophet, Mystic, Poet* (Scribner: New York, 2009). E-book Central.

32. Scott Cohen, 'Don't Ask Me Nothin' About Nothin', I Might Just Tell You The Truth: Bob Dylan Revisited', *Spin Magazine* (December 1985). https://www.spin.com/featured/bob-dylan-december-1985-cover-story/. Accessed 8 August 2020.

33. Nadine Epstein and Rebecca Frankel, 'Bob Dylan: The Unauthorised Spiritual Biography', Moment (website). https://momentmag.com/bob-dylan-unauthor ized-spiritual-biography/. Accessed 8 August 2020.

34. John Bauldie, 'Bobby Zimmerman in the S.A.M Fraternity', *Wanted Man: In Search of Bob Dylan*, ed. John Bauldie (New York: Citadel Underground Press, 1991), p.16.

35. Bauldie, 'Bobby Zimmerman in the S.A.M Fraternity', p.17.

36. Scott Marshall and Maria Ford, *Restless Pilgrim: The Spiritual Journey of Bob Dylan* (Florida: Relevant Books, 2002), p.13.

37. Rogovoy, *Bob Dylan: Prophet, Mystic, Poet*, E-book Central.

38. Neil Hickey, 'Bob Dylan:' . . . A Sailing Ship to the Moon', *Adventures in the Scribblers Trade* (2015) in *Dylan on Dylan: Interviews and Encounters*, p.217.

39. Interview with Bruce Heiman, Tucson Talk (XMFX Radio) quoted in Clinton Heylin, *Trouble in Mind: Bob Dylan's Gospel Years—What Really Happened* (Pontefract: Route, 2017), pp.117—18.

40. Neil Spencer, 'A Diamond Voice Within', *New Musical Express* (15 August 1981), pp.29—30, quoted in Marshall, *The Spiritual Life*, p.3.

41. Robert Shelton, *No Direction Home* revised and updated edition by Elizabeth Thomson and Patrick Humphries (London: Omnibus), p.413.

42. John Clellon Holmes, 'This Is the Beat Generation', *The New York Times* (16 November 1952), p.10. quoted in Nicholas Campion, *The New Age in the Modern West: Counterculture, Utopia and Prophecy from the Late Eighteenth Century to the Present Day* (London: Bloomsbury, 2016), p.87.

43. William S. Burroughs and Allen Ginsberg, *The Yage Letters* (London: Penguin, 1979), quoted in Campion, *The New Age in the Modern West*, p.66.

44. Robert Wicks, 'Nietzsche's Life and Works', *The Stanford Encyclopaedia of Philosophy*, ed. Edward N. Zalta (2018). Metaphysics Research Lab, Stanford University (website). https://plato.stanford/edu/archives/fall 2018/entries/nietzsche-life-works/. Accessed 27 July 2020.

45. Bob Dylan, *Chronicles: Volume One* (New York: Simon & Schuster, 2004), pp.57—8.

46. Jack Kerouac, 'Lamb, No Lion', in *Good Blonde & Others*, ed. Donald Allen (San Francisco: Grey Fox Press, 2001), p.51.

47. Jack Kerouac, 'The Philosophy of the Beat Generation', *Esquire Magazine* (1 March 1958.)

https://classic.esquire.com/article/1958/3/1/the-philosophy-of-the-beat-generation. Accessed 5 August 2020.

48. Interview with Robert Sward, *Malahat Review* (December 1986) reprinted in *Leonard Cohen on Leonard Cohen: Interviews and Encounters*, p.165.

49. Interview with Ron Rosenbaum, *Playboy Magazine* (March 1978) reprinted in *Dylan on Dylan: The Essential Interviews*, ed. Jonathan Cott (London: Hodder & Stoughton, 2007), p.207.

50. Radio Interview with Cynthia Gooding, *Folksingers Choice*, WBAI-FM (1962) printed in *Dylan on Dylan: Interviews and Encounters*, ed. Jeff Burger (Chicago: Chicago Review Press, 2018), p.19.

51. Interview with Rosenbaum, *Playboy Magazine* (March 1978) reprinted in *Dylan on Dylan: The Essential Interviews*, ed. Cott, p.222.

52. Simmons, *I'm Your Man*, p.105.

53. Leonard Cohen, 'We Are Getting to Know the Police Better', 1965, pp.2—3, *Leonard Cohen Archive*, Fisher Library, Toronto, quoted in Ira B. Nadel, *Various Positions: A Life of Leonard Cohen* (London: Bloomsbury, 1996), p.132.

54. Simmons, *I'm Your Man*, p.84.

55. Simmons, *I'm Your Man*, p.103.

56. Bruce Lawson, 'A New Religious Age for Leonard Cohen', *The Globe and Mail* (23 July 1966).

57. Simmons, *I'm Your Man*, p.81.

58. Nadel, *Various Positions*, p.160.

59. Nadel, *Various Positions*, p.160.

60. Simmons, *I'm Your Man*, p.216.

61. Interview with Kurzweil, *Jewish Book News*, https://www.leonardcohenfiles.com/arthurkurzweil.pdf.

62. Interview with Mark Lawson, *Front Row*, BBC Radio 4 (26 May 2008).

63. Simmons, *I'm Your Man*, p.216.

64. Robert Love, 'Bob Dylan Uncut', AARP (website). https://www.aarp.org/entertainment/celebrities/info-2015/bob-dylan-magazine-interview.html. Accessed 25 August—25 July 2020.

65. Jude Rogers, 'Mavis Staples: "I Often Think What Would Have Happened If I'd Married Dylan"', *The Guardian* (12 February 2016). https://www.theguardian.com/music/2016/feb/12/mavis-staples-i-often-think-what-would-have-happened-if-id-married-bob-dylan. Accessed 8 August 2020.

66. Robert Love, 'Bob Dylan History', AARP (website). https://www.aarp.org/entertainment/celebrities/info-2015/bob-dylan-magazine-interview-history.html. Accessed 25 July 2020.

67. Love, 'Bob Dylan History'.

68. Toby Thompson, *Positively Main Street: Bob Dylan's Minnesota* (Minnesota: University of Minnesota Press, 2008), p.161.

69. Jonathan Cott, 'Bob Dylan as Filmmaker: "I'm Sure of My Dream Self. I Live in My Dreams"', *Rolling Stone* (26 January 1978). https://www.rollingstone.com/music/music-news/bob-dylan-as-filmmaker-im-sure-of-my-dream-self-i-live-in-my-dreams-88435/. Accessed 20 August 2020.

70. Bob Dylan onstage in Tempe, Arizona, 26 November 1979, quoted in Clinton Heylin, 'Saved! Bob Dylan's Conversion to Christianity', in *Wanted Man: In Search of Bob Dylan*, ed. Bauldie, p.130.

71. Peter Lindbald, 'Go Inside Dylan's "Jesus Years"', *Goldmine* (13 March 2009), p.41.

72. Lindbald, 'Go Inside Dylan's "Jesus Years"', p.41.

73. 'History and Legacy: Reaching This Generation with the Power of the Gospel', Vineyard.org (website). https://vineyardusa.org/about/history/. Accessed 8 August 2020.

74. T-Bone Burnett talking to Howard Sounes. Quoted in Marshall and Ford, *Restless Pilgrim*, p.24.

75. Bob Dylan onstage at the Golden Hall, San Diego, 27 November 1979. Quoted in Clinton Heylin, *Dylan the Biography: Behind the Shades* (London: Penguin, 1998), p.327.

76. Interview with Robert Hilburn, *The Los Angeles Times* (23 November 1980) reprinted in *Dylan on Dylan*, ed. Cott (London: Hodder & Stoughton, 2006), p.281.

77. Interview with Robert Hilburn in *Dylan on Dylan*, ed. Cott, pp.279—80.

78. Helena Springs interviewed by Chris Cooper, *Endless Road #7*. Quoted in Heylin, *Behind the*

Shades, p.328.

79. Interview with Robert Hilburn, *The Los Angeles Times* (23 November 1980) reprinted in *Dylan on Dylan*, ed. Cott, p.282.

80. T. L. Frazier, *A Second Look at the Second Coming: Sorting Through the Speculations* (California: Conciliar Press Ministries Inc., 1999), p.35.

81. Bob Dylan onstage at the Convention Centre, Albuquerque, 15 December 1979. Quoted in Heylin, *Trouble in Mind*, p.334.

82. Interview with Robert Hilburn, *The Los Angeles Times* (23 November 1980) reprinted in *Dylan on Dylan: Essential Interviews*, ed. Cott, p.280.

83. Geoffrey Himes Review of Bob Dylan at Merriweather Post Pavilion, Columbia, *Washington Post* (June 1981). Quoted in Heylin, *Trouble in Mind*, p.269.

84. '100% Jewish. 100% Christian', Jews for Jesus (website). https://www.jewsforjesus.org/100-percent/.Accessed 7 August 2020.

85. Andrew McCaron, 'The Year Bob Dylan Was Born Again: A Timeline', Oxford University Press Blog (website). https://blog.oup.com/2017/01/bob-dylan-christianity/. Accessed 7 August 2020.

86. Marshall and Ford, *Restless Pilgrim*, p.67.

87. Kurt Loder, 'Bob Dylan: Recovering Christian', *Rolling Stone* (21 June 1984). https://www.rollingstone.com/music/music-news/bob-dylan-recovering-christian-87837/. Accessed 7 August 2020.

88. Sounes, *Down the Highway*. Quoted in Simmons, *I'm Your Man*, p.300.

89. Interview with Karen Hughes, *The Dominion* (2 August 1980). https://interferenza.net/bcs/interw/80-may21.htm. Accessed 31 July 2020.

90. Leonard Cohen, '1985: The Picasso of Song...' printed in *Wanted Man: In Search of Bob Dylan*, ed.Bauldie, p.142.

91. Leonard Cohen, *Stranger Music* (London: Jonathan Cape, 1993), p.265.

92. Cohen, *Stranger Music*, p.265.

93. Interview with Bruce Headlam, *Saturday Night* (December 1997).

94. John Rasmussen, 'Saint Kateri (Kateri Tekakwitha), ' The Canadian Encyclopaedia (website), 19 November 2012. Updated by Anne-Marie Pedersen and Maude-Emmanuelle Lambert (4 March 2015). https://www.thecanadianencyclopedia.ca/en/article/tekakwitha-kateri. Accessed 8 August 2020.

95. Leonard Cohen, *Beautiful Losers* (London: Jonathan Cape, 1970), p.87.

96. Stina Dabrowski, 'Leonard Cohen interview (2001) '. YouTube video, 1:03.57. 5 January 2015. https://www.youtube.com/watch?v=44-xVevivs.

97. Simmons, *I'm Your Man*, p.385.

98. Interview with Arthur Kurzweil, https://www.leonardcohenfiles.com/arthurkurzweil.pdf.

99. Simmons, *I'm Your Man*, p.268.

100. Simmons, *I'm Your Man*, p.377.

101. Simmons, *I'm Your Man*, p.315.

102. Quote from unpublished novel, Leonard Cohen Archives, in Nadel, *Various Positions*, p.14.

103. Simmons, *I'm Your Man*, p.322.

104. Interview with Robin Pike, *Zig-Zag Magazine* (October 1974).

105. Simmons, *I'm Your Man*, p.267.

106. Simmons, *I'm Your Man*, p.380.

107. 'A Resonance Between Two Models—Leonard Cohen and Ramesh Balsekar', Jane Adams Art (website).https://janeadamsart.wordpress.com/2014/09/28/a-resonance-between-two-models-leonardcohen-ramesh-balsekar/. Accessed 20 July 2020. First published in Ramana Maharshi FoundationUK Journal Self Inquiry (Summer 1999).

108. Simmons, *I'm Your Man*, p.380. Menorah：是犹太教中的圣物烛台，七枝连在一起，与古时耶路撒冷的圣殿有关。

109. Interview with Robert Hilburn, *Los Angeles Times*, 24 September 1995.

110. Simmons, *I'm Your Man*, p.488.

111. Simmons, *I'm Your Man*, p.385.

112. Pico Iyer, 'Leonard Cohen: Several Lifetimes Already', *Lion's Roar Magazine*, 1 September 1998. https://www.lionsroar.com/leonard-cohen-several-lifetimes-already/. Accessed 10 August

2020.

113. Radio Interview with Shelagh Rogers, *Sounds Like Canada*, CBC, 7 February 2006. printed in *Leonard Cohen on Leonard Cohen: Interviews and Encounters*, ed. Burger, p.516.

114. John Leland, 'The Prince of Prurience and Loss' , *GQ Magazine*, November 2001. reprinted in *Leonard Cohen on Leonard Cohen: Interviews and Encounters*, ed. Burger, p.497.

115. 后来收入 2006 年出版的《渴望之书》，没有用书信体的签名。

116. Simmons, *I'm Your Man,* p.395.

117. Ramesh S. Balsekar, *Consciousness Speaks: Conversations with Ramesh S. Balsekar*, ed. Wayne Liquorman（Redondo Beach, CA: Advaita Press, 1992）, p.14.

118. Simmons, *I'm Your Man*, pp.399—400.

119. Ratnesh Mathur, 'Bird on a Wire: How Bombay Helped Leonard Cohen Find His Voice Again' , Scroll.in（website）. https://scroll.in/article/821415/bird-on-a-wire-how-bombay-help-leonard-cohen-findhis-voice-again. Accessed 30 July 2020.

120. 'A Resonance Between Two Models' .

121. 'A Resonance Between Two Models' .

122. 'A Resonance Between Two Models' .

123. 'A Resonance Between Two Models' .

124. *The Zen Teaching of Rinzai*, trans. Irmgard Schloegl（Berkeley, 1976）, p.38.

125. Leland, 'The Prince of Prurience and Loss' , p.499.

126. Ira Mothner, 'Songs Sacred and Profane' , *Look*（10 June 1969）.

127. Eliot R. Wolfson, 'New Jerusalem Glowing: Songs and Poems of Leonard Cohen in a Kabbalistic Key' , p.150. https://www.academia.edu/3331347/NewJerusalemGlowing_Songsand_Poemsof_LeonardCoheninaKabbalistic_Key.Pdf. Accessed 31 August 2020.

128. Brian Cullman, 'Sincerely, L. Cohen' , *Details for Men*, January 1993.

129. Eleana Cornelli, 'The Virtueless Monk' , *La Nazione*, 25 November 1998.

130. Wolfson, 'New Jerusalem Glowing' , p.151.

131. Allan Donaldson, 'Review of *Let Us Compare Mythologies*' , *The Fiddlehead*, 30 November 1956, pp.30—1.

132. Cohen, *Beautiful Losers*, p.12.

133. Lawson, 'A New Religious Age for Leonard Cohen' .

134. Michael Gray, *Song and Dance Man III*（London and New York: Cassell, 2000）, p.208.

135. Loder, 'Bob Dylan: Recovering Christian' .

136. Interview with Robert Shelton, from *No Direction Home*（March 1966）, reprinted in *Dylan on Dylan* , ed. Cott（London: Hodder & Stoughton, 2007）, p.87.

137. Interview with Jonathan Cott, *Rolling Stone*（26 January 1978）, in *Bob Dylan: The Essential Interviews*, ed. Johnathan Cott（London: Simon & Schuster, 2017）, p.202.

138. Jonathan Cott, 'Bob Dylan: The Rolling Stone Interview, Part Two' , *Rolling Stone*（26 November 1978）. https://www.rollingstone.com/music/music-news/bob-dylan-the-rolling-stone-interview-part-2-173545/. Accessed 8 August 2020.（此处是暗讽希特勒对纯种雅利安人的定义。希特勒认为纯种雅利安人是金发碧眼。——译者注）

139. Interview with Arthur Kurzweil. https://www.leonardcohenfiles.com/arthurkurzweil.pdf.

140. Interview with Kurzweil.

141. Simmons, *I'm Your Man*, p.314.

142. Simmons, *I'm Your Man*, p.315.

143. Interview with Bruce Headlam, *Saturday Night*（December 1997）. Tefillin：一种用小动物的皮制作而成的小匣子，里面放着刻着经文的小经卷，一个绑在前额上，另一个绑在手臂上，通常在晨祷时吟诵。

144. Simmons, *I'm Your Man*, p.315.

145. Rabbi Mordecai Finley, 'Being Leonard Cohen's Rabbi' , *Jewish Journal*（16 November 2016）. https://jewishjournal.com/judaism/212745. Accessed 31 July 2020.

146. Finley, 'Being Leonard Cohen's Rabbi' .

147. Finley, 'Being Leonard Cohen's Rabbi' .

148. Interview with Gary Hill, Reuters News Service（October 1993）. Quoted in Ford and Marshall, *Restless Pilgrim*, p.117.

149. Scott Benarde, 'Rock for the Ages: Pop Stars Sing Out About Their Judaism' , *Jewish*

Journal, 27 August 1999. Quoted in Ford and Marshall, *Restless Pilgrim*, p.122.

150. Paul Edmond quoted in Marshall, *The Spiritual Life*, p.90.

151. Wolfson, 'New Jerusalem Glowing', p.105.

第四章 开始

1. Lawrence Ferlinghetti, 'Belated Palinode for Dylan Thomas', in *These Are My Rivers: New and Selected Poems 1955—1993*（New York: James Laughlin, 1993）, p.43.

2. Donald Henahan cited in Harold Rasky, *The Song of Leonard Cohen*（Niagara Falls: Mosaic Press, 2001）, p.19.

3. Cited in Paul Zollo interview with Leonard Cohen, 'Leonard Cohen: Inside the Tower of Song', *Song Talk*, April, 1993. Reprinted in *Leonard Cohen on Leonard Cohen*, ed. Jeff Burger（Chicago: Chicago Review Press, 2014）, p.263.

4. 这本传记花费了谢尔顿数年才完成，而且成了他的一个负担。Robert Shelton, *No Direction Home: The Life and Music of Bob Dylan*（New York: Willian Morrow, 1986）. A revised and updated version appeared in 2011 edited by Elizabeth Thomson and Patrick Humphries, published by Omnibus Press.

5. Sylvie Simmons, 'Travelling Light', *Mojo*, December, 2008, p.91.

6. Leonard Cohen, Letter to Esther dated, 18 September 1961. Box 11.5, Leonard Cohen Papers, Fisher Library Toronto.

7. Zollo, 'Leonard Cohen: Inside the Tower of Song', in *Leonard Cohen on Leonard Cohen*, ed. Burger, pp.263 and 284.

8. Larry Keenan, *Beat Scene*, No. 27（no date）.

9. Robert Shelton, *No Direction Home*, revised and updated edition edited by Elizabeth Thomson and Patrick Humphries（London: Omnibus Press, 2011）, p.233.

10. Shelton, *No Direction Home*, p.232.

11. Richard Fariña, *Been Down so Long It Seems Like Up to Me*（Harmondsworth: Penguin Classics, 1996）.

12. David Hajdu, *Positively 4th Street: The Lives and Times of Joan Baez, Bob Dylan, Mimi Baez and Richard Fariña*（London: Bloomsbury, 2001）, pp.42—3.

13. Robert Shelton Archive, Music Experience Project, Seattle, Tape IX transcript, p.28.

14. Ginsberg cited in Louis Simpson, *Studies of Dylan Thomas, Allen Ginsberg, Sylvia Plath and Robert Lowell*（London: Palgrave Macmillan, 1979）, p.37.

15. John McCarten, 'Strolling Player', *The New Yorker*, 8 February 1964.

16. Gregory Corso, letter to Hans circa May—June 1956, *An Accidental Autobiography: The Selected Letters of Gregory Corso*, ed. Bill Morgan（New York: New Directions Publishing, 2003）, p.3.

17. Bruce Cook, *The Beat Generation*（New York: Charles Scribner's Sons, 1971）, p.223.

18. *Time*, Monday, 6 April 1953: Books: Welsh Rare One.

19. Deborah Sprague, 'Leonard Cohen and the Death of Cool', *Your Flesh*, Spring 1992. Reprinted in *Leonard Cohen on Leonard Cohen*, ed. Burger, p.250.

20. Email to the author, Monday 20 September 2004.

21. Dylan Thomas, 'Visit to America' on *Dylan Thomas Reads His Own Poetry*, Alto Take: 2, ALN 1912. Audio cd.

22. *Time*, Monday, 6 April 1953.

23. Tom Leonard, 'The World's Most Decadent Hotel, Where Dylan Thomas Drank Himself to Death and Rock Stars Bedded（and Murdered）Their Lovers, Closes after a Century': http://www.dailymail.co.uk/news/article-2028125/Hotel-Chelsea-New-York-closes-Where-Dylan-Thomas-drank-death.html #ixzz1l Jun8FcY.

24. *Time*, 2 December 1957, p.71.

25. LeRoi Jones, letter to the editor of Partisan Review, summer 1958 reprinted in Matt Theado, ed. *The Beats: A Literary Reference*（New York: Carrol and Graf, 2003）, p.82.

26. 当然，他不仅仅是一位诗人。

27. Andrew Lycett, *Dylan Thomas: A New Life*（London: Phoenix, 2003）, p.391.

28. Martin E. Gingerich, 'Dylan Thomas and America', *Dylan Thomas Remembered*（Swansea: The Dylan Thomas Society Wales Branch, 1978）, pp.26—34.

29. Dylan Thomas to Caitlin Thomas, 7 May 1953, *Dylan Thomas: The Collected Letters*, New Edition, ed. Paul Ferris（London: J. M. Dent, 2000）, p.989.

30. Gingerich, 'Dylan Thomas and America', pp.26—34.

31. 'Dylan Thomas's Night in Montreal', *Cosmopolis*, 31 March 2013. https://coolopolis.blogspot.com/2013/03/dylan-thomass-night-in-montreal.html. Accessed 14 May, 2014.

32. James Parker, 'The Last Rock-Star Poet', *The Atlantic*, December 2014. https://www.theatlantic.com/magazine/archive/2014/12/the-last-rock-star-poet/382239/. Accessed 14 May 2020.

33. Margaret Mead, *Culture and Commitment: A Study of the Generation Gap*（London: Bodley Head, 1970）.

34. Leonard Cohen, *The Favourite Game*（Toronto: McClelland and Stewart, 1994）, p.108. 初版于 1963 年。

35. Letter dated 6 January 1952, *Dylan Thomas, The Collected Letters*, new edition, ed., Paul Ferris（London: Dent, 2000）, p.918. John Malcolm Brinnin, *Dylan Thomas in America*（London: Arlington Books, 1988）, p.135.

36. Email to Jeff Towns, the Dylan Thomas scholar and author, 6 June 2011. 我们感谢 Jeff 与我们分享了这些内容。

37. *McGill News*, Alumni Quarterly, Winter, 2008, p.1. https://mcgillnews-archives.mcgill.ca/news-archives/2004/spring/epilogue/. Accessed 14 May 2020.

38. https://coolopolis.blogspot.com/2016/03/celebrated-after-death-poet-malcolm.html. Accessed 14 May 2020.

39. Malcolm Miller（1930—2014）, *Branches That Have Travelled Far from the Trunk*, 1998, self-published.

40. 'Dylan Thomas's Night in Montreal', *Cosmopolis*, 31 March 2013.

41. Email to Jeff Towns, the Dylan Thomas scholar and author, 6 June 2011. 我们感谢 Jeff 与我们分享了这些内容。

42. 这段话源自科恩 2011 年 6 月 6 日写给本书作者的邮件。

43. Barry Miles, *Allen Ginsberg Beat Poet*（London: Virgin Books, 2010）, p.208.

44. Joyce Johnson, *Minor Characters: A Beat Memoir*（London: Methuen, 2006）, pp.120—1.

45. Charles Bukowski, 'O. We Are the Outcasts', in *Rooming House Madrigals: Selected Poems 1946—66*（New York: Harper Collins, Kindle edition, 2009）Loc. 466. In 'Farewell Foolish Objects' Bukowski wrote: 'I will read Dylan and D.H. until my eyes fall out of my head...' Loc. 1698.

46. Letter from Leonard Cohen to Mme Marian McNamara, 29 March 1964. Fisher Library, Cohen papers, 11:15; and, Erica Pomerance, 'A Profile On: Leonard Cohen', *McGill Daily Panorama*, Friday, 6 November 1964.

47. Pomerance, 'A Profile On: Leonard Cohen'.

48. Pomerance, 'A Profile On: Leonard Cohen'.

49. Leonard Cohen, 11 December 1963. Leonard Cohen Papers, Fisher Library, Toronto. Correspondence, Box 11:14.

50. McClelland and Stewart publicity material, 'Poets on Campus', Leonard Cohen Papers, Fisher Library, Box 7:16. It includes a quotation from Jack McClelland: 'If book sales are a fair measure there is more interest in poetry in Canada than anywhere else in the English-speaking world'.

51. Letter from Leonard Cohen to Mme Marian McNamara, 29 March 1964. Fisher Library, Cohen papers, 11:15.

52. 'Poets on Campus'.

53. Leonard Cohen, *Flowers for Hitler*（Toronto: McClelland and Stewart, 1964）.

54. 'Let Us Be Ourselves Is Poet's Advice', *Montreal Gazette*, 17 November 1964. Cohen Papers, 11:43, 7 Press clippings.

55. Bannerman on Books, *Maclean's Review*, 14 May 1966.

56. 26 April 1966.

57. Lawson, 'A New Religious Age for Leonard Cohen'.

58. Simmons, *I'm Your Man*, p.58.

59. Radio interview with Vin Scelsa, WXRK-FRM（New York）, 13 June 1993. Printed in *Leonard*

Cohen on Leonard Cohen, ed. Berger, p.345.

60. Cited in Miles, *Allen Ginsberg Beat Poet*, p.194. 此桥和彼桥指金门大桥与布鲁克林大桥。

61. Cited in Jack Foley, 'Howl and the Howlers', *The Raconteur: America*, ed. Dylan More and Gary Raymond, Winter 2011/12, p.286.

62. Blake Morrison, 'Bard of Bohemia', *The Observer*, Sunday, 5 May 1985.

63. Joyce Johnson, *Minor Characters*（London: Methuen, 2006）, p.118.

64. Morrison, 'Bard of Bohemia'.

65. Johnson, *Minor Characters*, p.185.

66. Allen Ginsberg, *Deliberate Prose: Selected Essays 1952—1995*（London: Penguin Books, 2000）, p.240.

67. Laurence Coupe, *Beat Sound, Beat Vision: The Beat Spirit and Popular Song*（Manchester: Manchester University Press, 2007）, p.56.

68. Cited in Andrew Lycett, *Dylan Thomas: A New Life*（London: Pheonix, 2004）, p.331.

69. Cited in Lycett, *Dylan Thomas: A New Life*, p.444.

70. Allen Ginsberg, *Journal: Early Fifties, Early Sixties*（New York: Grove, 1977）, pp.14—16.

71. John Leland, *Why Kerouac Matters*（London: Penguin, 2008）, p.188.

72. Writing to Mr and Mrs Randall Jarrell from Guaymas, New Mexico, early November, 1956. Corso, *An Accidental Biography*, p.13.

73. Ann Douglas, 'Introduction: "A Hoop for the Lowly"'; Jack Kerouac, *The Dharma Bums*（London: Penguin, 2006）, p.xiii.

74. Miles, *Allen Ginsberg*, p.208.

75. Douglas, Introduction to *The Dharma Bums*, p.v.

76. Douglas, Introduction to *The Dharma Bums*, p.vi.

77. Leland, *Why Kerouac Matters*, p.194.

78. Interview by Mike Wallace with Jack Kerouac, *New York Post*, 21 January 1958. Reproduced in *The Beats: A Literary Reference*, p.118.

79. Robbie Woliver, *Hoot: A Twenty-Five-Year History of the Greenwich Village Music Scene*（New York: St. Martin's Press, 1994）, 8. 此书 1986 年由 Pantheon Books 出版社初版，书名为"Bringing It All Back Home"。

80. Johnson, *Minor Characters*, pp.189—90.

81. 苏尔是位于加州中部海岸的区域。因为其地形崎岖，居民很少。圣鲁西娅山脉自太平洋海岸突兀高耸。"大苏尔"之名源自西班牙语，意即"大南方"或者"南方的大区"。这本小说已被改编成电影"快走一步或我已离开：凯鲁亚克的大苏尔"。

82. Letter to Ferlinghetti, November, 1961, in *Selected Letters of Jack Kerouac 1957—1969*（London: Viking, 1999）, pp.313—14.

83. 7 March 1963, Corso, *An Accidental Autobiography*, p.352.

84. Leland, *Why Kerouac Matters*, p.194.

85. *Time*, 14 September 1962, p.106.

86. Charles Bukowski, 'This Is What Killed Dylan Thomas', in *South of No North: Stories of the Buried Life*（New York: Echo, 1973）, pp.129—33.

87. Charles Bukowski, letter to Jon Webb, 1962 in *Screams from a Balcony: Selected letters 1960—1970*, ed.Seamus Cooney（New York: Harper Collins, 1978）, p.42.

88. Bukowski, letter to Tom McNamara, 25 October 1965, in *Screams from the Balcony*, p.219.

89. Lycett, *Dylan Thomas: A New Life*, p.321.

90. *Time*, 2 December 1957, p.71.

91. 吉姆波的博普城是于 1950—1965 年间位于旧金山波斯特街上的一个俱乐部，彼时很有名的一家举办活动的场地，接待了比如查理·帕克、艾拉·菲茨杰拉德、比莉·荷利黛、迈尔斯·戴维斯、迪兹·吉莱斯皮和约翰·科尔特兰等人。

92. Kenneth Rexroth, 'Disengagement: The Art of the Beat Generation', in *Beat Down to Your Soul*, ed. Ann Charters（London: Penguin, 2001）, p.495.

93. Bukowski, letter to Kirby Congdon, ca. mid-March, 1966, *Screams from the Balcony*, p.245.

94. Bukowski, letter to Tom McNamara, 25 October 1965, *Screams from the Balcony*, p.219.

95. Bukowski, letter to Sten Richmon, February 1967, *Screams from the Balcony*, p.295.

96. Bukowski, letter to Carl Wiessner, 28 January 1967, *Screams from the Balcony*, p.293.

97. Charles Bukowski, ‘O, We Are the Outcasts’, in *Roominghouse Madrigals*, Kindle edition, Loc, pp.480—1.

98. Robert Briggs, *Poetry and the 1950s: Homage to the Beat Generation*, audio, label, Skysociety, 1999. ASIN B001GLA4L2.

99. Letter from Louis Dudek to Leonard Cohen, 258 West 22 St. NYC, June 22, 1956. Leonard Cohen papers, #29, Thomas Fisher rare books library, Toronto University.

100. Email from Kelley Lynch to David Boucher, 10 March 2003.

101. https://www.bbc.co.uk/news/uk-wales-15661342. Accessed 28 May 2020.

102. William Greenway, ‘Dylan Thomas and a Contemporary American Poet’, *The World Winding Home*（Swansea: The Dylan Thomas Society of Great Britain, 1995）, p.45.

103. June Skinner Sawyers, *Bob Dylan New York*（Berkeley, California: Roaring Forties Press, 2011）, p.8.

104. Allen Ginsberg and Gregory Corso, ‘The Literary Revolution in America’. Abridged in *Allen Ginsberg: Howl*, ed. Barry Miles（New York: Harper, 1986）, pp.165—6. Originally published in The Litterair Paspoort 100（Amsterdam）, November 1957.

105. Leland, *Why Kerouac Matters*, p.197.

106. Jon Rogers, ‘Allen Ginsberg: The Recordings’, *Beat Scene*, no.23（n.d.）, p.13.

107. *Dylan Scrapbook*, p.13.

108. 1962 年 3 月 11 日，就在他的第一个专辑发布前，迪伦做了一期广播节目。在这期节目里，他唱的曲目有汉克·威廉姆斯的《孤独的口哨》、布卡·怀特的《休整好了，可以死了》、嚎狼的《大烟囱一般的闪电》、伍迪·格思里的《艰难的旅程》、孟菲斯“罐”乐队的《偷》、“大乔”·威廉姆斯的《宝贝别走》，以及两首他自己创作的歌《艾米特·提尔之死》和《纽约镇里的艰难时日》。Bob Dylan: Folk Singer's Choice, Left Field Media, LFMCD501 © 2010.

109. Shelton, *No Direction Home*, updated edition, p.62.

110. Bob Dylan, *Chronicles*（London, Simon and Schuster, 2004）, p.58.

111. Shelton, *No Direction Home*, updated edition, pp.172—3.

112. The Bureau of Public Secrets: Rexroth's San Francisco 1965, http://www.bopsecrets.org/rexroth/sf/1965.htm.

113. Marianne Faithful 1964 年所说。Marianne Faithful, *Faithful: An Autobiography*（New York: Cooper's Square Press, 2000）, p.42. Sawyers, *Bob Dylan: New York*, p.75.

114. Faithful, *Faithful*, p.48.

115. Benjamin Wright, ‘The Weird and Wonderful Literary World of Bob Dylan’, *Highbrow Magazine*, 13 October 2012. http://highbrowmagazine.com/1640-weird-and-wonderful-literary-world-bob-dylan, posted 5 October 2012.

116. Allen Ginsberg, ‘On the New Dylan’, *Georgia Straight*, 25 May 1971.

117. Coupe, *Beat Sound, Beat Vision*, p.80.

118. Ann Charters, ed., *The Portable Beat Reader*（London: Penguin, 1992）, p.370.

119. Cited in Sawyer, *Bob Dylan: New York*, p.70.

120. Sawyer, *Bob Dylan: New York*, p.71.

121. Shelton, *No Direction Home*, revised edn, p.231.

122. Shelton, *No Direction Home*, revised edn, p.240.

123. Quotation on the back cover of Joachim Markhorst, *Desolation Row: Bob Dylan's Poetic Letter from 1965*（Amazon self-published, 2020）.

124. Radio interview with Vince Scelsa, in *Leonard Cohen on Leonard Cohen*, ed. Burger, pp.341—2.

125. Doug Beardsley, ‘On First Looking into Leonard Cohen’, in *Intricate Preparations*, ed. Stephen Scobie（Toronto: ECW Press, 2000）, pp.6—7.

126. Cook, *The Beat Generation*, p.223.

127. Shelton interview with Ferlinghetti, March 1966, p.1.

128. The photograph is printed in an article by Simmons, ‘Travelling Light’, *Mojo*, p.88.

129. Interview with Robin Pike, 15 September 1974, *ZigZag*, October 1974. Reprinted in *Leonard Cohen on Leonard Cohen*, ed. Burger, p.68.

130. Steve Turner, ‘Leonard Cohen: The Prophets of Doom’, *Q Magazine*, April 1988. Reprinted in *Leonard Cohen on Leonard Cohen*, ed. Burger, p.209.

131. Cited in Rasky, *Song of Leonard Cohen*, p.18.

132. Quoted in Ira Mothner, ‘Songs Sacred and Profane’, *Look*, 10 June 1969.

133. Cited in Loranne S. Dorman and Clive L. Rawlins, *Leonard Cohen: Prophet of the Heart* (London: Omnibus, 1990), p.213.

134. Judy Collins, *Singing Lessons* (New York: Pocket Books, 1998), p.144.

135. Richard Goldstein, 'Beautiful Creep', *The Village Voice*, 28 December 1967, p.27. Reprinted in *Leonard Cohen: The Artist and His Critics*, ed., Michael Gnarowski (Toronto: McGraw-Hill, 1967), p.44.

136. John Walsh, 'Research, You Understand... Leonard Cohen', *Mojo*, September 1994, p.60.

137. Leonard Cohen, letter to Esther, 17 September 1963. Leonard Cohen Papers, Box 11, file 13. Thomas Fisher Library, University of Toronto.

138. Leonard Cohen, a letter dated Quebec, 61 and addressed Dear Bob. Box 11, file 4, Cohen Papers, Fisher Library, University of Toronto.

139. Interview with Robert Sword, December 1984, Reprinted in *Leonard Cohen on Leonard Cohen*, ed. Burger (Chicago: Chicago Review Press, 2014), p.165. Also see: https://allenginsberg.org/2014/09/leonard-cohen/. Accessed 23 May 2020.

140. Robert Shelton interview with Lawrence Ferlinghetti, San Francisco, March 1966. Robert Shelton Archive, Institute for Popular Music, Liverpool University.

141. Shelton interview with Ferlinghetti, March 1966, p.1.

142. Leonard Cohen, letter to his sister Esther, 18 September 1961. Box, 11, file 5, Cohen Papers, Fisher Library, University of Toronto.

143. Allen Ginsberg, *Collected Poems* (London: Viking, 1985).

144. 'How Was He for You? Famous Fans on Why Leonard Cohen Is Essential Listening', *The Observer Magazine*, 14 October 2001, p.13.

145. Leonard Cohen, T*he Energy of Slaves* (London: Jonathan Cape, 1972), p.97.

146. Leonard Cohen, S*tranger Music: selected poems and songs* (London: Jonathan Cape, 1993).

147. Ian Bell, *Once Upon a Time: The Lives of Bob Dylan* (Edinburgh: Mainstream, 2013), p.25.

148. Ferlinghetti, 'Belated Palinode for Dylan Thomas', in *These Are My Rivers*, p.43.

第五章　蒙面的十字军战士——鲍勃·迪伦

1. Dylan Thomas, 'O Make Me a Mask', *The Collected Poems of Dylan Thomas: The Centenary Edition*, ed. John Goodby (London: Weidenfeld and Nicholson, 2014), p.98.

2. Cited in David Kinney, *The Dylanologists: Adventures in the Land of Bob* (New York: Simon & Schuster, 2014), p.i.

3. Thomas, *Collected Poems*, p.98.

4. Theodore Dalrymple, 'The Rimbaud of Cwmdonkin Drive', *City Journal*, Winter, 2015. https://www.city-journal.org/html/rimbaud-cwmdonkin-drive-13712.html. Accessed 7 May 2020.

5. Peter Sellers quoted in *Halliwell's Filmgoer's Companion: Ninth Edition*, ed. Leslie Halliwell (London: Grafton, 1988), p.622.

6. Leonard Cohen, *The Favourite Game*, First published 1963, p.108.

7. Bob Dylan, *Chronicles: Volume One* (New York: Simon & Schuster, 2004), pp.78—9.

8. Christophe Lebold, 'A Face Like a Mask and a Voice That Croaks: An Integrated Poetics of Bob Dylan's Voice, Personae, and Lyrics', *Oral Tradition*, vol.22, no.1 (2007), p.63.

9. Lebold, 'A Face Like a Mask and a Voice That Croaks', p.58.

10. Donald Pollock, 'Masks and the Semiotics of Identity', *Journal of the Royal Anthropological Institute*, vol.1, no.3 (September 1995), pp.581—97, and 582. https://jstor.org/stable/3034576. Accessed 15 April 2020.

11. S. D. Gill, 'The Shadow of a Vision Yonder', *Seeing with the Native Eye: Essays on Native American Religion*, ed. W. H. Capps (New York: Harper & Row, 1976), p.55. Quoted Pollock, 'Masks and the Semiotics of Identity', p.584. 在霍皮族人的神话中，卡琴那是被神化的祖灵。

12. Robert Shelton, '20-Year Old Singer Is Bright New Face at Gerde's Club', *New York Times*, 29 September 1961. Quoted in Stephen Scobie, *Alias Bob Dylan: Revisited* (Calgary, Canada: Red Deer Press, 2003), p.46.

13. Interview with Abe and Beatty Zimmerman, The Robert Shelton Minnesota Transcripts, May 1968, printed in *Isis: a Bob Dylan Anthology*, ed. Derek Barker (London: Helter Skelter Publishing, 2001), p.18.

14. Paul Williams, *Bob Dylan: Performing Artist 1960—1973* (London: Omnibus Press, 1994), p.11.

15. Interview with Nora Ephron and Susan Edmiston, *Positively Tie Dream* (August 1965), reprinted in *Dylan on Dylan*, ed. Jonathan Cott (London: Hodder & Stoughton, 2007), p.51.

16. Interview with Joseph Haas, *Chicago Daily News* (27 November 1965), reprinted in *Dylan on Dylan*, ed. Cott, p.57.

17. Interview with Joseph Haas, *Dylan on Dylan*, ed. Cott, p.56.

18. Interview with Joseph Haas, *Dylan on Dylan*, ed. Cott, p.56.

19. Paul Nelson quoted in Shelton, *No Direction Home*, revised and updated edition, ed. Elizabeth Thomson and Patrick Humphries (London: Omnibus Press, 2011), p.61.

20. Mark Sanders, 'Twenty Fabled Moments in Denver Music: #11: Bob Dylan Crashed in the Mile High City, 1960', *Westword*, 14 June 2020. https://www.westword.com/music/twenty-fabledmoments-in-denver-music-11-bob-dylan-crashed-in-the-mile-high-city-1960-5712891. Accessed 18 April 2020.

21. Williams, *Performing Artist*, p.13.

22. Jaharana Romney (formerly known as Bonnie Beecher) interviewed by Markus Wittman, 'The Girl from the North Country', in *Wanted Man: In Search of Bob Dylan*, ed. John Bauldie (New York: Citadel Press, 1991), p.20.

23. Shelton, *No Direction Home*, p.84.

24. Lebold, 'A Face Like a Mask and a Voice That Croaks', p.58.

25. Williams, *Performing Artist*, p.15.

26. Scobie, *Alias Bob Dylan: Revisited*, p.41.

27. Williams, *Performing Artist*, p.16.

28. Daniel Karlin, 'Bob Dylan's Names', in *Do You, Mr Jones? Bob Dylan with the Poets and Professors*, ed. Neil Corcoran (London: Chatto & Windus, 2002), p.27.

29. *Bob Dylan in His Own Words*, ed. Williams, p.15.

30. Howard Sounes, *Down the Highway: The Life of Bob Dylan* (London: Black Swan, 2002), pp.59—60.

31. Interview with Ron Rosenbaum, *Playboy* (March 1978), reprinted in Dylan on Dylan, ed. Cott, p.206.

32. Scobie, *Alias Bob Dylan Revisited*, p.40.

33. Suze Rotolo, *A Freewhelin' Time* (London: Arum Press, 2008), pp.104—6.

34. Richard F. Thomas, *Why Dylan Matters* (London: William Collins, 2017), p.40.

35. Sam Shephard, *Rolling Thunder Log Book* (London: Penguin, 1977), pp.74—5, quoted in John D. Hughes, '"This Time We Shall Escape": Bob Dylan's Rolling Thunder Years', in *Rock Music Studies,* vol.3, no.1, pp.62—79. http://www.tandfonline.com/doi/full/10.1080/19401159.2015.1129830. Accessed 27 April 2020.

36. Anne Waldman, 'Bob Dylan and the Beats', in *Highway 61 Revisited: Bob Dylan's Road from Minnesota to the World*, ed. Colleen J. Sheehy and Thomas Swiss (Minneapolis: University of Minnesota Press, 2009), p.257.

37. Interview with Jonathan Cott, *Rolling Stone* (November 1978), reprinted in *Dylan on Dylan,* ed.Cott, p.269.

38. Hughes, 'This Time We Shall Escape', p.77.

39. Colin Fleming, 'Remembering Bob Dylan's Infamous "Judas" Show' (17 May 2016), *Rolling Stone*. https://www.rollingstone.com/music/music-news/rememberng-bob-dylans-infamous-judas-show-203760/. Accessed 19 May 2020.

40. Christophe Lebold, 'The Traitor and the Stowaway: Persona Construction and the Quest for Cultural Anonymity and Cultural Relevance in the Trajectories of Bob Dylan and Leonard Cohen', *Journal of the International Association for the Study of Popular Music*, vol.1, no.2 (2011), p.2. DOI:10.5429/2079-3871 (2010) v12.6en. Accessed 4 May 2020.

41. Rory O'Conner, 'Albert Grossman's Ghost', *Musician Magazine* (June 1987). https://theband.hiof.no/articles/aggmusicianjune_1987.html. Accessed 26 June 2020.

42. See Kinney, *The Dylanologists*.

43. Dylan, Chronicles, p.120.(The Big Bubba：这一称呼来自美国南部，后来被电视和媒体广泛使用。它有时意指“好男孩”，有时意指“没受过多少教育的南部乡下人”。这一称呼本身并无多少贬

义。——译者注）

44. Irwin Silber, ‘An Open Letter to Bob Dylan’, *Sing Out!*（November 1964）. http://www.edlis.org/twice/threads/open_letterto_bobdylan.html. Accessed 24 June 2020.

45. Silber, ‘An Open Letter to Bob Dylan’.

46. An Open Letter from Phil Ochs to Irwin Silber, Paul Wolfe and Joseph E. Levine, *Broadside*（20 January 1965）. Republished on Phil Ochs Blogspot（website）. http://phil-ochs.blogspot.com/2009/02/in-defense-of-bob-dylan-1965.html. Accessed 25 June 2020.

47. An Open Letter from Phil Ochs to Irwin Silber, Paul Wolfe and Joseph E. Levine.

48. Shelton, *No Direction Home*, p.219.

49. Shelton, *No Direction Home*, p.131.

50. 鲍勃·吉尔多夫（Bob Geldof）承认，1965 年那场迪伦在都柏林的巡演，他也在现场，彼时他 13 岁。迪伦的歌词、声音和服饰给他的印象深刻。他说："他在我的蓝色衬衫衣领上画了小圆点，还有衬衫的肩，一直画到衬衫前面的中间部分，而且我的夹克都还没脱呢"，in ‘Turn the Bleedin’ Noise Down, Bobbo’, *Uncut Legends #1: Bob Dylan*, 2003, p.23.

51. John Herdman, *Voice Without Restraint: A Study of Bob Dylan's Lyrics and Their Background*（New York: Delilah Books, 1982）, p.14, quoted in Michael Daley, ‘Vocal Performance and Speech Intonation: Bob Dylan's "Like a Rolling Stone"’, *Oral Tradition*, vol.22, no.1（2007）.

52. ‘Hugh Dunnit’, in *The Telegraph*, quoted in Williams, *Performing Artist*, p.153.

53. Interview with Nora Ephron and Susan Edminston, *Positively Tie Dream*（August 1965）in *Dylan on Dylan*, ed. Jonathan Cott（London: Hodder, 2006）, p.52.

54. Greil Marcus, *Like a Rolling Stone: Bob Dylan at the Crossroads*（London: Faber & Faber, 2006）, p.179.

55. Robert Christagau, ‘Obvious Believers’, *Village Voice*, May 1969. https://www.robertchristgau.com/xg/bk-aow/dylan.php. Accessed 10 June 2020.

56. Jann S. Wenner, ‘Country Tradition Goes to Heart of Dylan Songs’, in *Rolling Stone*, 26 May 1968. https://www.rollingstone.com/music/music-news/country-tradition-goes-to-heart-of-dylan-songs-246091/. Accessed 26 June 2020.

57. Wenner, ‘Country Tradition Goes to Heart of Dylan Songs’.

58. Jann S. Wenner, ‘Bob Dylan Talks: A Raw and Extensive First Rolling Stone Interview’, *Rolling Stone*（29 November 1969）. https://www.rollingstone.com/music/music-news/bob-dylan-talks-a-raw-and-extensive-first-rolling-stone-interview-90618/. Accessed 10 June 2020.

59. Interview with Hubert Saal, *Newsweek*（14 April 1969）.

60. Christagau, ‘Obvious Believers’, *Village Voice*.

61. Lebold, ‘A Face Like a Mask and a Voice That Croaks’, p.65.

62. Kat Peddie, ‘"I Is Somebody Else": Bob Dylan/Arthur Rimbaud’, in *Popular Music History*, vol.8, no.2（2013）, pp.169—88.

63. Rotolo, *A Freewheelin' Time*, p.158.

64. Dylan, *Chronicles*, p.115.

65. Dylan, *Chronicles*, p.115.

66. George Santayana, *Soliloquies in England and Later Soliloquies*（London: Constable, 1922）quoted in Irving Goffman, *The Presentation of Self in Everyday Life*（London: Penguin, 1990）.

67. George Herbert Mead, *Mind, Self and Society*（Chicago: University of Chicago Press, 1934）.

68. Hazel Barnes, *Meddling Gods: Four Essays on Classical Themes*（Lincoln: University of Nebraska Press, 1974）, pp.93—4. Quoted in Peddie, ‘I Is Somebody Else’, p.186.

69. SKS 8:94/TA 99 quoted in Jamie A. Lorentzen, ‘Kierkegaard, Dylan and Masked and Anonymous and Neighbour Love’, in Kierkegaard, *Literature and the Arts*, ed. Eric Ziolkowski（Illinois: Northwestern University Press, 2018）, p.284. https://www.jstor.org/stable/j.ctv3znxrg.20. Accessed 15 April 2020.

70. Press Conference, 1986, quoted in Williams, *Bob Dylan in His Own Words*, quoted in Daniel Karlin, ‘Bob Dylan's Names’, p.46.

71. ‘Number of Inhabitants: Minnesota’, p.11, www2.Census.gov. Accessed 29 May 2020.

72. Dylan, *Chronicles*, p.115.

73. Sven Birkerts, ‘The Ghost of Electricity: The Dylan Face’, in *Conjunctions*, no.46: Subversions: Essays on the World at Large（2006）, pp.263—74. https://jstor.org/stable/24516747. Accessed 15 April 2020.

74. Birkerts, ‘The Ghost of Electricity’, p.264.

75. Interview with Nat Hentoff, *Playboy Magazine*（March 1966）, reprinted in *Dylan on Dylan*,

ed. Cott, p.100.

76. Interview with Ron Rosenbaum, *Playboy* (March 1978), reprinted in *Dylan on Dylan*, ed. Cott, p.233.

77. Anthony De Curtis, 'The Dylan Mask', in *Rolling Stone* (May/June 2006). https://www.rollingstone.com/music/music-news/the-dylan-mask-68281/. Accessed 11 May 2020.

78. De Curtis, 'The Dylan Mask'.

79. De Curtis, 'The Dylan Mask'.

80. Bob Dylan quoted in *Studio A: The Bob Dylan Reader*, ed. Benjamin Hedin (New York: Norton, 2004), p.236. Quoted in Paul Lulewicz and Peter Vernezze, 'I Got My Bob Dylan Mask On: Bob Dylan and Personal Identity', in *It's Alright Ma (I'm Only Thinking): Bob Dylan and Personal Identity*, ed. Carl J. Porter, Peter Vernezze and William Irvin (Illinois: Open Court, 2011), p.132.

81. Karlin, 'Bob Dylan's Names', p.47.

82. Peter Meineck, 'The Neuroscience of the Tragic Mask', *Arion: A Journal of Humanities and the Classics*, Third Series, vol.19, no.1 (Spring/Summer), p.121. https://www.jstor.org/stable/41308596. Accessed 17 April 2020.

83. Oscar Wilde, 'The Critic as Artist', in *Oscar Wilde: The Complete Collection*, ed. M. Mataev (Di Lornia Publishers, 2013), eBook.

84. Matt Diehl, 'It's a Joni Mitchell Concert, Sans Joni', *Los Angeles Times*, 22 April 2010. https://www.latimes.com/archives/la-xpm-2010-apr-22-la-et-jonimitchell-20100422-story.html. Accessed 16 April 2020.

85. CBC Music, 'Joni Mitchell on Bob Dylan'. YouTube video, 04:39. 11 June 2013. https://www.youtube.com/watch? time_continue=275&v=gZY8aDgdTI&feature=emblogo.

86. CBC Music, 'Joni Mitchell on Bob Dylan'.

87. Lebold, 'The Traitor and the Stowaway', p.3.

88. Howard Pickett, 'Beyond the Mask: Kierkegaard's Postscript as Antitheatrical, Anti-Hegelian Drama', in *Kierkegaard, Literature and the Arts*, ed. Eric Ziolkowski (Illinois: Northwestern University Press, 2018), p.111. https://www.jstor.org/stable/j.ctv3znxrg.20. Accessed 15 April 2020.

89. L. M. Bogad, 'The Alienation Effect', Beautifultrouble.org (website). https://beautifultrouble.org/theory/alienation-effect/. Accessed 25 May 2020.

90. R. Schechner, 'Towards a Poetics of Performance', in *Essays on Performance Theory*, ed. R. Schechner (New York: Drama Book Specialists, 1977), p.4. Quoted in Pamela J. Stewart and Andrew J. Strathern, 'How Masks Work, or Masks Work How?' *Journal of Ritual Studies*, vol.2, no.1 (Winter 1988), p.63. https://www.jstor.org/stable/44378364. Accessed 15 April 2020.

91. R. L. Grimes, 'Masking: Towards a Phenomenology of Exteriority', *Journal of the American Academy of Religion*, vol.43, no.3 (1975), p.516. Quoted in Stewart and Strathern, 'How Masks Work, or Masks Work How?' p.63.

92. 有人猜测迪伦当晚戴的是理查德·尼克松的面具，而不是鲍勃·迪伦的面具。

93. Shephard, *Rolling Thunder Logbook*, p.114.

94. Shephard, *Rolling Thunder Logbook*, p.114.

95. 'Interview with Bob Dylan', *Maclean*s (March 20, 1978), pp.4—6. Quoted in Scobie, *Alias Revisited*, p.51.

96. Wilde, 'The Critic as Artist'.

97. Wilde, 'The Critic as Artist'.

98. 'Interview with Jonathan Cott', *Rolling Stone* (26 January 1978), reprinted in *Dylan on Dylan*, ed.Cott, p.173.

99. Ann Powers, 'To Capture Bob Dylan's Rolling Thunder Revue, Martin Scorsese Had to Get Weird', NPR.org (10 June 2019, 10:00 pm). https://www.npr.org/2019/06/10/731305441/to-capture-bob-dylans-rolling-thunder-revue-martin-scorsese-had-to-ge-weird. Accessed 16 April 2020.

100. J. Foreman, *Maskwork* (Cambridge: Lutterworth Press, 2000), pp.27—9. Quoted in David Roy, 'Masks as a Method: Meyerhold to Mnouchkine', *Cogent Arts & Humanities*, vol.3, no.1, p.2. https://doi.org/10.1080/23311983.2016.1236436. Accessed 25 April 2020.

101. Bettina Knapp, 'Antonin Artaud's Revolutionary Theatre of Cruelty', *Today's Speech*, vol.17, no.3 (1969), p.26. DOI: 10.1080/01463376909368892. Accessed 20 April 2020.

102. 有意思的是，苏珊回忆起拍封面照片的那件事时，她记得那天的纽约很冷，所以她穿了件厚毛衣。而迪伦，"对创造形象很在意，则选择了一件薄的山羊皮夹克，冻得直发抖"。Quoted in Richard Williams, 'Tomorrow Is a Long Time', *The Guardian*, 16 August 2008. https://www.theguardian.

com/books/2008/aug/16/biography.bobdylan. Accessed 15 June 2020.

103. Rotolo, *A Freewheelin' Time*, p.235.

104. Jason Bailey, '"Actually, They're All True": "Isis" and the Slipping of Bob Dylan's Mask', *Flavorwire*, 28 June 2019. https://www.flavorwire.com/617558/actually-theyre-all-true-isis-and-the-slipping-of-bob-dylans-mask. Accessed 11 May 2020.

105. Roy, 'Masks as Method: Meyerhold to Mnouchkine', p.4.

106. Jennifer Meagher, 'Commedia dell'arte', in *Heilbrunn Timelien of Art History* (New York: The Metropolitan Museum of Art, 2000). https://www.metmuseum.org/toah/hd/comm/hdcomm.htm. Accessed 27 April 2020.

107. Palapret, *La fille de bon sens*, G, 1V, 78. Quoted in Robert F. Storey, *Pierrot: A Critical History of a Mask* (Princeton: Princeton University Press, 2005), p.317.

108. Mike Marqusee, *Wicked Messenger: Bob Dylan and the 1960s* (London: Seven Stones Press, 2005), p.317.

109. Bob Dylan, 'I Am A Lonesome Hobo', in *Lyrics: 1962—1968* (London: Harper Collins, 1994), p.383.

110. Bob Dylan, 'The Ballad of Donald White', in *Lyrics: 1962—1968*, p.50.

111. Williams, 'Tomorrow Is a Long Time'.

112. Lebold, 'A Face Like a Mask and a Voice That Croaks', p.68.

第六章　孤独的游侠——莱昂纳德·科恩

1. Leonard Cohen, 'I'm Your Man', *Stranger Music: Selected Poems and Songs* (London: Jonathan Cape, 1993), p.357.

2. Shelley, 'The Mask of Anarchy: Written on the Occasion of the Massacre at Manchester'. 写于 1819 年，雪莱在世时没有发表，于 1832 年首次出版。

3. Dylan Thomas, 'O Make Me a Mask', *The Collected Poems of Dylan Thomas*, ed. John Goodby (London: Weidenfeld and Nicholson, 2014), p.98.

4. Christophe Lebold, 'The Traitor and the Stowaway: Personal Construction and the Quest for Cultural Anonymity and Cultural Relevance in the Trajectories of Bob Dylan and Leonard Cohen', *Journal of the Internal Association for the Study of Popular Music*, vol.1, no.2 (2010), p.2.

5. Andy Greene, 'Elton John Still Wants to Make Hip-Hop Records', *Rolling Stone* (18 March 2014). https://www.rollingstone.com/music/music-news/elton-john-still-wants-to-make-hip-hop-records-190560/. Accessed 4 July 2020.

6. ScottishTeeVee, 'Leonard Cohen—Kulturen interview Sweden 1988'. YouTube video. 0:3.50. 14 February 2020. https://www.youtube.com/watch?time_continue=53&v=XFvUHENqsQ&feature=emblogo.

7. Michael Harris, 'Leonard Cohen: The Poet as Hero: Cohen by Himself', *Saturday Night*, vol.84, no.6 (June 1969), p.28.

8. Leonard Cohen quoted in Elspeth Cameron, *Irving Layton: A Portrait* (Toronto: Stoddart, 1985), p.371.

9. Joel Deshaye, 'Celebrity and the Poetic Dialogue of Irving Layton and Leonard Cohen', *Studies in Canadian Literature*, vol.34, no.2 (2006), p.80. https://journal.lib.unb.ca/index/php/SCL/article/view12703. Accessed 10 May 2020.

10. Michael Ondaatje, *Leonard Cohen* (Toronto: McClelland & Stewart, 1970), p.61.

11. Deshaye, 'Celebrity and the Poetic Dialogue', p.86.

12. Leonard Cohen, 'For My Old Layton', *Flowers for Hitler* (London, Jonathan Cape, 1973; first published 1964), p.41.

13. Irving Layton, 'Portrait of a Genius', in *The Laughing Rooster* (Toronto: McClelland, 1964).

14. Leonard Cohen quoted in Cameron, *Irving Layton: A Portrait*, p.359.

15. Leonard Cohen, '89', in *The Energy of Slaves* (London: Jonathan Cape, 1972), p.99.

16. Cohen, '89', p.97.

17. Williams, 'Leonard Cohen: The Romantic in a Ragpicker's Trade', p.90.

18. Sylvie Simmons, *I'm Your Man: The Life of Leonard Cohen* (London: Vintage, 2017), p.228.

19. Simmons, *I'm Your Man,* p.228.

20. Simmons, *I'm Your Man*, p.222.

21. Pickett, 'Beyond the Mask: Kierkegaard's Postscript as Antitheatrical, Anti-Hegelian Drama', p.111.

22. Simon Frith, *The Sociology of Rock*（London: Constable, 1978）, p.10.

23. Allan Evans, 'Leonard Cohen: Songs of Love and Hate', *New Musical Express*（22 May 1971）quoted Lebold, 'The Traitor and the Stowaway', p.9.

24. Lebold, 'The Traitor and the Stowaway', p.9.

25. Radio Interview with Kristine McKenna, *Eight Hours to Harry*, KCRW-FM（October 1988）, printed in *Leonard Cohen on Leonard Cohen*, ed. Burger, p.244.

26. Lebold, 'The Traitor and the Stowaway', p.10.

27. Harvey Kubernik, 'What Happened When Phil Spector Met Leonard Cohen?', *The Los Angeles Phonograph*（January 1978）, reprinted in *Leonard Cohen on Leonard Cohen*, ed. Burger, p.114.

28. Kubernik, 'What Happened When Phil Spector Met Leonard Cohen', p.113.

29. Robert Christagau, 'Esquire Column', *Esquire*（June 1968）. https://www.robertchristgau.com/xg/bk-aow/column4. php. Accessed 22 June 2020.

30. Lebold, 'The Traitor and the Stowaway', p.11.

31. Lebold, 'The Traitor and the Stowaway', p.11.

32. Ira Nadel, *Various Positions: A Life of Leonard Cohen*（London: Bloomsbury, 1996）, p.238.

33. Lebold, 'The Traitor and the Stowaway', p.12.

34. David Browne, 'Leonard Cohen at Home in 1992: Singer-Songwriter on Pop Success, New Love', *Rolling Stone*（11 November 2016）. https://www.rollingstone.com/music/music-features/leonard-cohen-at-home-in-1992-singer-songwriter-on-pop-success-new-love-125889/. Accessed 6 July 2020.

35. Lebold, 'The Traitor and the Stowaway', p.12.

36. Andy Greene, 'Sharon Robinson Reflects on Touring with Leonard Cohen', *Rolling Stone*（12 July 2017）. https://www.rollingstone.com/music/music-features/sharon-robinson-reflects-on-touring-with-leonard-cohen-94281/. Accessed 20 June 2020.

37. Simmons, *I'm Your Man*, p.557.

38. Simmons, *I'm Your Man*, p.557.

39. Roland Barthes, *S/Z*, translated by Richard Miller（Oxford: Blackwell, 1974）, p.5.

40. Harvey Kubernik, 'Interview with Leonard Cohen', *Melody Maker*（1 March 1975）. Quoted in Sylvie Simmons, *I'm Your Man*, p.216.

41. 关于演唱会的视频，见 *Leonard Cohen: Live at the Isle of Wight 1970*, Columbia Legacy records, 2009. 发行它是用来重启科恩的世界巡演。

42. Simmons, *I'm Your Man*, p.217.

43. Simmons, *I'm Your Man*, p.218.

44. Nancy Elrich, 'Interview with Leonard Cohen', *Billboard magazine*（8 August 1970）. Quoted in Simmons, *I'm Your Man*, p.221.

45. Elizabeth Tonkin, 'Masks and Power', in *MAN*, vol.24, no.2（June 1979）, p.241. https://www.jstor.org/stable/2801565. Accessed 20 April 2020.

46. Donald Hall, 'Dylan Thomas and Public Suicide', *The American Poetry Review*, vol.7, no.2（January/February 1978）, pp.7—13.

47. Theodore Dalrymple, 'The Rimbaud of Cwmdonkin Drive', *City Journal*（Winter 2015）. https://www.city-ournal.org/html/rimbaud-cwmdonkin-drive-13712.html. Accessed May 7, 2020.

48. Leonard Cohen, 'The Price of this Book', in *Stranger Music*（London: Jonathan Cape, 1993）, p.274.

49. Deepak Chopra, *The Seven Spiritual Laws of Success: A Practical Guide to the Fulfilment of Your Dreams*（London: Bantam, 1996）, p.11.

50. Stephen Scobie, 'Keynote Address: The Counterfeiter Begs Forgiveness: Leonard Cohen and Leonard Cohen', *Canadian Poetry: The Proceedings of the Leonard Cohen Conference*, no.33（Fall/Winter 1993）, p.14.

51. Leonard Cohen, *Book of Mercy*（London: Canongate, 2019）, p.17.

52. Cohen, *Book of Mercy*, p.17.

53. Scobie, 'The Counterfeiter Begs Forgiveness' , p.21.

54. Tonkin, 'Masks and Power' .

55. Tonkin, 'Masks and Power' , p.242.

56. Leonard Cohen, 'The Cuckold's Song' , in *Stranger Music* (London: Jonathan Cape, 1993), p.33.

57. Cohen, 'The Cuckold's Song' , p.33.

58. Nadel, *Various Positions*, p.174.

59. Deshaye, 'Celebrity and the Poetic Dialogue' , p.77.

60. Deshaye, 'Celebrity and the Poetic Dialogue' , p.77.

61. Joel Deshaye, *The Metaphor of Celebrity: Canadian Poetry and the Public, 1955—1980* (Toronto: Toronto University Press, 2013), p.114.

62. Paul Saltzman, 'Famous Last Words from Leonard Cohen (The Poet's Final Interview, He Hopes) ', *Macleans* (June 1972), reprinted in *Leonard Cohen on Leonard Cohen*, ed. Burger, p.39.

63. Agust Magnusson, 'The Existential Cohen' , in *Various Positions: Leonard Cohen and Philosophy* edited by Jason Holt (Illinois: Open Court, 2014), p.15.

64. Ben Thompson, 'Back to Life with a Blast from the Rocket Man' , *The Independent on Sunday* (16 May 1993).

65. Brad Wheeler, 'Disc of the Week: From Leonard Cohen, Even Old Ideas Are Worthwhile' , *The Globe and Mail* (4 February 2012).

66. Daphne du Maurier, *The Infernal World of Branwell Brontë* (London: Virago, 2006), p.7.

67. Christopher Laeur, 'Irony as Seduction' , in *Various Positions: Leonard Cohen and Philosophy*, ed.Holt, p.90.

68. Gary Shapiro, 'The End of the World and Other Times in The Future' , in *Various Positions: Leonard Cohen and Philosophy*, ed. Holt, p.39.

69. Wieland Schwanebeck, 'Why Cohen's Our Man' , in *Various Positions: Leonard Cohen and Philosophy*, ed. Holt, p.28.

70. Ondaatje, *Leonard Cohen*, p.45. Quoted in Steven Burns, 'Politics in Beautiful Losers' , in *Various Positions: Leonard Cohen and Philosophy*, ed. Holt, p.144.

71. Scobie, 'The Counterfeiter Begs Forgiveness' , pp.12—13.

72. Lebold, 'The Traitor and the Stowaway' , p.13.

73. Nourit Melcer-Padon, 'Visual Mask Metaphors in Jean Genet and Maurizzio Cattelan' , *Partial Answers: Journal of Literature and the History of Ideas*, vol.18, no.1 (January 2020), p.75. DOI: https://doi.org/10.1353/pan.2020.0003. Accessed 6 May 2020.

74. Robin Pike, 'September Fifteen 1974' , *Zig-Zag magazine* (October 1974). Quoted in Lebold, 'Traitor and the Stowaway' , p.12.

75. Jean-Jacques Rousseau, *Citoyen de Genève, à Monsieur d'Alembert*, Amsterdam, Rey, 1758, p.143. Quoted in Maurice Cranston, *The Mask of Politics and Other Essays* (New York: Library Press, 1973), p.2.

76. Cranston, *The Mask of Politics*, p.2.

77. Interview with Robert Sward in *Malahat Review* (December 1986), reprinted in *Leonard Cohen on Leonard Cohen*, ed. Burger, p.168.

78. Email from Leonard Cohen to David Boucher, dated 29 April 2008.

79. Jack Hafferkamp, 'Ladies & Gents, Leonard Cohen' , *Rolling Stone* (4 February 1971), reprinted in *Leonard Cohen on Leonard Cohen*, ed. Burger, p.20.

80. Mikal Gilmore, 'Leonard Cohen: Remembering the Life and Legacy of the Poet of Brokenness' , *Rolling Stone* (30 November 2016). https://www.rollingstone.com/music/music-features/leonard-cohen-remembering-the-life-and-legacy-of-the-poet-of-brokenness-192 994/. Accessed 27 May 2020.

81. Nathalie Atkinson, 'His Spirit and His Clothes' , *Globe and Mail* (12 October 2017). https://www.theglobeandmail.com/life/fas hion-and-beauty/fashion/singing-the-sartorial-praises-of-leonardcohen-canadas-moody-mens-wearicon/article36485080/. Accessed 27 May 2020.

82. Michael Harris, 'An Interview with Leonard Cohen' , *Duel* (Winter 1969), reprinted in *Leonard Cohen on Leonard Cohen*, ed. Burger, p.17.

83. Harris, 'An Interview with Leonard Cohen' , reprinted in *Leonard Cohen on Leonard Cohen*, ed.Burger, p.17.

第七章　诗歌与歌

1. Sandra Djwa, ‘After the Wipeout, The Renewal’, *The Ubyssey* (3 February 1967) reprinted in *Leonard Cohen on Leonard Cohen: Interviews and Encounters*, ed. Jeff Burger (Chicago: Chicago Review Press, 2014), p.13.

2. ‘Interview with Paul J. Robbins’, *L.A Free Press* (March 1965) reprinted in *Dylan on Dylan: The Essential Interviews*, ed. Jonathan Cott (London: Hodder & Stoughton, 2006), p.41.

3. ‘Interview with Nora Ephron and Susan Edmiston’, *Positively Tie Dream* (August 1965) reprinted in *Dylan on Dylan: The Essential Interviews*, ed. Jonathan Cott (London: Hodder and Stoughton, 2007), p.49.

4. Maurice Cranston, *Freedom: A New Analysis*, revised third edition (Upper Saddle River, NJ: Prentice Hall, 1967).

5. Petronius Arbiter, ‘What Is Poetry?’ *The Crayon*, vol.3, no.6 (March 1918), p.506. https://www.jstor.org/stable/25588388. Accessed 7 March 2020.

6. Arbiter, ‘What Is Poetry?’ p.506.

7. Hudson Maxim, *The Science of Poetry and the Philosophy of Language* (New York: Funk & Wagnalls Company, 1910), p.54.

8. Sir Philip Sidney, *An Apology for Poetry or the Defence of Poesy*, ed. R. W. Maslen and Geoffrey Shepherd (Manchester: Manchester University Press, 2002), p.87.

9. Edgar Lee Masters, ‘What Is Poetry?’ *Poetry*, vol.6, no.6 (September 1915), p.307. https://www.jstor.org/stable/20570534. Accessed 7 March 2020.

10. Paul Garon, *Blues and the Poetic Spirit* (San Francisco: City Lights, 1996), p.1.

11. Bob Dylan, *Chronicles volume one* (New York: Simon & Schuster, 2004) p.35.

12. Dylan, *Chronicles*, p.98.

13. Dylan, *Chronicles*, p.119.

14. ‘Interview with Paul J. Robbins’, *L.A Free Press* (March 1965) reprinted in Dylan on Dylan, ed. Cott, p.37.

15. ‘Interview with Paul J. Robbins’, *Dylan on Dylan*, ed. Cott, p.37.

16. Stephen Troussé, ‘Stupid & Contagious: The Pleasures of the Text’, in *The Message: Crossing the Tracks between Poetry and Pop*, ed. Roddy Lumsden and Stephen Troussé (London: The Poetry Society, 1999), p.41.

17. Stephen Scobie, *Alias: Bob Dylan, Revisited* (Canada: Red Deer Press, 2004), p.93.

18. Jacques Derrida, *Of Grammatology*, quoted in Jahan Ramazani, ‘“Sing to Me Now”: Contemporary American Poetry and Song’, *Contemporary Literature*, vol.52, no.4 (Winter 2011). https://www.jstor.org/stable/41472492. Accessed 1 March 2020.

19. Giorgio Agamben, *The End of the Poem: Studies in Poetics* (Stanford, CA: Stanford University Press, 1999), p.33, quoted in Ramazani, ‘Sing to Me Now’, p.716.

20. James William Johnson, ‘Lyric’, in *The New Princeton Encyclopaedia of Poetry and Poetics*, ed. Alex Preminger and T. V. F. Brogan (Princeton, NJ: Princeton University Press, 1993), p.714, quoted in Ramazani, ‘Sing to Me Now’, p.716.

21. Sir Arthur Quiller Couch, quoted in John Gibbens, *The Nightingale's Code: A Poetic Study of Bob Dylan* (London: Touched Press, 2001), p.14.

22. Vin Scesla, ‘Radio Interview’, *Idiots Delight*, WXRK-FM (13 June 1993) reprinted in *Leonard Cohen on Leonard Cohen*, ed. Burger, p.339.

23. Jacques Roubad, ‘Prelude: Poetry and Orality’, quoted in Ramazani, ‘Sing to Me Now’, p.726.

24. *Aspen Magazine*, vol.1, no.3, p.4.

25. William Kloman, ‘“I've Been on the Outlaw Scene Since 15”: Leonard Cohen’, *New York Times* (28 January 1968) D21, quoted in Christa Anne Bentley, ‘“Poet Composers”: Art and Legitimacy in the Singer-Songwriter Movement’, in *Routledge Companion to Popular Music Analysis: Expanding Approaches*, ed. Ciro Scotto, Kenneth M. Scott and John Brackett (London: Routledge, 2018), p.416.

26. Robert Shelton, ‘Bob Dylan Shows New Maturity in his Program of Folk Songs’, *New York Times* (2 November 1964), p.62, quoted in Bentley, ‘“Poet Composers”: Art and Legitimacy in the Singer-Songwriter Movement’, p.419.

27. Dylan, *The Nobel Lecture* (London: Simon & Schuster, 2017), p.1.

28. Roddy Lumsden, ‘Introduction’, in *The Message: Crossing the Tracks Between Poetry and*

Pop, ed. Roddy Lumsden and Stephen Troussé (London: The Poetry Society, 1999), p.1.

29. Simon Frith, quoted in Scobie, *Alias Revisited*, p.93.

30. Henrietta Yurchenco, 'Folk-Rot: In Defence', *Sound and Fury* (April 1966) reprinted in *The Bob Dylan Companion*, ed. Carl Benson (New York: Schirmer Books, 1998), pp.67 and 69.

31. Paul Williams, *Bob Dylan: Performing Artist 1960—1973, The Early Years* (London: Omnibus Press, 1994), p.44.

32. Fahri Öz, 'Performative Lyric Voice and the Refrain as an Architectonic Element in Bob Dylan', in *Tearing the World Apart: Bob Dylan in the Twenty-First Century*, ed. Nina Goss and Eric Hoffman (Jackson: University of Mississippi, 2017), p.134.

33. Richard F. Thomas, 'The Streets of Rome: The Classical Dylan', *Oral Tradition*, vol.22, no.1 (2007), pp.48—9.

34. Jack Hafferkamp, 'Ladies and Gents, Leonard Cohen', Late 1970 interview, *Rolling Stone*, reprinted in *Leonard Cohen on Leonard Cohen*, ed. Burger, p.20.

35. Harvey Kubernik, 'Leonard Cohen: Cohen's New Skin', *Melody Maker* (1 March 1975). https://www.rocksbackpages.com/Library/Article/leonard-cohen-cohens-new-skin. Accessed 8 April 2020.

36. Edgar Allen Poe, 'The Philosophy of Composition', in *The Raven and The Philosophy of Composition*, Project Gutenberg (website). http://www.gutenberg.org/files/55749/55749-h/55749-h.ht m.Accessed 8 April 2020.

37. Gibbens, *The Nightingale's Code*, p.206.

38. Scobie, *Alias Revisited*, p.98.

39. 'Interview with Paul J. Robbins', *L.A Free Press* (March 1965) reprinted in *Dylan on Dylan*, ed. Cott (London: Hodder & Stoughton, 2006), p.39.

40. 无韵诗：也称素体诗，诗行的数量不拘，而格律则遵循传统诗歌格式。在诗歌剧和长篇叙事诗中通常会采用无韵诗。

41. Patrick Crotty, 'Bob Dylan's Last Words', in *Do You, Mr Jones? Bob Dylan with the Poets and Professors*, ed. Neil Corcoran (London: Chatto & Windus, 2002), p.307.

42. Algernon Charles Swinburne, quoted in Christopher Ricks, *Dylan's Visions of Sin* (London: Viking, 2003), p.39.

43. Brian D. Johnson, 'Cohen Wore Earplugs to a Dylan Show?' *Macleans Magazine* (12 June 2008) reprinted in *Leonard Cohen on Leonard Cohen*, ed. Burger, p.544.

44. Ramazani, 'Sing to Me Now', p.722.

45. Thomas, *The Collected Poems, ed. Goodby*, pp.154—9; Gregory Corso, *Bomb* (San Francisco: City Lights, 1958).

46. Dylan, *Chronicles*, p.235.

47. Lawrence Kramer, *Music and Poetry: The Nineteenth Century and After* (Berkeley: University of California, 1984), p.129. Quoted in Ramazani, 'Sing to Me Now', p.723.

48. Martin Boykan, 'Reflections on Words and Music', *Musical Quarterly*, vol.84, no.1 (2000), pp.123—36. Quoted in Ramazani, 'Sing to Me Now', p.723.

49. Ezra Pound, *Selected Prose, 1909—1965* (New York: New Directions, 1973), p.37. Quoted in Ramazani, 'Sing to Me Now', p.724.

50. Mark Booth, *The Experience of Songs* (New Haven, CT: Yale University Press 1981), p.13, quoted in Ramazani, 'Sing to Me Now', p.724.

51. 'Interview with John Cohen and Happy Traum', *Sing Out!* (October/November 1968), reprinted in *Dylan on Dylan*, ed. Cott, p.400.

52. Simon Frith, *Performing Rites: On the Value of Popular Music* (Cambridge: Harvard University Press, 1996), p.181. Quoted in Scobie, *Alias Bob Dylan Revisited*, p.93.

53. Neil Corcoran, 'Introduction', *Do You, Mr Jones?* p.12.

54. 'Interview with John Cohen and Happy Traum', in *Dylan on Dylan*, ed. Cott, p.113.

55. Matt Damsker Interview (1978) quoted in Williams, *Performing Artist*, p.237.

56. Jonathan Cott, 'The Rolling Stone Interview with Bob Dylan', in *Rolling Stone* (16 November 1978), quoted in Williams, *Performing Artist*, p.237.

57. Ralph J. Gleason, 'Bob Dylan: The Children's Crusade', *Ramparts Magazine* (March 1966), pp.27—35, https://recordmecca.com/n ews/ralph-j-gleason-on-bob-dylanramparts-magazine-march-1966/.Accessed 9 April 2020.

58. Paul Zollo, 'Leonard Cohen: Inside the Tower of Song', *Songtalk* (April 1993), reprinted in *Leonard Cohen on Leonard Cohen*, ed. Burger, p.267.

59. Paul Williams, 'Leonard Cohen: Romantic in a Rag-Picker's Trade', *Crawdaddy!* (March 1975), reprinted in *Leonard Cohen on Leonard Cohen*, ed. Burger, p.90.

60. Paul Zollo, 'Leonard Cohen: Inside the Tower of Song', *Songtalk* (April 1993), reprinted in *Leonard Cohen on Leonard Cohen*, ed. Burger, p.267.

61. Roy Allen, 'The Worlds of Leonard Cohen: A Study of His Poetry', MA diss., Simon Fraser University, 1970. https://summit.sfu.ca/item/3039. Accessed 8 March 2020.

62. Leonard Cohen, 'Bird on the Wire', in *Stranger Music Selected Poems and Songs* (London: Jonathan Cape, 1993), p.144.

63. Philip Larkin, 'Aubade', *The Complete Poems* edited by Archie Burnett (London: Faber and Faber, 2012), poem #725.

64. Betsy Bowden, *Performed Literature: Words and Music by Bob Dylan* (Indiana: Indiana University Press, 1987), p.74.

65. Troussé, 'Stupid and Contagious', in *The Message*, p.46.

66. Christopher Butler, 'Dylan and the Academics', in *Do You, Mr Jones?* p.68.

67. Dylan, *The Nobel Lecture*, p.23.

68. Interview with Robert Sward, December 1984, reprinted *Leonard Cohen on Leonard Cohen*, ed. Burger, p.171.

69. Dylan Thomas reading 'A Visit to America', *The Caedmon Collection,* 2002, CD5, track 2.

70. Philip Larkin, 'Paris Review Interview', *The Paris Review* (1982), in *Required Writing* (1982), p.61. Quoted in Ricks, *Dylan's Visions of Sin*, p.13.

71. Ricks, *Dylan's Visions of Sin*, p.13.

72. Dylan, *Chronicles,* p.71.

73. Alberto Manzano, 'The Future', *El Europeo*, Spring 1993, reprinted in *Leonard Cohen on Leonard Cohen*, ed. Burger p.325.

74. Interview with Jim O'Brien, *B-Side Magazine*, August/September 1993, reprinted in *Leonard Cohen on Leonard Cohen*, ed. Burger, p.361.

75. Williams, 'Romantic in a Rag-Picker's Trade', *Leonard Cohen on Leonard Cohen*, ed. Burger, p.90.

76. Roland Barthes, 'The Grain of the Voice', in *Image. Music.Text*, ed. and trans. Stephen Heath (London: Fontana, 1977), p.189.

77. Keith Negus quoted in Pete Astor, 'The Poetry of Rock: Song Lyrics Are Not Poems But the Words Still Matter—Another Look at Richard Goldstein's Collection of Rock Lyrics', *Popular Music*, vol.29, no.1 (January 2010), p.148.

78. Paul Williams, 'Watching the River Flow', in *Bob Dylan: Watching the River Flow, Observations on His Art in Progress, 1966—1995* (London: Omnibus Press, 1996), p.46.

79. Williams, 'Watching the River Flow', p.46.

80. Allen Ginsberg, liner notes to *Desire* (1976).

81. Ian Hamilton, *The Observer* (11 June 1978), quoted in Ricks, *Dylan's Visions of Sin*, p.33.

82. Interview with Robert Hilburn, *The Los Angeles Times* (4 April 2004), reprinted in *Dylan on Dylan*, ed. Cott, p.435.

83. Lavinia Greenlaw, 'Big Brass Bed: Bob Dylan and Delay', in *Do You, Mr Jones?* ed. Corcoran, p.75.

84. Greenlaw, 'Big Brass Bed', p.75.

85. Greenlaw, 'Big Brass Bed', p.79.

86. Neil McCormick, 'Top Ten Great Singers Who Can't Sing', in *The Telegraph*, 26 November 2009.https://www.telegraph.co.uk/cu lture/music/rockandpoDylanpmusic/6654478/Top-ten-great-singers-who-cant-sing.htm l. Accessed 1 April 2020.

87. Susan G. Cole, 'Leonard Cohen Cannot Sing', *NowToronto*, 30 December 2008. https://nowtoronto.com/music/leonard-cohen-ca nnot-sing/. Accessed 1 April 2020.

88. BBC News, 'Leonard Cohen: "I Never Thought I Could Sing" BBC News'. YouTube video, 0:02:30. 11 November 2016. https://www.youtube.com/watch?v=cMqtkyJeVwo.

89. Interview with Steve Turner, 'Leonard Cohen: The Profits of Doom' (April 1988), reprinted in *Leonard Cohen on Leonard Cohen*, ed. Burger, p.208.

90. 'Interview with Robert Sward', *Malahat Review* (December 1986), reprinted in *Leonard Cohen on Leonard Cohen*, ed. Burger, p.171.

91. Tony Wilson, 'Behind the Enigma', *New Musical Express* (25 March 1972) reprinted in *Leonard Cohen on Leonard Cohen*, ed. Burger, p.26.

92. Wilson, 'Behind the Enigma', p.26.

93. Simon Armitage, 'Rock of Ages', *Do You, Mr Jones?* ed. Corcoran, p.124.

94. Colin Dwyer, 'Poetry Is Making a Big Comeback in the U.S., Survey Results Reveal', NPR.org. (8 June 2018). https://www.npr.org/2018/06/08/618386432/poetry-is-making-a-big-comeback-in-the-u-s-survey-results-reveal. Accessed 28 March 2020.

95. Laura Barton, 'This Be the Verse', The Guardian (13 October 2006).https://www.theguardian.com/music/2006/oct/13/poetry.po pandrock. Accessed 3 March 2020.

96. Alexis de Tocqueville, *Democracy in America*, trans. Henry Reeve, ed. Henry Steele Commager (London: Oxford University Press, 1965), p.330.

97. De Tocqueville, *Democracy in America*, p.331.

98. De Tocqueville, *Democracy in America*, p.331.

99. De Tocqueville, *Democracy in America*, p.342.

100. 'Walt Whitman: Bard of Democracy', The Morgan Library and Museum (website). https://www.themorgan.org/exhibitions/walt-whitman#:~:text=I%20am%20the %20bard%20of, in %20a%20notebook%20in%201859.&text=The %20exhibition %20explores %20 Whitman's% 20process, poetically%2C%20to%2 0his%20fin al%20years. Accessed 24 August 2020.

101. Edward Dowden, 'The Poetry of Democracy: Walt Whitman', *The Westminster Review*, 96 (July 1871).*The Walt Whitman Archive*, ed. Matt Cohen, Ed Folsom, and Kenneth M. Price. https://whitmanarchive.org/criticism/reviews/tei/anc.00073.html. Accessed 24 August 2020.

102. Dowden, 'The Poetry of Democracy: Walt Whitman'.

103. Bob Dylan, 'Ballad of a Thin Man', in *Lyrics 1962—1985* (London: Harper Collins, 1994), p.303.

104. Dylan, *Nobel Lecture*, pp.4—5.

105. Ginsberg liner notes for Bob Dylan's *Desire* (1976).

106. Aidan Day, 'Looking for Nothing: Dylan Now', *Do You, Mr Jones?* ed. Corcoran, p.293.

107. Christopher Butler, 'Dylan and the Academics', in *Do You, Mr Jones?* ed. Corcoran, p.58.

108. 'Interview with Nora Ephron and Susan Edmiston', *Positively Tie Dream* (August, 1965), reprinted in *Dylan on Dylan*, ed. Cott, p.54.

109. Manzano, 'The Future', p.320.

110. Manzano, 'The Future', p.325.

111. Djwa, 'After the Wipeout, a Renewal', p.12.

112. Djwa, 'After the Wipeout, a Renewal', p.12.

113. Radio Interview with Vicki Gabereau, *Variety Tonight*, CBC Canada (6 September 1984) printed in *Leonard Cohen on Leonard Cohen*, ed. Burger, p.153.

114. Gibbens, *The Nightingale's Code*, p.206.

115. Troussé, 'Stupid and Contagious', in *The Message*, p.47.

第八章　魔灵精神

1. Cited in Paul Binding, *Lorca: The Gay Imagination* (London: GMP Publishing, 1985), p.161.

2. Adrian Deevoy, 'All Good Things', *Q Magazine*, February 2017, p.91.

3. Jim Devlin, *Leonard Cohen in His Own Words* (London: Omnibus, 1998), p.44.

4. Re-recorded and released on cd as 'The Secret Life of the Love Song', two lectures written and read by Nick Cave. Label: EMI Music UK; ASIN: B00002DDZG, 2000.

5. Lorca, 'Play and Theory of the Duende', In *Search of Duende*, prose selections edited and translated by Christopher Maurer (New York: New Directions Books, 2010), pp.56—72.

6. Federico García Lorca, 'Deep Song', In *Search of Duende* (New York: New Directions Publishing, 1998), pp.1—27.

7. 'Leonard Cohen Wins Prince of Asturias Award', BBC News online, https://www.bbc.co.uk/news/entertainment-arts-13625379. Accessed 3 March 2020.

8. Leonard Cohen, 'Acceptance Address for the Prince of Asturias Award', in Leonard Cohen, *The Flame: Poems Notebooks Lyrics Drawings* (New York: FSG Press, 2018), pp.267—9. 调性：A 小调（C 大调）；D 小调（F 大调）；B 小调（D 大调）；E 小调（D 大调）；C# 小调（E 大调）；F#

小调（A 大调）。

9. Federico García Lorca, *Selected Poems*, trans. Stephen Spender and J. L. Gili（London: Hogarth Press, 1943）; Ira Nadel, *Various Positions: A Life of Leonard Cohen*（London: Bloomsbury, 1996）, p.23; Sylvie Simmons, *I'm Your Man: The Life of Leonard Cohen* (London: Jonathan Cape, 2012）, pp.28—29.

10. https://www.youtube.com/watch?v=rAu4gp2iavY. Accessed 20 March 2020.

11. *The Selected Poems of Federico García Lorca*, ed. Francisco García Lorca and Donald M. Allen（New York: New Directions Publishing, 1955）. 诗集里的这首是斯宾德和吉利的译本，但和上文引用的文本不同：穿越埃尔维拉拱门 / 我想看着你走过 / 想知道你的名字 / 然后开始哭泣，p.169。

12. Interview with Jordi Sierra I Fabra, October 1978. Reprinted in *Leonard Cohen on Leonard Cohen: Interviews and Encounters*, ed. Jeff Burger（Chicago: Chicago Review Press, 2014）, pp.74—80, cited at p.77.

13. Reprinted in *Leonard Cohen on Leonard Cohen*, ed. Burger, p.251.

14. Federico García Lorca, *Poet in New York*, ed. with an intro. Christopher Maurer（London: Penguin, 1988）.

15. Interview with Alberto Manzano, his Spanish translator, May 1988, printed in *Leonard Cohen on Leonard Cohen*, ed. Burger, pp.214—24, cited at 218.

16. Leonard Cohen, *Book of Longing*（New York: Harper Collins, 2006）, pp.146—8. Federico García Lorca, *Gypsy Ballads*, trans. Laurent Paul Suer（no publication details recorded）, poem 6.

17. Tim Footman, *Leonard Cohen: Hallelujah*（New Malden, Surrey: Chrome Dreams, 2008）, p.36.

18. Letter dated Havana, April 5, 1930 to his mother and father. Lorca, *Poet in New York*, pp.254—6.

19. Federico Garcia Lorca, 'Deep Song', in Lorca, *In Search of Duende*（New York: New Directions Pearl, 1998）, pp.1—27. Cited at 1.

20. Lorca, 'Deep Song', p.16.

21. Christopher Maurer, 'Preface', to Lorca, *In Search of Duende*, pp.viii—xii.

22. Lorca, 'In Praise of Antonia Mercé, La Argentina', *In Search of Duende*, pp.73—5. Cited at p.74.

23. Gregory Corso, *An Accidental Autobiography*（New York: New Directions Books, 2003）, p.10.

24. Will Oldham, 'A Journey to Love', *Mojo*, March 2012, p.79.

25. Roberta Ann Quance, 'On the Way to "Duende"(through Lorca's *Elogio de Antonia Mercé, "la Argentina"*, 1930）', *Tesserae: Journal of Iberian and Latin American Studies*, vol.17（2011）, pp.181—94.

26. Lorca, 'Play and Theory of the Duende', p.60.

27. Interview with Paul Zollo, 'Leonard Cohen: Inside the Tower of Song', *Song Talk*, April 1993. Reprinted in *Leonard Cohen on Leonard Cohen: Interviews and Encounters*, ed. Burger, pp.261—91. Cited at p.285.

28. Martha J. Nandorfy, *The Poetics of Apocalypse: Federico García Lorca's Poet of New York*（London: Associated University Press, 2003）, p.20.

29. Nandorfy, *The Poetics of Apocalypse*, p.21.

30. Federico García Lorca, 'Imaginación, inspiración, evasión', in *Obras completas III: prosaed*, Miguel García-Posada（Barcelona: Galaxia Gutenberg, 1997）. 文本引自 'El Defensor de Grenada' Granada, 11 October 1928。我们感谢 Lisa Davies 翻译了它，未出版手稿，2001 年 6 月。

31. Lorca, 'Imagination, Inspiration, Evasion', p.3.

32. Lorca, 'Three Types of Poetry'，文本引自 'La Prensa', New York, 10 February 1930。Lisa Davies 翻译，未出版手稿，p.16。

33. Lorca, 'Imagination, Inspiration, Evasion', p.4.

34. Cited in Edward Hirsch, *The Demon and the Angel: Searching for the Source of Artistic Inspiration*（New York: Harcourt, 2002）, p.2.

35. Derek Harris, cited by Maurer, p.xiv. In Lorca's *New York Poems*.

36. The text comes from 'El Sol', Madrid, 16 February 1929.

37. Derek Harris, cited by Maurer, p.xiv. In Lorca's *New York Poems*.

38. Michael Oakeshott, 'The Voice of Poetry in the Conversation of Mankind', in *Rationalism in Politics and Other Essays*, new and expanded edition（Indianapolis: Liberty Press, 1991）, pp.488—541.

39. Lorca, 'The Mechanics of Poetry', text from 'Diaro de la Marina', Havana, Spring 1930. Lisa Davies 翻译，未出版手稿，2001 年。

40. Lorca, 'Three Types of Poetry', p.16.

41. Lorca, 'Poet in New York' a lecture translated by Christopher Maurer in Lorca, *Poet in New York*, p.184.

42. Cited in Quance, 'On the Way to "Duende"'（through Lorca's '*Elogio de Antonia Mercé*, "la Argentina"（1930）', p.182.

43. Lorca, Federico García（2004）, 'Theory and Practice of the Duende', trans. A. S. Klein, http://www.tonykline.co.uk/PITBR/Spanish/LorcaDuende.htm, p.3. Accessed 7 March 2020. The translation of this line is preferable to that of the Maurer translation: 'he burns the blood like a poultice of brokenglass, that he exhausts, that he rejects all the sweet geometry we have learned', p.60.

44. Lorca, 'Play and Theory of the Duende', p.57. Collingwood, *Principles of Art*（Oxford: Clarendon Press, 1938）.

45. Lorca, 'Play and Theory of the Duende', p.63.

46. Binding, *Lorca: The Gay Imagination*, p.162.

47. Lorca, 'Play and Theory of the Duende', p.57.

48. Edward Winters, 'Leonard and Lorca', in *Leonard Cohen and Philosophy: Various Positions*, ed. Jason Holt（Chicago: Open Court, 2014）, pp.75—85.

49. Lorca, 'Play and Theory of the Duende', p.59.

50. Nandorfy, *The Poetics of Apocalypse*, pp.23—25.

51. Lorca, 'A Poet in New York', a lecture translated by Christopher Maurer, in Lorca, *Poet in New York*, pp.184—5.

52. James Abbott McNeill Whistler, 'The Ten O'Clock Lecture' in *The New Oxford Book of English Prose*（Oxford: Oxford University Press, 1998）, p.532.

53. 'All Good Things', interview with Adrian Deevo, *Q Magazine*.

54. Bob Geldorf, *Tales of Boomtown Glory*（London: Faber Music, 2020）, p.17.

55. Interview with Paul Zollo, 'Leonard Cohen: Inside the Tower of Song', Reprinted in *Leonard Cohen on Leonard Cohen*, ed. Burger, p.286. 当然，相关报道多如过江之鲫。比如《再见，玛丽安娜》这首歌背后故事更多，在她的去世成为一个众所周知的事件之后不久，她永恒的爱人科恩也跟着去世。再者，《切尔西酒店 #2》，因为科恩漫不经心的粗率举动，虽然他之后对此表达了深深的歉意，这首歌的主题是詹尼斯·乔普林。他们彼时在纽约生活时所经历的失落和绝望，在这首歌里成为重点。

56. Harry Rasky, *The Song of Leonard Cohen*（Oakville, ON: Mosaic Press, 2001）, p.99.

57. Dorian Lynskey, 'Leonard Cohen in Twenty Songs, 1967—2016', *Q Magazine,* February 2017, p.83.

58. On *Thanks for the Dance*, 2019.

59. 9/11: Five Years later, Leonard Cohen's 'On That Day'. https://www.sfgate.com/entertainment/article/9-11-FIVE-YEARS-LATER-Leonard-Cohen-s-On-That-2488118.php.

60. Nadel, *Various Positions*, pp.170—1.

61. 'Leonard Cohen 1934—2016: I'm Your Man, The Complete Story of Rock's Greatest Poet', *Uncut Magazine*, Uncut Ultimate Guide Series, 2017, issue 1, p.115.

62. Rasky, *The Song of Leonard Cohen*, pp.103—4.

63. London, Jonathan Cape, 1964; London, Bloomsbury, 2006; and New York, Farrar, Strauss, and Giroux.

64. 艾希曼用了一个无国籍的意大利人里卡多·克莱门特的名字从国际红十字会拿到了护照，但在阿根廷时并未长期隐瞒他自己的姓名。1952 年，他和妻儿在阿根廷重聚时，他在当地的一所德文学校就是用他的本姓艾希曼登记的。

65. 科恩表示阿伦特的文章和书并未对他的诗产生直接的影响。Email to the author dated 30 January 2011.

66. Hanna Arendt, *A Report on the Banality of Evil: Eichmann in Jerusalem*（London: Penguin, 1965）, p.285.

67. Email to the author dated 30 January 2011.

68. Armelle Brusq's documentary *Leonard Cohen: Spring 96*, Lieurac Productions, 1997.

69. Paul Vitello, 'Joshu Sasaki, 107, Tainted Zen Master', *New York Times*, 4 August 2014. https://www.nytimes.com/2014/08/05/us/joshu-sasaki-a-zen-master-tarnished-by-abuse-claimsdies-at-107.html. Accessed 24 March 2020.

70. Cited in Corina Knoll, ‘Sex Abuse Allegations Surround L.A. Buddhist Teacher’, *Los Angeles Times*, 12 February 2013. https://www.latimes.com/local/la-xpm-2013-feb-12-la-me-zen-master-20130213-story.html. Accessed 25 March 2020.

71. Leonard Cohen, ‘Early Questions’, *Book of Longing*, p.45.

72. David Remnick, ‘Leonard Cohen Makes It Darker’, *The New Yorker*, 17 October 2016. https://www.newyorker.com/magazine/2016/10/17/leonard-cohen-makes-it-darker. Page 13. Accessed 25 March 2020.

73. Leonard Cohen, ‘ROSHI SAID’, *Book of Longing*, p.21.

74. Maurice Ratcliffe, *The Complete Guide to the Music of Leonard Cohen* (London: Omnibus, 1999), p.29.

75. Ratcliffe, *The Complete Guide to the Music of Leonard Cohen*, p.19.

76. Ratcliffe, *The Complete Guide to the Music of Leonard Cohen*, p.80.

77. Ratcliffe, *The Complete Guide to the Music of Leonard Cohen*, p.45.

78. Devlin, *Leonard Cohen in His Own Words*, p.59.

79. From *The New Oxford Book of English Prose*, pp.533—4.

80. Stephen Scobie, *Leonard Cohen* (Vancouver: Douglas and McIntyre, 1978), p.xi.

81. Michael Ondaatje, *Leonard Cohen* (Toronto: McClelland and Stewart, 1970), p.6.

82. George Woodcock, ‘The Song of the Sirens: Reflections on Leonard Cohen’, in *Leonard Cohen: The Artist and His Critics*, ed. Michael Gnarowski (Toronto: McGraw-Hill, 1976), pp.155—156.

83. L. S. Dormanand and C. L. Rawlins, *Leonard Cohen: Prophet of the Heart* (London: Onmibus, 1990), p.306.

84. Desmond Pacey, ‘The Phenomenon of Leonard Cohen’, *Canadian Literature*, p.34 (1967). 为了公平起见，必须备注：佩西是想表明《美丽的失败者》是科恩自己的艺术进展和作品的一个总结，并非是对其他文学家的模仿。

85. Woodcock, ‘The Song of the Sirens: Reflections on Leonard Cohen’, pp.156—157.

86. Scobie, *Leonard Cohen*, p.24.

87. ‘The Spin Doctor’, interview with Mark Ellen, *The Word Magazine*, issue 53, July 2007, p.90.

88. ‘Leonard Cohen: Inside the Tower of Song’, interview with Paul Zollo, p.285.

89. ‘Leonard Cohen: Inside the Tower of Song’, interview with Paul Zollo, p.285. 科恩在学校读的书是 William Empson, *Seven Types of Ambiguity: A Study of Its Effects in English Verse*, third edition (London: Chatto and Windus, 1953)。

90. Jim Beviglia, ‘Behind the Song: Procol Harum, “A Whiter Shade of Pale”’, *American Songwriter*, 5 November 2019. https://americansongwriter.com/lyric-week-procol-harum-whiter-shade-pale/.Accessed 27 March 2020.

91. Cited in Hirsch, *The Demon and the Angel*, p.5.

92. Paul Barrera, *Leonard Cohen: Came So Far for Love* (Andover, Hampshire: Agenda, 1997), pp.17 and 57.

93. Doug Beardsley, ‘On First Looking into Leonard Cohen’, in *Intricate Preparations: Writing Leonard Cohen*, ed. Stephen Scobie (Toronto, ON: ECW Press, 2000), p.8.

94. Geldof, *Tales of Boomtown Glory*, p.17.

95. Douglas Barbour, ‘Canadian Books’, *Dalhousie Review*, vol.XLVIII (1968), p.568. Reprinted in *Leonard Cohen: The Artist and His Biba Kopf, ‘Jenny Sings Lenny’, The New Musical Express, 14 March 1987. Critics*, ed. Michael Gnarowski (Toronto: McGraw-Hill, 1976), p.39.

96. Biba Kopf, ‘Jenny Sings Lenny’, *The New Musical Express*, 14 March 1987.

97. Cohen interviewed by Stephen Williams, ‘The Confessions of Leonard Cohen’, *Toronto Life*, February 1978, p.48.

98. Scobie, *Leonard Cohen*, p.46.

99. Remnick, ‘Leonard Cohen Makes It Darker’, p.16.

100. John Lewis, ‘Dear Heather’, in *Leonard Cohen 1943—2016, Uncut*, Ultimate Guide Series, 2007, Issue 1, p.84.

101. ‘Born in Chains’, *Old Problems*; ‘Different Sides’, *Old Ideas*; ‘Undertow’, *Dear Heather*; ‘Banjo’, *Old Ideas*; ‘The Faith’, *Dear Heather*; ‘Tennessee Waltz’, *Dear Heather*; ‘Darkness’, *Old Ideas*; ‘Come Healing’, *Old Ideas.*

102. Leonard Cohen, *Stranger Music: Selected Poems and Songs* (London: Jonathan Cape, 1993). 这本书是在科恩处于历史低谷时出版的。

103. Interview with Paul Zollo, *Leonard Cohen on Leonard Cohen*, ed. Burger, p.276.

104. 'Boogie Street', *Ten New Songs*; 'Never Mind', *Popular Problems*; 'That Don't Make It Junk', *Ten New Songs*; 'It Seemed the Better Way', *You Want It Darker*; 'Steer Your Way', *You Want It Darker*; 'It's Torn', *Thanks for the Dance*.

105. Interview with Stina Lundberg Dabrowski, early 2001, Swedish National Television. Printed in *Leonard Cohen on Leonard Cohen*, ed. Burger, pp.439—80.

106. 'Go No More A-Roving', Dear Heather（2004）; 'Come Healing', Old Ideas（2012）; 'On the Level', 'You Want It Darker'; 'Because Of', Dear Heather（2004）; 'Darkness' 'Going Home'（Old Ideas）; 'On the Level'（You Want It Darker 2016）.

107. 'The Goal', *Thanks for the Dance*（2019）; 'Samson in New Orleans', *Popular Problems*（2014）; 'The Faith', *Dear Heather*; 'You Want It Darker', *You Want It Darker*; 'Banjo', *Old Ideas*; 'Almost Like the Blues', *Popular Problems*; 'A Street', *Popular Problems*; 'Steer Your Way', *You Want It Darker*; 'Leaving the Table', *You Want It Darker*.

108. Remnick, 'Leonard Cohen Makes It Darker', p.18.

第九章　我的亲密关系如同魏尔伦和兰波

1. Bob Dylan, liner notes to *Desire*（1975）.

2. Dalrymple, 'The Rimbaud of Cwmdonkin Drive: Dylan Thomas the Last True Bohemian', *City Journal*, Winter, 2015.

3. Christopher Ricks, *Dylan's Visions of Sin*（London: Viking, 2003）, pp.77—8.

4. Dylan Thomas, 'Because the Pleasure-Bird Whistles', *The Collected Poems of Dylan Thomas*, ed. John Goodby（London: Weidenfeld and Nicolson, 2014）, p.108.

5. I. Opie and P. Opie, eds, *The Oxford Dictionary of Nursery Rhymes*（Oxford: Oxford University Press, 1951）, pp.315—16.

6. Brian Hinton, *Bob Dylan Complete Discography*（New York: Universe, 2006）, p.309.

7. http://www.thebobdylanfanclub.com/theme/Death%20and%20Taxes. Accessed 3 May, 2020. It was broadcast on BBC Radio 6, Friday, 26 October 2007.

8. Letter from Dylan Thomas to Vernon Watkins, 28 May 1941, Dylan Thomas, *The Collected Letters*, new edition, ed. Paul Ferris（London: Dent, 2000）, p.548. John Goodby, 'The Rimbaud of Cwmdonkin Drive: Dylan Thomas and Surrealism', in *Dada and Beyond*, vol.2, *Dada and Its Legacies*（New York: Brill, 2012）, pp.199—223. 洛尔迦和迪伦・托马斯与超现实主义之间的关系都比较矛盾，两者都清晰地展现了超现实主义对他们的影响，但两者也批判超现实主义。

9. Thomas, *The Collected Letters*, pp.343—4.

10. Ralph J. Gleason, 'Like a Rolling Stone', in the authors of Rolling Stone Magazine, *Knocking on Dylan's Door*（London: Dempsey, 1975）, p.92.

11. Bob Dylan, *Classic Interviews*, Chrome Dreams, 2003.

12. C. P. Lee, 'Walking Like Rimbaud', *Isis: A Bob Dylan Anthology*, ed. Derek Barker（London: Helter Skelter, 2001）, p.79.

13. http://www.thebobdylanfanclub.com/content/nobel-day-transcripts-banquet-speech-and-presentation-speech-©-nobel-foundation-2016. Accessed 27 April 2020.

14. John Lardis, *The Bop Apocalypse: The Religious Vision of Kerouac, Ginsberg, and Burroughs*（Champaign, IL: Illinois University Press, 2001）, p.85.

15. Wallace Fowlie, *Rimbaud and Jim Morrison*（Durham, NC: Duke University Press）, pp.43—4.

16. Anthony Scaduto, *Bob Dylan*（London: Helter Skelter, 1998）, p.83.

17. Dylan, *Chronicles, Volume One*（London: Simon & Schuster, 2004）, p.288.

18. Suze Rotolo, *A Freewheelin' Time*（London: Aurum Press, 2008）, p.199.

19. Cited in Anthony Scaduto, *Bob Dylan*（London: Helter Skelter, 1996）, p.169.

20. Ian Bell, *Once Upon a Time: The Lives of Bob Dylan*（London: Mainstream Publishers, 2013）, p.320.

21. Michael Gray, *The Bob Dylan Encyclopedia*（London: Bloomsbury, 2006）, pp.576—7.

22. Scaduto, *Bob Dylan*, p.135. Also see, 179 and 221.

23. Dylan, *Chronicles*, p.289. 信件写于 1871 年 5 月 13 日，是给 George Izambard（兰波在查尔斯维尔学院的老师）的。Printed in Wyatt Mason, ed. *Rimbaud Complete*（New York: Modern

Library, 2003), pp.364—5.

24. Rimbaud, letter to Izambard, p.365.

25. Robert Shelton, *No Direction Home*, Revised and updated edition, ed. Elizabeth Thomson and Patrick Humphreys (London: Omnibus Press, 2011), p.299.

26. Arthur Rimbaud, *A Season in Hell and the Drunken Boat*, translated by Louise Varèse, with a Preface by Patti Smith (New York: New Directions, 2011).

27. Marjorie Perloff, *The Poetics of Indeterminacy: Rimbaud to Cage* (Evanston, IL: Northwestern University Press, 1999), p.23.

28. Letter from Thomas to Henry Treece, 16 May 1938, Thomas, *Collected Letters*, p.344.

29. See Federico García Lorca, *In Search of Duende* (New York: New Directs Pearl, 1998). It includes 'A Note on the Guitar' (pp.28—30); 'The Guitar' (pp.31—3); and 'The Riddle of the Guitar' (p.33).

30. Christopher Rollason, '"Sólo Soy Un Guitarista": Bob Dylan in the Spanish-Speaking World—Influences, Parallels, Reception, and Translation', *Oral Tradition*, vol.22 (2007), see pp.124—8.

31. Bob Dylan, *1962—2001 Lyrics* (London: Simon and Schuster, 2004), p.478.

32. For some comprehensive examples see: Oliver Trager, *Keys to the Rain: the Definitive Bob Dylan Encyclopedia* (New York: Billboard Books, 2004); Hinton, *Bob Dylan Complete Discography*; Michael Karwowski, *Bob Dylan: What the Songs Mean* (Kibworth, Lancashire: Matador, 2019); Scott P. Livingston, *Blonde on the Tracks: Dylan's Discography Re-imagined and Re-examined* (Amazon Platform, CreateSpace Indepednent Publishing, 2019); and, Philippe Margotin Jean-Michel Guesdon, *Bob Dylan: All the Songs, the Story Behind Every Track* (New York: Black Dog and Leventhal, n.d.).

33. Gray, *The Bob Dylan Encyclopedia*, p.196.

34. Kat Peddie, 'I Is Somebody Else', *Popular Music History*, vol.8, No. 2 (2013), p.185.

35. R. Barthes, 'Death of the Author', reprinted in Barthes, *Image, Music, Text* (London: Fontana, 1977), pp.142—8.

36. Paul Williams, *Bob Dylan: Performing Artist* (London: Omnibus, 1994), p.58.

37. Williams, *Performing Artist*, p.59.

38. Greil Marcus, *Bob Dylan: Writings 1968—2010* (London: Faber and Faber, 2011), Introduction.

39. Anthony Scaduto, *Bob Dylan* (London: Helter Skelter, 1973), Revised edition, p.135. Dylan 与 Farina 的关系见 David Hajdu, *Positively 4th Street* (London: Bloomsbury, 2003)。

40. Cited in Ricks, *Dylan's Visions of Sin*, p.11.

41. Michael Gray, *Song and Dance Man III* (London: Cassell, 2000) and Ricks, *Dylan's Visions of Sin*.

42. Mike Marqusee, *Chimes of Freedom: The Politics of Bob Dylan's Art* (New York: The New Press, 2003).

43. 经典的框架见 R. G. Collingwood, *An Autobiography: and Other Writings*, ed. David Boucher and Teresa Smith (Oxford: Oxford University Press, 2013: first published 1939), chapter V。

44. Ricks, *Dylan's Visions of Sin*, p.234.

45. Gray, *A Bob Dylan Encyclopedia*, p.196.

46. Booklet accompanying *Biograph*, p.52.

47. Toby Thompson, *Positively Main Street*, revised edition (Minneapolis and London: University of Minnesota Press, 2008), p.114.

48. Trager, *Keys to the Rain*, pp.347—9.

49. In *Edie: An American Biography* by George Stein, ed. George Plimpton (New York: Dell, 1983), p.228.

50. Marion Meade, 'Does Rock Degrade Women?' *New York Times*, 14 March 1971.

51. Mark Polizzotti, *Highway 61 Revisited* (London: Bloomsbury, 2006), p.106.

52. Hinton, *Bob Dylan: The Complete Discography*, p.51.

53. Philippe Margotin and Jean-Michel Guesdon, *Bob Dylan All the Songs: The Story Behind Every Track* (New York: Black Dog and Leventhal, 2015), p.227.

54. Polizzotti, *Highway 61*, p.109.

55. John Gibbens, *A Nightingale's Code* (London: Touched Press, 2001), pp.66—92.

56. Cameron Crowe with Bob Dylan, in Bob Dylan *Biography*, Sony Music Entertainment, 1985,

p.62.

57. Gray, *Song and Dance Man III*, p.1. 克里斯托弗・里克斯在区分以历史事实为基础的歌曲和以神话为基础的歌曲时，经常从诗歌影响的角度来讨论后一类歌曲，特别是对于济慈、安德鲁・马维尔、莎士比亚、丁尼生和最近的菲利普・拉金的作品。

58. See Michael Gray, *Song and Dance Man III: The Art of Bob Dylan* (London: Continuum, 2002), pp.54, 65, 70, 76 and 77.

59. 虽然承认利维斯方法的令人振奋的规条，但里克斯发现它太束缚了。*Dylan's Visions of Sin*, p.103.

60. Ricks, *Dylan's Visions of Sin*, p.100.

61. Ricks, *Dylan's Visions of Sin*, p.100.

62. Ricks, *Dylan's Visions of Sin*, p.195.

63. Gray, *Song and Dance Man III*, p.72.

64. Greil Marcus, *Invisible Republic: Bob Dylan's Basement Tapes* (London: Picador, 1998), p.87.

65. Harry Smith, 'American Folk Music', booklet introducing the *Anthology of American Folk Music*, p.2.

66. Paul Williams, *Bob Dylan: Watching the River Flow* (London: Omnibus, 1996), p.19.

67. John Harris, 'In Praise of Bob Dylan', *Q Dylan, Maximum Bob*, 1 January 2000, p.12.

68. Henry Jones, *Browning as a Philosophical and Religious Teacher* (Glasgow: Maclehose, 1892), 2nd edition, p.3.

69. Jonathan Swift, *Gulliver's Travels*, Book 3, Chapter 5.

70. Kat Peddie, 'I Is Somebody Else', *Popular Music Hisory*, vol. 8, No. 2 (2013), p.174.

71. Bob Dylan, *Tarantula* (London: MacGibbon and Kee, 1971). First Published in 1966.

72. Interview with Paul Robbins, *Los Angeles Free Press*, 17 and 24 September 1965. Printed in Carl Benson, ed., *The Bob Dylan Companion: Four Decades of Commentary* (New York: Schirmer Books, 1998), pp.56—7.

73. Bill De Main, 'David Bowie on Song Writing', *Classic Rock*, 28 May 2014. https://www.loudersound.com/features/david-bowie-on-songwriting. Accessed 21 April 2020.

74. David Kinney, *The Dylanologists: Adventures in the Land of Bob* (New York: Simon & Schuster, 2014), pp.172—3.

75. Doc Pasquale, *Back in the Rain: The Making and Unmaking of Bob Dylan's Blood on the Tracks*, selfpublished Amazon platform Book, no date, ISBN 36626914R00066.

76. Robert Polito, 'Bob Dylan: Henry Timrod Revisited', https://www.poetryfoundation.org/articles/68697/bob-dylan-henry-timrod-revisited. Accessed 23 April 2020.

77. Letter to George Izambard, Charleville, 31 May 1871. In Mason, ed., *Rimbaud Complete*, p.365.

78. Rimbaud, *A Season in Hell*.

79. Mason, 'Introduction', *Rimbaud Complete*, p.xxxvi.

80. Cited in Edward Hirsch, *The Demon and the Angel* (New York: Harcourt, 2002), p.36.

81. Cited in Hirsch, *Demon and the Angel*, p.85.

82. Edward Hirsch, *Demon and the Angel*, p.229. 作者名是本书作者补充。

83. Williams, *Performing Artist*, p.3.

84. https://www.songmeaningsandfacts.com/meaning-of-nine-million-bicycles-by-katie-melua/. Accessed 4 August 2020.

85. R. G. Collingwood, *Speculum Mentis or the Map of Knowledge* (Oxford: Oxford University Press, 1924).

86. Michael Oakeshott, 'Poetry in the Conversation of Mankind', *Rationalism in Politics*, new and expanded edition (Indianapolis: Liberty Press, 1991), p.503.

87. Oakeshott, 'Poetry in the Conversation of Mankind', p.527.

88. Cited in Clinton Heylin, *Dylan the Biography: Behind the Shades* (London: IT books, 2003, first published 1991), p.77.

89. See https://whowhatwhy.org/2020/05/09/what-everybody-is-missing-about-bob-dylans-jfk-song/. Accessed 16 June 2020.

90. See Marqusee, *Chimes of Freedom*, p.60.

91. Scaduto, *Bob Dylan*, p.127.

92. Andy Gill, *My Back Pages* (London: Carlton Books, 1999), p.30.

93. Williams, *Performing Artist*, p.60. 他说，“诗人们，”此时他也把迪伦恭列其中，“并不预谋，而是被灵感激发，然而同时又必须努力工作，具备自己独特的才华，才能捕获住这一时刻，成为他的时代和他这一代人的声音。”

94. Cited by Allen Ginsberg, ‘Bob Dylan and Renaldo and Clara’, in Wanted Man: In Search of Bob Dylan, ed. John Bauldie（New York: Citadel Underground Press, 1991）, p.122.

95. Cited in Heylin, *Dylan: Behind the Shades*（Harmondsworth: Penguin, 1992）, p.125.

96. Cited in Heylin, *Dylan: Behind the Shades*, p.129.

97. Harry Rasky, *The Song of Leonard Cohen*（Oakville, ON: Mosaic Press, 2001）, p.146.

98. Cited in Paul Williams, *Bob Dylan: Watching the River Flow. Observations on His Art in Progress 1966—1995*（London: Omnibus, 1996）, pp.16—17.

99. Cited in Greil Marcus, *Invisible Republic*（London: Picador, 1998）, p.55.

100. Jean Strouse, ‘Bob Dylan's Gentle Anarchy’, *Commonweal*, 1968. Reprinted in *The Bob Dylan Companion*, ed. Carl Benson（New York: Schirmer, 1998）, p.87.

101. Paul Zollo, *Song-Writers on Song-Writing*, fourth expanded edition（Cambridge, MA: Da Capo, 2003）, p.84.

102. Margotin and Guesdon, *Bob Dylan All the Songs*, p.647.

103. Karwowski, *Bob Dylan: What the Songs Mean*, pp.458—9.

104. Karwowski, *Bob Dylan: What the Songs Mean*, pp.458—9.

105. Sean Wilentz, *Bob Dylan in America*（London: Bodley Head）, pp.308—9.

106. See https://www.youtube.com/watch?v=0iyiJCfhDsQ. Accessed 8 August 2020.

107. Mark Beaumont, ‘False Prophet’, *New Musical Express*, 8 May 2020. https://www.nme.com/reviews/false-prophet-bob-dylan-new-album-2020-rough-and-rowdy-ways-2662401. Accessed 17 June 2020.

108. Rimbaud, *A Season in Hell*, p.3.

结　语

1. John Fahey, ‘A Booklet of Essays, Appreciations, and Annotations Pertaining to the Anthology of American Folk Music’, ed. Harry Smith（Smithsonian Folkways Recordings, Washington, DC, 1997）, p.8.

2. ‘Van Morrison at the BBC’, broadcast on BBC4, 30 August 2020.

3. Roland Barthes, ‘The Grain of the Voice’, In *Image, Music, Text*, ed. and trans. Stephen Heath（London: Fontana, 1977）, p.189.

4. 就在本书付梓之际，环球音乐集团已经获得迪伦最全的歌曲目录，大概 600 首，据说购资在 3 亿至 4 亿美元之间。鲁西安・格莱格，环球音乐集团的主席和总裁对此评论道：“我毫不怀疑，从现在开始往后的几十年，甚至几个世纪，鲍勃・迪伦的歌词和音乐将一直被演唱，被世界各地的人们所珍视。”

图书在版编目(CIP)数据

鲍勃·迪伦和莱昂纳德·科恩:死亡与登场/(英)戴维·布歇(David Boucher),(英)露西·布歇(Lucy Boucher)著;刘衎衎译. —上海:上海人民出版社,2025
书名原文:Bob Dylan and Leonard Cohen: Deaths and Entrances
ISBN 978-7-208-18819-8

Ⅰ. ①鲍…　Ⅱ. ①戴…　②露…　③刘…　Ⅲ. ①鲍勃·迪伦-传记　②莱昂纳德·科恩-传记　Ⅳ. ①K837.125.76　②K837.115.76

中国国家版本馆 CIP 数据核字(2024)第 058220 号

责任编辑　吴书勇
装帧设计　金　泉

鲍勃·迪伦和莱昂纳德·科恩
——死亡与登场
[英]戴维·布歇　[英]露西·布歇 著
刘衎衎 译

出　版　上海人民出版社
　　　　(201101　上海市闵行区号景路 159 弄 C 座)
发　行　上海人民出版社发行中心
印　刷　上海商务联西印刷有限公司
开　本　635×965　1/16
印　张　21
插　页　4
字　数　257,000
版　次　2025 年 5 月第 1 版
印　次　2025 年 5 月第 1 次印刷
ISBN 978-7-208-18819-8/J·708
定　价　98.00 元